Rechtssicherheit im Internet

Springer
Berlin
Heidelberg
New York
Barcelona
Hongkong
London
Mailand
Paris
Singapur
Tokio

Sigmar Puchert

Rechtssicherheit im Internet

Grundlagen für Einkäufer und Entscheider

Mit 12 Abbildungen

Springer

Sigmar Puchert
c/o Deutsche Telekom AG
E-mail: PuchertS@t-online.de

ISBN-13:978-3-642-64021-6 Springer-Verlag Berlin Heidelberg New York

Die Deutsche Bibliothek – CIP-Einheitsaufnahme
Puchert, Sigmar: Rechtssicherheit im Internet: Grundlagen für Einkäufer und Entscheider / Sigmar Puchert. – Berlin; Heidelberg; New York; Barcelona; Hongkong; London; Mailand; Paris; Singapur; Tokio: Springer, 2001

ISBN-13:978-3-642-64021-6 e-ISBN-13:978-3-642-59548-6
DOI:10.1007/978-3-642-59548-6

Springer-Verlag Berlin Heidelberg New York
ein Unternehmen der BertelsmannSpringer Science+Business Media GmbH

http.//www.springer.de

Softcover reprint of the hardcover 1st edittion 2001

SPIN 10769907 134/2202-5 4 3 2 1 0 – Gedruckt auf säurefreiem Papier

Inhaltsverzeichnis

1. Einleitung

Das Buch richtet sich an Manager/Führungskräfte/Entscheidungsträger in Großunternehmen, die darüber zu entscheiden haben, ob in ihrem Unternehmen die Einführung von eCommerce-Anwendungen, insbesondere die Implementierung elektronischer Beschaffungssysteme unter Ausnutzung von Internet-Technologien, erfolgen soll.

Während nämlich der Verkauf von Artikeln über das Internet boomt, sind umgekehrt die Unternehmen bei der Internet-Beschaffung, d. h. der komplexen Optimierung ihrer Beschaffungsvorgänge zugunsten von Internet-eCommerce-Lösungen, zurückhaltend. Dies erstaunt vor allem deshalb, weil die Vorteile elektronischer Beschaffungsvorgänge zumindest vom theoretischen Ansatz her auf der Hand liegen. Das Buch erläutert daher die grundsätzlichen Prinzipien des Business-to-Business-Commerce mit Schwerpunkt auf die Beschaffung. Die Ursachen des immer noch zurückhaltenden Einsatzes elektronischer Beschaffungslösungen werden analysiert. Sie sind vielfältiger Natur und betreffen nicht nur technische, sondern auch juristische Fragen, vor allem auf dem Gebiet der Sicherheit.

Die angesprochenen Zielgruppen befinden sich sowohl in der Leitungsebene der Einkaufsabteilungen von Unternehmen, als auch in den jeweiligen Informationstechnischen (IT)- und Finanz-Abteilungen. Die Entscheidungsträger müssen zur Realisierung eines Internet-Einkaufsprojekts intensiv zusammenarbeiten: Auf der einen Seite müssen die über das Internet zu beschaffenden Artikel sowie deren Prozesskosten analysiert und identifiziert werden; die Einkaufsverfahren müssen mit den jeweiligen Lieferanten abgestimmt und auf eine sichere rechtliche Grundlage gestellt werden. Auf der anderen Seite müssen die informationstechnischen Einrichtungen des Unternehmens dieses Vorhaben unterstützen und die gewünschten Sicherheitsanforderungen realisieren können. Schließlich müssen die durch die Internet-Beschaffung ausgelösten Buchungsvorgänge ohne zusätzliche Kosten bearbeitet werden können.

Das Buch richtet sich aber genauso an die Entscheidungsträger derjenigen Unternehmen, die als Lieferant am elektronischen Geschäftsverkehr teilnehmen wollen: Da die Einführung eines elektronischen Beschaffungssystems via Internet einschneidende Veränderungen eines Unternehmens nach sich zieht, sind praktisch alle Bereiche bzw. Abteilungen eines Unternehmens angesprochen. Es genügt nicht, lediglich die technischen Voraussetzungen für die Realisierung eines derartigen Projekts schaffen und die betroffenen Mitarbeiter und Mitarbeiterinnen zu schulen. Datenschutzfragen sind ebenso zu klären wie arbeitsrechtliche Aspekte; zivil- und zivilprozessrechtliche Themen werden behandelt, und auch das internationale Recht kommt – schon wegen der fortschreitenden Globalisierung der Märkte – nicht zu kurz. Von den jeweiligen Entscheidungsträgern kann nicht erwartet werden, dass sie über die komplexen juristischen und technischen Fragen vollständig informiert sind; das Buch behandelt daher die wichtigsten hierzu gehörigen Themenkomplexe und gibt vertiefende Hinweise.

Erfahrungsgemäß spielt der Sicherheitsaspekt im elektronischen Geschäftsverkehr eine wichtige Rolle: Der Anwender möchte ein insgesamt möglichst sicheres System, der Jurist fordert Rechtssicherheit im Internet – der Techniker bietet technische Lösungen hierzu an. Dieses Prinzip des Wechselspiels zwischen juristischen und technischen Anforderungen macht es notwendig, zumindest in Grundzügen auch die sicherheitstechnischen Lösungen und Lösungsansätze zu erläutern. Dabei stellt sich heraus, dass bereits jetzt gute und brauchbare Lösungen existieren, die einen effizienten elektronischen Geschäftsverkehr ermöglichen. Ferner arbeiten die Gesetzgebungsinstanzen auf nationaler und internationaler Ebene mit Hochdruck daran, die rechtlichen Rahmenbedingungen hierfür zu schaffen; erste Ergebnisse liegen bereits vor.

Internet-Einkauf ist somit machbar - die Entscheidung für die elektronische Beschaffung oder insgesamt für die Einführung eines elektronischen Geschäftsverkehrs erfordert gleichwohl Mut: Bisherige Arbeitsabläufe und Gewohnheiten müssen zugunsten völlig neuer und teilweise unbekannter Methoden aufgegeben werden. Neben der eigenen Überzeugung der Geschäftsleitung hinsichtlich der Machbarkeit eines solchen Vorhabens müssen auch alle anderen beteiligten Kräfte eines Unternehmens eng und mit Teamgeist zusammenarbeiten. An dieser Stelle ist die Unternehmenskultur angesprochen, deren Qualität trotz härter werdenden Wettbewerbs möglichst hoch sein muss, um Veränderungen zum Wohle des Unternehmens und seiner Mitarbeiter zu erreichen. Sicherlich haben hier Unternehmen, die gerade erst gegründet wurden oder erst seit kurzem auf dem Markt sind, einen Vorteil, weil diese aufgrund ihrer „Jugend“ eher zu Veränderungen bereit sein werden, als alteingesessene Unternehmen mit „Geschichte“. Auf der anderen Seite verfügen letztere über mehr Erfahrung und zum Teil auch über mehr Kapital, um sich den neuen Herausforderungen des elektronischen Marktes zu stellen. Ob kleines oder mittelständisches Unternehmen oder Konzern – letztlich können alle den elektronischen Geschäftsverkehr für ihre Zwecke nutzen.

2. E-Commerce - Grundlagen

Unter e-Commerce versteht man den Handel mit Waren, Dienstleistungen und Informationen über elektronische Netze. Angesichts seiner rasanten weltweiten Verbreitung ist das Internet geradezu prädestiniert für den eCommerce-Einsatz[1].

Für den Anbieter von eCommerce-Leistungen sollen sich dabei ebenso Vorteile ergeben wie für den Nutzer:

Vorteile für den Anbieter:

- Eröffnung neuer Vertriebskanäle
- Erschließung neuer, insbesondere globaler Märkte
- Gewinnung zusätzlicher Kunden
- Ausschöpfung von Kostensenkungspotentialen
- Erstellung detaillierter Kundenprofile

Vorteile für den Nutzer:

- Bequemer Einkauf von zuhause aus
- Unabhängigkeit von Öffnungszeiten
- Vereinfachter Preis-/Leistungsvergleich

Der Einsatz von eCommerce-Lösungen für das Internet ist z. Z. vorwiegend auf den Verkauf von Waren oder Dienstleistungen an den Endkunden bestimmt; man spricht in diesem Zusammenhang auch vom „Business-to-Consumer"-Commerce (B-to-C). Dabei geht der Endkunde = der Verbraucher in der Regel wie folgt vor:

Der Kunde wählt online seinen Anbieter aus; im wesentlichen stellen die Anbieter eine Art elektronischen Katalog bereit sowie zusätzliche Suchfunktionen zum gezielten Suchen eines Artikels. Durch Anklicken „legt" der Kunde das Produkt in seinen Warenkorb. Jederzeit kann der Kunde online kontrollieren, welche und wie viele Produkte er kaufen möchte. Erst wenn der Kunde sich zur Bestellung anmeldet und dabei in der Regel ein elektronisches Formular ausfüllt, wird diese wirksam.

Einige Anbieter verlangen, dass der Endkunde sich entweder vorab registriert oder dass die Bezahlung über seine Kreditkartennummer, welche er in einem elektronischen Formular eingibt, erfolgt. Häufig ersetzt bzw. ergänzt der Warenkorb den bisher üblichen in gedruckter Form vorliegenden Versandhauskatalog. Eine für B-to-C-Commerce häufig eingesetzte Software ist „Intershop" (vgl. www.intershop.de).

Nach wie vor dominieren Produkte der Informationstechnologie (IT), gefolgt von Büchern und Musikprodukten beim Einkauf via Internet (Abbildung 2.1).

---

[1] vgl. Erwin Lammenett, „Das Internet als elektronischer Marktplatz", http://www.bdu.de/beraterauswahl/fach/fach/105.htm

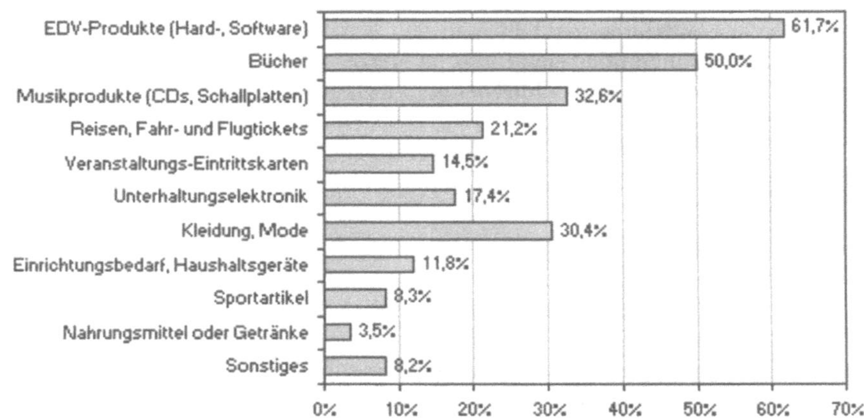

Abbildung 2.1: Umfrage FirstSurf[2]

Ein erstaunliches Phänomen ist es, dass nach einer Untersuchung der Extranet-Betreibergesellschaft „In Touch", Bad Homburg[3] mehr als 95 Prozent der Online-Shops, die ihre Waren und Dienstleistungen im Internet anbieten zur Bezahlung herkömmliche Offline-Methoden verwenden: 65% versenden ihre per Internet bestellten Waren auf Rechnung, 40% verlangen Nachnahme, 37% wollen Vorkasse, 13% Lastschrift und 39% verlangen die Bezahlung per Kreditkarte (Mehrfachnennungen möglich). Weniger als 5% verwenden elektronische Zahlungssysteme.

2.1. B-to-B - Commerce

Immer mehr besteht jedoch auch der Bedarf, das Internet nicht nur als Vertriebskanal gegenüber dem Endverbraucher zu nutzen, sondern auch über dieses elektronische weltweite Medium mit seinen Geschäftspartnern Ein- und Verkaufsvorgänge abzuwickeln. Während der erstgenannte Fall als „Business-to-Consumer"-Commerce bezeichnet wird, spricht man beim elektronischen Geschäftsverkehr zwischen Unternehmen vom sogenannten Business-to-Business-Commerce (B-to-B).

Nicht nur der Vertrieb eines Unternehmens profitiert von dieser Idee, sondern auch und gerade der Einkauf könnte durchaus erhebliche Potenziale ausschöpfen.

[2] Quelle: http://www.firstsurf.de/shoppingumfrage.htm
[3] vgl. Erwin Lammenett, aaO

2.2. Warum B-to-B-Commerce?

2.2.1. Senkung der Prozesskosten

Der Einkauf prägt als strategischer Erfolgsfaktor die Wirtschaftlichkeit des gesamten Unternehmens[4]

Nach einer Studie der Arthur Andersen Management-Beratung aus dem Jahre 1997 beeinflusst der Einkauf als erste Stufe betrieblicher Wertschöpfung auf besondere Weise das Unternehmensergebnis dadurch, dass bereits eine Senkung der Beschaffungskosten um 1 % die gleichen Auswirkungen hat wie eine Umsatzsteigerung von 14% bei einer Umsatzrendite von 3,3 % [5]. Selbst bei kritischer Betrachtung dieser Zahlen erkennt man vom Prinzip her, dass bereits durch eine relativ geringe Senkung der Beschaffungskosten das Unternehmensergebnis entscheidend im positiven Sinne beeinflusst werden kann. Wer demnach in seinem Unternehmen Einsparpotentiale realisieren will, sollte damit im Einkauf durch eine effiziente Einkaufsorganisation anfangen: *„Der Einkauf ist aufgefordert, wesentliche Beiträge zur Steigerung der Wettbewerbsfähigkeit und konsequenten Verbesserung des Unternehmensergebnisses zu erbringen"* [6].

Die Beschaffungskosten, das heißt sämtliche Kosten, die von der Bedarfsmeldung des Bedarfsträgers bis zur Auslieferung der gewünschten Ware oder der Erbringung der Dienstleistung anfallen, sind vor allem durch personalintensive Tätigkeit innerhalb der Beschaffungskette gekennzeichnet.

Die "klassische" Beschaffungskette - *Bedarfsträger -Disposition-Beschaffungsmarktforschung-Bestellbearbeitung-Wareneingang/Lagerungs/Ausgabe-Rechnungsprüfung/Kontierung-Zahlung/Archivierung* führt bei Produkten mit insgesamt geringem Bestellvolumen (Hilfs- und Betriebsstoffe, Norm- / Listenteile, Verbrauchs- oder Gemeinkostenmaterialien bzw. vertretbare Sachen) zu überhöhten Prozesskosten. Generell lässt sich eine sogenannte „80-20-Regel" aufstellen:

- 80 % der Bestellungen machen nur etwa 20 % des gesamten Einkaufsvolumens aus.
- 20 % der Bestellungen machen etwa 80 % des Einkaufsvolumens aus.

Das bedeutet, dass eine relativ geringe Anzahl aller Bestellungen zu einem relativ hohen Einkaufsvolumen führt. Dagegen steht einer hohen Anzahl von Bestellungen nur ein geringes Einkaufsvolumen gegenüber. Setzt man diese grundsätzliche Aussage, die je nach Typ eines Unternehmens variieren dürfte, in Relation zu der oben beschriebenen Beschaffungskette, wird deutlich, welche Synergien für Einzelbestellungen mit geringem Wert verschwendet werden. Eine Analyse nach Wertgrenzen unter Einschluss der zur Verfügung

[4] vgl. Göbel, Christof: Erfolgsfaktor Einkauf: Die Agamus Consult COMMON MATERIAL-Studie. Starnberg, Agamus Consult, 1999; http://www.agamus.com/studien/commonstudie.htm

[5] Arthur Andersen Management Beratung 1997

[6] Beschaffung Aktuell 11/95, S. 19

stehenden Lieferanten macht deutlich, wie sich Bestellvolumen, Anzahl Bestellungen und Anzahl der Lieferanten zueinander verhalten. Während strategisch wichtigen Produkten mit hohem Wert nur wenige Lieferanten gegenüberstehen, gibt es für Kleinartikel mit einem Wert < 500 DM eine sehr große Anzahl Lieferanten (Abbildung 2.3.1).

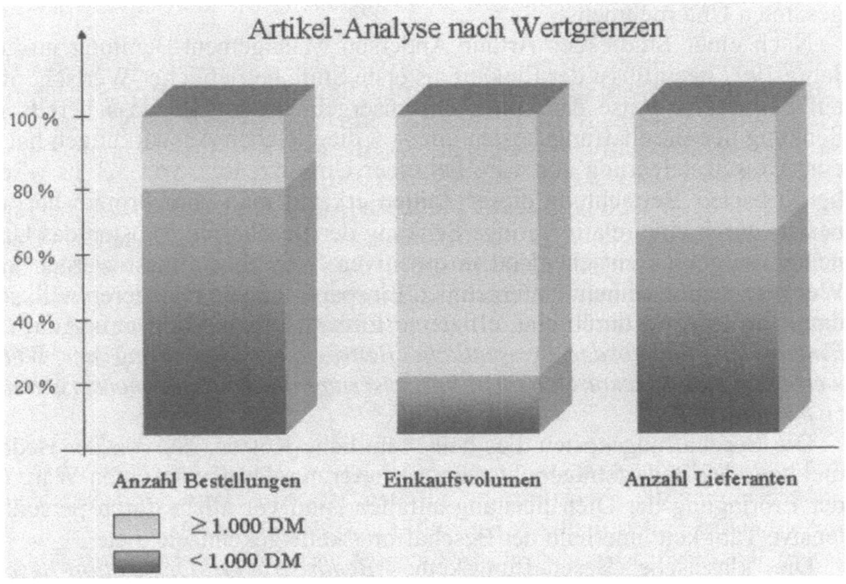

Abbildung 2.3.1: Artikel-Analyse nach Wertgrenzen

Sind darüber hinaus pro Bestellvorgang mehr oder weniger unterschiedliche Genehmigungsverfahren zwischengeschaltet, werden nicht nur die Beschaffungskosten aufgrund der hierfür aufgewendeten Arbeitszeit höher, es dauert auch länger, bis der Bedarfsträger das bestellte Produkt tatsächlich erhält.

Analysiert man ferner die tatsächlichen Arbeitsabläufe, die zur Bedarfsdeckung erforderlich sind, so wird man trotz fortschreitender Nutzung von Bürokommunikationssoftware und E-Mail-Nutzung immer noch im wesentlichen papiergebundene Vorgänge finden, die mit zeitaufwendigen Postwegen usw. einhergehen.

Werden nun die einzelnen Artikel einer Analyse unterzogen, die neben ihrem Preis auch noch andere Faktoren wie z. B. technische Komplexität, berücksichtigt, so wird man letztlich zu einer Unterteilung der bestellten Artikel in A, B und C-Artikel kommen [7].

[7] ABC-Analyse, vgl. http://home.t-online.de/home/becker2/log34231.htm

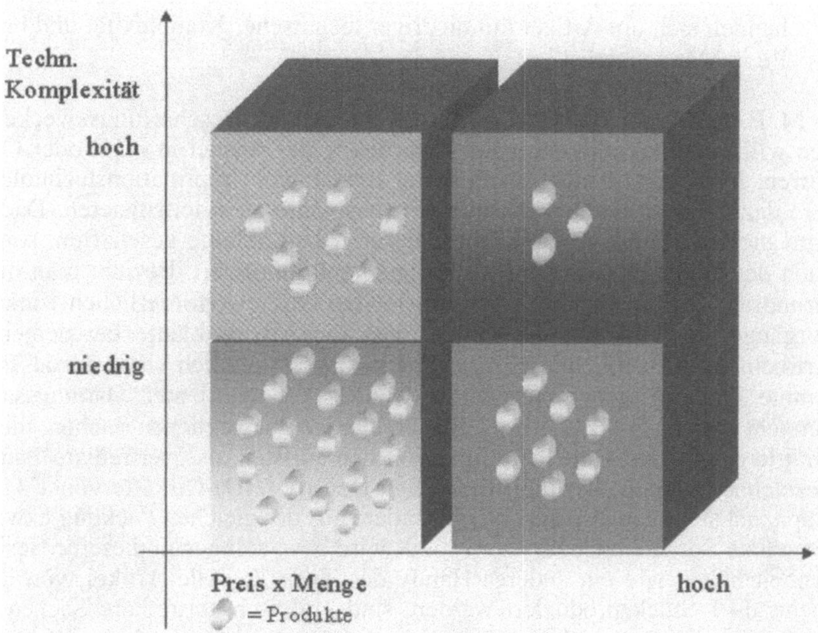

Abbildung 2.3.2: Preis-Mengen-Analyse

Viele Artikel weisen eine niedrige technische Komplexität, jedoch ein hohes Preis-Mengengerüst (Produkt aus Menge mal Preis) auf; für diese Artikel dürften sehr viele Lieferanten zur Verfügung stehen. Nur wenige Artikel verfügen über eine hohe technische Komplexität bei gleichzeitigem hohen Preis-Mengengerüst (Abbildung 2.3.2). Die hohe Komplexität dieser Artikel setzt häufig Spezialwissen der Lieferanten bzw. Produzenten voraus; erfahrungsgemäß gibt es für derartige Güter nur wenige Lieferanten.
Im wesentlichen lässt sich folgende Faustregel aufstellen:

- Als A-Artikel bezeichnet man solche, die einen hohen Anteil am Gesamteinkaufsvolumen haben und den Jahresumsatz des Unternehmens wesentlich bezeichnen. Häufig handelt es sich um Waren mit hoher technischer Komplexität und hohem Preis-Mengengerüst.
- B-Artikel haben hingegen einen durchschnittlichen Umsatzanteil am Gesamteinkaufsvolumen und nur durchschnittliche Bedeutung für den Jahresumsatz.
- C-Artikel werden häufig mit den sogenannten geringwertigen Wirtschaftsgütern (= Bestellwert < 800 DM) gleichgesetzt. Dies ist m. E. jedoch aus Einkaufssicht nicht ganz korrekt; entscheidend ist letztlich der geringe Einkaufsvolumenanteil. Vorwiegend handelt es sich dabei um Norm- und Kleinteile, ggf. auch Einzelteile, die zu einem Produkt gehören sowie Betriebs-, Büro- und Verbrauchsmaterial. Teilweise werden sogar

bestimmte extern beschaffte Dienstleistungen darunter subsumiert[8]. Es handelt sich um Artikel mit niedriger technischer Komplexität und hohem Preis-Mengengerüst.

M. E. darf ein Projekt, welches, das Internet für Beschaffungszwecke nutzen will, nicht an einer strengen Einordnung der Artikel in A, B oder C verharren: Im Ergebnis dient nämlich der Einsatz von Informationstechnologien (IT) dazu, immer wiederkehrende Arbeitsabläufe zu automatisieren. Dadurch wird nicht nur eine Vereinfachung dieser Arbeitsabläufe geschaffen, sondern auch der hierzu erforderliche Arbeitsaufwand minimiert. Bezieht man diesen Grundsatz auf die für die zu beschaffenden Artikel erforderlichen Einkaufsvorgänge, so wird man feststellen, dass die Arbeitsabläufe bei denjenigen Artikeln im wesentlichen gleich oder zumindest ähnlich sind, die als sogenannte Gattungssachen bezeichnet werden können. Unter Gattungssachen versteht man nach § 243 Abs. 1 BGB diejenigen beweglichen Sachen, die von „mittlerer Art und Güte" sind und von den Juristen als „vertretbare Sachen" bezeichnet werden. Beispiel: Eine High-Density (HD)-Diskette von 1,44 MB Kapazität sieht genauso aus wie die andere aus der gleichen Packung bzw. von derselben Sorte; ein Handy des Typs X wird bzw. soll genau dieselbe Beschaffenheit haben wie ein anderes Handy des Typs X.. Alle Artikel, von denen mehr als 1 Stück produziert werden, sind praktisch vertretbare Sachen. Die Beispielskette lässt sich damit auch auf Güter erweitern, deren Wert nicht mehr als geringwertig bezeichnet werden kann.

Fraglich ist, ob sich im Ergebnis *alle* vertretbaren Sachen zur Beschaffung via Internet eignen: Vertretbare Sachen sind z. B. auch bestimmte Baugruppen, die in eine Anlage eingebaut werden und damit zusammen mit der Anlage buchhalterisch aktiviert werden müssen. Das Problem der richtigen buchhalterischen Zuordnung könnte zu einem Hemmschuh der elektronischen Beschaffung werden, weil bei Anlagegütern regelmäßig kompliziertere Buchungsvorgänge notwendig sind als bei geringwertigen Wirtschaftsgütern, wie z. B. Verbrauchsmaterial.

Die Argumentation, dass Güter, die in eine Anlage eingebaut werden müssen, sich aufgrund buchhalterischer Vorgaben nicht für die Internet-Beschaffung oder generell zum B-to-B-Commerce eignen, überzeugt jedoch nicht:

Zielrichtung des B-to-B-Commerce ist es ja, alle Kosten zu minimieren, die für die Beschaffung erforderlich sind. Der wichtigste Ansatz ist dabei – wie erwähnt – die Verlagerung der Einkaufskompetenz auf die Bedarfsträger bei gleichzeitiger Arbeitsentlastung des Einkaufs. Dieses Einsparpotenzial ist in jedem Fall gegeben, gleichgültig, ob es sich um Anlagegüter oder geringwertige Wirtschaftsgüter handelt. Wie die beschafften Artikel anschließend gebucht werden, ist eine ganz andere Frage, die ohnehin erst am Ende der Beschaffungskette – nämlich bei der Lieferung – auftaucht. Während man sicherlich bei den sogenannten geringwertigen Wirtschaftsgütern auch die anschließende Buchung informationstechnisch dadurch vereinfachen kann, dass eine Vielzahl dieser Güter einer einzigen Warengruppe zugeordnet werden

---

[8] vgl. http://www.ruppert.ch/cteilemanagement.htm)

können, müssen Güter, die zu einer Anlage gehören jedes für sich einer Anlage zugeordnet werden. Häufig geschieht dies nicht bereits bei der Anlieferung mit evtl. nachfolgender Einlagerung, sondern erst bei tatsächlichem Einbau. Ob auch dort Einsparpotentiale zu realisieren sind, indem z. B. Zwischenkonten eingerichtet werden, ist eine Frage, die nicht unmittelbar mit dem Konzept der elektronischen Beschaffung zusammenhängt, sondern unternehmensintern z. B. im Wareneingang bzw. in der Logistik gelöst werden muss.

Die Entscheidung für eine elektronische Beschaffung zieht damit einschneidende organisatorische Konsequenzen nach sich: Durch die Verlagerung der Beschaffungskompetenz vom Einkauf direkt zum Bedarfsträger wird die Verantwortlichkeit der Bedarfsträger für den Einsatz der ihnen zugewiesenen Ressourcen wesentlich erhöht. Regelmäßig dürfte beim beschriebenen „klassischen" Beschaffungsprozess eine restriktive Kontrolle der Verwendung von Budgets/Finanzmitteln immanent sein. Durch die Verlagerung werden jedoch Kontrollinstrumente insbesondere durch den Wegfall von Genehmigungsinstanzen ausgehebelt. Dies kann zur Folge haben, dass im Einzelfall die Beschaffung eines sog. C-Artikels durchaus zu einem höheren Marktpreis, jedoch zu insgesamt niedrigeren Prozesskosten erfolgt. Damit würde den ersten Blick ein Bedarfsträger bei direkter Internet-Bestellung durchaus etwas teurer einkaufen; insgesamt wären die Beschaffungskosten durch den Wegfall einzelner Beschaffungswege jedoch weitaus niedriger. Auch hier hilft die ABC-Analyse festzustellen, bei welchen Gütern ein ggf. höherer Preis in Kauf genommen werden kann bzw. ab welcher Anzahl Bestellungen eines Gutes sich der Wegfall von Elementen der Beschaffungskette lohnt.

2.2.2. Globalisierung des Beschaffungsmarktes

Durch die rasante Verbreitung des Internet sind praktisch die nationalen Grenzen aufgehoben. Die Kommunikation ist mehr oder weniger standortunabhängig und damit global geworden: Jeder kann mit jedem auf der ganzen Welt Daten und Informationen austauschen, vorausgesetzt, ein Internet-Anschluss ist vorhanden. Wesentliche Ursache für die zivile Verbreitung dieses Mediums, das ursprünglich im Jahre 1969 als „ARPANET" für rein militärische Zwecke genutzt wurde und erst seit etwa 1995 auch in Deutschland seinen Siegeszug antrat[9], ist seine Hardwareunabhängigkeit: während es bereits in den 60er Jahren elektronische Kommunikationsschnittstellen zwischen Unternehmen gegeben hat – EDIFACT, welche allerdings die Kompatibilität der eingesetzten IT voraussetzten, arbeitet das für das Internet verwendete Netzwerkprotokoll TCP/IP (**T**ransmission **C**ontrol **P**rotocol/**I**nternet **P**rotocol) mit jedem beliebigen Rechner zusammen, der an ein Netz angeschlossen werden kann.

Aus diesem Grund ist das Internet geradezu prädestiniert für den elektronischen B-to-B-Commerce.

Während bei oben geschildertem Prinzip des C-Artikel-Managements die eigentlichen Beschaffungskosten ein wesentliches Einsparpotential darstellen, eröffnet die globalisierte Struktur des Internet noch weitere Möglichkeiten für

---

[9] vgl. http://www.safira.de/leistung/die_geschichte_des_internet.html

den Einkauf, wirtschaftlicher und effizienter zu arbeiten: Mit Hilfe des Internet können noch mehr Einkaufsquellen erschlossen werden. Die bisher praktizierten Methoden, Bestellverfahren schriftlich und unter Einschluss mehrerer Hierarchiestufen abzuwickeln sowie häufige Geschäftsreisen der Einkäufer, auch ins Ausland, werden zugunsten elektronischer standortunabhängiger Verfahren ersetzt oder zumindest auf ein Mindestmaß reduziert. Das Internet kann ferner die Logistik unterstützen, wenn es darum geht, die Just-In-Time-Fertigung der Lieferanten mit dem internationalen Einkauf zu kombinieren, andererseits aber auch die Möglichkeiten eines Lieferantenwechsels offenzuhalten[10].

Mittlerweile ist auch in der Industrie die Notwendigkeit erkannt worden, im internationalen Bereich Waren und Dienstleistungen zu beschaffen und auch die Logistik entsprechend international auszurichten[11].

Wird somit das Internet als Beschaffungsmedium genutzt, so beschränkt sich diese Form des B-to-B-Commerce nicht notwendig auf die reinen C-Artikel, sondern kann im Prinzip alle Beschaffungsvorgänge erleichtern: Eine durchaus realisierbare Zukunftsvision ist es, dass nicht nur die Lieferantenauswahl elektronisch erfolgt, sondern dass auch die Vertragspartner online über Art, Umfang und Preis der zu beschaffenden Waren und Dienstleistungen verhandeln, ohne dass irgend jemand das Haus verlässt, teure Reisen unternimmt o. ä. Sogar der Vertragsschluss selbst wird online vorgenommen; sämtliche Vertragsunterlagen liegen in elektronischer Form vor; jeglicher Postweg hierüber entfällt.

Die Logistik beschränkt sich auf bewegliche Sachen; Software, die nicht als Sachen i. S. d. § 90 BGB gilt, sondern bei der im wesentlichen nur die Lizenz Kaufgegenstand ist, wird nicht nur elektronisch bestellt, sondern auch elektronisch geliefert und bezahlt. Die elektronische Lieferung von „Waren" beschränkt sich nicht nur auf Software; auch Bücher, Videos, Musikstücke lassen sich durch elektronische Daten ersetzen und damit über die Telekommunikations-Leitung versenden. Man kann insoweit von „virtuellen Waren" sprechen, die ihre körperliche Gegenständlichkeit zugunsten schnellerer und effizienterer Anlieferung aufgegeben haben.

Angesichts der breitbandigeren Übertragungswege wie T-DSL, ADSL, Sky-DSL usw., die bisher ungeahnte Datenübertragungen praktisch für jedermann ermöglichen, sind im Bereich der Beschaffung von „virtuellen Waren" noch mehr Möglichkeiten als bisher gegeben: Während bei der ISDN-Übertragung (max. 2 mal 64 kBit/s = 128 kBit/s) die Lieferung eines Softwarepakets von etwa. 10 MB gerade noch als erträglich angesehen werden kann, dürften die neuen Übertragungswege den Download von Software und anderen virtuellen Waren weitaus größeren Umfangs ermöglichen. Ganze CDs mit Office-Software oder Betriebssystemen, komplette Videos und Bücher können dann problemlos über das Internet von welchem Lieferanten auch immer elektronisch beschafft werden.

---

[10] vgl. Krokowski, W. (Hrsg.) Globalisierung des Einkaufs, Leitfaden für den internationalen Einkäufer, Springer-Verlag, München 1998

[11] vgl. http://www.logistik.tu-berlin.de/Veroeffentlichungen/Trends/down36.htm

Gleichwohl ergeben sich insbesondere angesichts einer globalisierten Beschaffungspolitik – über das Internet – eine Reihe von juristischen, technischen und organisatorischen Problemen, die es zu überwinden gilt.

2.2.3. Hemmnisse des B-to-B-Commerce

Die anarchische Struktur des Internet (praktisch keine internationale Kontrolle, ungeregelt[12]), die auf der anderen Seite jedem den freien Zugang zum weltweiten Netz ermöglicht, führt bereits per se zu einer gewissen Abwehrhaltung der Entscheidungsträger gegenüber diesem Medium (psychologisches Moment). Wer privat beim Einkauf im Internet mit Mängeln konfrontiert wird und die Sicherheit dieses Mediums als kritisch einstuft, wird möglicherweise in seinem Unternehmen der Einführung eines B-To-B-Commerce ebenso kritisch gegenüberstehen.

Insgesamt lassen sich die Hemmnisse gegenüber der Internet-Commerce-Nutzung, die bereits beim B-to-C-Commerce bestehen, wie folgt zusammenfassen (Abbildung 2.5.1)[13].

Abbildung 2.5.1: FirstSurf-Umfrage

1. **Der Bezahlungsvorgang**
   60% der befragten Online-User sehen die Sicherheit des Zahlungsverkehrs als das gravierendste Problem beim Online-Shopping an. Nur 30% halten die Zahlung durch Eingabe der Kreditkartennummer mit anschließender Verschlüsselung für ausreichend. Das bedeutet, dass

[12] vgl. http://www.bnk.de/herz/herzdeu/herz95_4d/internet.htm

[13] vgl. Untersuchung Internetshopping Report 98/99, http://www.firstsurf.de/shoppingumfrage.htm, sowie Internet-Shopping-Report 2000, http://www.firstsurf.de/shoppingumfrage02.htm)

derjenige Geschäftsführer oder gar Vorstand eines Unternehmens, der in seinem privaten Umfeld bereits Bedenken gegen elektronisches Einkaufen hegt, wohl kaum bereit ist, in seinem Unternehmen B-to-B-Commerce über Internet einzuführen.

2. **Angst vor Schnüffelei**
Rund 54% der befragten User hält die Sicherheit der persönlichen Daten im Internet für gefährdet. Hier bewirken offensichtlich sowohl die anarchische Struktur, als auch immer neue Meldungen über Hacker, Viren u. ä. die Unsicherheiten bei den Usern und minimieren die Bereitschaft, das Netz für eCommerce zu nutzen. Das CERT Coordination Center (**C**omputer **E**mergency **R**eport **T**eam) gibt regelmäßig aktuelle Virenwarnungen heraus und informiert über Gegenmaßnahmen[14]. Jeder Aktualisierung eines Virenschutzprogramms folgt die „Erfindung" eines neuen, noch ausgeklügelteren Virus, bei dem sich die jeweiligen Virenprogrammierer offensichtlich daran weiden, erneut das Netz eines Unternehmens lahmgelegt oder sonstigen Schaden angerichtet zu haben. Auch das Bundesamt für Sicherheit in der Informationstechnik (BSI) informiert über aktuelle Viren[15]. Trotz der sich weiter entwikkelnden Sicherheitstools bleiben deshalb immer noch Zweifel, ob das Internet sicher genug für den Einsatz von eCommerce-Anwendungen ist

3. **Orientierungsprobleme**
Etwa 38% der Befragten beklagen die Schwierigkeit, im Internet die gewünschten Produkte überhaupt ausfindig zu machen. Gerade dann, wenn eben nicht „Surfen" im Internet angesagt ist, sondern gezielt etwas gesucht wird, mutiert das Gesuchte zur sprichwörtlichen Stecknadel im Heuhaufen. Wer privat schon Schwierigkeiten hat, etwas im Internet zu finden, sei es, dass er im Umgang mit Suchmaschinen nicht geübt ist, ungeeignete Suchstrategien entwickelt, oder aber das Gesuchte allzu exotischen Charakter hat, der wird in der Geschäftswelt erst recht Bedenken gegen die Internet-Nutzung entwickeln: Das Suchen im Internet verursacht schließlich Kosten; abgesehen von den unerwünschten Surfgewohnheiten einiger Arbeitnehmer zu privaten Zwecken. Dementsprechend besteht die Angst, dass Einsparpotenziale durch die Dauer des Internet-Surfens wieder zunichte gemacht werden. Schließlich sind dabei ja nicht nur die reinen Online-Kosten, sondern auch die hierfür aufgewendete Arbeitszeit zu berücksichtigen.

Die oben beschriebenen Hemmnisse gehen häufig einher mit juristischen Bedenken, insbesondere wenn es darum geht, in einem Unternehmen die Beschaffungspolitik zu globalisieren. Nicht nur, dass Unternehmen im Inland miteinander elektronische Geschäftsbeziehungen aufbauen wollen, sondern

[14] vgl. http://www.cert.org/nav/reports.html
[15] vgl. http://www.bsi.de

gerade der internationale B-to-B-Commerce wirft eine Reihe von juristischen Fragen auf, die es zu klären gilt:

- Wie rechtsverbindlich sind elektronisch geschlossene Verträge?
- Welches Recht wird angewendet?
- Wie sicher ist die Vollstreckung von Ansprüchen, z. B. aufgrund von Gewährleistungsrechten im Ausland?
- Welchen Beweiswert haben elektronische Dokumente?
- Welche Wettbewerbsgrundsätze müssen beachtet werden?

Aber auch organisatorische Fragen sind zu lösen:

Bereits die Einführung eines kostensenkenden C-Artikel-Managements führt dazu, dass Personal im Einkauf reduziert wird, weil die Beschaffung dieser Artikel direkt auf die Bedarfsträger verlagert wird. Häufig dürften davon dezentrale organisierte Einkaufsstellen betroffen sein. Auf der anderen Seite erfordert eine derartige Kompetenzverlagerung ein effizientes Controlling-System, das ein Überschreiten der gewonnenen Beschaffungskompetenzen verhindert.

Großunternehmen dürften in der Regel über ein internes Unternehmensnetzwerk (Intranet; *lat.* „intra“ = inmitten, innen) mit gleichzeitiger Internet-Anbindung verfügen. Bei der Kostenkalkulation für eine Internet-Beschaffung müssten in diesen Fällen demnach nur die zusätzlichen IV/IT-Kosten berücksichtigt werden (sog. *ceteris-paribus-Klausel* = nur Berücksichtigung der *zusätzlich* anfallenden Kosten bei *im übrigen gleichen* Bedingungen). In allen anderen Fällen sind die zusätzlich zu schaffenden Internet-Verbindungen in die Kostenkalkulation einzurechnen.

Besondere Schwierigkeiten machen jedoch vor allem Buchungssysteme, die sich von denen der Lieferanten unterscheiden: Beim B-to-B-Commerce will man ja gerade eine möglichst vollautomatische Bestellabwicklung vom Bedarfsanstoß über die Lieferung bis hin zur Bezahlung erreichen. Jeder papiergebundene Zwischenschritt – das gilt auch für den Telefax-Verkehr – bedeutet Zeitverlust und Kosten.

Die verschiedenen Materialkatalogisierungen müssen mit denen der Lieferanten synchronisiert werden. Das heißt, der bestellte Artikel muss sowohl vom System des einkaufenden Unternehmens, als auch vom System des Lieferanten erkannt und entsprechend gebucht werden. Aus diesem Grund hat der Bundesverband Materialwirtschaft, Einkauf und Logistik e. V. (BME), Frankfurt a.M., eine Initiative zur Entwicklung eines Standards zur elektronischen Datenübertragung für Artikelkataloge gestartet[16]. Mit der einfachen Übernahme von Katalogdaten aus den unterschiedlichsten Formaten will BMEcat die Voraussetzungen dafür schaffen, um in Deutschland den Warenverkehr zwischen Unternehmen im Internet voranzubringen.

Ein besonderes Sicherheitsrisiko stellen schließlich die Mitarbeiter eines Unternehmens selbst dar: jedes noch so ausgeklügelte Sicherheitssystem ist zum Scheitern verurteilt, wenn die betroffenen Mitarbeiter durch Fahrlässig-

[16] vgl. http://www.bme.de/bmecat/enter.htm

keit Lücken schaffen, in die böswillige Zeitgenossen ungehindert eindringen können.
Die betroffenen Mitarbeiter müssen daher im Umgang mit den neuen elektronischen Beschaffungsformen geschult und hinsichtlich der Sicherheitsfragen sensibilisiert werden. Es genügt dabei nicht, ein einziges Mal eine Schulung durchzuführen; vielmehr müssen die Mitarbeiter eines Unternehmens regelmäßig auf die externen und internen Gefahrenquellen hingewiesen und mit geeignetem Know-How zur Ergreifung von Gegenmaßnahmen ausgestattet werden.
Neben dem bei den Sicherheitsfragen beschriebenen psychologischem Moment der Angst gibt es allerdings noch einen weiteren Faktor, der generell bei der Anwendung der IT nicht unterschätzt werden sollte: *den Menschen selbst.* Ein Grundbedürfnis des Menschen ist die Befriedigung seiner sozialen Bedürfnisse. Der Mensch ist ein soziales Wesen und gewohnt, mit anderen zu kommunizieren. Ob hier die alleinige elektronische Kommunikation zur Befriedigung dieser sozialen Komponente ausreicht, ist fraglich:
„Die Relevanz zwischenmenschlicher Beziehungen für den Netzwerkerfolg verhindert die beliebige Austauschbarkeit von Netzwerkmitgliedern"[17]. Nach dieser Anschauung sind es gerade die durch den persönlichen Kontakt bewirkten zwischenmenschlichen Beziehungen, die dadurch eine gelungene Online-Kommunikation ermöglichen. Wer einen Geschäftspartner persönlich kennt, d. h. im realen Leben getroffen und gesehen hat, wird leichter online mit ihm kommunizieren können, als derjenige, der seinem Gegenüber nur im virtuellen Netz begegnet ist. An dieser Stelle gilt es, sich der sozialtypischen Probleme, ja der Ängste beim Online-Verkehr bewusst zu werden und zu versuchen, diese im Vorfeld zumindest zu minimieren.

Ein weiteres Hemmnis bei der Auseinandersetzung mit virtuellen Welten ist der sogenannte „haptische Eingangskanal“ beim Menschen: der Mensch will anfassen, greifen, *be*-greifen. So hat eine von Xerox durchgeführte Marktanalyse ergeben, dass das „papierlose Büro“ offensichtlich ein Traum bleiben wird[18]. Nach dieser Analyse drucken 33% der Befragten ihre E-Mails aus – einfach weil sie „etwas in der Hand“ halten möchten. Die bloße Bildschirmanzeige, welche realiter nur eine optische Täuschung ist (ein Elektronenstrahl bringt Pixel auf dem Bildschirm zum Leuchten; das menschliche Auge nimmt infolge seiner Trägheit ein Bild wahr), befriedigt den haptischen Eingangskanal nicht[19]. Darüber hinaus lassen sich mehrseitige Unterlagen immer noch leichter in gedruckter Form lesen, als am Bildschirm, wenngleich die modernen Monitore flimmerfreies und augenschonendes Arbeiten erlauben. Aufgrund dieser – und sicherlich noch weiterer Analysen, die folgen werden – ist nicht zu erwarten, dass der Online-Verkehr papiermäßiges Vorgehen ersetzt; mit Sicherheit werden auch online geschlossene Verträge von den Vertragspartnern ausgedruckt und zu den – körperlichen – Akten genommen.

---

[17] Michael Reiß, Mit Netzwerkkompetenz zu virtuellen Strukturen, in: IO Management 11-12/96, S.12-16; 14

[18] vgl. http://www.infoweek.ch/news/n_single.cfm?ID=2322

[19] vgl. Ilona Rau, Das papierlose Büro - Realität oder Illusion?, http://www.hdm-stuttgart.de/ax06s/hdm/rau-d.htm

Wie schwer es ist, Papierbelege vollständig durch elektronische Belege zu ersetzen, zeigen schließlich die Auseinandersetzungen in Fragen des Steuerrechts und der ordnungsgemäßen Buchführung (s. u.).

Der Übergang von der papiermäßigen Behandlung von „Vorgängen“ hin zur elektronischen Nutzung hat sich sicherlich in den vergangenen Jahren durch die Einführung von Office-Anwendungen in den Betrieben erheblich verbessert. Dadurch dürfte bei den Anwendern das Bewusstsein vorhanden sein, so weit wie möglich elektronische Medien zu nutzen und das Papier letztlich nur als „Kontrollinstanz“ zu begreifen.

3. Lieferantenauswahl und -gewinnung

Aus Einkaufssicht sind im wesentlichen im Rahmen von Internet-basiertem cCommerce die Fragen der Lieferantenauswahl, des sicheren und beweisbaren Vertragsschlusses unter Einschluss sämtlicher Vertragsbedingungen und der sichere, möglichst auf elektronischem Wege erfolgende Zahlungsverkehr bedeutsam.

Bei der Lieferantenauswahl kann man differenzieren zwischen der aktiven Suche eines oder mehrerer potenzieller Lieferanten im Internet und der direkten Beteiligung von bereits bekannten oder vorab ausgewählten Lieferanten in einem Extranet oder elektronischen Marktplatz. Letztere Möglichkeiten sind im Rahmen eines elektronischen Beschaffungsprozesses deshalb effizienter, weil den Bedarfsträgern die möglicherweise langwierige Suche nach geeigneten Lieferanten erspart bleibt.

3.1. Die Suche eines Lieferanten im Internet

Die Identifikation des oder der Lieferanten dürfte für ein Unternehmen, das sich zum Internet-Einkauf entschließt, dann kein Problem sein, wenn ohnehin auf die bekannten Lieferanten aufgrund spezieller Verträge zurückgegriffen wird. Ist jedoch die Auswahl der Lieferanten nicht festgelegt, kann mithin also z. B. der Bedarfsträger bzw. Einkaufsverantwortliche selbst im Internet nach einem geeigneten Geschäftspartner suchen, muss sichergestellt werden, dass der über das Internet beauftragte Lieferant mit dem gewünschten Lieferanten übereinstimmt.

Es soll nicht verkannt werden, dass die Internet-Suche Kenntnisse und Erfahrungen voraussetzt; insbesondere muss der Umgang mit Suchmaschinen erlernt und eine geeignet Strategie entwickelt werden. Grundsätzlich sollte die Suche nach Lieferanten im Internet das letzte Mittel für die Beschaffung sein, bevor Einkaufsverantwortliche oder sonst berechtigte Personen ihre wertvolle Arbeitszeit damit verbringen. Die Internet-Suche bietet sich dabei vor allem dann an, wenn Alternativ-Lieferanten gesucht werden: Jahrelange Lieferantenbeziehungen mit nur einem einzigen Lieferanten können zu wechselseitigen Abhängigkeiten und ggf. Stillstand in der technologischen Weiterentwicklung führen. In dieser Situation ist u. U. die Suche nach einer Alternative hilfreich.

Bei der Suche nach einem geeigneten Lieferanten im Internet bedient man sich sogenannter Suchmaschinen, z. B. „Yahoo“[20], „Lycos“[21], „MetaCrawler“[22].oder „Google“[23]. Hierbei haben sich vor allem diejenigen Suchmaschinen herauskristallisiert, welche eine möglichst umfassende Recherche innerhalb

[20] www.yahoo.de

[21] www.lycos.de

[22] www.metacrawler.com

[23] www.google.com

des Internet vollziehen und ferner eine qualifizierte Ausgabe der gefundenen Seiten mit Trefferquote anbieten. Insbesondere Suchmaschinen, die gleichzeitig mehrere andere Suchmaschinen miteinbinden –sogenannte Meta-Suchmaschinen - , eignen sich sehr gut für das Auffinden exotischer Anfragen. Beispiele für Meta-Suchmaschinen sind „MetaCrawler“ oder „Google“; interessant und für den deutschsprachigen Raum hilfreich ist die Metasuchmaschine des „Regionalen Rechenzentrums für Niedersachsen“ der Universität Hannover, der „MetaGer“[24].

Der Name des Internet-Anbieters ist in dessen Internet-Adresse „versteckt“. Diese Internet-Adresse, beginnend mit der „http:“-Anweisung, wird auch als „Domäne“ bezeichnet, die aus durch Punkte getrennte Bestandteile besteht. Der von links nach rechts zulesende erste Teil ist die Anweisung „www“ (World-Wide-Web), die auch durch den Rechnernamen ersetzt werden kann; der zweite Teil ist der eigentliche sogenannte „Domänen-Name“ (engl. Domain), der den Anbieter kennzeichnet und manchmal auch mit dem Firmennamen des Anbieters identisch ist, der dritte Teil ist die sogenannte „Top-Level-Domäne“, die in der Regel aus dem Länderkennzeichen (in Deutschland: „de“) besteht. Diese Domänen-Modell soll die eindeutige Identifizierung der Internet-Anbieter ermöglichen. Gleichwohl ist die Gefahr von Verwechselungen und/oder Missbrauch nicht auszuschließen. Immer wieder versuchen Hacker, komplette Web-Angebote gegen ihre eigenen Seiten auszutauschen und z. B. die Seite einer Bank vorzutäuschen. Auf diese Weise können Kontonummern, PIN und Passwörter statt auf dem gewünschten Server beim Hacker landen und entsprechend missbraucht werden[25]. Aus diesem Grunde lassen sich seriöse Anbieter sogenannte Zertifikate ausstellen, die dann im Zweifelsfalle über die Browser-Software abgeprüft werden können. Über die gängigen Browser, Internet-Explorer, Version 5.X bzw. Netscape, ab Version 4.X, ist es möglich, mit Hilfe des Menüs „Extras – Internetoptionen – Inhalt – Zertifikate“ sich das jeweilige Zertifikat des Anbieters zeigen zu lassen bzw. dessen Echtheit zu verfolgen.

Bei der Wahl der Domäne kommt es immer mehr auf die Prägnanz an, mit der ein Internet-Anbieter auftritt: Leicht zu merkende, häufig am Firmennamen angelehnte Web-Bezeichnungen dürften eher Aussicht auf Erfolgt – sprich Zugriff – haben, als nichtssagende Fantasienamen. In der Praxis gibt es ist häufig gerichtliche Auseinandersetzungen zwischen Anbietern, die den gleichen oder einen ähnlichen Namen benutzen. Nationale (DENIC) und internationale Institutionen (INTERNIC) versuchen, bereits bei der Vergabe der Domain auf deren Eindeutigkeit und auf mögliche Rechtsverletzungen Dritter zu achten. Nicht selten endet der Streit über einen Domänen-Namen vor den Gerichten, die sich je nach Fallkonstellation damit zu befassen haben, ob eine Verletzung des Namens- oder Warenzeichenrechts vorliegt. Der Streit über Domains soll künftig über ein internationales schiedsrichterliches Verfahren nach den WIPO *„Rules for Administrative Challenge Panel Procedures concerning Internet Domain Names“* geregelt werden. Alle Registrierbehörden von Domain-Namen verpflichten die Anmelder, Streitigkeiten mit Dritten

[24] meta.rrzn.uni-hannover.de/index.html

[25] vgl. PC-Welt, 10/2000, S. 80 ff.

weltweit durch ein Schiedsgericht unter der Ägide der WIPO entscheiden zu lassen[26].
Darüber hinaus sollen weitere geeignete Sicherheitsmechanismen, auf die später eingegangen wird, zu einer sicheren Authentifizierung der beteiligten Vertragspartner führen.

3.2. Internet-Ausschreibungen

Wenngleich auch das Instrument der öffentlichen Ausschreibung bei Privatunternehmen immer mehr in den Hintergrund gedrängt wird, da damit im Gegensatz zu anderen Beschaffungsmethoden Zeit und Kosten verbraucht werden und diese deshalb als unwirtschaftlich erscheinen, gibt es doch fallweise das Bedürfnis, im Vorfeld eines Beschaffungsvorganges den Markt auszuloten, ggf. Newcomer oder Alternativ-Lieferanten zu gewinnen etc.

Einige Firmen veröffentlichen daher auf ihren Einkaufsseiten Ausschreibungen, auf die sich interessierte Bieter bewerben können (vgl. Sachs-Einkauf Selbstauskunft[27]). Um nicht von Werbung überschwemmt zu werden, sind häufig elektronische Formulare vorgeschaltet, in denen der Bewerber bestimmte Angaben zu machen hat, bevor er überhaupt an der Ausschreibung teilnehmen kann. Beispielsweise wird nach dem Umsatz des letzten Geschäftsjahres oder der Anzahl der Beschäftigten gefragt, um sicherzustellen, auch einen kompetenten und leistungsfähigen Lieferanten zu bekommen und z. B. sogenannte „1-Mann-GmbH“ außen vor zu lassen.

3.2.1. Rechtsnatur von Internet Ausschreibungen

Fraglich ist die Rechtsnatur von Internet-Ausschreibungen:

Während in der VOL (**V**erdingungs**o**rdnung für **L**eistungen) bzw. VOB (**V**erdingungs**o**rdnung für **B**auleistungen) Art und Umfang der Ausschreibungsverfahren geregelt sind und auch die Richtl 93/38/EWG (sogenannte Sektorenrichtlinie) u. a. auf dem Gebiet der Telekommunikation Ausschreibungsverfahren bis zum Inkrafttreten eines wirksamen Wettbewerbs regelte, gibt es für die Ausschreibungen privater Unternehmen keine expliziten Vorschriften. Private Unternehmen sind demnach grundsätzlich frei in der Wahl ihrer Vertragspartner.

Juristisch dürfte die Internet-Ausschreibung als „Einladung zur Abgabe eines Angebotes“ – „invitatio ad offerendum“ - zu werten sein. Das bedeutet, dass eine solche Ausschreibung selbst noch kein Angebot i. S. d. § 145 BGB darstellt. Ob die Bewerbung eines Bieters ein Angebot ist, auf das ausschreibende Unternehmen lediglich durch Annahmeerklärung reagieren muss, ist allerdings ebenfalls fraglich: Wenn man sich die im Internet vorhandenen Ausschreibungen einmal ansieht, wird man leicht feststellen, dass ein Bewerber vielfach gar kein konkretes Angebot unter Einschluss aller sogenannten notwendigen Bestandteile („essentialia negotii“) eines Vertrages abgeben

[26] vgl. www.arbiter.wipo.int/domains/index.html
[27] http://www.sachs-ag.de/deutsch/einkauf/formular.htm

kann; vielmehr werden – wie bei Ausschreibungen nach der VOL/VOB auch erst vom Ausschreibenden die Bewerberdaten geprüft und anschließend diejenigen Unterlagen (bei der VOL/VOB: „Verdingungsunterlagen") ausgehändigt, die letztlich die Abgabe eines konkreten Vertragsangebotes ermöglichen.

Problematisch könnte der Fall werden, wenn aufgrund einer Internet-Ausschreibung eines Privatunternehmens der eine Bewerber Angebotsunterlagen erhält, der andere jedoch nicht. Hier stellt sich die Frage, ob mangels anderweitiger gesetzlicher Regelung der Gleichbehandlungsgrundsatz nach Art. 3 GG zur Anwendung kommt: In diesem Zusammenhang spricht man von der sogenannten Drittwirkung der Grundrechte, d. h. der Rechtsgedanke des Gleichbehandlungsgrundsatzes, der grundsätzlich nur im Verhältnis Bürger-Staat gilt, müsste ebenso auf privatrechtlicher Ebene gegenüber dem ausschreibenden Unternehmen gelten. Hier hieße das, ein aus dem Gleichheitssatz abgeleitetes Willkürverbot bei Internet-Ausschreibungen zugunsten des nicht beteiligten Bewerbers anzuwenden. Eine derartige Drittwirkung von Grundrechten auf dem Gebiet des Privatrechts ist sicherlich umstritten; an dieser Stelle zeigt sich deutlich das Spannungsfeld zwischen Privatautonomie auf der einen und staatlich kontrolliertes Handeln der natürlichen und juristischen Personen auf der anderen Seite.

Bei Anwendung dieses Rechtsgedankens muss allerdings dann immer noch die Anspruchsgrundlage gefunden werden, nach der hier nicht am Wettbewerb beteiligte Bewerber vorgehen könnten: Einen Anspruch auf Beteiligung an der Ausschreibung ist mangels Spezialvorschriften nicht ersichtlich; ihm bliebe nur übrig, gegen das ausschreibende Unternehmen auf Unterlassung oder Schadensersatz gemäß § 1 UWG (Gesetz über den unlauteren Wettbewerb) zu klagen. Diese Vorschrift bestimmt nämlich als Generalklausel eines „lauteren" Wettbewerbs, dass derjenige auf Unterlassung oder Schadensersatz in Anspruch genommen werden kann, der im geschäftlichen Verkehr zu Zwecken des Wettbewerbs Handlungen vornimmt, welche gegen die guten Sitten verstoßen.

3.3. Extranet oder elektronischer Marktplatz

Gerade Unternehmen, die über einen sogenannten Lieferantenstamm verfügen, haben die Möglichkeit, ihre Beschaffungsvorgänge auf elektronischem Wege dadurch zu optimieren, dass sie über die Bildung sogenannter elektronischer Marktplätze die von ihnen gewünschten Lieferanten ansprechen.

Insbesondere werden dabei entweder langjährige Lieferanten einbezogen oder neue in den Marktplatz aufgenommen. Im Wesentlichen sollten folgende Voraussetzungen erfüllt sein[28]:

- *enge und langjährige Beziehungen,*
- *eine ausreichend große Anzahl der Bestellungen und Rechnungen,*

[28] vgl. „Buy Direct", Eine Intranet-basierende Geschäftsprozeßoptimierung im Einkauf, Electronic Business Engineering / 4. Internationale Tagung Wirtschaftsinformatik 1999; Hrsg.: August-Wilhelm Scheer; Markus Nüttgens. – Heidelberg: Physica-Verlag, 1999

- *Erfahrungswerte der Lieferanten,*
- *deren Bereitschaft zur elektronischen Abwicklung,*
- *hohes Qualitätsniveau,*
- *kulante Reklamationsbearbeitung.*

Eine Methode, einen elektronischen Marktplatz im Internet einzurichten, ist die Bildung eines sogenannten Extranets. Beim Extranet werden die miteinander in Geschäftsbeziehungen stehenden Unternehmen über das Internet-Protokoll so miteinander verbunden, dass nur sie – und keine Dritte – miteinander kommunizieren können. Das Extranet ist praktisch eine Art Internet für geschlossene Benutzergruppen mit in sich geschlossener Architektur. Innerhalb des Extranets können Bestell- und Bezahlvorgänge abgewickelt werden; eine etwa erforderliche Kommunikation mit außerhalb des Extranets befindlichen Teilnehmern wird über sogenannte Firewalls realisiert. Alle Teilnehmer des Extranets haben sich vorher über die erforderlichen Standards geeinigt, insbesondere Materialkatalogisierungen, Abrechnungsmodi, Buchhaltungsverfahren. Vorteil eines solchen geschlossenen und trotzdem weltweit möglichen Systems ist im Idealfall die vollständige Automatisierung von Bestell- und Verkaufsvorgängen, da alle erforderlichen Daten untereinander ausgetauscht und ausgewertet werden können (Abbildung 3.3.1). Die Absicherung gegen etwaige Angriffe von außen wird über sogenannte „Firewalls" realisiert.

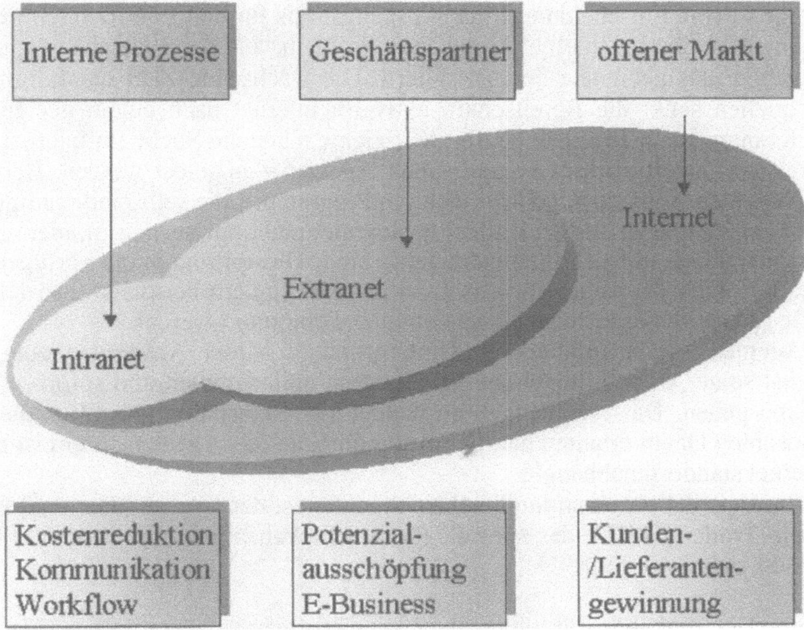

Abbildung 3.3.1: Intranet/Extranet/Internet

Im Intranet werden die internen Geschäftsprozesse eines Unternehmens abgewickelt; Vorteile sind insbesondere eine wesentlich bessere Information und

Kommunikation, insbesondere mit örtlich getrennten Unternehmenseinheiten, sowie die mögliche Realisierung eines Workflow-Systems. Im Extranet schließen ausgewählte Geschäftspartner Verträge ab, kaufen und verkaufen oder gehen Kooperationen ein. Das Extranet führt zu einer Ausschöpfung von Einsparpotenzialen durch Realisierung von weltweiten und standortunabhängigen E-Business-Strukturen. Im offenen Internet schließlich ist auf der einen Seite der Kunde König, auf der anderen Seite können aber auch neue Lieferanten gewonnen werden.

Im „elektronischen Marktplatz" können sogenannte Online-Auktionen angeboten werden, bei denen sich jeder beliebige Lieferant oder - bei Anwendung eines Extranets - nach den im elektronischen Marktplatz geltenden Bedingungen beteiligen kann. Allerdings sollen im Gegensatz zur Internet-Ausschreibung auf dem elektronischen Marktplatz rechtswirksame Angebote der teilnehmenden Lieferanten abgegeben werden, für die dann der beste Anbieter den Zuschlag erhält.

3.4. Der Einsatz „intelligenter Agenten"

Es ist auch möglich, die auf dem elektronischen Markplatz befindlichen Angebote mit Hilfe sogenannter „intelligenter Agenten" auszuwerten. Solche Agentensysteme greifen z. B. aufgrund von Vorgaben des Einkäufers auf alle im elektronischen Marktplatz befindlichen Angebote zu[29] und geben dem Einkäufer so eine Entscheidungshilfe. Ausgangsbasis für den Einsatz intelligenter Agenten ist das im Internet bestehende Problem, aus der Vielzahl möglicher Angebote das geeignete herauszufiltern. Die wachsende Zahl der Informationsquellen senkt die Bereitschaft, aktiv im Internet nach einem geeigneten Lieferanten zu suchen. Die häufig ineffiziente manuelle Suche im Internet soll durch ein „intelligentes" System – den Agenten – abgelöst werden. Bei den intelligenten Agenten handelt es sich um Programme, die selbständig aufgrund der Vorgaben z. B. des Einkäufers im Internet nicht nur suchen, sondern auch zur Interaktion mit den Anbietern fähig sind. Diese Programme verfügen im Idealfall auch über eine gewisse Lernfähigkeit, indem beispielsweise fehlerhafte Suchergebnisse bei der nächsten Suche eliminiert werden.

Agentensysteme arbeiten im Hintergrund; d. h. der Anwender kann zunächst seine Anforderungen an den Agenten online stellen und sofort wieder offline gehen. Das Agentensystem meldet sich selbsttätig, sobald es die gewünschten Daten erhalten hat. Die Anbindung an das Agentensystem ist dank Internet standortunabhängig.

Ein Beispiel für einen intelligenten Agenten ist das System „**P**ersonal **E**lectronic **T**rader" (PET), das speziell für den Einkauf entwickelt wurde[30].. PET arbeitet dabei wie folgt:

- Der Einkäufer gibt über die Zugangssoftware seine Kaufwünsche ein. Anschließend geht er offline.

[29] vgl. Übersicht unter http://www.tzi.de/~bohnebec/gi-rg/agentensysteme.html)

[30] vgl. http://www.beschaffung.net/daten/service/v2.htm

- PET erstellt ein Suchprofil und sucht den Weg zum elektronischen Marktplatz.
- PET verhandelt mit den elektronischen Anbieteragenten des Marktplatzes.
- PET meldet die Ergebnisse zurück an den Einkäufer.

Beispiel für einen PET-Vorgang: ein Einkäufer sucht ein Handy, welches bestimmte Merkmale aufweist.

Falls gewünscht, kann der Einkäufer aus einer Hersteller- oder Händlerliste den oder die gewünschten auswählen.

Der intelligent Agent sucht nun auf dem elektronischen Markplatz nach allen Handys, welche die beschriebenen Merkmale aufweisen, und bietet sie dem Einkäufer in einer Liste mit den jeweiligen Preisen an.

Der Einkäufer trifft seine Einkaufsentscheidung anhand dieser Liste.

Der Einkäufer spart durch den Einsatz elektronischer Agenten vor allem Zeit, die er ansonsten für aufwendige Recherchen einsetzen müsste[31]. Hinzukommt die Ersparnis von Online-Kosten, da er während der Recherche des Agenten „offline“ bleiben kann. Durch die „Lernfähigkeit“ des Agenten, das heißt insbesondere die Auswertung von Informationen, die bei jeder Agentensuche eintreffen, wird der Einkäufer immer besser informiert. Damit ein intelligenter Agent überhaupt „fündig“ werden und alle Vorteile ausschöpfen kann, müssen ihm auf der Anbieterseite die entsprechenden Informationen – am besten in Form von Anbieteragenten – zur Verfügung stehen. Für den Anbieter bedeutet der Einsatz von Agenten vor allem eine erhöhte Kundenbindung und die Erschließung neuer Kundensegmente. Der Anbieter erspart sich zusätzliche Werbe- und Vertriebskosten und gewinnt aufgrund der durch intelligente Agenten eintreffenden Kundenanfragen wertvolle Informationen über seine Kunden.

Eine Weiterentwicklung der Einkaufs-Agenten ist die selbsttätige Durchführung von Transaktionen im Auftrag des Einkäufers. Es ist technisch durchaus vorstellbar, dass der Agent selbst die Bestellungen tätigt. Der Einkäufer brauchte sich dann nicht mehr „einzuloggen“, um die vom Agenten zurückgelieferten Informationen einzusehen; das Anbietersystem brauchte nicht mehr auf das Bestellsignal des Einkäufers zu warten. Dieser zeitsparende Idealfall setzt allerdings voraus, dass eindeutige Vorgaben für eine Kaufentscheidung beim Agenten hinterlegt sind, also von allen Anbietern, deren Produkte die angegebenen Merkmale erfüllen, den preiswertesten auszuwählen. In rechtlicher Hinsicht ist es allerdings zum einen problematisch, die jeweiligen Willenserklärungen – Angebot und Annahme -, die für einen Vertragsschluss erforderlich sind, einem „Menschen“ zuzuordnen, da diese wie beschrieben eigentlich von einer „Maschine“ stammen. Ein weiteres juristisches Problem ist die Beweisbarkeit der elektronischen Bestellung per Agent, da hier regelmäßig keine Urkunden erzeugt werden. Diese Problematik wird im Zusammenhang mit dem Thema „Willenserklärungen“ und „digitale Signatur“ erörtert.

---

[31] vgl. auch http://dai.cs.tu-berlin.de/deutsch/forschung

3.5. Online-Auktionen

3.5.1. Auktionsformen

Bei den Online-Auktionen im Internet haben sich mittlerweile verschiedene Erscheinungsformen herauskristallisiert, die nachfolgend vorgestellt werden sollen:

3.5.1.1. Online-Versteigerungen

Bei der Online-Versteigerung werden in der Regel mit Hilfe professioneller Veranstalter Waren und Dienstleistungen aller Art an den meistbietenden versteigert (vgl. Stefan Ernst, Die Online-Versteigerung, CR 2000, 304-312). Jeder Internet-Nutzer kann dabei auf die frei verfügbaren Versteigerungsseiten im Internet zugreifen und über ein Web-Formular oder per E-Mail sein Gebot abgeben. Ein großer Anbieter von Online-Versteigerungen ist eBay[32]. Wer immer etwas über das Internet verkaufen will, kann bei eBay Mitglied werden, muss sich jedoch den Nutzungsbedingungen von eBay unterwerfen. Diese Bedingungen geben insbesondere Hinweise, welche Artikel verkauft werden dürfen bzw. liefern Anhaltspunkte für den Anbieter hinsichtlich der gesetzlichen Zulässigkeit eines Verkaufs, der Einhaltung von Urheberrechts- und sonstiger Schutzvorschriften etc. Auch dürfen Anbieter nicht versuchen, die bei eBay vorhandene Suchmaschine durch einen übermäßigen Gebrauch von Suchwörtern zu manipulieren, um ausschließlich die Aufmerksamkeit der Kunden anzulocken. Der Käufer hat bei eBay die Möglichkeit, selbst Gebote abzugeben und sogar Anbieter aufgrund einer von eBay erstellten Bewertung auszuwählen. Damit versucht eBay, die Seriosität der Anbieter sicherzustellen und ein gesteigertes Vertrauen bei der Käuferklientel hervorzurufen.

Der Käufer bietet bei eBay den Höchstbetrag, den er bereit ist für den gewünschten Artikel zu bezahlen. Mit diesem Höchstgebot wird ausweislich der eBay-Bedingungen der Wille des Käufers bekundet, im Falle des Zuschlags auch den Kaufvertrag abzuschließen; er muss allerdings innerhalb von drei Tagen nach Abschluss der Versteigerung den Verkäufer kontaktieren; tut er dies nicht, kann der Verkäufer den nächsthöheren Bieter als Vertragspartner bestimmen. Wird das Höchstgebot durch einen anderen Bieter überschritten, erhält der Käufer automatisch eine Benachrichtigung per E-Mail, kann weiterbieten usw. Der Käufer kann den Verlauf der gesamten Versteigerung mitverfolgen, muss es aber nicht.

3.5.1.2. Community-Shopping

Beim Community- (oder Co-) Shopping werden Waren zunächst zu einem festen Preis angeboten, der ab einer bestimmten Anzahl Bestellungen in vorgebener Weise sinkt. In der Regel gibt der Händler eine Preisempfehlung vor

---

[32] http://www.ebay.de

und staffelt die zu erzielenden niedrigeren Preise je nach eingehender Anzahl der Bestellungen. Der Käufer kann entweder das Produkt verbindlich bestellen oder seine Bestellung davon abhängig machen, dass genügend andere Käufer zur Verfügung stehen und damit der niedrigere Preis erreicht wird. Im Wesentlichen handelt es sich beim Co-Shopping um die Gewährung eines Mengenrabatts.

Ein Anbieter von Co-Shopping-Auktionen ist Yeebab[33]. Yeebab ermöglicht hier ebenfalls sowohl für Händler, als auch für Kunden die Nutzung dieser Auktionsplattform. Händler können nach Anmeldung ihre Produkte und jeweiligen Preise in einer sogenannten „Shopping-Gruppe" einstellen; die Laufzeit der Angebote ist auf fünf Tage befristet. Für Händler und Kunden ist die Eingabe eines Yeebab-Anmeldenamens und eines Passworts erforderlich.

3.5.1.3. Reverse Auctions

Bei Reverse Auctions (umgekehrte Versteigerungen) werden nicht Waren oder Dienstleistungen gegen Höchstgebot angeboten, sondern mehrere Anbieter versuchen, durch möglichst günstige Preise das Kaufinteresse des oder der Kunden zu wecken[34]. Diese Variante ist vor allem für den Einkauf interessant: Einkäufer können im Rahmen einer solchen „reverse auction" ihren Bedarf ausschreiben, die eingehenden Angebote (elektronisch) einsehen und auswerten. Dabei werden entweder vorab ausgewählte oder alle interessierten Lieferanten aufgefordert, zu einem bestimmten Zeitpunkt eine Internet-Seite anzuwählen und ihr Angebot abzugeben. Man kann eine solche Online-Auktion durchaus mit einer Ausschreibung nach VOL/A (Lieferungen und Leistungen) bzw. VOB/A (Bauleistungen) vergleichen; allerdings gelten im Rahmen der Online-Auktion spezielle Regeln. Der wesentliche Vorteil der Online-Auktion besteht darin, dass Lieferantenbewerbung, Gebot und Auswahl automatisch ablaufen können, ohne dass der Einkäufer selbst in persona die eingehenden Angebote sichten und prüfen muss, bevor er den Zuschlag erteilt. Entscheidend für den Erfolg einer Online-Auktion ist jedoch die gute Vorbereitung.

Beispiel einer Online-Auktion:

- zunächst wird die Online-Auktion entweder ausgewählten Lieferanten (aus dem vorliegenden Lieferantenstamm eines Unternehmens) oder öffentlich auf der Homepage des einkaufenden Unternehmens bekanntgemacht.
- Einkaufsgegenstand, Beginn und Ende der Auktion sind definiert. Wichtig ist dabei insbesondere, dass die Produkteigenschaften des Einkaufsgegenstandes genau beschrieben sind.
- Das Zuschlagskriterium bzw. die Parameter, die im Rahmen der Auktion zum Zuschlag an den Bieter führen, müssen vorher intern festgelegt sein. In den meisten Fällen dürfte dies der Preis sein, da dieser das am eindeutigsten zu bestimmende Kriterium ist.

---

[33] http://www.yeebab.de/www_yeebab/coshop.asp

[34] http://www.preiswerte-shops.de/auktionen_rueckwaerts.htm

- Die Auktionsseite ist nur für den angegebenen Zeitpunkt geöffnet; d. h. nach dem Ende der Auktion dürfen keine Gebote mehr abgegeben werden.
- Die Anbieter legen ihre Gebote über Formularfelder direkt im Internet ab; eine dahinterliegende Datenbankanwendung wertet sofort in Echtzeit die Angebote aus.
- Ist der Preis das Zuschlagskriterium, bekommt derjenige Anbieter den Zuschlag, der am Ende der Auktion den günstigsten Preis abgegeben hat. Der Zuschlag wird vom System erteilt.
- Der Einkäufer selbst kann die Auktion am Bildschirm verfolgen, führt aber keinerlei Aktionen aus.

3.5.2. Rechtsnatur von Online-Auktionen

Teilweise wird die Auffassung vertreten, Online-Auktionen seien nach den Vorschriften der Gewerbeordnung und der Versteigerungsordnung zu beurteilen[35]. und damit nach § 34b GewO genehmigungspflichtig. Nach § 34b GewO müsste es sich allerdings zunächst bei den Online-Auktionen überhaupt um Versteigerungen im Sinne dieser Vorschrift handeln. Soweit es sich um die oben beschriebenen Online-Versteigerungen handelt, bieten diese in der Tat ein ähnliches Bild wie öffentliche Versteigerungen. Indes ist der Versteigerungsbegriff nicht im Gesetz definiert, und zwar weder in der Gewerbeordnung, im BGB, noch in sonstigen Vorschriften. Der Versteigerungsbegriff muss somit nach dem allgemeinen Sprachgebrauch und der Lebenserfahrung bestimmt werden[36]. Versteigerungen sind insbesondere durch das Merkmal der zeitlichen und örtlichen Begrenztheit der Veranstaltung gekennzeichnet. Bei einer Versteigerung werden nämlich innerhalb einer zeitlich begrenzten Veranstaltung mehrere Personen aufgefordert, zwecks Erwerbs eines Gegenstandes oder eines Rechtes im gegenseitigen Wettbewerb ihre Gebote verbindlich abzugeben und bei Höchstgebot den Zuschlag erhalten[37]. Online-Auktionen sind immer zeitlich begrenzt; dies ergibt sich aus der Natur der Sache. Dass Internet-Auktionen zum Teil über mehrere Wochen andauern können, schadet nicht: schließlich kennt jeder Teilnehmer Beginn und Ende der Auktion und kann sich inbezug auf seine Online-Teilnahme darauf einstellen. Eine örtliche Begrenzung auf bestimmte – auch virtuelle – Räume ist nicht erforderlich; bereits bei „klassischen“ Auktionen, bei denen in den Geschäftsräumen eines Auktionshauses oder vor Gericht (Zwangsversteigerung) ein Auktionator die Versteigerung durchführt, ist das telegrafische Bieten möglich[38]. Eine persönliche Anwesenheit der Bieter war somit noch nie zwingend notwendig, so dass der virtuelle Raum des Internet durchaus ein geeignetes Auktionsmedium darstellen kann. Da das Internet gerade keinerlei örtliche Begrenztheit aufweist, hat hier das LG Hamburg in seinem Urteil vom 14.4.1999 - 315 O 144/99 – festgestellt, dass dieses Merkmal lediglich ein

[35] so LG Hamburg, Urteil v. 14.04.1999, 315 O 144/99, in CR 99, 526
[36] vgl. Stefan Ernst, Die Online-Versteigerung, CR 2000, S. 304, 305
[37] so LG Hamburg, aaO
[38] vgl. Nachweise bei Ernst, aaO, S. 305

funktionales Merkmal für den Ablauf einer klassischen Versteigerungsveranstaltung darstelle, welches für Internet-Auktionen logischerweise entbehrlich sei. Der für den Charakter der Versteigerung typische Faktor ist das sich gegenseitige Überbieten. Nach Ansicht dieses Gerichts fielen somit Internet-Auktionen unter § 34b GewO und wären ohne ordnungsgemäße Anmeldung unzulässig. Lediglich wenn dem Interessenten eine Frist zur Abgabe von Geboten eingeräumt werde, nach deren Ablauf keine Übergebote möglich seien und es deshalb nicht zu einem Höchstgebot kommen könne, sei keine genehmigungspflichtige Auktion anzunehmen[39]. Nach dieser Auffassung müsste jedes Unternehmen, das insbesondere zu Beschaffungszwecken Online-Auktionen durchführen möchte, eine behördliche Genehmigung einholen. Jede Online-Versteigerung müsste bei Anwendung dieser Vorschriften zwei Wochen im voraus bei der zuständigen Behörde und bei der IHK angemeldet werden; vier Tage im voraus müsste eine ortsübliche Bekanntmachung erfolgen. Neu hergestellte Sachen, die auch im Einzelhandel zu erwerben seien, dürften im übrigen nach § 34b Abs. 5 Nr. 5b GewO gar nicht versteigert werden, um den Einzelhandel nicht zu gefährden. Der Einzelhändler solle nämlich nach dem Willen des Gesetzgebers auf seinem einmal eingeschlagenen regulären Absatzweg bleiben[40]. Fehlt die Genehmigung, sind allerdings die aufgrund der Online-Auktion geschlossenen Verträge keinesfalls nichtig: Weder enthält die Gewerbeordnung ein gesetzliches Verbot, das sich gegen den Abschluss von Verträgen richtet[41], noch handelt der Anbieter sittenwidrig[42]. Diese öffentlich-rechtlichen Schutzvorschriften sollen auf der einen Seite den Handel vor übermäßiger Konkurrenz durch Versteigerer schützen und auf der anderen Seite Missbräuche bei der Preisgestaltung mit Hilfe einer staatlichen Aufsicht verhindern. Gleichwohl würden kaum Unternehmen derartige Veranstaltungen mehr durchführen, wenn ihnen regelmäßig die Auferlegung satter Bußgelder drohte. Folgt man dieser Auffassung, so wäre jegliche Flexibilität, die das Internet insbesondere in zeitlicher Hinsicht bietet, dahin: Anstelle ad hoc im Falle dringenden Bedarfs mal eben eine Online-Auktion zu veranstalten (Profis stellen die entsprechenden Internet-Seiten bereits am selben Tag zur Verfügung!), müssten langwierige Anmelde- und Genehmigungsprozeduren in Kauf genommen werden. Da Online-Auktionen meist unter Einschaltung professioneller Dienstleister durchgeführt werden, wird teilweise die Auffassung vertreten, solche Auktionen seien wegen des Vorrangs des § 4 TDG zulassungs- und anmeldefrei. Auktionen wären nämlich im Grunde genommen „Teledienste" im Sinne des § 2 Abs. 2 Nr. 5 TDG und würden somit gemäß § 4 TDG gegenüber der Gewerbeordnung privilegiert. Die Privilegierung in § 4 TDG enthält jedoch den Gesetzesvorbehalt „im Rahmen der Gesetze"; das bedeutet, dass sich das TDG grundsätzlich nicht über andere spezialgesetzliche Erlaubnisvorschriften hinwegsetzt, sondern nur dann, wenn solche Vorschriften fehlen, von der Zulassungs- und Anmeldefreiheit ausgeht.

[39] LG Münster, 4 O 424/99, Urt. vom 21. 01 2000
[40] Ernst, aaO, S. 306
[41] BGH NJW 1981, 1204
[42] vgl. Urt. LG Hamburg, aaO

In wettbewerbsrechtlicher Hinsicht könnte sich ein Wettbewerber durch Veranstaltung einer unangemeldeten Online-Auktion einen Wettbewerbsvorsprung verschaffen, indem er nämlich dieses Medium als weitere Vertriebsplattform nutzt. Dementsprechend halten die Befürworter der Anmeldepflicht nach § 34b GewO einen Anspruch eines anderen Mitbewerbers auf Unterlassung oder Schadensersatz nach § 1 UWG für gegeben[43].

Eine andere Auffassung zur Anmeldepflicht einer Online-Auktion wird vom LG Münster vertreten[44]. Nach Ansicht dieses Gerichts ist das Hauptmerkmal einer nach § 34b GewO anmeldepflichtigen Versteigerung nämlich die Abgabe eines Höchstgebotes. Werde hingegen bei privat veranstalteten Internet-Auktionen den Kaufinteressenten lediglich eine Frist zur Abgabe von Geboten eingeräumt, nach deren Ablauf keine sogenannten Übergebote mehr möglich seien, dann handele es sich nicht um eine typische Versteigerung i. S. d. § 34b GewO[45].

Veranstaltet nun der Einkauf eines Unternehmens auf einem elektronischen Marktplatz eine Online-Auktion, so dürfte in entsprechender Anwendung der Rechtsauffassung des LG Münster nichts anderes gelten: dann geht es nämlich im wesentlichen um den „Einkauf zum geringstmöglichen Preis“ bzw. zu den wirtschaftlichsten Bedingungen, je nachdem, welche Entscheidungskriterien für den Einkäufer eine ausschlaggebende Rolle spielen. Sieht man in der für den Einkauf veranstalteten Online-Auktion eine sogenannte „reverse auction“, so wären diese streng genommen keine Versteigerungen i. S. d. § 34b GewO, da diese Vorschrift vom klassischen Prinzip des Anbietens gegen Höchstgebot ausgeht[46].

3.5.3. Preisgestaltung

ECommerce über Internet wird insbesondere auch zur Erlangung eines Wettbewerbsvorteils eingesetzt. Unter einem Wettbewerbsvorteil versteht man, im wirtschaftlichen Leistungskampf zwischen Unternehmen eine günstigere Position zu erreichen; der zu erreichende Vorsprung kann sich auf einzelne Leistungsgrößen, aber auch auf die gesamte Position des Unternehmens beziehen [47].

Im Rahmen des B-to-B-Commerce, insbesondere auf elektronischen Marktplätzen, wird vor allem die Frage interessant, wie sich die einzelnen Anbieter zueinander verhalten, die im Rahmen einer Internet-Auktion einem Unternehmen gegenüber Waren anbieten wollen.

Ein wesentlicher Wettbewerbsfaktor von Online-Auktionen ist die Transparenz der von den beteiligten Unternehmen bereitgestellten Daten. Auf der einen Seite kann diese Transparenz, insbesondere hinsichtlich der Preise, zu einer für den Käufer letztlich günstigeren Position führen, auf der anderen Seite könnte diese Transparenz aber auch einen fairen Wettbewerb beschrän-

---

[43] so auch Ernst, aaO, S. 307

[44] LG Münster, Urteil vom 21.1.2000 - 4 O 424/99 = NJW-CoR 2000, 167; CR 2000, 313):

[45] LG Münster, CR 2000, 314

[46] so auch Ernst, aaO, S. 311

[47] vgl. http://www.bdu.de/beraterauswahl/fach/fach/090.htm

ken[48]. Die Vorschriften des § 1 des Gesetzes gegen Wettbewerbsbeschränkungen (GWB) und des Art. 85 Abs. 1 des Vertrages zur Gründung der *Europäischen Gemeinschaft* (EWGV) richten sich gegen Preisabsprachen und könnten durch die Offenlegung der Preise im Rahmen einer Online-Auktion praktisch ad absurdum geführt werden. Durch den bloßen Austausch von Informationen könnte das Marktverhalten vereinheitlicht werden, in dem die Anbieter letztlich ihre Preise gegenseitig anpassen.

3.5.3.1. Angebot unter Einstandspreis

Ob die Lieferanten, die auf einem elektronischen Marktplatz gegenüber einem Unternehmen ihre Angebote abgeben, völlig frei in der Preisgestaltung sind, ist fraglich: Insbesondere könnte die Transparenz innerhalb eines elektronischen Marktplatzes sehr schnell dazu führen, dass Unternehmen zu Preisangeboten verleitet werden, die weit unter ihrem Einstandspreis liegen und geeignet sind, ihre Mitbewerber aus dem Wettbewerb zu verdrängen: Das OLG Frankfurt hat bereits in seiner Entscheidung „Teleauskunft" vom 26.02.1997[49] festgestellt, dass „auch das Angebot einer Dienstleistung unter Einstandspreis, wenn dieses Angebot nicht auf einem Gesetzesverstoß beruht, grundsätzlich Ausdruck der besonderen Leistungsfähigkeit und daher vom Leistungsprinzip gedeckt" sei. Einschlägig sind in diesem Zusammenhang die Vorschriften der §§ 26 Abs. 2, Abs. 4 GWB in Verbindung mit § 1 UWG, welche die Kampfpreisunterbietung mit dem Ziel der Verdrängung eines Konkurrenten verbieten. Generell ist ein Angebot unter Einstandspreis demzufolge nicht unzulässig: Beruht es nämlich nicht auf einem Gesetzesverstoß (das wäre z. B. ein Gebot unterhalb der Preisbindung für den Buchhandel), so ist es grundsätzlich Ausdruck der besonderen Leistungsfähigkeit und daher vom Leistungsprinzip gedeckt[50]. Insoweit wird das gesamtwirtschaftliche Handeln eines Unternehmens anerkannt, das durchaus seine bei den einen Waren erwirtschafteten Handelsspannen zugunsten niedrigerer Preise anderer Waren verwenden kann.

Mit dem neugeschaffenen, ab 01.01.2000 in Kraft getretenen § 20 Abs. 4 GWB ist es jedoch verboten, kleine und mittlere Wettbewerber durch Ausnutzung überlegener Marktmacht unbillig zu behindern (Satz 1). Dabei stellt nicht nur das gelegentliche Angebot von Waren und Dienstleistungen unter Einstandspreis eine unbillige Behinderung dar, es sei denn, dies ist sachlich gerechtfertigt[51]. Mit dieser Vorschrift sollen vor allem kleine und mittlere Unternehmen vor unbilligen Behinderungspraktiken marktstarker Konkurrenten geschützt werden.

Fraglich ist, ob innerhalb einer Internet-Auktion mit erwähnter Preistransparenz ein Angebot unter Einstandspreis als wettbewerbswidrig angesehen werden kann: Dies wird man insbesondere dann annehmen können, wenn ein

---

[48] vgl. Michael Albers, Wettbewerbsbeschränkung durch Information, CR 1987, 753 – 758

[49] OLG Frankfurt, 11 W Kart 1/97, CR 1997, 608

[50] vgl. BGH GRUR 84, 204, 206 - "Verkauf unter Einstandspreis II")

[51] vgl. Bekanntmachung Nr. 147/2000 des Bundeskartellamtes zur Anwendung des § 20 Abs. 4, Satz 2 GWB

Unternehmen aufgrund seiner Marktmacht in der Lage ist, im Einzelfall einen defizitären Preis anzubieten, um einen Konkurrenten mit geringerer Marktmacht auszuschalten. Allerdings ist im Gegensatz zur alten Fassung des § 20 GWB eine Verdrängungsabsicht nicht erforderlich. Nach der Neufassung des § 20 Abs. 4 Satz 2 GWB trägt das marktbeherrschende Unternehmen die Beweislast dafür, dass ein Verkauf unter Einstandspreis sachlich gerechtfertigt ist. Während in der zitierten Rechtsprechung des OLG Frankfurt noch die Defizität des Preises vom Gegner nachgewiesen werden musste, genügt nach § 20 Abs. 5 GWB der Anschein nach allgemeiner Erfahrung, der sich aufgrund „bestimmter Tatsachen“ ergibt. Derjenige, der mit Dumping-Preisen versucht, seine Mitbewerber auszuschalten, muss dann seinerseits nachweisen, dass es sich entweder nicht um einen solchen Dumping-Preis handelt oder aber ein sachlich gerechtfertigter Grund vorliegt.

Im Rahmen von Online-Auktionen des Einkaufs ist der Fall denkbar, dass ein potenzieller Lieferant bewusst sein Angebot unter dem Einstandspreis abgibt, um den Zuschlag zu erhalten. Gerade bei sogenannten Newcomern, die gerne in Geschäftsbeziehungen mit dem einkaufenden Unternehmen treten wollen, wäre dieser Fall denkbar, weil auf diese Weise der Erstzutritt erlangt wird. Wird allerdings die Marktmacht eines Unternehmens zugunsten von „Dumping-Preisen“ ausgenutzt, so kann ein Verstoß gegen § 1 UWG angenommen werden: Handelt es sich um ein marktstarkes Unternehmen, das *„durch den Einsatz von in anderen Branchen, in Filial- oder Tochterunternehmen erzielten Gewinnen oder aufgrund sonstiger Ressourcen in der Lage ist, zu Tiefpreisen oder kostenlos dauerhaft anzubieten“*, so wäre das Angebot unter Einstandspreis eine Marktbehinderung[52]. Hier kommt es demnach auf die Umstände des Einzelfalles und insbesondere darauf an, welche Wettbewerbsqualität die Lieferanten untereinander besitzen. Der Zweck von Online-Auktionen wird sicherlich vereitelt, wenn anschließend unter den Lieferanten Rechtsstreitigkeiten ausbrechen oder dem einkaufenden Unternehmen Wettbewerbsverstöße vorgenommen werden. Aus diesem Grund sollten entweder vorher im wesentlichen gleichstarke Marktteilnehmer eingesetzt oder zumindest in den Auktionsbedingungen auf die Einhaltung der Regeln eines fairen Wettbewerbs, die eindeutig formuliert sein müssen, hingewiesen werden, wie dies z. B. bei eBay der Fall ist[53]. Erlaubt sein sollte jedoch, dass der über den Online-Vertriebsweg angebotene Preis aufgrund der Ausnutzung der Kostensenkungspotenziale durchaus niedriger liegen kann, als derjenige Preis, der auf dem „normalen“ Vertriebswege erzielt wird[54]. Wendet man diese Grundsätze, dementsprechend im Rahmen von Internet-Auktionen an, so kommt man zu dem Ergebnis, dass Wettbewerber innerhalb dieser Auktionen sich grundsätzlich nicht durch Dumping-Preise gegenseitig behindern dürfen.

Bei der Gestaltung von „reverse auctions“ sollte ferner beachtet werden, die Preisgestaltung keinen unsachlichen Erwägungen zu unterziehen: wenn ein Anbieter beispielsweise völlig überhöhte Preise als Ausgangsbasis einer Auktion einsetzt und beim drohenden Unterschreiten der Gewinnschwelle die

[52] vgl. OLG Frankfurt /M., Beschl. vom 26.02.1997, 11 W (Kart) 1/97)

[53] http://www.ebay.de

[54] vgl. http://www.offenbach.ihk.de/wettbewerb.htm

Auktion abbricht, könnte darin ein Missbrauch des Auktions-Systems zu sehen und nach § 1 UWG zu verfolgen sein. Insbesondere sogenannte „Spielangebote", bei denen der Preis durch bloßes Abwarten sinkt und die letztlich der gesamten Auktion den Charakter eines Glücksspiels verleiten, gelten als wettbewerbsrechtlich bedenklich[55].

3.5.3.2. Gewährung von Rabatten

Eine weitere Problematik ergibt sich, wenn der Einkaufspreis im Rahmen einer Online-Auktion flexibel nach der einzukaufenden Menge gestaltet werden kann, mithin also beim Co-Shopping: Neben der üblchen Praxis des Zusammenschlusses virtueller Käufergemeinschaften könnte man sich durchaus vorstellen, dass die Einkaufsabteilung ein Produkt in Mengen z. B. zwischen 1.000 und 10.000 Stück beschaffen möchte und ggf. die einzukaufenden Mengen als Lose auf mehrere Lieferanten verteilt, falls kein Lieferant in der Lage ist, die volle Stückzahl zu liefern. Häufig verringert sich mit der Größe der Einkaufsmenge auch der Preis. In diesem Zusammenhang spricht man von Mengenrabatt, der im Geschäftsverkehr durchaus üblich ist. Bei dieser Fallkonstellation wird derjenige Lieferant zum Zuge kommen, der aufgrund seiner Leistungsfähigkeit in der Lage ist, eine möglichst große Menge zu liefern und entsprechend günstigere Preise anzubieten.

Mit der generellen Zulässigkeit des Co-Shopping unter dem Gesichtspunkt des § 1 RabattG hat sich das OLG Hamburg zu befassen gehabt: Im Fall „Powershopping"[56] hat das OLG Hamburg festgestellt, dass es sich beim verbilligten Verkauf von Waren an virtuelle Käufergemeinschaften um unzulässige Mengenrabatte handele. Beim „Powershopping" mussten sich Käufer auf ein bestimmtes Preisangebot festlegen, wobei der Höchstpreis sowie der mögliche niedrigere Preis bei einer bestimmten Anzahl von Käufern vorgegeben war. Wurde die Anzahl Käufer erreicht, so bekam jeder Käufer den Artikel zu dem niedrigeren Preis, und zwar unabhängig davon, welchen Preis er zuvor geboten hatte. Das OLG Hamburg hat hier festgestellt, dass der gewährte Mengenrabatt nicht nach § 7 RabattG erlaubt sei. Diese Vorschrift gestattet handelsübliche Preisnachlässe nämlich nur dann, wenn mehrere Stücke oder eine größere Menge von Waren in einer Lieferung veräußert werden[57]. Am Merkmal „einer Lieferung" fehle es dann, wenn das gleiche Produkt an eine Vielzahl von Käufern verkauft werde. Das OLG Hamburg hat darüber hinaus einen Verstoß gegen § 1 UWG angenommen. Bei der vorgenommenen Preisgestaltung handele es sich zwar um einen Mengenrabatt i. S. d. § 7 RabattG; ob der Kunde jedoch in den Genuss dieses Mengenrabatts komme, hängt nicht von seinem eigenen, sondern vom Umsatzverhalten der anderen potenziellen Käufer ab. Der Käufer könne somit anders als beim handelsüblichen Mengenrabatt den Preis letztlich nicht beeinflussen. Anders liegt der Fall bei Sammelbestellungen, wie sie in der Versandhausbranche üblich sind: die Lieferung aufgrund von Sammelbestellung könne durchaus als einheitlich i. S. d. § 7

[55] vgl. Ernst, aaO, S. 312
[56] OLG Hamburg, 3 U 230/99, Urteil vom 18. November 1999, CR 2000, 182
[57] vgl. Ernst, aaO, S. 240

RabattG klassifiziert werden. Zweck des § 7 RabattG sei es schließlich, einen Rabatt durch die Zusammenfassung mehrerer selbständiger Einzelgeschäfte zu verhindern. Gerade dies sei aber das Prinzip des Co-Shopping. Das OLG Hamburg sieht zudem im „Powershopping“ einen „aleatorischen“ (lat. *alea* =der Würfel) Charakter und bringt diese Auktionsform damit in den Bereich des Spiels. Die Gegenansicht stellt auf die Frage ab, ob es sich beim „Powershopping“ überhaupt um die Gewährung eines Rabattes handelt[58]: Ausgangspunkt sei nämlich der Normalpreis und die hiervon gewährte Preisermäßigung. Bei einem Rabatt i. S. d. RabattG werde hingegen die Preisermäßigung von bestimmten Merkmalen des Kunden abhängig gemacht, insbesondere auf dessen spezifische Verhaltensweisen („Treuerabatt“) rekurriert. Die hier vorgenommene Begünstigung treffe hingegen jeden potenziellen Verbraucher, der sich am Co-Shopping beteilige. Diese Ansicht sieht im Co-Shopping eine Form der „kurzfristigen Preissenkung“.

Ob sich bei der für den beschriebenen Einkaufsvorgang umgekehrten Fallkonstellation möglicherweise verbotene Rabatte ergeben, ist jedoch fraglich: zum einen kann die Konstellation, in der ein Anbieter seine nachgefragten Mengen auf mehrere Lieferanten verteilt und demjenigen den Zuschlag gewährt, der den niedrigsten Preis anbietet, als „reverse Co-Shopping“ angesehen werden. Zum anderen kann jeder einzelne Lieferant seinen Preis aufgrund der begehrten Menge selbst kalkulieren. Es obliegt seiner eigenen Fähigkeit zum wirtschaftlichen Handeln, ob er den Preis in Abhängigkeit von der Bedarfsmenge entsprechend niedrig kalkuliert und deshalb den Zuschlag bekommt. Hinzukommt, dass Mengenrabatte im Handelsgeschäft durchaus üblich sind und beim B-to-B-Commerce ohnehin die Vorschriften des RabattG mangels eingeschaltetem Letztverbraucher nicht anzuwenden sind.

Ob die gewährten Mengenrabatte unter dem Gesichtspunkt des „übertriebenen Anlockens“ als unlauterer Wettbewerb i. S. d. § 1 UWG zu behandeln sind, ist fraglich: Unter einem „übertriebenen Anlocken“ versteht man solche Wettbewerbshandlungen, bei denen ein Übermaß an Vorteilen gewährt werden soll, das geeignet ist, die Entschließungskraft des Kunden so zu beeinflussen, dass er nicht mehr nach der Leistung, der Qualität und dem Preis seine Kaufentscheidung trifft, sondern primär im Hinblick auf den ihm angebotenen Vorteil[59]. Bei den angesprochenen Preisnachlässen handelt es sich um einen sachlich gerechtfertigten Grund für die Entscheidung des Kunden. Beim „reverse co-shopping“ trifft der Einkäufer seine Kaufentscheidung dann, wenn der niedrigste Preis aufgrund der Mengenstaffel erreicht ist; gleiches gilt bei der normalen „reverse auction“. Schließt sich der Einkäufer mit Einkäufern anderer Unternehmen virtuell zu einer Käufergemeinschaft zusammen und erzielt dadurch einen günstigeren Preis, so wird ebenfalls kein verbotener Übermaßvorteil seitens des Anbieters gewährt. Aus diesem Grunde bestehen keine Bedenken gegen etwaige Mengenrabatte im Rahmen von Online-Auktionen.

[58] so Ernst, Preisnachlässe, S. 241

[59] vgl. Ernst, Preisnachlässe, S. 242

Mit der am 13.12.2000 vom Bundeskabinett beschlossenen Abschaffung des Rabattgesetzes und der Zugabenverordnung[60] wird die oben beschriebene Diskussion möglicherweise obsolet werden: dann nämlich sind Preise grundsätzlich frei verhandelbar. Hintergrund der Abschaffung war zum einen die beabsichtigte Förderung des Wettbewerbs und die Schaffung unternehmerischer Freiräume, zum anderen hatte die EU-Richtlinie über den elektronischen Geschäftsverkehr die Entscheidung des Kabinetts maßgeblich beeinflusst: nach dieser Richtlinie müssen sich nämlich Anbieter im grenzüberschreitenden Internet-Handel grundsätzlich nur nach den im Herkunftsland geltenden Vorschriften richten. Durch die strengen Vorschriften des deutschen Rabattgesetzes, die in anderen Ländern nicht gelten, würden dann aber inländische Anbieter diskriminiert.

Die berechtigten Interessen der Verbraucher und Mitbewerber würden weiterhin durch das Gesetz gegen den unlauteren Wettbewerb, das Gesetz gegen Wettbewerbsbeschränkungen und die Preisangabenverordnung gewahrt, heißt es in der Regierungserklärung zur Abschaffung des Rabattgesetzes und der Zugabeverordnung.

Demnach wären unter einem wettbewerbsrechtlichen Gesichtspunkt Streitfälle denkbar, nämlich wenn ein Anbieter versucht, über sogenannte „Fantasiepreise" beim Kunden den Eindruck zu erwecken, er habe ausreichend „verhandelt", wenn es zu einem wesentlich niedrigeren Preis kommt. Ferner können – wie es insbesondere der Mittelstand befürchtet – Großunternehmen leichter Rabatte auch im Rahmen des Co-Shopping gewähren und auf diese Weise kleinere Anbieter vom Markt drängen.

Bei bestimmten Formen des Co-Shopping könnte allerdings der vom OLG Hamburg angesprochene Spiel-Charakter wettbewerbsrechtliche Bedenken auslösen: dann nämlich, wenn der Kunde sich zu einem bestimmten Preis verpflichten muss und das Risiko eingeht, keine Mitbieter zu finden, bekommt das Co-Shopping den Charakter eines Glücksspiels. Dann muss der Kunde nämlich den teureren Preis bezahlen, falls eine Preissenkung durch Mitbieter nicht erzielt werden kann. Auf der sicheren Seite sind Co-Shopping-Aktionen dann, wenn der Kunde sich auf die jeweiligen Preisstufen bewerben kann und dabei die Möglichkeit erhält, weitere Preissenkungen ebenfalls in Anspruch nehmen zu können, sofern sich genügend Mitbieter melden[61].

3.5.3.3. *Angabe der Mehrwertsteuer*

Fraglich ist, ob die von den Lieferanten angebotenen Preise unter Hinweis auf die gesetzliche Mehrwertsteuer angegeben werden müssen: Nach § 1 Abs. 1 der Preisangabenverordnung (PangVO) schließt die Preisangabe gegenüber Privatpersonen stets die gesetzliche Mehrwertsteuer mit ein[62]. Eine Preisangabe im Internet ohne Angabe der MWSt gegenüber dem Endverbraucher wird daher für unzulässig gehalten. Die PangVO soll nämlich durch das Erfordernis der Angabe von Endpreisen die Markttransparenz fördern und dem Verbrau-

---

[60] vgl. Nachweis bei Heise-Online, http://www.heise.de/newsticker/data/mbb-13.12.00-000/

[61] vgl. Ernst, aaO, S. 242

[62] vgl. LG Köln, Urteil v. 24.06.1997, 31 O 517/97, in NJW-CoR 98, 246

cher Preisvergleiche ermöglichen. Online-Auktionen zum Zwecke der Beschaffung dürften jedoch regelmäßig unter kaufmännischen Unternehmen durchgeführt werden; zum einen ist im kaufmännischen Geschäftsverkehr die Angabe des Nettopreises (also ohne MWSt) üblich, zum anderen ist das Gebot der Endpreisangabe nach § 7Abs. 1 Nr. 1 PangVO nicht anwendbar für solche (Letzt)Verbraucher, die Ware oder Leistung in ihrer selbständigen beruflichen oder gewerblichen Tätigkeit verwenden.

3.5.4. Einschaltung von Vermittlern bei Auktionen

Für den Fall, dass ein Unternehmen Auktionen im Internet durchführen möchte, jedoch nicht über die technischen Möglichkeiten verfügt oder einfach nur die damit verbundenen Dienstleistungen auslagern („outsourcen“) will, gibt es Auktionen, die von Vermittlern im Internet veranstaltet werden. Zur Durchführung von Online-Auktionen bedienen sich daher einige Unternehmen oft sogenannter Internet-Auktionshäuser. Dabei handelt es sich um Dienstleister, die vor allem die technischen Voraussetzungen zur Verfügung stellen, um die Auktion durchzuführen. Möchte z. B. der Einkauf eines Unternehmens eine Auktion mit Hilfe eines solchen Auktionshauses durchführen, so bedarf es zunächst einer vertraglichen Vereinbarung. In dieser Vereinbarung muss dabei insbesondere geregelt sein, unter welchen Voraussetzungen ein Vertrag zwischen dem bietenden Lieferanten und dem einkaufenden Unternehmen zustande kommt. Im Verhältnis zwischen Bestellunternehmen und Auktionshaus ist erforderlich, dass entweder dem Internet-Auktionshaus eine rechtsverbindliche Vollmacht zum Vertragsschluss erteilt wird oder aber – falls das Auktionshaus lediglich die Technik zur Verfügung stellt – die Willenserklärung des Bestellerunternehmens eindeutig auf der Internet-Seite zum Ausdruck kommt. Ein besonders interessanter Fall war vom LG Münster entschieden worden[63] . Dort hatte ein vermittelnder Online-Veranstalter in seinen AGB festgehalten, dass der Verkäufer bereits mit Freischaltung der Angebotsseite die Annahme des höchsten, innerhalb des Angebotszeitraums abgegebenen Gebotes erklärt. Eine solche vorweggenommene Annahmeerklärung hat das LG Münster als unvereinbar mit den Anforderungen des redlichen Geschäftsverkehrs angesehen, weil dann derartige Auktionen den „Charakter eines Glückspiels“ bekämen. Das LG Münster hat hier die Auffassung vertreten, dass bei Versteigerungen im Internet kein wirksamer Vertrag zustandekomme, wenn es am Rechtsbindungswillen des Veräußerers und an einer Vollmacht zugunsten des Auktionshauses fehle[64]. Dann sei nämlich das Internet-Angebot lediglich als „Aufforderung zur Abgabe von Kaufangeboten (invitatio ad offerendum)" anzusehen; für einen wirksamen Vertragsschluss sei eine nochmalige Willenserklärung des Verkäufers erforderlich. Im vorliegenden Fall hat das LG Münster darauf abgestellt, dass ein Antrag auf einen Vertragsschluss nämlich bestimmt oder bestimmbar und vom Willen getragen sein müsse, eine endgültige Erklärung in der Rechtssphäre abzugeben. Im Zweifel seien daher

[63] vgl. LG Münster, Urteil vom 21. Januar 2000- 4 O 4024/99, JZ 14/2000 S. 730; abrufbar unter: http://www.uni-muenster.de/Jura.itm/netlaw/ricardo.pdf

[64] vgl. LG Münster, „ricardo.de" Az.: 4 O 424/99, Urt. vom 21.01.2000

durch das Internet übermittelte Aufforderungen zu Bestellungen nur als „invitatio ad offerendum“ anzusehen. Hier war ein Neuwagen mit bestimmten Ausstattungsmerkmalen im Internet zum Kauf angeboten worden. Dem den Zuschlag erhaltende Bieter wurde jedoch die Herausgabe des Fahrzeugs verweigert. Zwar hat das Gericht sein Gebot als Angebot i. S. d. § 145 BGB angesehen; der elektronisch übermittelte Zuschlag seitens des Auktionshauses wurde jedoch vom Gericht nicht als Annahmeerklärung gewertet, da es an einer entsprechenden Vollmacht des Veräußerers gefehlt habe. Konsequenterweise hängt dann das Zustandekommen eines wirksamen Vertrages davon ab, ob der Verkäufer – hier der Autohändler – letztlich das Geschäft genehmigt. Sieht man nämlich die Zuschlagserklärung des Auktionshauses als Annahmeerklärung im Namen des Autohändlers an, so ist der Kaufvertrag nach § 177 Abs. 1 BGB schwebend unwirksam, bis der Autohändler diesen Vertrag genehmigt oder – wie hier – ablehnt. Umgekehrt ist es für den Fall der Beschaffung via Online-Auktion auch denkbar, dass der Lieferant, der aufgrund eines allzu günstigen Preises den Zuschlag erhalten hat, später behauptet, das Gebot sei durch einen nicht bevollmächtigten Vertreter abgegeben worden.

Angesichts dieser Problematik ergeben sich für den Bereich der elektronischen Beschaffung folgende Konsequenzen: zunächst muss innerhalb der Internet-Auktion des einkaufenden Unternehmens ganz klar der Wille zum Abschluss eines Vertrages hervorgehen. Zwar könnten anderenfalls Hintertüren offengehalten werden, die im Zweifel ein möglicherweise „ungünstiges“ Geschäft vereiteln; im Anschluss an eine solche Auktion könnte dann der Vertreter des Einkaufsunternehmens einen Vertrag mit einem Lieferanten aus welchen Gründen auch immer ablehnen. Andererseits sollten Internet-Auktionen keine oder zumindest nur wenige Nachbearbeitungen nach sich ziehen, weil dann wieder Prozesse erforderlich werden, die Geld kosten. Hinzukommt, dass die Rechtssicherheit durch Internet-Auktionen dadurch eher gesteigert wird, dass alle Beteiligten völlige Klarheit über die Wirksamkeit ihrer Angebote erlangen. Die etwaige Vertretungsmacht des Auktionshauses sollte ebenfalls aus Gründen der Rechtssicherheit eindeutig genannt werden.

Die Bereitschaft, an Online-Auktionen teilzunehmen, wird dadurch gefördert, wenn der den Zuschlag erhaltende Lieferant auch tatsächlich den angebotenen Vertrag bekommt und dem einkaufenden Unternehmen der entsprechende Lieferanspruch zusteht. Es macht keinen Sinn, Online-Auktionen durchzuführen, um dann anschließend die angebotene Leistung nicht anzunehmen oder die Auslieferung zu verweigern[65]. Entscheidend ist ferner, dass die Nutzungsbedingungen auf der Internet-Seite der Online-Auktion eindeutig definiert sind; ggf. kann vor dem ersten Gebot das Einverständnis in diese Bedingungen verlangt werden.

Beabsichtigt der Einkauf eines Unternehmens, Online-Auktionen immer wieder mit mehr oder weniger den gleichen Lieferanten durchzuführen, bietet sich der Abschluss entsprechender Rahmenvereinbarungen an. In diesen Verträgen kann vorab die Frage der Rechtsverbindlichkeit der jeweiligen Willenserklärungen sowie der etwaigen Vertretungsmacht geklärt werden.

[65] vgl. AG Sinsheim, 4 C 257/99, Urteil vom 10. Januar 2000

3.5.5. Weitere Fälle

3.5.5.1. Rechtsbindungswille des Anbieters

Einen weiteren Fall zur Problematik des Rechtsbindungswillens eines Internet-Anbieters hatte das OLG Frankfurt zu entscheiden gehabt[66]. Die Antragsgegnerin hatte auf ihrer ausschließlich in englischer Sprache abgefassten Leitseite im Internet detaillierte Angebote unter dem ausdrücklichen Hinweis „WorldWide" abgegeben. Da die Homepage der Antragsgegnerin auch von Deutschland aus abgerufen werden konnte, stellte das Gericht fest, dass die Antragsgegnerin damit auch den Anschein erwecken wollte, ihre Produkte auch in Deutschland zu veräußern. Dass betriebsintern die Antragstellerin die Weisung erteilt haben will, Bestellungen aus Deutschland nicht entgegenzunehmen, sei unerheblich. Auch das Abfassen der Homepage in ausschließlich englischer Sprache deute nicht darauf hin, dass die fraglichen Angebote nur einem englischsprachigen Personenkreis zugänglich gemacht werden sollte. Schließlich sei Englisch die im Internet gebräuchliche Sprache. Das Gericht hat daher einen Verstoß gegen § 1 UWG angenommen.

3.5.5.2. Schutzrechte Dritter

Bei der Beschaffung von Waren via Internet insbesondere zum Zwecke des Weiterverkaufs sind auch etwaige Schutzrechte Dritter zu beachten: Dies betrifft insbesondere Urheberrechte, wie sie bei Software geltend gemacht werden. Erwirbt z. B. ein Händler, der sowohl Hard-, als auch Software veräußert, von einem Softwarehersteller sogenannte OEM-Software, welche nach den Lizenzbestimmungen des Herstellers nur zusammen mit Hardware veräußert werden darf, so darf er diese nicht ohne weiteres via Internet losgelöst von der Hardware verkaufen[67]. Der Urheberrechtsinhaber hat nämlich die Möglichkeit, das Verbreitungsrecht einem anderen gegenüber dinglich beschränkt einzuräumen, um eine Erschöpfung des Urheberrechts nach § 69 c Nr. 3 Satz 2 UrhG zu verhindern. Wer demnach als Software-Händler im Internet Software zum Kauf anbietet, sollte ggf. durch entsprechende Vertragsgestaltung auf urheberrechtliche Besonderheiten achten. Nach Angaben der Business Software Alliance (BSA)[68] sind bis zu 90% der auf Online-Auktionen gehandelten Software Raubkopien. Die BSA, die führende Softwarehersteller wie Microsoft und Adobe vertritt, hat sich daher dafür ausgesprochen, die Geschäftsbedingungen für den Handel mit Software bei Internet-Auktionen zu verschärfen. Die dazu von der BSA vorgegebenen Richtlinien verbieten nicht nur den (ohnehin verbotenen) Handel mit Raubkopien, sondern sehen auch Überprüfungen der Software-Listen vor. Es ist dabei vorstellbar, dass anhand der einer Originalsoftware regelmäßig beiligenden Lizenznummern festge-

[66] OLG Frankfurt "Weltweites Internetangebot" , Az. 6 W 122/98, Urt. vom 31.12.1998

[67] vgl. KG Berlin, Urteil vom 27.02.1996 - 5 U 8281/95, CR 1996, 531 – 536

[68] http://www.bsa.org

stellt werden kann, ob es sich um Originalsoftware oder eine Raubkopie handelt.

Aber auch Markenrechte können u. U. das Internet-Geschäft behindern: Der Inhaber einer Marke kann z. B. bei nicht gestattetem Verkauf von Importware Unterlassung fordern[69]. Im vorliegenden Fall, den das OLG Stuttgart zu entscheiden hatte, bot das beklagte deutsche Unternehmen via Internet Musikinstrumente zum Kauf an, die es von amerikanischen Händlern bezog. Die auf diesen Instrumenten angebrachten Seriennummern wiesen auf die Markeninhaberschaft des Klägers hin. Das Gericht hat den Import der Instrumente ohne Einwilligung des Klägers als ein unberechtigtes "Benutzen" der Marke (§ 14 II Nr. 1 MarkenG) sowie als unerlaubtes "Einführen" (§ 14 III Nr. 4 MarkenG) angesehen. Hier hatte der Beklagte die Produkte ohne Zustimmung des Klägers in Verkehr gebracht.

Generell bestehen bei Wettbewerbsverstößen im Internet Ansprüche auf Unterlassung des Wettbewerbsverstoßes bzw. Schadenersatz., vgl. § 1 UWG.

Ein Verschulden des auf Unterlassung in Anspruch genommenen Wettbewerbers ist nicht erforderlich.

Für Schadenersatzansprüche ist hingegen ein Verschulden, d. h. ein vorsätzlicher oder fahrlässiger Wettbewerbsverstoß Voraussetzung.

3.6. Virtuelle Zusammenschlüsse

3.6.1. Virtuelle Organisationen

Normalerweise besteht ein „klassisches" Unternehmen aus mindestens einem Büroraum, Mitarbeitern und der für die Durchführung seiner Tätigkeit erforderlichen Infrastruktur. Es gibt festgelegte Hierarchien; jeder Mitarbeiter hat einen Vorgesetzten und die Kommunikationswege sind meist auch festgelegt (*wer* darf *wem was* schreiben, *wer* darf *wem* gegenüber Anweisungen erteilen). Das klassische Unternehmen ist darüber hinaus ortsgebunden; die Mitarbeiter begeben sich werktäglich an ein und denselben Arbeitsort. Die Virtualität des Internet, die damit verbundene Ortsungebundenheit sowie die flexiblen Kommunikationswege machen es möglich, die Aufbauorganisation eines Unternehmens völlig neu zu gestalten. Eine neue Organisationsform ist das „virtuelle Unternehmen". Dabei arbeiten die Mitarbeiter weitgehend selbständig an beispielsweise vorgegebenen Projekten. Mit Hilfe moderner Kommunikationsmittel werden die Arbeitsaufträge und –ergebnisse an die Firmenzentrale übermittelt; zur Erhaltung des unbedingt erforderlichen sozialen Kontakts empfiehlt sich gleichwohl das persönliche Gespräch von Zeit zu Zeit. Die Medienbranche nutzt bereits das Prinzip der virtuellen Organisation, um z. B. ihre Korrespondenten zu steuern. Das virtuelle Netzwerk besteht dabei aus mehreren Teilnehmern und einem sogenannten Integrator, der das Zusammenspiel der Teilnehmer steuert. Der Aufbau einer virtuellen Unter-

[69] vgl. OLG Stuttgart "Import markenrechtlich geschützter Waren" Az: 2 U 107/97, Urteil vom 13.11.1997

nehmensorganisation setzt ein hohes Maß an gegenseitigem Vertrauen voraus; es ist insbesondere nicht mehr möglich, die tatsächlichen Arbeitszeiten seiner virtuell tätigen Arbeitnehmer zu kontrollieren. Die einzig mögliche und sinnvolle Kontrolle muss über die erarbeiteten Ergebnisse laufen. Wer sein Unternehmen virtuell organisieren möchte, kann dies sogar von zuhause aus tun und braucht keine teuere Büroraummiete zu bezahlen. Die virtuell arbeitenden Mitarbeiter sollten allerdings vertrauenswürdig sein; dies erfordert auch soziale Kontakte und eine Begrenzung der Anzahl der Mitarbeiter. Auf der einen Seite erfordert die Organisation eines virtuellen Unternehmens einen weitgehenden Ermessensspielraum der Mitarbeiter. Auf der anderen Seite besteht möglicherweise ein Bedürfnis der Unternehmensleitung, Weisungen zu erteilen und Verstöße der Mitarbeiter angemessen zu sanktionieren. In arbeitsrechtlicher Hinsicht wären dann Verträge zwischen dem Unternehmen und seinen Mitarbeitern als Arbeitsverträge zu behandeln, da hier eine Weisungsabhängigkeit vorliegt. Die entsprechenden arbeitsrechtlichen Regeln über Einstellung, Kündigung, Einrichtung eines Betriebsrats, Mitbestimmung usw. müssen beachtet werden. Um diese arbeitsrechtlichen Folgen zu vermeiden, könnte man auch ein virtuelles Unternehmen unter Einschaltung sogenannter freier Mitarbeiter aufbauen. Diese freien Mitarbeiter sind dann keine Arbeitnehmer, sofern sie nur Weisungen unterliegen, die sich auf das Arbeitsprodukt selbst beziehen, ihre Arbeitszeit jedoch frei einteilen können[70].

Der Vorteil einer virtuellen Organisation liegt darin, extrem kundenorientiert vorgehen zu können. Aufgrund der hohen örtlichen und zeitlichen Flexibilität kann die erstellte Leistung genau auf die Kunden abgestimmt werden. Zeitverschiebungen aufgrund von Auslandseinsätzen werden unbeachtlich; jeder Teilnehmer am virtuellem Organisationsnetzwerk kann jedem Netzwerkpartner die Leistung des Unternehmens anbieten. Auch die flexible und jederzeit abänderbare Auswahl der virtuell arbeitenden Mitarbeiter hat Vorteile: zugeschnitten auf die jeweilige Marktchance können jederzeit verschiedene Teams gebildet werden, die für die jeweilige Leistung am besten geeignet sind. Bei diesen Teams·sollte es sich allerdings nicht um Arbeitnehmer handeln, da jede Änderung der Arbeitsinhalte eine Änderungskündigung beinhaltet und auch möglicherweise tarifvertragliche Vereinbarungen einem flexiblen Einsatz entgegenstehen.

3.6.2. Netzwerkkooperationen

Immer häufiger schließen sich Unternehmen fallweise zu Netzwerk-Kooperationen im Internet zusammen. Insbesondere Autohersteller profitieren durch die Schaffung virtueller Einkaufsplattformen gegenüber ihren Zulieferern. Allgemein wird die Form des virtuellen Zusammenschlusses als netzförmige, informationstechnisch unterstützte Formen zeitlich befristeter Kooperation bezeichnet[71]. Der virtuelle Zusammenschluss hat das Ziel, Wettbewerbsvorteile zu nutzen.

---

[70] vgl. BAG, Betr 1981, S. 2500

[71] vgl. Müller/Diessel, http://www.institute.uni-bremen.de/~diessel/VIRTPROD.HTM

Oftmals schließen sich Kleinfirmen zu virtuellen Unternehmen zusammen. Auf diese Weise können sie gemeinsam alle Kosten und Risiken tragen und mit den großen Konzernen mithalten.

Charakteristisch für eine virtuellen Netzwerkkooperation ist der Zusammenschluss verschiedener rechtlich selbständiger Unternehmen zu einem gemeinsamen Zweck. Das Netz dient dazu, die jeweilige Kompetenz der Unternehmen zu bündeln und entweder gemeinsam Produkte und Dienstleistungen anzubieten oder – bei virtuellen Einkaufskooperationen – nachzufragen. Die virtuelle Kooperation tritt nach außen hin als geschlossene Einheit auf und verfügt insoweit über eine eigenständige Identität. Obschon die beteiligten Unternehmen selbständige Einheiten sind, muss die virtuelle Organisation geführt bzw. koordiniert werden. Insoweit spricht man von einem Metamanagement.

Das Schweizer Unternehmen Firmnet[72] ist eine reine Online-Firma, die sich auf Internet-Lösungen spezialisiert hat. Es wurde im Jahre 1994 von Guido Auchli gegründet und als reines Online-Unternehmen auf der Grundlage einer virtuellen Organisation geführt; über ein Intranet arbeitet das Kernteam des Unternehmens zusammen. Unabhängige Spezialisten bringen ihr Fachwissen in die jeweiligen Projekte ein. Andere Unternehmen und Institute sind in die Projekte miteingebunden. Firmnet ist mittlerweile eine Holding-AG, bestehend aus der Firmnet AG, der JurisNet GmbH und der Electronic Mall Zentralschweiz. Während es sich bei der Firmnet AG um eine Kapitalgesellschaft handelt, werden in der Regel virtuelle Netzwerkkooperationen als Gesellschaften bürgerlichen Rechts (BGB-Gesellschaft) i. S. d. § 705 BGB gegründet. Dies hat vor allem mit der oftmals gewünschten zeitlichen Begrenztheit des virtuellen Zusammenschlusses zu tun. Wesentliches Merkmal der BGB-Gesellschaft ist die Erreichung eines gemeinsamen Zwecks; bei einer virtuellen Einkaufsgesellschaft wäre dies die Erzielung eines möglichst günstigen Preises. Wird eine BGB-Gesellschaft lediglich bezogen auf ein zeitlich befristetes Projekt gegründet, spricht man auch von einer Arbeitsgemeinschaft (ARGE), die sich nach Projektende wieder auflöst. Vorteil der BGB-Gesellschaft ist die Formfreiheit ihrer Gründung. Es muss nicht – wie bei der GmbH – ein Stammkapital aufgebracht werden; Registereintragungen sind ebenfalls nicht erforderlich. Auch die Schriftform braucht nicht gewahrt zu werden. Dass § 709 BGB grundsätzlich die gemeinschaftliche Führung der Geschäfte durch die Gesellschafter vorsieht, schaden nicht, weil die Geschäftsführung z. B. durch einen Management-Vertrag ohne weiteres einem Dritten übertragen werden kann. Entscheidend ist, dass die Rechte und Pflichten der einzelnen Mitglieder eindeutig definiert sind; hinzukommt die von § 708 BGB bestimmte, allerdings abdingbare, eingeschränkte Haftung der Gesellschafter, die nur für diejenige Sorgfalt einzustehen haben, die sie in eigenen Angelegenheiten anzuwenden pflegen (lat. „*diligentia quam in suis*“).

Schließen sich Freiberufler und Gewerbetreibende zu einer Projektgemeinschaft zusammen, besteht nach der sogenannten „Infektionstheorie“ für jeden die Gewerbesteuerpflicht[73]. Findet hingegen der Zusammenschluss nur zu

[72] http://www.firmnetgroup.com

[73] http://www.projektwerk.de/pool/txt/steuern.php3

einem einzigen zeitlich begrenzten Geschäft statt, so liegt kein Gewerbe i. S. d. § 2a GewStG vor und damit auch keine Gewerbesteuerpflicht. Im übrigen müssen die Partner einer solchen BGB-Gesellschaft ihre Einkünfte selbst deklarieren.

Problematisch wird der Fall, wenn solche Zusammenschlüsse, insbesondere Einkaufsgemeinschaften, zu kartellrechtlich unzulässigen Zwecken, insbesondere Preisabsprachen, ausgenutzt werden. Dann nämlich greift die Regelung des § 25 GWB, nach der ein aufeinander abgestimmtes Verhalten von Unternehmen zu einem nach dem GWB nicht gestatteten Zweck verboten ist. Ferner sind Fälle denkbar, in denen sich Großunternehmen virtuell zusammenschließen und damit eine marktbeherrschende Stellung als Anbieter oder Nachfrager erhalten.

3.7. Sicherheitsaspekte

Bei der technischen Realisierung von elektronischen Marktplätzen, insbesondere Online-Auktionen sollte man darauf achten, die darin enthaltenen Informationen so zu schützen, dass unbefugte Dritte auf keinen Fall Zugriff bekommen:

Es besteht nämlich die Gefahr bei der Einrichtung von für jedermann im Internet zugänglichen Auktionssites, dass Datenspione leicht persönliche Profile der Anbieter erstellen und auswerten können[74]. Jeder, der in einer öffentlichen Auktion mitbietet, hinterlässt Spuren. Insbesondere Preisangaben und deren Bereitschaft, diese im Laufe der elektronischen Auktion anzupassen, könnten für Dritte von Nutzen sein: Es lassen sich nämlich Nutzerprofile erstellen, die Auskunft über Art und Umfang der Gebote, des Verhaltens bei Preisverhandlungen usw. geben. Möglicherweise lassen sich solche Informationen wettbewerblich ausnutzen.

Daher muss bei der Lieferantenanbindung auf elektronischen Marktplätzen bzw. im Extranet die Authentizität der Lieferanten sichergestellt sein, d. h. es muss verhindert werden, dass Hacker auf diesen Marktplätzen unter falschem Namen auftreten.

[74] vgl. PC-Welt 11/2000, 73

4. Rechtsaspekte der Einkaufs-Homepage

4.1. Grundlegende Inhalte

Fast jedes Unternehmen verfügt heute über eine eigene Internet-Homepage, mit der es sich nicht nur selbst in der Öffentlichkeit darstellt, sondern auch seine Produkte und Leistungen anbietet. In der Regel sind diese Seiten sehr vertriebslastig ausgelegt, da der mit dem Medium Internet verbundene Veröffentlichungseffekt vorwiegend zur Ausschöpfung neuer Vertriebskanäle und damit zu Verkaufszwecken genutzt werden soll. Zielgruppe der „klassischen" Internet-Präsenz ist somit der Käufer. Aber auch der Einkauf hat über die Internet-Seiten seines Unternehmens die Möglichkeit, sich zu präsentieren. Sein „Kunde" sind die aktuellen und potenziellen Lieferanten sowie mögliche Kooperationspartner. Mit speziell für den Einkauf zugeschnittenen Seiten können vor allem folgende Zwecke verfolgt werden:

- Darstellung der Einkaufspolitik und –ziele des Unternehmens
- Benennung kompetenter Ansprechpartner für potenzielle Lieferanten
- Veröffentlichung von Ausschreibungen bzw. Hinweise auf Auktionen
- Gewinnung von Lieferantendaten für die Lieferantenbeurteilung

Bei der Darstellung der Einkaufspolitik und –ziele dürfen dabei natürlich keine strategischen oder gar geheimen Grundsätze veröffentlicht werden; der Lieferant soll vielmehr wissen, auf welche Art und Weise eine Zusammenarbeit mit dem Unternehmen möglich ist. Dabei geht es insbesondere darum, den Lieferanten über die einzukaufenden Warengruppen bzw. Produktpaletten zu informieren. Bei sehr vielen verschiedenen Produkten oder Einzelteilen ist es sinnvoll, Produkte zu Gruppen zusammenzufassen. Dies muss so geschehen, dass der Lieferant beim Besuch der Einkaufsseite sofort weiß, ob sein angebotenes Produkt überhaupt in die Bedarfspalette passt. Die Zuordnung der zu beschaffenden Produkte in Warengruppen ist eine schwierige Aufgabe. Wenn es gelingt, über internationale Standards wie BME-cat Warengruppen oder Materialstämme einheitlich zu definieren und hierarchisch nach Ober- und Untergruppen zu strukturieren, wäre dies eine erhebliche Erleichterung für den elektronischen Geschäftsverkehr: Der potenzielle Lieferant könnte im Internet nach Bedarfsträgern einer bestimmten Warengruppe suchen, der Einkäufer seinen Bedarf in standardisierter Form leichter darstellen. Bei der Internet-Darstellung sollen am besten zunächst die wichtigsten zu beschaffenden Produkt- bzw. Warengruppen (bei hierarchischer Struktur: oberste Ebene) genannt werden; ein Überfrachten der Internet-Seite mit Informationen schreckt erfahrungsgemäß die Nutzer ab. Hilfreich wäre auch eine spezielle Suchfunktion, mit der der potenzielle Lieferant direkt nach „seinem" Produkt suchen und feststellen kann, ob und von welcher Einkaufsabteilung, ggf. welchem Ansprechpartner es eingekauft wird.

Es dürfte nicht das Ziel eines Unternehmens sein, durch die Veröffentlichung von Einkaufsseiten im Internet möglichst viele Lieferanten anzusprechen und quasi „im Gießkannenprinzip" Bedarfe zu wecken, die möglicherweise gar nicht vorhanden sind. Aus diesem Grunde werden durch die Veröffentlichung der Einkaufsgrundsätze von vorneherein die Prinzipien einer möglichen Zusammenarbeit sowie insbesondere die Anforderungen an die Lieferanten festgelegt[75]. An dieser Stelle kann auf eine etwa erforderliche Lieferantenbeurteilung bzw. die Tatsache hingewiesen werden, dass die Leistungsfähigkeit der Lieferanten gemessen und zurückgemeldet wird. Auch ein Hinweis darauf, dass die Angestellten des Unternehmens grundsätzlich keine Belohnungen und Geschenke annehmen dürfen, dass allenfalls Arbeitsessen u. ä. im Zuge der Zusammenarbeit mit den Vertragspartnern zulässig sind, schadet nicht: schließlich ist das Gewähren eines Vorteils mit dem Ziel der Bevorzugung beim Bezug von Waren oder Dienstleistungen nach § 12 UWG strafbar; etwa daraus herrührende Verträge sind, weil § 12 UWG insoweit ein Verbotsgesetz darstellt, nach § 134 BGB wegen des Verstoßes gegen ein gesetzliches Verbot nichtig.

Die Bereitstellung der „Allgemeinen Einkaufsbedingungen" oder ähnlicher „Allgemeiner Geschäftsbedingungen" (AGB) im Internet kann sich als hilfreiches Instrument erweisen: Auch hier weiß jeder potenzielle Lieferant sofort, worauf er sich einlässt, selbst wenn anlässlich eines konkreten Vertragsschlusses bestimmte Vertragsbedingungen einzeln ausgehandelt werden. Mit veröffentlichten AGB können zudem diejenigen Nutzer „abgeschreckt" werden, die lediglich ihre Werbung breit gestreut anbringen wollen. AGB sind keine „geheimen" Unterlagen, weil sie möglicherweise bereits tausendfach an die verschiedenen Lieferanten ausgegeben wurden. Hinzukommt, dass AGB häufig mit Verbänden abgestimmt werden und daher ohnehin einem großen Personenkreis bekanntgemacht worden sind. Ein weiterer Vorteil der Veröffentlichung von AGB im Internet ist die Ersparnis der Druckkosten. Da die im Internet abgelegten AGB entweder als herunterladbare Datei, oder als HTML-Dokument zur Verfügung stehen, stellt sich die Frage des Dokumentenschutzes: Schließlich sollen diese Dokumente inhaltlich nicht verändert werden können. Dies wird häufig durch die Implementierung eines sogenannten Dokumentenschutzes unter Eingabe eines Passworts versucht; dieser Schutz ist allerdings unzureichend und meist auf einfache Art und Weise, z. B. durch Speicherung in einem anderen Dateiformat, aufzuheben. Will man nun seine AGB als absolut unveränderliches „urkundsähnliches" Dokument im Internet ablegen, könnte man es verschlüsseln. Damit steht man aber vor dem Problem, dass nur diejenigen Nutzer dieses Dokument lesen können, die über die geeigneten Entschlüsselungsmechanismen (z. B. Chipkarte, öffentlicher Schlüssel) verfügen. Da im Internet veröffentlichte AGB reinen Informations- und insbesondere noch keinen Vertragscharakter haben, genügt m. E. die Veröffentlichung als ladbares Dokument oder als HTML-Seite. Wenn es dann zu einem

[75] vgl. bei IBM, http://www-1.ibm.com/procurement/html/core_values.html

Vertragsschluss kommt, kann immer noch auf das fälschungssichere Original zurückgegriffen werden.

Falls ein Unternehmen bereits moderne B-to-B-Lösungen einsetzt, bietet sich die Veröffentlichung der entsprechenden Grundlagen an. Dies können Regelungen über den EDI-Austausch sein oder die Art und Weise der Rechnungslegung und Bezahlung.

4.2. Datenschutzrechtliche Fragen

4.2.1. Veröffentlichung von Ansprechpartnerlisten

Lieferanten, die erstmals ihre Produkte an Großunternehmen anbieten wollen, stehen häufig vor dem Problem, den richtigen Ansprechpartner beim Einkauf zu finden. Sie kennen insbesondere weder Aufbau noch Struktur des Einkaufs. Aus diesem Grunde bietet sich die Einstellung von Kontaktadressen auf den Einkaufsseiten im Internet an. Hierbei gibt es verschiedene Möglichkeiten:

Eine oder mehrere anonyme Kontaktadressen, ggf. aufgeteilt nach Warengruppen, bieten zunächst ein geeignetes Eingangsportal. Eine E-Mail-Adresse sollte dabei nicht fehlen; anonymisierte Kontaktadressen enthalten sogenannte „Funktionsmailboxen", aus denen der Name einer natürlichen Person nicht hervorgeht. Dass derartige Mailboxen regelmäßig von zuständigem Personal abgefragt und eingehende Mails auch innerhalb einer vertretbaren Zeit beantwortet werden, dürfte selbstverständlich sein.

Anstelle von anonymen Kontaktadressen können auch personifizierte Kontaktlisten bereitgestellt werden: IBM beispielsweise scheut sich nicht, seine Einkaufsleitung vollständig mit Name, Anschrift, Telefonnummer und sogar teilweise persönlicher E-Mail-Box zu nennen[76]. Fraglich ist in diesem Zusammenhang die datenschutzrechtliche Zulässigkeit:

Als spezialgesetzliche Regelung kommt zunächst § 12 Abs. 2 MDStV in Betracht, nach dem personenbezogene Daten vom Anbieter zur Durchführung von Mediendiensten nur erhoben, verarbeitet und genutzt werden dürfen, soweit der Mediendienste-Staatsvertrag oder eine andere Rechtsvorschrift es erlaubt oder soweit der Betroffene eingewilligt hat. Hierzu müsste es sich bei der Einkaufs-Homepage um einen Mediendienst im Sinne des § 2 MDStV handeln. Mediendienste sind nach § 2 Abs. 2 Nr. 1 MDStV *„Verteildienste in Form von direkten Angeboten an die Öffentlichkeit für den Absatz von Waren oder Erbringung von Dienstleistungen, einschließlich unbeweglicher Sachen, Rechte und Verpflichtungen, gegen Entgelt (Teleshopping)"*. Zwar wird bei der Veröffentlichung von Einkaufsseiten nicht das Ziel eines Angebots gegen Entgelt verfolgt; allerdings könnten Einkaufs-Seiten Bestandteil des übrigen Internet-Auftritts eines Unternehmens sein, das derartige Ziele verfolgt und damit unter den Begriff „Mediendienst" fallen. § 2 Abs. 2 Nr. 4 MDStV klassifiziert darüber hinaus auch Abrufdienste, bei denen Text-, Ton- oder Bild-

[76] http://www-1.ibm.com/procurement/html/procurement_exec.html

darbietungen auf Anforderung aus elektronischen Speichern zur Nutzung übermittelt werden, als Mediendienste; ausgenommen sind jedoch solche Dienste, *„bei denen der individuelle Leistungsaustausch oder die reine Übermittlung von Daten im Vordergrund steht“*. Zwar kommt es bei der Veröffentlichung von Ansprechpartnerlisten auf die reine Übermittlung der Adressdaten an; allerdings richtet sich der Mediendienste-Staatsvertrag gemäß § 2 Abs. 1 MDStV auf *„das Angebot und die Nutzung von an die Allgemeinheit gerichteten Informations- und Kommunikationsdiensten (Mediendienste) in Text, Ton oder Bild, die unter Benutzung elektromagnetischer Schwingungen ohne Verbindungsleitung oder längs oder mittels eines Leiters verbreitet werden“* und meint damit im Grunde genommen Fernseh- und Rundfunkdienste. Internet-Seiten, die unter Ausnutzung der Abtastlücke des Fernsehsignals übertragen werden[77], oder Fernsehsendungen, die das Internet als kostengünstiges Übertragungsmedium nutzen[78], fallen beispielsweise hierunter. Bei der Feststellung, ob ein Internet-Angebot unter den Begriff „Mediendienst“ fällt, ist zu prüfen, *„ob das Gesamtbild des Angebots unter Berücksichtigung der Besonderheiten der Online-Verbreitung einen mit den klassischen Medien Presse und Rundfunk vergleichbaren, in erster Linie einseitigen Informationsdienst darstellt“*[79]. Normalerweise betrifft dies Homepages, die in erster Linie Informationsvermittlung mit wechselnden Themen zum Gegenstand haben, also z. B. Internet-Seiten der Presse. Private Homepages, die lediglich im wesentlichen feststehende Inhalte kommunizieren, fallen nicht unter den Mediendienste-Begriff.

Selbst wenn im Einzelfall aufgrund bestimmter Umstände die Eigenschaft eines Mediendienstes angenommen werden könnte, ergibt sich daraus noch keine spezialgesetzliche Regelung hinsichtlich der Veröffentlichung von Ansprechpartnerlisten: die §§ 12 ff. zielen auf die Rechte des Nutzers von Mediendiensten ab, der beispielsweise nach § 12 Abs. 6 MDStV über Art, Umfang, Ort und Zwecke der Erhebung, Verarbeitung und Nutzung seiner personenbezogenen Daten unterrichtet und nach § 12 Abs. 7 MDStV über sein Recht auf Widerruf informiert werden muss. Betroffen von der Veröffentlichung einer Ansprechpartnerliste sind allerdings nicht die Nutzer der Internet-Seiten, sondern die Mitarbeiter des anbietenden Unternehmens.

Auch in einer weiteren spezialgesetzliche Regelung hinsichtlich der Beachtung von Datenschutzvorschriften wird auf die Rechte des Nutzers abgestellt: § 3 Abs. 1 TDDSG stellt klar, dass personenbezogene Daten vom Diensteanbieter zur Durchführung von Telediensten nur erhoben, verarbeitet und genutzt werden dürfen, soweit das Teledienst-Datenschutzgesetz oder eine andere Rechtsvorschrift es erlaubt oder der Nutzer eingewilligt hat. Zwar handelt es sich bei dem in einer Internet-Homepage dargestellten Angebot um einen Teledienst i. S. d. § 2 Abs. 2 TDG, da die Einkaufs-Homepage zumindest Angebote zur Information und Kommunikation enthält; allerdings wird

---

[77] Intercast, vgl. http://www.iid.de/service/software/intercast.html

[78] Internet-Fernsehen, vgl. http://www.metager.de/ntv/

[79] Dirk Schuhmacher, Gegendarstellungen auf Webseiten, ITM Münster, http://www.dfn.de/service/ra/aktuelles/Gegendarstellung.html

auch hier auf „eine andere Rechtsvorschrift" verwiesen, bei welcher die Erlaubnis zur Veröffentlichung der Ansprechpartnerlisten zu prüfen ist.

Eine solche „andere Rechtsvorschrift" ist das BDSG. Auch nach dem BDSG unterliegt die Verarbeitung und Nutzung personenbezogener Daten unterliegt dem sogenannten Grundsatz des „Verbots mit Erlaubnisvorbehalt". Sie ist nach § 4 Abs. 1 BDSG grundsätzlich verboten, es sei denn, sie ist durch das BDSG selbst oder eine andere Rechtsvorschrift ausdrücklich erlaubt oder der Betroffene hat hierzu seine Einwilligung erklärt[80]. Bei der Speicherung von Daten durch Private für Geschäftszwecke – wie hier – gilt § 28 BDSG. Gemäß § 28 Abs. 1 Nr. 1 ist das Speichern, Verändern oder Übermitteln personenbezogener Daten oder ihre Nutzung als Mittel für die Erfüllung eigener Geschäftszwecke zulässig, wenn es z. B. im Rahmen der Zweckbestimmung eines Vertragsverhältnisses erfolgt. Bei der Veröffentlichung von Ansprechpartnerlisten unter Angabe von Name, Geschäftsadresse, -telefonnummer und –mailbox ist von einer Übermittlung personenbezogener Daten zu Geschäftszwecken auszugehen. Schließlich sollen potenzielle Lieferanten den richtigen Ansprechpartner zwecks etwaiger Anbahnung von Geschäften auffinden können. Das zugrundeliegende Vertragsverhältnis zwischen dem veröffentlichenden Unternehmen bzw. deren Einkaufsabteilung und dem betroffenen ist der Arbeitsvertrag, konkretisiert durch die zugewiesenen Einkaufsaufgaben. Die Übermittlung der Daten ist nach § 28 Abs. 2 Nr. 1b BDSG auch zulässig, wenn es sich um listenmäßig oder sonst zusammengefasste Daten über Angehörige einer Personengruppe handelt, die sich auf bestimmte Angaben wie Zugehörigkeit zur Personengruppe, Geschäftsbezeichnung, Name, Anschrift usw. beschränken. Im vorliegenden Fall sollen Listen mit Einkaufsansprechpartnern veröffentlicht werden, die neben der Angabe des Namens ausschließlich geschäftliche Angaben enthalten, so dass auch unter diesem Gesichtspunkt eine grundsätzliche Zulässigkeit der Datenübermittlung gegeben ist. Allerdings kann nach § 28 Abs. 3 BDSG der Betroffene dann der Datenübermittlung widersprechen, wenn diese für Zwecke der Werbung oder der Markt- oder Meinungsforschung verwendet werden sollen. Das Widerspruchsrecht hinsichtlich der Verarbeitung und Nutzung der übermittelten Daten gilt gemäß § 29 Abs. 3 BDSG auch für den Fall, indem nach § 29 Abs. 1 Nr. 1 BDSG kein Grund zu der Annahme besteht, dass der Betroffene ein schutzwürdiges Interesse an dem Ausschluss der Speicherung oder Veränderung hat oder nach § 29 Abs. 1 Nr. 2 BDSG die Daten aus allgemein zugänglichen Quellen entnommen worden sind und das schutzwürdige Interesse des Betroffenen nicht überwiegt.

Die Universität Heidelberg hatte sich mit dem Problem zu befassen gehabt, ob die Veröffentlichung eines Mitarbeiterverzeichnisses im Internet unter Angabe von dienstlicher Anschrift, Raumnummer, Telefonnummer und weiterer Daten zulässig ist[81]. Der Datenschutzbeauftragte ist dabei zu dem Ergebnis gelangt, dass ohne ihr Einverständnis leitende oder in besonderem Maße eigenverantwortlich tätige Personen interessierten Dritten gegenüber genannt

---

[80] Tobias H. Strömer, Daten auf Wanderschaft - Wie personenbezogene Daten im Internet zu behandeln sind, http://www.netlaw.de/newsletter/news0004/daten.htm

[81] http://www.uni-heidelberg.de/intern/www/datenschutz.html

werden dürfen, damit eine unmittelbare Kontaktaufnahme mit ihnen möglich ist. Hierzu zählen Professoren und Hochschuldozenten, die Verwaltungsspitze, wissenschaftliche Assistenten, wissenschaftliche Mitarbeiter oder Referenten in der Verwaltung. Er hat allerdings auch darauf hingewiesen, dass die betroffenen Personen ein schutzwürdiges Interesse daran haben, nicht in einem elektronischen Verzeichnis – dem Internet – zu erscheinen. Deshalb müsse die Hochschule diese Personen auf die beabsichtigte Aufnahme in das öffentliche Verzeichnis und ihre Rechte zum Widerspruch hiergegen hinweisen. Bei nicht zu diesem Personenkreis gehörenden Personen wie Sekretärinnen und Servicepersonal sei hingegen in jedem Fall eine ausdrückliche Einwilligung erforderlich.

Ähnlich liegt der Fall auch hier: Eine ausdrückliche Einwilligung in die Veröffentlichung der Ansprechpartnerlisten im Internet ist nicht erforderlich, weil die genannten Ansprechpartner genau mit der beschriebenen Aufgabe geschäftsmäßig befasst sind. Ob dem jeweiligen Betroffenen ein Widerspruchsrecht zusteht, richtet sich danach, ob die Veröffentlichung der personenbezogenen Daten im Internet zum „Zwecke der Werbung oder der Markt- oder Meinungsforschung“ erfolgen. Werbezwecke oder solche zur Markt- und Meinungsforschung werden vor allem dadurch erzielt, dass eine bestimmte Information einem größeren Personenkreis zugänglich gemacht wird und dabei Art und Gestaltung der Information ein Verhalten des angesprochenen Personenkreises erwartet. Normalerweise werden Daten zum Zwecke der Werbung erhoben, um die so gewonnenen potenziellen Kunden gezielt ansprechen zu können. Bei der Veröffentlichung der Ansprechpartnerliste ist es umgekehrt: Hier dient die Veröffentlichung im Internet dem Zweck, einem unbestimmten Personenkreis – nämlich aktuelle und potenzielle Lieferanten – Kontaktmöglichkeiten zur Verfügung zu stellen, damit diese ihre Produkte und Dienstleistungen gezielt anbieten können. Beworben werden somit nicht die als Ansprechpartner genannten Personen, sondern die potenziellen Lieferanten. Da diese wiederum aufgrund der veröffentlichten Ansprechpartnerliste gezielter auf die zuständigen Einkäufer zugehen können, besteht der Werbeeffekt in einer effizienteren Bewerbung der Lieferanten. Insoweit erscheint das Merkmal der Datenübermittlung zum Zwecke der Werbung oder der Markt- und Meinungsforschung als vertretbar. Schon aus diesem Grund steht den in der Ansprechpartnerliste genannten Personen ein Widerspruchsrecht zu. Ferner ergibt sich aus dem in § 4 Abs. 1 BDSG genannten Verbot mit Erlaubnisvorbehalt, dass der Gesetzgeber von einer sensiblen Behandlung personenbezogener Daten ausgeht und nur in bestimmten Fällen deren Verarbeitung, Speicherung und Übermittlung gestatten wollte. Schließlich stellt auch § 28 Abs. 2 BDSG auf die Rechtmäßigkeit der Datenerhebung nach Treu und Glaube ab. Der Betroffene muss demnach zumindest das Recht haben, seine Interessen gegenüber demjenigen wahrzunehmen, der die personenbezogene Datenverarbeitung bewirken möchte. Aus diesem Grunde müssen vor der Veröffentlichung von Ansprechpartnerlisten auf der Einkaufs-Homepage im Internet die betroffenen Personen befragt , d. h. umfassend informiert werden. Im Gegensatz zu einer ausdrücklichen Einwilligung genügt hier, dass die Betroffenen nicht innerhalb einer angemessenen Überlegungsfrist widersprechen.

Generell empfiehlt es sich zur Vermeidung von Rechtsstreitigkeiten zwischen den Beteiligten Einigung hinsichtlich Art und Umfang der zu veröffentlichten Daten zu erzielen. Diese Einigung kann am besten dadurch erreicht werden, dass die Betroffenen den Sinn und Zweck hinreichend nachvollziehen können. Befürchtungen, aufgrund der Veröffentlichung der Adressdaten mit Telefonanrufen oder E-Mails überschwemmt zu werden, spielen dabei eine große Rolle. Nicht immer führt die Veröffentlichung von Telefonnummern oder Mailadressen zu diesem unerwünschten Effekt; es ist demnach durchaus denkbar, zunächst einige wenige Ansprechpartner testweise mit ihren Adressdaten zu veröffentlichen und ggf. nach Ablauf einer bestimmten Testphase nachzusteuern. Als Alternative zur Veröffentlichung von Personendaten bietet sich die Einstellung einer anonymisierten Funktionsmailbox an. Diese kann direkt von Lieferanten zur Einstellung ihrer Anfragen usw. genutzt werden. Zugriff auf Empfängerseite haben ausgewählte Mitarbeiter, am besten getrennt von ihrer persönlichen Mailbox in ihrem Unternehmen.

4.2.2. Gewinnung von Lieferantendaten

Das Internet bietet auch als Medium zur unmittelbaren Gewinnung von auswertbaren Daten ungeahnte, jedoch nicht immer erwünschte oder legale Möglichkeiten: wie erwähnt können Nutzerprofile erstellt und Internet-Angebote gezielt auf den angesprochenen Nutzerkreis ausgestaltet werden.

Zu einem effizienten Lieferantenmanagement gehört ebenfalls die Gewinnung und Auswertung von Lieferantendaten. Nicht nur, dass die in einem Unternehmen bereits vorhandenen Daten wie Einkaufsvolumina, Produktpalette, Top-Lieferantenlisten etc. genutzt werden können; es sind darüber hinaus auch diejenigen Angaben über Lieferanten hilfreich, die deren fachliche und wirtschaftliche Leistungsfähigkeit kennzeichnen. Solche Angaben sind beispielsweise die Höhe des Umsatzes, die Anzahl der Beschäftigten oder die Höhe der getätigten Investitionen. Professionelle Anbieter von Lieferantendaten, wie Dun & Bradstreet[82] bieten solche und andere Wirtschaftsinformationen über eine Vielzahl von Lieferanten gegen Entgelt an. Anlässlich der Einrichtung einer Einkaufs-Homepage können ebenfalls Lieferantendaten gewonnen werden, die ansonsten nur über professionelle Anbieter oder gar nicht – insbesondere bei nicht-publizitätspflichtigen Gesellschaften oder Firmen – zu beschaffen wären. Der Lieferant muss dabei eine sogenannte Selbstauskunft über sein Unternehmen erteilen, falls er mit dem nachfragenden Unternehmen in Geschäftsbeziehungen treten will. In technischer Hinsicht lässt sich dies sowohl über die Einstellung von Formularfeldern, als auch über herunterladbare Dokumente, die vom Lieferanten bzw. Bewerber ausgefüllt werden müssen, realisieren. Zweifellos sind Formularfelder, die anschließend über ein Programm („CGI-Script") ausgewertet und deren Inhalte in eine unternehmensinterne Datenbank eingestellt werden, die effizientere Alternative: Dokumente, z. B. im Word-Format, können zwar auch Formularfelder enthalten, müssen jedoch nach dem Ausfüllen per Mail an den zuständigen Empfänger geschickt werden. Das bedeutet zum einen, dass dem Bewerber nach dem

[82] http://www.dbgermany.com/Default.htm

Herunterladen eines Formulardokuments genügend Zeit verbleibt, sich zu einer Selbstauskunft zu entschließen; zum anderen ist ein weiteres aktives Tun des Bewerbers erforderlich, nämlich der Versand per E-Mail. Das Web-Formular hingegen wird „live“ ausgefüllt, abgesendet und kann sofort verarbeitet werden. Aus strategischen oder psychologischen Gründen können natürlich beide Alternativen nebeneinander angeboten werden, so dass es dem Bieter bzw. Lieferanten frei steht, entweder sofort seine Angaben im Online-Formular zu machen oder erst später das Dokument auszufüllen[83]. Die geforderten Selbstauskünfte enthalten i. d. R. nicht nur Angaben über Name und Sitz der sich bewerbenden Firma; es werden insbesondere auch die Namen etwaiger Ansprechpartner gefordert sowie die oben erwähnten Wirtschaftsauskünfte sowie Angaben über die lieferbare Produktpalette, ISO-Zertifikate usw. Je mehr Informationen von potenziellen Lieferanten gefordert wird, desto geringer dürfte jedoch die Bereitschaft der angesprochenen Unternehmen sein, solche Auskünfte zu erteilen. Andererseits bleibt einem Unternehmen, das auf diese Weise in Geschäftsbeziehungen treten will, häufig gar nichts anderes übrig, als die gewünschten Auskünfte zu erteilen. Angesichts dieser doch recht detaillierten Forderung von Angaben stellt sich daher erneut das Problem des Datenschutzes:

Wie erwähnt, ist das Internet-Angebot zumindest als Teledienst i. S. d. § 2 Abs. 2 einzuordnen. Gemäß § 3 Abs. 1 TDDSG, der nach § 1 Abs. 1 TDDSG für den Schutz personenbezogener Daten anlässlich der Erbringung von Telediensten anzuwenden ist, ist die Erhebung, Verarbeitung und Nutzung personenbezogener Daten nur dann zulässig, soweit das TDDSG oder eine andere Rechtsvorschrift es erlaubt oder der Nutzer eingewilligt hat. Bei der Erhebung der Lieferantendaten in Gestalt eines Web-Formulars oder einer herunterladbaren Datei muss demnach eine ausdrückliche gesetzliche Erlaubnis oder das Einverständnis des Betroffenen vorliegen. Eine solche Erlaubnisvorschrift könnte sich in § 5 TDDSG finden, der dem Diensteanbieter die Erhebung, Verarbeitung und Nutzung personenbezogener Daten eines Nutzers erlaubt, soweit sie für die Begründung, inhaltliche Ausgestaltung oder Änderung eines Vertragsverhältnisses mit ihm über die Nutzung von Telediensten erforderlich sind. Zwar geht es bei der Abfrage von Lieferantendaten um die Erhebung von Daten zum Zwecke einer möglichen Begründung eines Vertragsverhältnisses; dieses Vertragsverhältnis hat jedoch nicht die Nutzung des Internet-Angebots des Unternehmens, sondern die möglicherweise nachgefragten Lieferungen und Leistungen zum Gegenstand, so dass § 5 TDDSG keine Erlaubnisnorm darstellt. Auch die in § 6 TDDSG festgelegte Erlaubnis hinsichtlich der Erfassung von Nutzungs- und Abrechnungsdaten ist nicht einschlägig. Als weitere Erlaubnisnorm käme § 28 Abs. 1 Nr. 1 BDSG in Betracht, nach dem das Speichern, Verändern oder Übermitteln personenbezogener Daten oder ihre Nutzung als Mittel für die Erfüllung eigener Geschäftszwecke im Rahmen der Zweckbestimmung eines Vertragsverhältnisses oder vertragsähnlichen Vertrauensverhältnisses mit dem Betroffenen zulässig ist. Ferner könnte der Fall des § 28 Abs. 1 Nr. 2 BDSG gegeben sein, sofern die Datenverarbeitung *„zur Wahrung berechtigter Interessen der speichern-*

[83] so macht es die Fa. Sachs, http://www.sachs-ag.de/deutsch/einkauf/formular.htm

den Stelle erforderlich ist und kein Grund zu der Annahme besteht, dass das schutzwürdige Interesse des Betroffenen an dem Ausschluss der Verarbeitung oder Nutzung überwiegt".

Auch hier hat der Betroffene das Recht, der Nutzung und Übermittlung der erhobenen Daten, sofern dies zum Zwecke der Markt- und Meinungsforschung geschieht, zu widersprechen, § 28 Abs. 3 BDSG.

Da es sich bei der Ausfüllung eines Web-Formulars letztlich um eine Selbstauskunft handelt, könnte man allerdings davon ausgehen, dass derjenige, der den Fragebogen vollständig ausfüllt, zunächst mit der Erhebung der Daten einverstanden ist. Auf der anderen Seite bleibt dem potenziellen Lieferanten gar nichts anderes übrig, als die geforderten Angaben zu machen, wenn er in Geschäftsbeziehungen eintreten will. Diese Frage spielt vor allem bei der Beurteilung des Problems falscher Angaben eine Rolle (s. u.).

Fraglich ist, ob die speichernde Stelle dem Betroffenen über den Zweck der Datenerhebung aufklären muss: Im nicht-öffentlichen Bereich gilt § 13 Abs.. 3 BDSG, der als Konkretisierung von Treu und Glauben zu qualifizieren ist[84]. Erst dann, wenn der Betroffene den Sinn einer Frage kennt, kann er die Entscheidung treffen, ob und wie er sie beantwortet. Da die Generalklausel des § 4 Abs. 2 BDSG ebenfalls auf den Treu- und Glaubens-Grundsatz bei der Datenerhebung abstellt, sollte aus der geforderten Selbstauskunft der damit verbundene Zweck deutlich hervorgehen.

Zu prüfen ist die weitere Verarbeitung der so gewonnenen Lieferantendaten: bei der internen Übermittlung und Weiterverarbeitung, z. B. im Rahmen eines Lieferantenmanagementsystems mit Bereitstellung der Daten im Intranet muss nach § 28 Abs. 1 BDSG die Erfüllung eigener Geschäftszwecke gegeben sein. Ein solcher Geschäftszweck ist die nach DIN ISO 9001 Ziff. 4.6 geforderte Lieferantenbeurteilung, mithin ein legitimes Interesse eines Unternehmens, die von ihm benötigten Lieferanten nach Eignung, Leistung und Zuverlässigkeit auswählen zu können. Darüber hinaus muss nach § 28 Abs. 1 Nr. 2 BDSG neben dem berechtigten Interesse des Unternehmens kein Grund zu der Annahme bestehen, dass das schutzwürdige Interesse des Betroffenen an dem Ausschluss der Verarbeitung oder Nutzung überwiegt. Soweit die Übermittlung und Nutzung der Formulardaten innerhalb des Unternehmens verbleibt, sind keine überschießende Interessen des potenziellen Lieferanten am Ausschluss der Verarbeitung oder Nutzung ersichtlich. Der Lieferant, der möglicherweise selbst nach DIN ISO 9001 zertifiziert ist, weiß um die Notwendigkeit einer Lieferantenbeurteilung und führt möglicherweise sogar selbst ähnliche Verfahren durch. Insoweit bestehen gegen die Übermittlung der Daten innerhalb des Unternehmens keine Bedenken. Allerdings muss das Unternehmen in jedem Fall gemäß § 9 BDSG die in der Anlage zu § 9 BDSG genannten Sicherheitsmaßnahmen treffen, um einen Missbrauch der Daten zu verhindern. Insbesondere gehören dazu eine Zugriffs- und Benutzerkontrolle, die den unbefugten Zugriff auf die so gewonnenen Daten verhindern sowie eine nachvollziehbare Dokumentation.

Dadurch, dass von den (potenziellen) Lieferanten Daten abverlangt werden, die ihre wirtschaftliche und technische Leistungsfähigkeit darstellen, wie bei-

[84] Wolfgang Däubler, Erhebung von Arbeitnehmerdaten, CR 1994, S. 103

spielsweise Höhe des Umsatzes, Anzahl der Beschäftigten, Produktionsstätten usw., könnten diese Informationen nicht nur innerhalb des die Daten erhebenden Unternehmens, sondern auch anderen Geschäftspartnern zur Verfügung gestellt werden. Ein Rationalisierungseffekt hinsichtlich der Lieferantenbeurteilung wäre z. B. der gegenseitige Austausch von gemeinsam nutzbaren Lieferantendaten verschiedener Großunternehmen der gleichen Branche im Rahmen einer Kooperation. Jeder dieser Kooperationspartner müsste dann nur auf eine einzige Datensammlung zugreifen. Eine andere Möglichkeit bestünde darin, Dritten gegen Entgelt die Informationen aus einer Lieferantendatenbank zur Verfügung zu stellen und damit den professionellen Anbietern Konkurrenz zu machen. Fraglich ist demnach die Zulässigkeit der Weitergabe der über ein Web-Formular oder eine sonstige Selbstauskunft gewonnenen Daten an Dritte:

Das geschäftsmäßige Speichern personenbezogener Daten zum Zwecke der Übermittlung ist nach § 29 Abs. 1 Nr. 1 BDSG dann zulässig, *„wenn kein Grund zu der Annahme besteht, dass der Betroffene ein schutzwürdiges Interesse an dem Ausschluss der Speicherung oder Veränderung hat"*. Im Falle der Speicherung der Lieferantendaten zwecks Übermittlung an Kooperationspartner oder gar Veräußerung ist von einem geschäftsmäßigen Vorgehen auszugehen: schließlich werden dann nicht nur unternehmensinterne Zwecke, sondern auch erwerbsorientierte Ziele verfolgt. Aber auch die Übermittlung von Lieferantendaten an Kooperationspartner hat einen geschäftsmäßigen Zweck; schließlich werden die Kooperationsbeziehungen verbessert und wechselseitige Einsparpotenziale aufgrund nicht-redundanter Datenhaltung erzielt. § 29 Abs. 1 Nr. 2 BDSG erlaubt das geschäftsmäßige Speichern, sofern die Daten aus allgemein zugänglichen Quellen gewonnen werden; dies könnten bei publizitätspflichtigen Gesellschaften deren Geschäftsberichte sein, die ohnehin veröffentlicht werden. Für diesen Fall ist im zweiten Halbsatz des § 29 Abs. 1 Nr. 2 BDSG eine Abwägung gegen die schutzwürdigen Interessen des Betroffenen vorgesehen. Nach § 29 Abs. 2 Nr. 1a BDSG ist die Weitergabe der Informationen dann zulässig, wenn der Empfänger ein berechtigtes Interesse an ihrer Kenntnis glaubhaft dargelegt hat. Hier müssen demnach die Kooperationspartner oder für den Fall der kommerziellen Nutzung die Kunden der Lieferantendatenbank ein berechtigtes Interesse darlegen. Auch in diesem Fall muss das mögliche schutzwürdige Interesse des Betroffenen am Ausschluss der Übermittlung festgestellt werden.

Die von einer solchen Aktion betroffenen Lieferanten können nämlich sehr wohl ein berechtigtes Interesse daran haben, dass ihre Daten nicht weitergegeben werden. Die Persönlichkeitsrechte des Betroffenen sind gegen die Interessen des Anfragenden abzuwiegen[85]. Man kann diese Fallkonstellation mit der Übermittlung von Daten der Auskunfteien an ihre Kunden vergleichen: beispielsweise gibt die Schufa Auskünfte an die anfragenden Kreditinstitute zwecks Bonitätsprüfung bzw. legt selbst einen Prüfbericht vor. Schutzwürdige Belange des Betroffenen sind dann nicht beeinträchtigt, „wenn durch die Auskunfteien nur richtige, objektive und aussagekräftige Informationen über die Bonität und sonstige wirtschaftliche Verhältnisse weitergegeben werden"[86].

---

[85] Materialien zum Datenschutz, http://www.datenschutz-berlin.de/infomat/info/handel.htm

[86] Däubler, aaO, S. 104

Bei den Kunden der Auskunfteien wird ein berechtigtes Interesse im Zusammenhang mit z. B. einer Kreditgewährung angenommen, um das Kreditrisiko zu mindern. Für den hier genannten Fall der Übermittlung an Kooperationspartner könnte ein berechtigtes Interesse dadurch angenommen werden, dass die gemeinsam in Augenschein genommenen Lieferanten effizienter beurteilt werden können. Ein berechtigtes Interesse angesichts einer etwaigen Veräußerung der Daten wäre der zu erzielende Gewinn. Hiergegen sind die schutzwürdigen Belange des betroffenen Lieferanten bzw. Bewerbers abzuwägen: Durch die zum Teil recht umfangreichen Selbstauskünfte wird der Betroffene hier möglicherweise zum „gläsernen Lieferanten". Nicht nur seine geschäftlichen Aktivitäten, sondern auch sein Unternehmenserfolg oder Misserfolg werden Dritten bekanntgemacht. Für ein in einer wirtschaftlichen Krise befindliches Unternehmen kann dies das endgültige „Aus" bedeuten, wenn derartige Informationen potenzielle Kunden von einem wichtigen Vertragsschluss abhalten. Auf der anderen Seite hat das diese Informationen nachfragende Unternehmen das Bedürfnis, möglichst nur bei soliden Lieferanten einzukaufen; sowohl die Bedarfsdeckungssicherheit, als auch die Durchsetzung von Gewährleistungs- oder sonstigen Leistungsstörungs-Ansprüchen sind gefährdet, wenn der Lieferant über keine ausreichende wirtschaftliche Leistungsfähigkeit verfügt. Ob dieses Interesse ausreicht, die Weitergabe der z. B. durch ein Web-Formular erlangten Daten an Dritte zu rechtfertigen, ist jedoch fraglich: der in § 29 Abs. 2 Nr. 1a BDSG genannte Empfänger der übermittelten Lieferantendaten ist grundsätzlich selbst für die Beurteilung seiner Lieferanten verantwortlich; die Beschaffung dieser nicht aus allgemein zugänglichen Quellen hervorgegangen Daten über Dritte, z. B. Kooperationspartner, bedeutet insoweit für ihn lediglich eine Erleichterung. Hinzukommt, dass derjenige Lieferant, der ein Web-Formular mit seinen Unternehmensdaten bestückt, häufig gar nicht weiß, an welche Empfänger diese Daten übermittelt werden. Auch der nach § 33 Abs. 1 BDSG bestehende Benachrichtigungszwang ändert hieran nichts: lediglich bei der erstmaligen Übermittlung der personenbezogenen Daten wäre der betroffene Lieferant zu benachrichtigen. Allerdings kann der Betroffene nach § 34 Abs. 1 Nr. 3 BDSG Auskunft über die Empfänger seiner Daten verlangen. Das Auskunftsrecht gibt ihm jedoch noch keinen Anspruch auf ein Verbot der Übermittlung und mindert daher nicht sein berechtigtes Interesse an einem Ausschluss der Datenübermittlung. Bei der Interessenabwägung ist daher auch zu berücksichtigen, dass dasjenige Unternehmen, das auf seinen Einkaufsseiten im Internet eine Selbstauskunft verlangt, nicht primär den Geschäftszweck einer Auskunftei verfolgt, wenn es diese Daten an Dritte weitergibt. Demgegenüber wiegt im übrigen auch das verfassungsrechtlich verbriefte Recht auf informationelle Selbstbestimmung[87] weitaus schwerer: Jeder kann grundsätzlich selbst darüber entscheiden, ob er personenbezogene Daten preisgibt; bereits durch das Erfordernis, personenbezogene Daten mitzuteilen, um überhaupt die Möglichkeit einer Geschäftsaufnahme zu erhalten, wird der Lieferant genötigt, auf sein Selbstbestimmungsrecht zu verzichten. Zwar gelten Grundrechte zunächst nur im Verhältnis Bürger zu Staat; allerdings entfaltet das Recht auf informationelle

[87] BverfG, Urteil vom 15.12.1983; Az.: 1 BvR 209/83; NJW 84, 419

Selbstbestimmung auch hier eine Drittwirkung gegenüber privaten Personen[88]. Gerade bei den im Bereich der Schufa-Auskünfte und des Mietrechts verlangten Selbstauskünfte wird kritisiert, dass dem Betroffenen kaum eine Möglichkeit zur Verfügung steht, die geforderte Auskunft zu verweigern[89]. Ein Lösungsansatz für das generelle Problem des faktischen Zwangs zu Selbstauskünften gibt es in § 3 Abs. 3 TDDSG: danach darf der Anbieter von Telediensten *„die Erbringung von Telediensten nicht von einer Einwilligung des Nutzers in eine Verarbeitung oder Nutzung seiner Daten für andere Zwecke abhängig machen, wenn dem Nutzer ein anderer Zugang zu diesen Telediensten nicht oder in zumutbarer Weise nicht möglich ist"*. Selbst wenn man die Darstellung der Einkaufs-Homepage im Internet mit dem Auskunftsformular nicht als „Teledienst" i. S. d. § 2 Abs. 2 TDG ansieht, wird man gleichwohl die Intention des Gesetzgebers erkennen, unlautere Praktiken zur Gewinnung von personenbezogenen Daten ausschließen zu wollen. Erst recht gilt dies für die geschäftsmäßige Übermittlung. Bei der zitierten Interessenabwägung ist daher das schutzwürdige Interesse des Betroffenen grundsätzlich als höherwertiger einzustufen; allenfalls bei Auskunfteien oder sonstigen Informationsbrokern, deren Geschäftserfolg von der Datengewinnung abhängt, könnte das Interesse der speichernden und übermittelten Stellen höher anzusetzen sein. Daher ist die Weitergabe der durch ein Web-Formular erlangten Daten an Dritte, sei es zum Zwecke des Zusatzerwerbs oder zur Erleichterung von Kooperationsbeziehungen grundsätzlich unzulässig.

Aus Gründen der Rechtssicherheit empfiehlt es sich für den Anbieter einer Einkaufs-Homepage, bei Schaltung eines Web-Formulars deutlich auf Art und Umfang der Weiterverarbeitung hinzuweisen. Auf eine Weitergabe der so erlangten Daten an Dritte sollte verzichtet werden. Um schließlich ein Vertrauensverhältnis mit einem Lieferanten aufbauen zu können, sollte ferner deutlich aus der Formular-Seite hervorgehen, dass die Daten selbstverständlich vertraulich und nur innerhalb des Unternehmens verwendet werden[90].

Sind die datenschutzrechtlichen Voraussetzungen erfüllt und darf das Unternehmen die Lieferantendaten intern weiterverarbeiten, so stellt sich die Frage, wie der Fall zu behandeln ist, in dem ein Lieferant aufgrund falscher Angaben einen Vertrag bekommt. Dass etwaige Selbstauskünfte inhaltlich falsch sind, stellt sich erfahrungsgemäß erst im Zuge der Geschäftsbeziehungen heraus. Zwar können Selbstauskünfte auf Plausibilität geprüft und dadurch ermittelt werden, ob die einzelnen Angaben im Verhältnis zueinander schlüssig sind. Darüber hinaus wäre es jedoch unwirtschaftlich, Selbstauskünfte zu verlangen, um sie anschließend sofort wieder mit Auskünften Dritter abzugleichen.

Fraglich ist, welche Rechtsfolgen bewusst wahrheitswidrige Angaben von potenziellen Lieferanten in einem Web-Formular haben, wenn aufgrund dieser Angaben ein Vertrag zustandekommt. Zunächst könnte der Vertragspartner die Möglichkeit haben, den Vertrag gemäß § 123 BGB wegen arglistiger Täu-

---

[88] vgl. BVerfG, NJW 1991, S. 2411 f.

[89] vgl. Thilo Weichert, Verhängnisvolle Datenschutzselbstauskünfte, CR 1995, 361-364, 362

[90] Dieser Hinweis fehlt auf dem Formular der Sachs AG, vgl. http://www.sachs-ag.de/deutsch/einkauf/formular.htm

schung anzufechten. Unter einer Täuschungshandlung versteht man das Vorspiegeln falscher oder Unterdrücken wahrer Tatsachen mit dem Ziel, beim Erklärungsempfänger einen Irrtum zu erregen oder zu unterhalten. Falls beispielsweise die Höhe des Umsatzes im letzten Geschäftsjahr falsch angegeben wurde, wird dadurch der Geschäftspartner über die wirtschaftliche Leistungsfähigkeit getäuscht. „Arglist“ bedeutet die bewusst wahrheitswidrige Täuschung, um den Erklärungsempfänger zu der vom Täuschenden gewünschten Handlung, Duldung oder Unterlassung zu veranlassen. Das ist insbesondere dann der Fall, wenn der Täuschende die Unrichtigkeit seiner Angaben kennt und zumindest billigend in Kauf nimmt, der Erklärungsempfänger könnte durch die Täuschung beeinflusst werden[91]. Durch die Angabe falscher Tatsachen will der Täuschende hier den Vertragspartner zumindest in seiner Entscheidung, mit ihm einen Vertrag zu schließen, wesentlich beeinflussen. Dementsprechend ist in diesen Fällen auch von Arglist auszugehen. Der aufgrund arglistige Täuschung geschlossene Vertrag kann daher nach § 123 BGB angefochten werden mit der Rechtsfolge, dass er als von Anfang an nichtig anzusehen ist. Etwaige erbrachte Leistungen können dann nach den Regeln über die ungerechtfertigte Bereicherung, § 812 BGB, zurückgefordert werden; daneben bestehen ggf. Schadensersatzansprüche aus § 823 Abs. 2 BGB i. V. m. § 263 StGB (Betrug).

Fraglich ist, ob dem potenziellen Lieferanten nicht ein „Recht auf Lüge“ zusteht, wenn die Datenerhebung unzulässig ist: Das BVerfG hat beispielsweise einen Fall zu entscheiden gehabt, in dem ein Vermieter gegenüber einem geistig behinderten Mieter die außerordentliche Kündigung ausgesprochen hatte, weil dieser ihn über seine Behinderung arglistig getäuscht hatte[92]. Es hat in diesem Fall dem Mieter ein Recht auf Lüge zugesprochen, weil die Auskunft über seine Behinderung gegen das Grundrecht auf informationelle Selbstbestimmung verstoßen hätte. Auch das BArbG hat einem Arbeitnehmer, der bewusst die Angabe über eine Stasi-Mitarbeit leugnete, dieses Recht zugesprochen, weil die Mitarbeit nicht gravierend war und ein nach der Wiedervereinigung begonnenes Arbeitsverhältnis jahrelang unbeanstandet blieb[93]. Ein Arbeitgeber hat demnach nur das Recht, Dinge abfragen, an deren Kenntnis er ein berechtigtes, billigenswertes und schutzwürdiges Interesse im Hinblick auf das Arbeitsverhältnis hat[94]. Diese Interessenabwägung, wie sie letztlich auch in § 28 Abs. 2 BDSG zum Tragen kommt, schließt die Preisgabe von Sachverhalten aus, die einen übermäßigen Eingriff in die Persönlichkeitssphäre darstellen würden. Das Arbeitgeberinteresse ist nur dann billigenswert und schutzwürdig, wenn andernfalls die Funktionsfähigkeit des Unternehmens beeinträchtigt wäre[95]. Entscheidend dafür ist nicht die subjektive Sicht des Fragenden, sondern ein objektiver Maßstab[96].Diese Grundsätze können entsprechend auf die geforderten Selbstauskünfte von Lieferanten bzw. Bewer-

[91] BAG, Urt. v. 20. 5. 1999 - 2 AZR 32 0/98, NJW 1999, 3653

[92] BverfG, NJW 1991, S. 2411

[93] BAG, 2 AZR 470/98

[94] Wolfgang Däubler, Erhebung von Arbeitnehmerdaten, CR 1994, S. 103

[95] Däubler, aaO, S. 103

[96] BAG, Urt. v. 20. 5. 1999 - 2 AZR 32 0/98, NJW 1999, 3653

bern angewandt werden: nur dann, wenn die konkrete Fragestellung geeignet ist, ein legitimes Interesse des abfragenden Unternehmens zu fördern und keine höherrangigen Interessen des Betroffenen entgegenstehen, ist sie zulässig. Jede einzelne Angabe muss deshalb auf ihren Zulässigkeitsgrad unter Berücksichtigung des in § 4 BDSG statuierten Treu- und Glaubens-Grundsatzes und des Grundrechts auf informationelle Selbstbestimmung überprüft werden. Unter Zugrundelegung der o. g. Rechtsprechung genügt keinesfalls die Schaltung entsprechender „Einverständniserklärungen" auf der Formular-Seite, da diese im Falle einer datenschutzrechtlich unzulässigen Frage ebenfalls unzulässig sind. Rechtsfolge einer demnach unzulässigen Datenerhebung ist der Verlust von Anfechtungs- und Schadensersatzansprüchen, falls der Betroffene wissentlich falsche Angaben macht. Dies gilt im übrigen auch für fahrlässige Falschangaben, da diese erst recht vom Selbstbestimmungsrecht des Betroffenen gedeckt sein dürften.

Bei der Gestaltung von Internet-Fragebögen muss sich demnach das Unternehmen fragen, ob die konkrete Fragestellung wirklich unbedingt notwendig zur Geschäftsanbahnung ist: so kann die Angabe über die Umsatzhöhe dann zum legitimen Interesse des Einkäufers gehören, wenn damit zugleich sichergestellt wird, dass der Lieferant auch den erwarteten Bedarf abdecken kann. Ein Lieferant mit lediglich 10 Mio. Euro Umsatz pro Jahr wird kaum einen Auftrag mit einem Umsatzvolumen von 100 Mio. Euro abdecken können; ebenso dürfte eine Vertriebsfirma mit einem einzigen Mitarbeiter („Ein-Mann-GmbH") wegen der Haftungsfragen kaum für ein größeres Projekt in Frage kommen. Da (Internet-)Fragebogen zur Selbstauskunft an mehrere verschiedene potenzielle Lieferanten gerichtet sind, besteht die Kunst darin, die Fragestellungen so zu wählen, dass sie in jedem Falle von einem das Selbstbestimmungsrecht des Betroffenen überwiegendem Interesse des Unternehmens gedeckt sind.

4.2.3. Urheberrechts- und Schutzrechtsfragen

Die Gestaltung einer Einkaufs-Homepage unterliegt denselben urheber- und schutzrechtlichen Rahmenbedingungen wie jede andere Internet-Seite auch: dies betrifft zum einen die Adressierbarkeit über die Internet-Adresse, zum anderen die Beachtung von Urheberrechten und gewerblichen Schutzrechten Dritter[97]. Bei der Frage der Urheberrechtsproblematik in Einkaufs-Homepages soll daher nur auf ausgewählte Probleme eingegangen werden.

Die Einkaufs-Homepage soll von möglichst vielen Nutzern leicht auffindbar sein. Es muss daher ein Name gewählt werden, der auf der einen Seite das Unternehmen so repräsentiert, wie es im Geschäftsverkehr auftritt, und auf der anderen Seite keine Rechte Dritter verletzt. Hier kommen insbesondere die Domänen-Rechte in Betracht, die teilweise aus dem Namensrecht nach § 12 BGB[98], dem Markenrecht nach § 5 MarkenG und dem Warenzeichenrecht

[97] Eine Übersicht findet sich bei Dieter Koeve, Urheberrecht im Internet, http://www.raekoeve.de/urheb.htm

[98] OLG Köln, Urt. v. 06.07.2000, 18 U 34/00; http://www.netlaw.de

abgeleitet werden[99]. Zu beachten ist dabei auch, welcher andere Anbieter bereits seinen Domänen-Namen hat registrieren lassen: Hat diese Registrierung keinerlei bezug zum Namen und wird die reservierte Domain tatsächlich nicht genutzt, dann kann derjenige gegen den Domain-Inhaber auf Unterlassung und Verzicht auf den Domänen-Namen klagen, dessen wesentlicher Bestandteil des Firmennamens Teil des Domänen-Namens ist[100]

Beim Urheberrecht ist zunächst die Urheberrechtsfähigkeit zu prüfen. Gemäß § 1 UrhG werden Werke der Literatur, Wissenschaft und Kunst urheberechtlich geschützt; in § 2 UrhG werden einzelne Arten aufgeführt. Entscheidend ist dabei, dass es sich bei dem zu schützenden Werk um eine eigenschöpferische Leistung eines *Menschen* (also keiner Maschine) i. S. d. § 2 Abs. 2 UrhG handelt[101].Bei der Beurteilung der Urheberrechtsfähigkeit spielt besonders das Merkmal der „Schöpfung" eine wesentliche Rolle: sie muss Ausdruck eines Minimums an Individualität sein, vgl. § 69a Abs. 3 UrhG. Dem Urheberrechtsinhaber steht das alleinige Nutzungsrecht sowie insbesondere das Recht zur Verwertung nach § 15 UrhG in Form der Vervielfältigung (§ 16 UrhG) und der Verbreitung (§ 17 UrhG) zu. Der Urheberrechtsinhaber kann im Falle der Rechtsverletzung Ansprüche auf Beseitigung, Unterlassung und Schadensersatz gemäß § 97 UrhG geltend machen. Im internationalen Bereich soll vor allem die EU-Richtlinie zum Urheberrecht und zu verwandten Schutzrechten in der Informationsgemeinschaft Rechtsklarheit hinsichtlich der Vervielfältigungsproblematik beim Up- und Download von Informationen aus dem Internet schaffen[102]. Im Bereich des eCommerce ergänzt diese Richtlinie die Haftungsbestimmungen der „Richtlinie zum elektronischen Geschäftsverkehr": Urheberrechtsinhaber können gegenüber Vermittlern Unterlassungsansprüche geltend machen und insbesondere Zuwiderhandlungen unterbinden, wenn ihre Dienste von Dritten unter Verletzung von Urheber- oder Schutzrechten genutzt werden. Dies bedeutet auch für den Urheberrechtsinhaber der Einkaufs-Homepage einen weitgehenden Schutz.

Bestehen Kooperationen oder gefestigte Lieferantenbeziehungen, bietet sich die Einstellung von Links zu den Internet-Seiten der Geschäftspartner an; häufig wird auch von diesen Geschäftspartnern ein Link zu der Einkaufs-Homepage eingestellt werden. Bei der Einstellung von Links ist insbesondere darauf zu achten, dass keine fremden Inhalte ohne Zustimmung des Berechtigten veröffentlicht werden. Dies betrifft beispielsweise die Darstellung von Produkten eines Zulieferers in Wort und Bild, mit der man auf einen entsprechenden Bedarf hinweisen kann (Beispielprodukte). Die Darstellung fremder Inhalte in einem Fenster auf der eigenen Website bedarf der Zustimmung des Urhebers[103]. Das heißt, selbst wenn der betroffene Zulieferer auf seiner eigenen Webseite ein Bild seines Produkts veröffentlicht hat, darf das Unternehmen nicht dieses Bild ohne Zustimmung des Zulieferers in seine Einkaufs-

---

[99] vgl. Gewerblicher Rechtsschutz und Urheberrecht im Internet, Axel Nordemann / Heinz Goddar / Marion Tönhardt / Christian Czychowski, CR 1996, S. 645-657, 652

[100] LG Wiesbaden, Beschl. Vom 09.08.2000, 3 O 129/00

[101] Stefan Freytag, Urheberrecht im E-Commerce, Chancen, Risiken und Gestaltungsmöglichkeiten, http:// www.juramail.de/aufsatz/freytag

[102] vgl. http://www.dbi-berlin.de/dbi_pub/bd_art/bd_2000/00_07_07.htm

[103] LG Hamburg, Urt. vom 12.07.2000, 308 O 205/00

Homepage übernehmen. Es stellt nämlich eine unzulässige Bearbeitung und Umgestaltung nach § 23 UrhG dar, wenn durch den auf einer Homepage gesetzten Link die aufgerufene Internet-Seite in einem anderen Zusammenhang erscheint und nicht mehr erkennbar ist, woher der Inhalt stammt.

Bei der Übernahme von Bildern und Grafiken in die eigene Homepage ist ohnehin auf das Urheberrecht Dritter zu achten. Für Lichtbilder gilt insoweit § 72 UrhG. Selbst wenn im Zweifel kein Urheberrechtsvermerk oder technische Sicherheitseinrichtungen wie „Wasserzeichen" o. ä. vermerkt sind, sollten vor einer Veröffentlichung die erforderlichen Genehmigungen eingeholt werden.

Im Zusammenhang mit der Gestaltung von Web-Seiten mit Hilfe moderner Sprachelemente wie VRML oder XML stellt sich die Frage, wie diese urheberrechtlich geschützt sind: Insbesondere XML könnte schließlich zur besseren Realisierung von Projekten eingesetzt werden, bei denen der elektronische Datenaustausch optimiert werden soll (s. u. unter EDI). Beim Einsatz dieser Sprachelemente stellt sich zunächst die Frage, ob diese als Programmiersprache i. S. d. § 69a UrhG zu klassifizieren sind. Eine Programmiersprache enthält insbesondere die Fähigkeit, mit Hilfe von mathematischen Algorithmen und logischen Programmiertechniken Probleme zu lösen. XML und VRML sind jedoch wie HTML Seitenbeschreibungssprachen, die Darstellung bzw. Inhalt einer Web-Seite beeinflussen, jedoch nicht von selbst heraus Aktivitäten entfalten. Anders liegt der Fall möglicherweise beim Einsatz sog. Java-Scripts oder anderer Script-Sprachen: Java, Perl und andere Script-Sprachen sind Programmiersprachen, die entweder in kompilierter Form oder mit Hilfe sogenannter Runtime-Module lauffähig sind. Gemäß § 69 Abs. 2 UrhG ist demnach auch das Webdesign als Ausdrucksform z. B. der Programmiersprache Java schutzfähig. Der verwendete Script-Code muss allerdings gemäß § 69a Abs. 3 Satz 1 UrhG das Ergebnis eigener geistiger Schöpfung sein. Enthält ein mit Hilfe von Java-Scripts erstelltes Seitenlayout jedoch keinerlei eigenständige Formatierungsmerkmale, dann ist dieses Layout, welches sich über den „Quelltext" leicht kopieren lässt, nicht urheberrechtsfähig. Im übrigen sind fertige Java-Scripts (und auch andere Scripte) über das Internet kostenlos und insbesondere ohne Urheberrechtsverletzungen ladbar[104].

Ein wesentliches Problem des Urheberrechtsschutzes ist seine Durchsetzbarkeit: woher soll der Rechtsinhaber wissen, wer wann sein Urheberrecht verletzt hat? Von Amts wegen durchgeführte Razzien verbieten sich aus rechtsstaatlichen Gesichtspunkten ebenso wie das Ausspionieren von Anbietern und Nutzern im Hinblick auf z. B. illegal heruntergeladene Software. Die damit schwierige Verfolgbarkeit von Urheberrechtsverletzungen hat daher die deutschen Verwertungsgesellschaften angeregt, wenigstens über eine Urheberabgabe für jeden PC die Rechte der Urheber zu schützen. Danach wird ein Betrag in Höhe von ca. 59 DM (30 Euro) pro PC (VG Wort und VG Bild) und 23 DM pro CD-Brenner (GEMA) gefordert[105]. Die Industrie lehnt bisher diese Abgaben als zu hoch ab; es bleibt abzuwarten, ob sich diese Forderungen durchsetzen lassen.

---

[104] vgl. http://www.kostenlos.de/internet_cgijava_s-z.htm

[105] Die Welt, 20.12.2000, siehe auch unter http://www.meome.de

5. Der Vertragsschluss

Der bisherige Internet-Handel, gekennzeichnet durch zahlreiche Internet-Shops, in denen Bücher, Videos, kleinere Softwarepakete und dergleichen bestellt und bezahlt werden können, vertraut im wesentlichen darauf, dass die jeweiligen Vertragsparteien – meist Händler und Endverbraucher – mit den Leistungen zufrieden sind. Wird die im Internet bestellte Ware rechtzeitig und unbeschädigt geliefert und bekommt der Internet-Händler vom Käufer sein Geld, dürften kaum Probleme zu erwarten sein. Anders sieht der Fall aus, wenn Leistungsstörungen, also Nichterfüllung, Verzug, Unmöglichkeit und Gewährleistung auftreten, die falsche Ware geliefert wird oder die Zahlung nicht oder zu spät erfolgt usw. In diesen Fällen haben sich die Gerichte in aller Regel zunächst mit der Frage zu befassen, was von wem wann bei wem auf welche Weise bestellt wurde. Ausgangsbasis für Rechtsstreitigkeiten aus Internet-Verträgen ist in solchen Fällen die Frage des Vertragsschlusses.
Im elektronischen Geschäftsverkehr, d. h. im Verkehr zwischen Kaufleuten stellt sich in besonderer Weise das Problem, zunächst den Vertragsschluss mit dem ursprünglich gewünschten Lieferanten nachzuweisen. Des weiteren möchten Kaufleute gerne ihre eigenen Vertragsbedingungen gegenüber ihren Geschäftspartnern durchsetzen, um ihre eigene Haftung möglichst zu begrenzen[106].

Darüber hinaus können sich Rechtsstreitigkeiten bereits dadurch ergeben, dass die technischen Voraussetzungen für eine Internet-Bestellseite nur ungenügend gegeben sind und z. B. der Anwender versehentlich ungewollte Bestellungen abgibt. Aus diesem Grunde sollen nach einem Diskussionsentwurf des BMJ, Stand: 4. August 2000, Referat I B 2, 3420/12-4, zur Änderung schuldrechtlicher Vorschriften – Schuldrechtsmodernisierungsgesetz –u. a. die Regelungen für elektronische Bestellungen geregelt werden:

§ 305b Elektronische Bestellungen

(1) Ein Unternehmer, der sich zum Absatz seiner Waren oder Dienstleistungen eines Dienstes der Informationsgesellschaft bedient, hat seinem Kunden angemessene, wirksame und zugängliche technische Mittel zur Verfügung zu stellen, mit deren Hilfe dieser Eingabefehler vor Abgabe der Bestellung erkennen und berichtigen kann.

(2) Der Unternehmer hat den Kunden vor Abgabe einer solchen Bestellung zu informieren zumindest

1. über die einzelnen technischen Schritte, die zu einem Vertragsschluss führen,

[106] vgl. Palandt, BGB, Einführung zum AGBG, Ziff. 1

2. *darüber, ob der Vertragstext nach dem Vertragsschluss von dem Unternehmer gespeichert wird und ob er dem Nutzer zugänglich ist,*
3. *über die technischen Mittel zur Erkennung und Korrektur von Eingabefehlern vor Abgabe der Bestellung,*
4. *über die für den Vertragsschluss zur Verfügung stehenden Sprachen und*
5. *über die Verhaltensregelwerke, denen sich der Unternehmer unterwirft, sowie die Möglichkeit eines elektronischen Zugangs zu diesen Regelwerken.*

Den Eingang der Bestellung hat der Unternehmer dem Nutzer unverzüglich auf elektronischem Weg zu bestätigen.

(3) Über § 310 hinaus sind dem Nutzer die Vertragsbedingungen unter Einschluss der in den Vertrag einbezogenen Allgemeinen Geschäftsbedingungen so zur Verfügung zu stellen, dass er sie speichern und wiedergeben kann.

(4) Absätze 1 und 2 gelten nicht, wenn

1. *der Vertrag ausschließlich durch den Austausch von E-Mail oder vergleichbarer individueller Kommunikation geschlossen oder*
2. *wenn zwischen Unternehmern etwas anderes vereinbart wird.*

Im übrigen sind von den vorstehenden Absätzen abweichende Vereinbarungen unzulässig.

(5) Die Wirksamkeit des Vertrags über die Ware oder die Dienstleistung wird nicht dadurch berührt, dass eine der vorstehenden Verpflichtungen nicht erfüllt wird.

Die geplante Einführung eines § 305b BGB, wie sie hier der BMJ vorschlägt, führt allerdings nur bedingt zu einer Verbesserung der Rechtssicherheit innerhalb des B-toB-Commerce: Gemäß dem vorgeschlagenen Abs. 4 Ziff. 1 dieser Vorschrift führt der elektronische Vertragsschluss dazu, dass die o. g. Schutzvorschriften des neuen § 305b BGB gerade nicht gelten. Die Tendenz im elektronischen Geschäftsverkehr geht mit zunehmender Verbesserung digitaler Kommunikationsmöglichkeiten, insbesondere der Erhöhung der Datensicherheit dahin, möglichst viele Elemente eines Rechtsgeschäfts „online“ abzuwickeln. Dies gilt erst recht mit der Geltung des neuen Signaturgesetzes und der damit verbundenen Änderungsvorschriften, auf die unten noch einzugehen sein wird.

Darüber hinaus werden Unternehmen versuchen, abweichende Regelungen zu vereinbaren, soweit es ihren jeweiligen Interessen nahe kommt und auf diese Weise den Schutz des § 305b BGB aushebeln. Im Ergebnis dürften diese Neuregelungen allenfalls dem Endverbraucher zugute kommen.

Der deutsche Endverbraucher ist darüber hinaus geschützt durch das neue Fernabsatzgesetz[107]. Er kann innerhalb von 14 Tagen vom Kaufvertrag zurücktreten und die bestellten Artikel bei einem Wert von über 40 € auf Kosten des Anbieters zurückschicken.

5.1. Willenserklärungen

Obschon der Gesetzgeber des Bürgerlichen Gesetzbuchs von 1900 nichts über die modernen elektronischen Kommunikationsmedien wissen konnte, lassen sich die allgemeinen Regeln des BGB durchaus auch auf „Internet-Willenserklärungen" anwenden:

Für den Vertragsschluss im Internet sind – wie im normalen Geschäftsverkehr auch - zwei übereinstimmende Willenserklärungen erforderlich. Nach herrschender Auffassung gelten über das Internet übertragene Willenserklärungen als solche unter Abwesenden, für die Regeln des § 130 BGB, insbesondere über deren Zugang gelten. Dies betrifft insbesondere auch Willenserklärungen, die per E-Mail oder per Mausklick – z. B. auf einen „Button" einer Internet-Seite erfolgen[108]. Fraglich ist, ob eine von einer IT-Anlage automatisch erstellte Erklärung als Willenserklärung anzusehen ist; schließlich setzt eine Willenserklärung die Betätigung des menschlichen Willens voraus[109]. Der Tätigkeit der IT-Anlage liegt auch ein menschlicher Wille zugrunde; mit dem Starten eines bestimmten Programms oder Programmablaufs, welches die entsprechenden Erklärungen weitervermitteln soll, hat der Erklärende seinen Willen zur Abgabe der betreffenden Willenserklärungen kundgetan. Hinzukommt, dass aus der Sicht des Erklärungsempfängers es darauf ankommt, dass derjenige, der sich einer IT-Anlage zu Geschäftszwecken bedient, gerade an die von dieser Anlage ausgehenden Erklärungen gebunden sein will.

Die Internet-Seite des Anbieters stellt – ähnlich einer Schaufensterauslage – noch kein Angebot i. S. d. § 145 BGB dar, sondern ist lediglich als Aufforderung zur Abgabe eines Angebots durch den Nutzer - *„invitatio ad offerendum*" - zu werten[110]. Teilweise wird differenziert zwischen den als reine Werbeseiten dargebotenen Angeboten und den in Internet-Shops abgebildeten elektronischen Katalogen: während Werbeseiten – wie Anzeigen in Tageszeitungen auch – regelmäßig als invitatio ad offerendum anzusehen sein dürften, halten einige Autoren Internet-Kataloge für Angebote „ad incertas personas"[111]. Sicher wird man weder bei Werbeseiten, noch bei der Bereitstellung elektronischer Kataloge ein Angebot des Lieferanten erkennen können, der im Falle der Bestellung durch einen User auch daran gebunden wäre; anderenfalls würde ein Internet-Anbieter in nicht zu verhindernde Lieferschwierigkeiten kommen, würde bereits mit dem Auslösen des Bestellvorganges ein wirksamer Vertrag zustandekommen. Dies hat zur Folge, das die Bestellung des

---

[107] http://www.fernabsatzgesetz.de

[108] vgl. Scherer/Butt, DB2000, 1009

[109] Fringuelli/Wallhäuser, Formerfordernisse beim Vertragsschluss im Internet, CR 1999, 93

[110] vgl. RGZ 133, 391

[111] vgl. Stefan Ernst, Der Mausklick als Rechtsproblem - Willenserklärungen im Internet, NJW-CoR 97, 165

Anwenders in Wahrheit das Angebot darstellt und erst die ausdrückliche Annahmeerklärung, Auftragsbestätigung oder spätestens die Lieferung als Annahme i. S. d. § 145 BGB gilt und damit ein wirksamer Vertrag zustandekommt.

Nach § 130 Abs. 2 BGB gilt eine unter Abwesenden abgegebene Willenserklärung dann als zugegangen, wenn sie so in den Machtbereich des Erklärungsempfängers gelangt, dass dieser in zumutbarer Weise von ihr Kenntnis nehmen konnte. Fraglich ist, ob mit der Zustellung der elektronischen Willenserklärung in die E-Mailbox des Empfängers der Zugang als bereits erfolgt gilt. Ausgehend von der in § 130 Abs. 2 BGB aufgestellten Prämisse der „Zumutbarkeit der Kenntnisnahme" kommt es darauf an, dass der Erklärungsempfänger unter normalen Verhältnissen die Möglichkeit hat, vom Inhalt Kenntnis zu nehmen[112]. Wann der Zugang vollendet ist, richtet sich nach dem Zeitpunkt, in dem die Kenntnisnahme möglich und nach der Verkehrsanschauung zu erwarten ist[113].

Mangels anderer Anhaltspunkte, insbesondere fehlender gesetzlicher Spezialvorschriften muss hier auf die heute üblichen Gepflogenheiten in der Gesellschaft abgestellt werden: Grundsätzlich ist jeder selbst für seinen elektronischen Briefkasten verantwortlich. Im Geschäftsverkehr hat sich darüber hinaus die Kommunikation per E-Mail weitgehend durchgesetzt. Somit kann der Absender einer E-Mail erwarten, dass der Eingang elektronischer Nachrichten in einem Unternehmen regelmäßig überprüft wird. Eine im Laufe des Tages abgesandte Nachricht gilt daher als spätestens zum Geschäftsschluss eingegangen. Ob dies auch für Privatpersonen gilt, ist streitig[114]. Teilweise wird die Auffassung vertreten, dass bei Privatpersonen lediglich eine einmalige „Leerung" des elektronischen Briefkastens unterstellt werden kann, so dass der Zugang einer elektronischen Willenserklärung spätestens am nächsten Tag als erfolgt gilt. Auf der anderen Seite trägt jeder, der mit modernen Kommunikationssystemen arbeitet, das Risiko des Zugangs; insbesondere dann, wenn er nicht hinreichend mit diesen Kommunikationssystemen vertraut ist. Das OLG Köln kommt dementsprechend zu der Ansicht, dass eine Willenserklärung in dem Augenblick zugeht, in dem sie theoretisch hätte abgerufen werden können[115].

Die Tatsache, dass die Willenserklärung letztlich aufgrund einer Eingabe in einem Computersystem beruht, hindert nicht daran, diese Eingabe letztlich dem Erklärenden zuzurechnen: Aus Sicht des Erklärungsempfängers ist ja diese Art der Abgabe einer Willenserklärung gewollt.

Die Anfechtung elektronisch abgegebener Willenserklärungen richtet sich nach den allg. Regeln der §§ 119 ff. BGB: Ein Eingabefehler (Vertippen) ist beispielsweise nach § 119 Abs. 1 als Erklärungsirrtum anfechtbar; Übertragungsfehler führen zur Anfechtung nach § 120 BGB[116].

---

[112] vgl. BGHZ 67, 275

[113] RGZ142, 409

[114] vgl. Stefan Ernst, Mausklick, 166

[115] vgl. OLG Köln "Zugang von Willenserklärungen" Az: 6 U 10/89; Urt. v. 01.12.1989

[116] vgl. Josef Mehrings, Vertragsabschluß im Internet - Eine neue Herausforderung für das "alte" BGB, MMR 1998, 30

5.1.1. Einbeziehung von Vertragsbedingungen

Nach herrschender Auffassung können auch Allgemeine Geschäftsbedingungen (AGB) im Internet wirksam in einen Vertrag einbezogen werden. Der Verbraucher ist hier durch das AGBG stärker geschützt als der Vollkaufmann, da nach § 24 AGBG die Vorschriften über die Einbeziehung von AGB sowie deren Inhaltskontrolle, also insbesondere die §§ 10, 11 AGBG, nicht gelten.

Aufgrund der globalen Angebotsstruktur im Internet und des an sich gewollten weltweiten elektronischen Handels stellt sich darüber hinaus das Problem, dass Anbieter versuchen, das für ihr Land jeweils geltende Recht zur Anwendung kommen zu lassen und deshalb sog. Rechtswahlklauseln –häufig bereits in ihren AGB - vereinbaren. Dies hat insbesondere auf dem Gebiet der Leistungsstörungen und der damit verbundenen Vertragsabwicklung zur Folge, dass nicht nur z. B. ein anderes, im Vergleich zum deutschen Recht ungünstigeres Gewährleistungsrecht gilt, sondern dass darüber hinaus der Gerichtsstand festgelegt wird. Eine weitere Frage ist die gerichtliche Durchsetzbarkeit von Streitigkeiten aus einem Vertragsverhältnis im Ausland.

Während der Verbraucher gegenüber Rechtswahlklauseln usw. weitgehend geschützt ist, müssen Vollkaufleute regelmäßig auf derartige Bestimmungen in Internet-Verträgen achten, Art. 27 I 1 EGBGB erlaubt nämlich grundsätzlich die Wahl des anwendbaren Rechts.

Teilweise wird die Auffassung vertreten, dass aufgrund der Vorschrift des § 38 Abs. 2 ZPO für eine Gerichtsstandsvereinbarung und Wahl der internationalen Zuständigkeit Schriftform bzw. schriftlichen Bestätigung erforderlich ist. Im Zusammenhang mit der wirksamen Einbeziehung derartiger Vereinbarungen in elektronisch geschlossenen Verträgen schließt sich die Frage an, ob überhaupt auf elektronischem Wege die Schriftform gewahrt werden kann und ob letztlich elektronische Dokumente als Beweismittel vor Gericht herangezogen werden können. Diese Fragen werden im Kapitel „digitale Signatur" behandelt.

5.1.2. Internationales Privatrecht

5.1.2.1. Anwendbares Recht

Das Internet stellt nicht zuletzt infolge seiner anarchischen Struktur kein eigenes Rechtssystem dar: es fehlen koordinierte, völkerrechtlich vereinbarte Rechtsgrundlagen, die das „Recht im Internet" regeln. Auf der einen Seite bedeutet dieser Umstand größtmögliche Freiheit für Anbieter und Nutzer, auf der anderen Seite stellen sich insbesondere im Bereich des internationalen eCommerce zahlreiche Rechtsfragen.

Bei der Frage, welches Recht im Rahmen von internationalen eCommerce-Verträgen anwendbar ist, sind zunächst einmal die Regelungen der einzelnen nationalstaatlichen Rechtsordnungen heranzuziehen, welche insbesondere Bestimmungen über das Internationale Privatrecht (IPR) enthalten.

In der Bundesrepublik Deutschland sind hier die Vorschriften des EGBGB einschlägig: Gemäß Art. 31 EGBGB wird das Zustandekommen eines Vertrages nach demjenigen Recht beurteilt, das im Falle eines wirksamen Vertragsschlusses anzuwenden wäre. Andererseits kann sich diejenige Partei auf das Recht des Staates ihres gewöhnlichen Aufenthaltes berufen, wenn Umstände vorliegen, die Zustimmung dieser Partei zu diesem Vertrage nicht herbeigeführt hätten. Diese Vorschrift gilt auch für eine für einen Hauptvertrag (z. B. eigentlicher Kaufvertrag) geschlossene Rechtswahlvereinbarung, und zwar unabhängig davon, ob die Rechtswahlvereinbarung im Hauptvertragstext integriert ist oder separat abgeschlossen wurde[117]. International zwingende Vorschriften des deutschen Rechts, wie sie in Art. 34 EGBGB geregelt sind, gehen einem ausländischen Vertragsstatut vor. Bei diesen zwingenden Vorschriften handelt es sich um Eingriffsnomen mit wirtschafts- oder sozialpolitischem Gehalt. Das sind zum einen Verbraucherschutzvorschriften wie z. B. das AGBG, dessen § 12 AGBG auch hier Regelungen enthält; zum anderen sind dies beispielsweise Regelungen zum Schutz von Kapitalanlegern. Generell müssen diese Eingriffsnormen auf einem internationalen Geltungswillen beruhen.

Nach der „United Nations Convention on Contracts for the International Sale of Goods (CISG)“, welches internationales Kaufrecht darstellt und gegenüber den deutschen Vorschriften Spezialrecht ist, gibt es im Bereich des Handels mit Waren einheitliche Vorschriften, Art. 1 Abs. 1a und b CISG. Problematisch ist die Einordnung von Software unter den Warenbegriff: Nach deutschem Recht gilt Software selbst nicht als „Ware“, da es sich um einen nicht körperlichen Gegenstand handelt. Tatsächlich erwirbt der Käufer einer Software meist nur die Lizenz, also das Nutzungsrecht an der Software, nicht aber das Programm selbst. Ob die Software auf Datenträger geliefert wird oder per Leitung, spielt nur eine untergeordnete Rolle.

5.1.2.2. Rechtswahl

Bei internationalen Vertragsschlüssen gibt es Schranken hinsichtlich der freien Rechtswahl; dies ist insbesondere für inländische Unternehmen von Vorteil, die angesichts möglicherweise ungünstigerer Vorschriften z. B. vor einem internationalen Einkauf zurückschrecken. Nach Art. 27 Abs. 3 EGBGB finden dann die zwingenden Vorschriften des Staates Anwendung, bei dem der im Vertrag geregelte Sachverhalt ausschließlich eine Verbindung aufweist, selbst wenn dessen Recht nicht gewählt wurde. Während für Verbraucherverträge, also im Bereich B-to-C, Schutzvorschriften nach den Art. 29 und 29a EGBGB existieren, gibt es für Unternehmen diesen speziellen Schutz nicht; es bleibt also im wesentlichen dem Geschick des Unternehmers überlassen, Rechtswahlklauseln zu vereinbaren bzw. zu beeinflussen.

Bei fehlender Rechtswahl wird das anzuwendende Recht nach dem Staat bestimmt, zu welchem der Vertrag unter Zugrundelegung objektiver Erwägungen die engste Verbindung aufweist. Welches solche „engsten Verbindungen“ sind, regelt Art. 28 EGBGB: Nach Art. 28 Abs. 2 Satz 1 EGBGB ist dies der gewöhnliche Aufenthalt einer Partei, die für den Vertrag charakteristische Leistung zu erbringen hat: bei Kaufverträgen ist dies der Verkauf, demnach

[117] vgl. Paland, BGB, EG 31, Rdnr. 1

gilt das Recht des Verkäuferstaates; bei Werkverträgen ist es die Werkleistung, mithin gilt das Recht des Auftragnehmers; bei Dienstleistungen ist dies das Recht des Dienstleistungsverpflichteten.

Art. 28 Abs. 2 Satz 2 EGBGB bestimmt schließlich, dass bei Vertragsschluss in Ausübung einer beruflichen oder gewerblichen Tätigkeit des Schuldner der Ort der Niederlassung maßgeblich ist. Der klassische Niederlassungsbegriff geht indes davon aus, dass bei einer Niederlassung mindestens ein Raum oder ein Grundstücksteil vorhanden ist, von dem aus ein auf längere Dauer angelegtes Gewerbe ausgeübt wird und vor wo aus unmittelbar und selbständig endgültige Geschäfte geschlossen werden. Diese Definition versagt angesichts der virtuellen Welt des Internet, in der es weder Raum noch Zeit gibt und Anbieter ihre Standorte praktisch beliebig wechseln können.. Ob hierbei die Adresse des Webservers oder der lokale Standort des Servers oder der Standort des Providers usw. hier maßgeblich sind, ist nicht geklärt. Nach der E-Commerce-Richtlinie (Richtlinie des Europäischen Parlaments und des Rates über bestimmte rechtliche Aspekte des elektronischen Geschäftsverkehrs im Binnenmarkt)[118] ist der Niederlassungsbegriff wie folgt geregelt: Nach Art. 2 c der Richtlinie begründet das Vorhandensein technischer Mittel nicht die Niederlassung eines Diensteanbieters; entscheidend ist vielmehr, von wo aus die dauerhafte Wirtschaftstätigkeit erfolgt. Auch die geplante Umsetzung der Richtlinie in nationales Recht, welche bis zum 16. Januar 2002 zu erfolgen hat, geht davon aus, dass Kernpunkt der Richtlinie das sogenannte Herkunftslandprinzip ist. Diensteanbieter müssen demnach grundsätzlich allein die innerstaatlichen Vorschriften des Mitgliedstaates beachten, in dem sie ihre Niederlassung haben. Der Diensteanbieter ist sowohl nach der Richtlinie, als auch bereits nach § 3 NR. 1 TDG *„jede natürliche oder juristische Person, die einen Dienst der Informationsgesellschaft anbietet"*. Unschädlich für die Bestimmung des anwendbaren Rechts ist diese Frage dann, wenn diese dauerhafte Wirtschaftstätigkeit stets vom Inland ausgeht. Problematisch könnte es werden, wenn diese Tätigkeit grenzüberschreitend und wechselnd ausgeübt wird: in naher Zukunft sollen neue Technologien wie UMTS praktisch den völlig standortunabhängigen Zugang zum Internet ermöglichen; wechselt nun z. B. ein Anbieter von Software ständig seinen Aufenthaltsort, indem er Laptop und Handy an jeden beliebigen Ort mitnimmt und direkt vor Ort seine Leistungen anbietet, so stellt sich die Frage, ob jeweils der tatsächliche Standort des Anbieters maßgeblich für das anwendbare Recht sein kann: Regelmäßig dürfte jeder Anbieter einer Leistung einen gewöhnlichen Aufenthaltsort haben, an dem er z. B. mit festem Wohnsitz gemeldet ist und der auch im Rahmen der Steuererklärung gegenüber dem Finanzamt angegeben wird. Diese Informationen sind somit als Indiz heranzuziehen und würden über Art. 28 Abs. 2 Satz 1 EGBGB den Vertragsstandort bestimmen. Im Streitfalle müssten derartige Angaben gerichtlich angefordert werden können.

[118] Richtl 2000/31/EG, Abl. EG Nr. L 178/1 v. 17.7.2000

5.1.2.3. Anwendbares Recht bei Wettbewerbsverstößen

Für außervertragliche Schuldverhältnisse, also z. B. im Falle deliktischer Ansprüche, bestimmt sich das anwendbare Recht nach dem Haftungs- bzw. Erfüllungsort:

Gemäß Art. 40 Abs. 1 S. 1 EGBGB ist grundsätzlich an das Recht des Handlungsortes anzuknüpfen, wobei unter dem Handlungsort derjenige Ort verstanden wird, an dem eine unerlaubte Handlung ganz oder teilweise ausgeführt wird. Art. 40 Abs. 1 S. 2 EGBGB sieht für den Verletzten das Recht vor, dass anstelle des Rechts des Handlungsorts das Recht des Erfolgsorts angewandt wird. Unter Erfolgsort versteht man denjenigen Ort, an dem ein durch den Tatbestand einer Deliktsnorm geschütztes Rechtsgut verletzt wird[119]. Eine solche Deliktsnorm ist z. B. § 823 Abs. 1 BGB, welche die Rechtsgüter Leben, Leib, Freiheit (Fortbewegungsfreiheit), Ehre und das Eigentum sowie sonstige Rechtsgüter schützt. Die Wahlmöglichkeit, welche auch als „Ubiquitätsprinzip" bezeichnet wird, muss bereits im ersten Rechtszug bis Ende des frühen ersten Termins bzw. dem Ende des schriftlichen Vorverfahrens ausgeübt werden. Relevant wird diese Frage vor allem im Fall grenzüberschreitender Wettbewerbsverstöße, bei denen Handlungs- und Erfolgsort in verschiedenen Ländern liegen: so kann im Internet veröffentlichte Schmähwerbung, welche von einem Anbieter des Staates X ausgeht, im Staate Y, in welchem das geschmähte Opfer Handel treibt, entsprechenden Schaden anrichten. Darüber hinaus könnte eine Wettbewerbsaktion sogar mehrere Länder parallel erfassen, in denen ein Anbieter Handel treibt. Für den im Inland geschädigten Anbieter bedeutet somit das erwähnte Ubiquitätsprinzip, dass grundsätzlich deutsches Recht zur Anwendung kommt.

Fraglich ist, ob dieser Grundsatz auch für das Wettbewerbsrecht gilt: Wettbewerbsrechtliche Sachverhalte im Bereich des Internets, welche auch als Distanzdelikte bezeichnet werden, wirken nämlich nicht immer nur innerhalb der betroffenen Streitparteien, sondern haben zusätzlich Auswirkungen auf das Verhalten der Allgemeinheit bzw. anderer Wettbewerbsteilnehmer. Während bei dem oben geschilderten Ubiquitätsprinzip das Ziel verfolgt wird, einen kollisionsrechtlichen Interessenausgleich zwischen Schädiger und Geschädigtem herbeizuführen, muss das Interesse der Allgemeinheit an einem lauteren Wettbewerb bei Wettbewerbsverstößen miteinbezogen werden. Das Wettbewerbsrecht, wie es insbesondere in der Generalklausel des § 1 UWG zum Ausdruck kommt, verfolgt nämlich das Ziel, bestimmte Handlungen der Marktteilnehmer zugunsten des Interesses aller Marktakteure und der Allgemeinheit an der „Lauterkeit" der Wettbewerbsordnung zu untersagen. Aus diesem Grund wird im Bereich des Wettbewerbsrechts immer dann am sogenannten Marktort anstelle des Ubiquitätsprinzips angeknüpft, wenn zugleich die Interessen Dritter, also weiterer Mitbewerber oder der Allgemeinheit betroffen sind. Gestützt wird dies auf die sog. Ausweichklausel des Art. 41 EGBG[120]. Danach gilt das Recht des Landes, auf dessen Markt die beanstandete Wettbewerbshandlung einwirkt. Marktort kann z. B. der Ort des Waren-

---

[119] vgl. Palandt, EG, Art. 40 Rdnr. 3

[120] vgl. Begründung des Regierungsentwurfs vom 01.02.1999, BR-Dr. 14/343 S. 10

absatzes sein, an dem sowohl die angesprochenen Kunden, als auch Mitbewerber betroffen sind.

Im Rahmen von Internet-Auktionen und dem Einkauf auf elektronischen Marktplätzen werden diese Fragen vor allem dann relevant, wenn die von einem der Anbieter abgegebenen Angebote zugleich Wettbewerbsverstöße, beispielsweise Schmähwerbung, darstellen: Regelmäßig dürfte bereits die Frage schwer zu beantworten sein, an welchem Ort denn der Marktort einer Internet-Auktion liegt, da dieser Ort im Ergebnis nur virtuell existiert und mehrere Unternehmen aus verschiedenen Staaten dort ihre Produkte anbieten. Erst Recht wird sich diese Frage stellen, wenn immer mehr Unternehmen aus aller Welt ausschließlich online Handel treiben. Verlangt man zur Bestimmung des Marktortes ein „quantitatives Mindestmaß" an Marktbeeinflussung, so kommt man zu dem Ergebnis, dass sich auch die Marktbeeinflussung auf den im Internet liegenden virtuellen Markt bezieht. Aus diesem Grunde sind Indizien für die Bestimmung des Marktortes heranzuziehen, die sich z. B. aus der Sprache der Website ergeben können oder dem Land des Geschädigten Anbieters, das zugleich zum Absatzgebiet des Schädigers gehört.

Mit der Neufassung des IPR zum 01.06.1999 wurden auch Regelungen eingefügt, die hier für die Frage von Bedeutung sind, welches Recht im Falle fehlgeleiteter Zahlung, z. B. durch Übermittlung einer falschen Kontonummer, zur Anwendung kommt: Nach Art. 38 Abs. 3 EGBGB unterliegt eine solcher Fall dem Recht des Staates, in welchem die Bereicherung eingetreten ist. Handelt es sich hingegen um den Fall einer Leistungskondiktion, also die bewusste und zweckgerichtete Mehrung fremden Vermögens z. B. dadurch, dass eine Kreditkartenzahlung erfolgte, der Vertrag jedoch später angefochten wurde, so gilt das Recht desjenigen Staates, das auf den eigentlichen Vertrag (z. B. Kaufvertrag) Anwendung findet.

5.1.2.4. Gerichtsstand

Beim internationalen B-to-B-Commerce ist häufig die Frage von Bedeutung, vor welchem Gericht welchen Staates etwaige Ansprüche eingeklagt werden können. Bei einem Online-Kaufvertrag kommt hier die Regelung des § 29 ZPO zur Anwendung, der den jeweiligen Erfüllungsort als Gerichtsstand festlegt: für den Veräußerer ist der Anspruch auf Zahlung regelmäßig der Sitz des Schuldners, für den Käufer ist der Anspruch auf Lieferung regelmäßig am Sitz des Verkäufers einklagbar. Da auch die Fälle des Standardsoftware-Handels unter Kaufrecht subsumiert werden, ist auch für diese Fälle die Bestimmung des Gerichtsstandes unproblematisch. Auch nach den vorrangigen Regelungen des Art. 5 EuGVÜ[121] ergibt sich insoweit keine andere Regelung; § 29 ZPO bleibt anwendbares Recht. Anders als jedoch Abs. 2 des § 29 ZPO bestimmt, sind Gerichtsstandsvereinbarungen grundsätzlich auch unter Nichtkaufleuten möglich; allerdings werden Nichtkaufleute nah den Art. 13-15 EuGVÜ besonders geschützt.

[121] Übereinkommen über die gerichtliche Zuständigkeit und die Vollstreckung gerichtlicher Entscheidungen in Zivil- und Handelssachen, , BGBl III 1998/209

Da ein inländischer Anbieter von Waren nur ungern seine Zahlungsansprüche im Ausland einklagen und ggf. vollstrecken möchte, wird dieser ein besonderes Interesse daran haben, bereits unmittelbar bei Vertragsschluss im Internet sein Geld zu erhalten (vgl. die Ausführung zur Zahlung im Internet).

Für Wettbewerbsverstöße bestimmt sich der Gerichtsstand nach § 24 Abs. 1 UWG: Danach ist für Klagen aufgrund des UWG das Gericht zuständig, in dessen Bezirk der Beklagte seine gewöhnliche Niederlassung oder in Ermangelung einer solchen seinen Wohnsitz hat. Für Personen, die im Inland weder eine gewerbliche Niederlassung, noch einen Wohnsitz haben, ist das Gericht des inländischen Aufenthaltsortes zuständig. Darüber hinaus gibt es nach § 24 Abs. 2 UWG noch das Gericht der unerlaubten Handlung. Das ist dasjenige Gericht, an dessen Standort die wettbewerbswidrige unerlaubte Handlung, z. B. herabsetzende oder schmähende Werbung, begangen wird.

Ansonsten bestimmt sich der Gerichtsstand der unerlaubten Handlung nach § 32 ZPO; eine Vorschrift, die wie bei der Frage der Rechtswahl auf den Erfolgsort (Ort, an welchem die Rechtsgutsverletzung eintritt) und den Handlungsort (Ort, von welchem dem die schädigende Handlung ausgeht, abstellt. Eine unerlaubte Handlung, die keine wettbewerbsrechtliche Handlung i. S. d., UWG ist, könnte z. B. die (fahrlässige) Verbreitung durch Viren sein. Stelle ein Anbieter beispielsweise Software zum Downloaden auf einem Server bereit und enthält diese Software einen Virus, welcher z. B. die Festplatte des Kunden löscht, so wäre Handlungsort der Standort des Servers und Erfolgsort der Standort des jeweils geschädigten Kunden.

Häufig wird über Gerichtsstandsvereinbarungen versucht, den jeweils günstigsten Gerichtsstand für sich zu rekrutieren. Unter Kaufleuten ist dies nach § 29 Abs. 2 ZPO möglich; sogar die Schriftform ist nach § 38 Abs.1 ZPO hierfür entbehrlich. Allerdings bestimmt Art. 17 EuGVÜ, dass Gerichtsstandsvereinbarungen schriftlich oder zumindest mit schriftlicher Bestätigung abgeschlossen werden müssen oder zumindest eine Form gewahrt werden muss, die entweder den innerhalb der zwischen den Vertragsparteien geltenden Gepflogenheiten oder dem internationalen Handelsbrauch entspricht. An dieser Stelle wird die Anerkennung der digitalen Signatur zumindest als Wahrung der Schriftform entscheidend dazu beitragen, Gerichtsstandsvereinbarungen auch online abschließen zu können. Darüber hinaus könnte der fortschreitende Internet-Handel dazu führen, dass reine Online-Erklärungen internationalen Handelsgepflogenheiten entsprechen werden.

5.1.2.5. Schiedsgerichtsvereinbarungen

Häufig wird versucht, langwierige und kostspielige Verhandlungen vor Gericht durch Schiedsgerichtsvereinbarungen zu umgehen. Eine Schiedsgerichtsvereinbarung ist nichts anderes als ein Vertrag, durch den sich nach § 1025 ZPO die Parteien verpflichten, die Entscheidung einer Rechtsstreitigkeit durch einen oder mehrere Schiedsrichter im Sinne eines Vergleichs abzuschließen. Für diesen Vertrag gelten die allgemeinen Regeln, wie für jeden anderen zivilrechtlichen Vertrag auch. Zunächst muss also der Schiedsvertrag überhaupt wirksam zustandegekommen sein.

Im internationalen Bereich wird die gegenseitige Anerkennung schiedsrichterlicher Verfahren im New Yorker Übereinkommen über die Anerkennung und Vollstreckung ausländischer Schiedssprüche vom 10.05.1958 geregelt. Danach erkennt jeder Vertragsstaat eine schriftliche Vereinbarung an, „durch die sich die Parteien verpflichten, alle oder einzelne Streitigkeiten, die zwischen ihnen aus einem bestimmten Rechtsverhältnis, sei es vertraglicher oder nichtvertraglicher Art, bereits entstanden sind oder etwa künftig entstehen, einem schiedsrichterlichen Verfahren zu unterwerfen, sofern der Gegenstand des Streites auf schiedsrichterlichem Wege geregelt werden kann".

Nach Art. 2 Abs. 1 dieses Übereinkommens ist Schriftform erforderlich; die Anerkennung der digitalen Signatur als ausreichendes Schriftformerfordernis führt dazu, dass bereits durch digital signierte Online „click wrap arbitration agreements" Schiedsgerichtsvereinbarungen abgeschlossen werden. Eine wesentliche Rechtsfolge solcher Schiedsvereinbarungen ist auch die Vollstrekkung der schiedsrichterlichen Entscheidungen: Art. 3 des Übereinkommens bestimmt, dass jeder Vertragsstaat die Vollstreckung nach den Verfahrensvorschriften des Hoheitsgebietes, in dem der Schiedsspruch geltend gemacht wird, zur Vollstreckung zulässt, sofern bestimmte Voraussetzungen erfüllt sind.. Für die im Internet tätigen Unternehmen gilt daher auch hier, auf etwaige Schiedsgerichtsklauseln in Internet-Verträgen zu achten.

5.1.2.6. Vollstreckbarkeit von Urteilen

Nicht nur der internationale B-to-B-Commerce im Internet, sondern auch der „klassische" internationale Handelsverkehr ist von der Problematik geprägt, auf welche Art und Weise rechtskräftige Urteile vollstreckt werden können. Einmal geht es darum, ausländische Urteile in Deutschland anzuerkennen und zu vollstrecken, zum anderen ob deutsche Urteile ohne weiteres im Ausland vollstreckt werden können.

Der erste Fall wird durch das sogenannte „Spiegelbildprinzip" bestimmt: ein ausländisches Urteil wird dann nicht in Deutschland anerkannt, wenn das Gericht des ausländischen Staates nach den deutschen Gesetzen nicht zuständig ist; § 328 Abs. 1 Ziff. 1 ZPO bzw. wenn weitere in § 328 ZPO genannte Gründe vorliegen. Ein wichtiger Grund für die Anerkennung ausländischer Urteile ist das in Ziff. 5 genannte Gegenseitigkeitsprinzip: Danach ist die Gegenseitigkeit dann verbürgt, wenn der ausländische Staat in seiner Anerkennungspraxis bei einer Gesamtwürdigung im wesentlichen gleichwertige Bedingungen für die Vollstreckung gleicher Art schafft[122]. Regelmäßig wird die Gegenseitigkeit angenommen bei Vorliegen entsprechender völkerrechtlicher Verträge, wie z. B. dem Haager Übereinkommen über den Zivilprozess oder dem Übereinkommen der EU über die gerichtliche Zuständigkeit und die Vollstreckung gerichtlicher Entscheidung in Zivil- und Handelssachen (EuGVÜ). Die Voraussetzungen des § 328 ZPO werden von Amts wegen geprüft, insbesondere wenn ein ausländischer Gläubiger ein deutsches Gericht mit der Vollstreckung eines im Ausland erwirkten Titels beauftragt.

---

[122] vgl. Thomas/Putzo, ZPO, § 328, Nr. 5

Bei der Frage, ob deutsche Urteile im Ausland vollstreckt werden können, kommt es darauf an, ob die Voraussetzungen der Urteilsanerkennung autonom vom Anerkennungsstaat (= Staat, in welchem vollstreckt werden soll) bestimmt werden. Für die USA gilt die sogenannte Minimum-Contacts-Regel; fehlt danach ein hinreichender Inlandsbezug, ist die Vollstreckung eines deutschen Urteils in den USA trotz internationaler Zuständigkeit deutscher Gerichte ausgeschlossen.

Innerhalb der EU gelten die Regeln des EuGVÜ; nach Art. 26 Abs. 1 EuGVÜ werden in einem Mitgliedsstaat ergangene Entscheidungen in den anderen Mitgliedstaaten anerkannt (ipso-iure-Anerkennung). Nach Art. 31 EuGVÜ können die in einem Vertragsstaat ergangenen Entscheidungen, die in diesem Staat vollstreckbar sind, in einem anderen Vertragsstaat vollstreckt werden, wenn sie dort auf Antrag eines Berechtigten für vollstreckbar erklärt worden sind.

5.1.3. Digitale Signatur

Entscheidend für die Anerkennung elektronischer Dokumente als Beweismittel vor Gericht sind die Regelungen über die digitale Signatur. Der beste Beweis ist der Urkundsbeweis: Legt eine Partei in einem Zivilprozess als Beweismittel z. B. für Art und Umfang eines Vertragsschlusses eine Urkunde vor, so wird diese – sofern ihre Echtheit feststeht – zum unbestechlichen Element richterlicher Beweiswürdigung. Zeugenaussagen hingegen sind häufig auslegungsbedürftig, angreifbar und mit Hilfe geschickter Befragungstechniken im Prozess zu erschüttern.

Eine Urkunde ist eine verkörperte Gedankenerklärung, die den Aussteller erkennen lässt und zum Beweis einer rechtlich erheblichen Tatsache geeignet oder bestimmt ist[123]. Diese Definition beschreibt die wesentlichen Funktionen einer Urkunde, nämlich

- Authentizität des Ausstellers
- Unverfälschtheit des Inhalts (Integrität).

Schließlich bezeichnet § 416 ZPO die Beweiskraft sog. Privaturkunden (für öffentliche Urkunden gilt § 415 ZPO), die darin besteht, dass die in ihnen enthaltenen Erklärungen von den Ausstellern abgegeben sind, sofern die Privaturkunden von den Ausstellern unterschrieben oder notariell beglaubigt wurden. Wesentliches Merkmal der Privaturkunde ist somit die Unterschrift. § 416 ZPO verlangt nicht die eigenhändige oder handschriftliche Unterschrift[124]; es genügt dem Wortsinn des § 416 ZPO nach die Stempelung oder die telegrafisch übermittelte Unterschrift. Allerdings wird die materiellrechtliche Wirksamkeit einer derartigen Unterschrift wieder durch § 126 BGB eingeschränkt, der die eigenhändige Namensunterschrift des Ausstellers dann fordert, wenn Schriftform vorgeschrieben ist.

---

[123] BGHSt 4, 284

[124] Thomas/Putzo, ZPO, § 416 Nr. 2

Bei elektronischen Dokumenten sind die oben beschriebenen Funktionen einer Urkunde normalerweise – das heißt ohne Zuhilfenahme von Sicherheitsmechanismen - nicht gewährleistet: Ein elektronisches Dokument kann auf einfache Art und Weise mit jedem normalen PC gefälscht werden. Unterschriften lassen sich einscannen und unterscheiden sich hinterher kaum oder gar nicht vom Original. Deshalb hat das OLG Köln in seinem Urteil vom 09.01.1991[125] festgestellt, dass ein per Fax übermitteltes Dokument dem Anscheinsbeweis genüge und deshalb gemäß § 592 Satz 1 ZPO im Urkundsprozess als urkundlicher Nachweis der anspruchsbegründenden Tatsachen geführt werden könne. Auch der gemeinsame Senat der obersten Gerichtshöfe des Bundes hat in seinem Beschluss vom 05.04.2000 festgestellt, dass in Prozessen mit anwaltlichem Vertretungszwang bestimmte Schriftsätze formwirksam durch elektronische Übertragung einer Textdatei mit eingescannter Unterschrift auf das Faxgerät des Gerichts übermittelt werden können. Begründet wurde dies im Wesentlichen damit, dass der alleinige Zweck der Schriftform, die Rechtssicherheit und Verlässlichkeit der Eingabe zu gewährleisten, auch im Falle einer elektronischen Übermittlung gewahrt werden könne. Entspreche ein Schriftsatz den prozessualen Anforderungen, so sei die Person des Erklärenden dadurch eindeutig bestimmt, dass seine Unterschrift eingescannt und der Hinweis angebracht sei, dass der benannte Urheber aufgrund der gewählten Übertragungsform nicht unterzeichnen könne[126]. Im vorliegenden Fall hatte das Gericht kein Problem mit der Anerkennung des per Fax eingereichten Schriftsatzes, weil das Original zwar verspätet, aber mit der eigenhändigen Unterschrift versehen, bei Gericht eintraf. Während die Anerkennung von Fax oder digitaler Dokumente als schriftformwahrend zumindest dann akzeptabel erscheint, wenn dem elektronischen Dokument eine identische körperliche Urkunde zugrunde liegt, wird doch verkannt, dass es bei der Schriftform und vor allem beim Urkundsbegriff auf die Authentizität des Ausstellers ankommt, die durch eine möglichst hohe Fälschungssicherheit gewahrt wird. Heutzutage ermöglichen die technischen Gegebenheiten – Scanner und Fax-Modem genügen - eine Fälschung digitaler Dokumente auf einfache Weise. Selbst digitale Fotos sind fälschbar und von echten Aufnahmen nicht zu unterscheiden. Das Gericht hat demzufolge dem Fax auch keine Urkundsqualität zugesprochen, sondern lediglich die Fristwahrung unter Anerkennung moderner Telekommunikationsmittel zugelassen. Der Adressat eines z. B. per E-Mail übermittelten elektronischen Dokuments und insbesondere eines Dokuments, bei dem kein körperliches Original existiert, kann sich nicht darauf verlassen, dass diese Mail auch wirklich vom Absender stammt. Die Folge ist, dass sämtliche Rechtsgeschäfte, welche die Authentizität und Integrität von Dokumenten fordern, zumindest anzweifelbar sind, sofern die zugrundeliegenden Dokumente auf elektronischem Wege übermittelt werden. Aus diesem Grunde mussten nicht nur Techniken entwickelt, sondern auch vom Gesetzgeber Regelungen bereitgestellt werden, die sowohl die technische, als auch die rechtliche Sicherheit elektronischer Dokumente bewirken sollen.

---

[125] OLG Köln, 2 U 99/90, CR 1991, S. 612-613

[126] Gemeinsamer Senat, CR 2000, 578, 579

Grundprinzip der digitalen Signatur ist der Nachweis der Identität zwischen scheinbarem und tatsächlichen Aussteller, § 2 Abs.1 SigG. Wie bei der eigenhändigen Unterschrift, deren Fälschung nach § 267 StGB aufgrund der Täuschung über den Aussteller zum Straftatbestand der Urkundenfälschung führt, muss die digitale Signatur sicherstellen, dass das betroffene elektronische Dokument tatsächlich vom Aussteller stammt. Darüber hinaus muss die digitale Signatur die Fälschungssicherheit elektronischer Dokumente garantieren.

Bedeutung hat die digitale Signatur überall dort, wo normalerweise eigenhändige Unterschrift gefordert wird: dies ist wie erwähnt bei den Vorschriften über die Schriftform, §§ 125, 126 BGB sowie bei der Qualifikation der Urkunden, vgl. § 416 ZPO, der Fall. Auch unternehmensinterne Regelungen verzichten ungern auf die Unterschrift, insbesondere wenn es sich um zu genehmigende Vorgänge handelt.

§ 126 BGB regelt die Voraussetzungen für die gesetzliche Schriftform, wie sie insbesondere für Gerichtsstandsvereinbarungen nach § 38 ZPO oder Grundstückskaufverträge nach § 313 BGB vorgeschrieben ist.

Hauptmerkmal der digitalen Signatur ist somit die Erzeugung von urkundenähnlichen Dokumenten unter Verwendung gesetzlich vorgeschriebener Sicherheitsmerkmale.

Mit der Einführung der digitalen Signatur in Unternehmen wird unter anderem auch das Ziel verfolgt, innerhalb des Unternehmens einzuführende Workflow-Strukturen sicher abzubilden, indem insbesondere die verschiedenen Hierarchiestufen elektronisch abgebildet und den jeweiligen Unterschriftsberechtigungen zugeordnet werden. Die bisher üblichen papiermäßigen Genehmigungsverfahren werden auf diese Weise zugunsten eines Online-Systems abgelöst.

Beispielsweise entwirft ein Mitarbeiter ein Schreiben, das letztlich von der Geschäftsleitung unterschrieben werden soll. Der Mitarbeiter unterschreibt mit seiner digitalen Signatur und sendet das Dokument elektronisch an seinen Vorgesetzten. Dieser erkennt aufgrund der Signatur, von welchem Mitarbeiter das Dokument stammt, öffnet es und erteilt seine Zustimmung zum Inhalt – „Mitzeichnung"- indem er seinerseits eine digitale Signatur anbringt und es an die Geschäftsleitung weiterleitet. Diese kann nun den Brief endgültig unterschreiben und absenden.

Derartige Strukturen sind insbesondere in Großunternehmen sinnvoll, bei denen die Beteiligten örtlich voneinander getrennt sind. Mit Hilfe eines solchen Workflow-Systems werden Postwege vermieden.

Im Hinblick auf den elektronischen Handel (eCommerce) gewinnt die digitale Signatur immer mehr an Bedeutung: Es ist zu erwarten, dass zwischen Geschäftspartnern künftig elektronische Dokumente ausgetauscht, ja sogar auf elektronischem Wege Verträge geschlossen werden können, sobald die rechtlichen Voraussetzungen dafür geschaffen sind[127].

Die digitale Signatur spielt außerdem bei der elektronischen Archivierung eine Rolle, da sie hier als Sicherheitsmerkmal zur Kennzeichnung des Urhebers eingesetzt werden kann.

---

[127] vgl. http://home.t-online.de/home/Jens.Uhl/digitalesignatur.htm mwN

Im Ergebnis verfolgt das Unternehmen mit der Einführung der digitalen Signatur das Ziel, Einsparpotentiale zu realisieren, sei es durch Minimierung seiner Prozesskosten, sei es durch Reduktion seines Aktenlagerbestandes.

5.1.3.1. Organisatorisches Umfeld der digitalen Signatur

Um digitale Signatur in einem Unternehmen überhaupt einsetzen zu können, müssen zunächst die IV-Organisation sowie die Unternehmensorganisation analysiert und ggf. aufeinander abgestimmt werden. Gerade der Versuch, eine bestehende Organisation mit all ihren Hierarchien beispielsweise in einem Workflow-System abzubilden, führt häufig zu der Erkenntnis, anstelle der Implementierung eines komplizierten und teuren IV-Systems organisatorische Veränderungen vorzunehmen. Auf der anderen Seite dürfen IV-Systeme, insbesondere wenn sie 1:1 von Dritten gekauft werden, nicht dazu führen, dass die Unternehmensorganisation ohne Rücksicht auf die Besonderheiten des Unternehmens an die IT-Organisation angepasst bzw. zurechtgebogen wird. Es sollte also unter den Gesichtspunkten der Lebensfähigkeit eines Unternehmens und der Kostenminimierung eine wechselseitige Anpassung zwischen IT- und Unternehmensorganisation vorgenommen werden.

5.1.3.2. Die Rechtsfolgen der digitalen Signatur

Mit dem aufgrund des Art. 3 des IuKDG am 01.08.1997 in Kraft getretenen Signaturgesetz wurden Signaturverfahren und Sicherheitsanforderungen in Deutschland erstmals explizit geregelt.

Von der Rechtssystematik her ist das Signaturgesetz mit einer Art Gewerbeordnung zu vergleichen, die neben der Definition der Signaturen Regelungen darüber enthält, wer und unter welchen Voraussetzungen digitale Signaturen erzeugen und in Verkehr bringen darf.

Zwar besteht grundsätzlich die Freiheit der Wahl des Signaturverfahrens; jedoch können nur Signaturschlüssel, die von sog. Trust-Centern bzw. Zertifizierungsstellen herausgegeben wurden, als sicher im Sinne des Signaturgesetzes gelten.

§ 1 Abs. 1 SigG stellt fest, dass die nach diesem Gesetz erzeugten digitalen Signaturen als sicher gelten können, enthält aber nach herrschender Meinung und bisheriger Rechtsprechung keine Beweisregeln. Die erwartete Rechtsfolge, die eigenhändige Unterschrift der digitalen Signatur unter bestimmten Voraussetzungen gleichzustellen, fehlt völlig. Überhaupt ist an keiner Stelle des Signaturgesetzes von 1997 die Rechtsfolge ihrer Verwendung geregelt. Eine digitale Signatur ist jedoch überall dort von Bedeutung, wo eine sichere Authentifizierung des Ausstellers eines elektronisch erzeugten Dokuments erforderlich ist[128]. Dies kommt insbesondere für folgende allgemeine Regelungen in Betracht:

§ 126 BGB regelt die Voraussetzungen für die gesetzliche Schriftform, also z. B. wie oben erwähnt für Gerichtsstandsvereinbarungen nach § 38 ZPO oder Grundstückskaufverträge nach § 313 BGB.

[128] Stefan Schumacher, Digitale Signaturen in Deutschland, Europa und den USA, CR 1998, 758

Als wesentliche Voraussetzung für die Einhaltung des Formerfordernisses wird die Namensunterschrift angesehen, die eigenhändig erfolgen muss. Würde ein Gesetz – wie hier das SigG die eigenhändige Unterschrift der digitalen Signatur unter bestimmten Voraussetzungen gleichstellen, so könnten durchaus Verträge mit gesetzlich vorgeschriebener Schriftform elektronisch abgeschlossen werden.

§ 125 BGB fordert für die gewillkürte, also vertraglich vereinbarte Schriftform zwar in Abs. 1 grundsätzlich ebenfalls die eigenhändige Namensunterschrift, lässt jedoch nach Abs. 2 auch die telegrafische Übermittlung zur Wahrung der gewillkürten Schriftform genügen. Einige Stimmen in der Literatur wollen deshalb die per Internet übermittelte digitale Unterschrift in analoger Anwendung des § 125 Abs. 2 BGB als ausreichend genügen lassen; da aber Satz 2 des § 125 Abs. 2 BGB das Recht einräumt, nachträglich eine § 126 BGB entsprechende Beurkundung zu verlangen, entstehen auch hier Probleme bei der gerichtlichen Auseinandersetzung.

Ein sicheres Beweismittel vor Gericht ist schließlich der Urkundsbeweis, der nach § 416 ZPO durch Vorlage sog. Privaturkunden erbracht werden kann.

Der Urkundsbeweis nach § 416 ZPO wird durch eine vom Aussteller unterschriebenen Urkunde erbracht; nach bisher herrschender Auffassung in Rechtsprechung und Literatur ist damit die *eigenhändig* unterschriebene Urkunde gemeint[129]. Mangels Gleichstellung zwischen digitaler Signatur und eigenhändiger Unterschrift sind somit digital signierte Dokumente auch dann keine Urkunden im Sinne des § 416 ZPO, wenn sie nach den Vorschriften des SigG erzeugt wurden. Es bleibt demnach im Streitfalle nur die Beurteilung solcher Dokumente im Rahmen der freien Beweiswürdigung nach § 286 ZPO bzw. des Anscheinsbeweises.

Um dieses Problem zu lösen oder einer Lösung näherzubringen, wurde am 18.11.1999 die „Richtlinie 1999/EG des Europäischen Parlaments und des Rates über die gemeinschaftlichen Rahmenbedingungen für elektronische Signaturen" erlassen. Gemäß Art. 17 dieser Richtlinie sollen dabei gerade nicht die einzelstaatlichen Regelungen, die den Abschluss und die Erfüllung von Verträgen betreffen, innerhalb der EU harmonisiert werden. Die Regelungen über die rechtliche Wirksamkeit elektronischer Signaturen sollen unbeschadet einzelstaatlicher Formvorschriften gelten, die den Abschluss von Verträgen oder die Festlegung des Orts eines Vertragsschlusses betreffen.

Diese Richtlinie erlaubt demnach den Mitgliedstaaten, die Rechtswirkungen der digitalen Signatur im Hinblick auf Formvorschriften usw. selbst zu regeln. Allerdings schreibt sie bezüglich der elektronischen Signatur grundsätzliche Rechtswirkungen vor. In bezug auf die rechtliche Bedeutung der Signatur differenziert die Richtlinie zwischen der einfachen und der fortgeschrittenen (qualifizierten) elektronischen Signatur. Gemäß Art. 1 Nr. 1 der Richtlinie versteht man unter einer „elektronische Signatur" (einfache Signatur) *„Daten in elektronischer form, die anderen elektronischen Daten beigefügt oder logisch mit ihnen verknüpft sind und die zur Authentifizierung dienen"*[130]. Art. 2

---

[129] Ivo Geis, Rechtsfragen des elektronischen Geschäftsverkehrs, http://www.ivo-geis.de

[130] http://www.seccommerce.de/ComSecure/eu-richtliniezurdigitalensignatur.htm

Nr. 2 definiert die fortgeschrittene elektronische Signatur (qualifizierte Signatur), welche folgende Voraussetzungen erfüllen muss:

- sie ist ausschließlich dem Unterzeichner zugeordnet
- sie ermöglicht die Identifizierung des Unterzeichners
- sie wird mit Mitteln erstellt, die der Unterzeichner unter seiner alleinigen Kontrolle halten kann
- sie ist so mit den Daten, auf die sie sich bezieht, verknüpft, dass eine nachträgliche Veränderung der Daten erkannt werden kann.

Während demnach die einfache digitale Signatur lediglich Authentifizierungsmerkmale enthalten muss, stellt die qualifizierte digitale Signatur auf die wesentlichen Elemente der Identifizierung und Authentifizierung des Ausstellers sowie der Fälschungssicherheit ab.

Nach Art. 15 Abs. 1der Richtlinie müssen die Mitgliedstaaten dafür Sorge tragen, dass fortgeschrittene elektronische Signaturen auf einem qualifizierten Zertifikat beruhen und von einer sicheren Signaturerstellungseinheit erstellt werden. Diese Signaturen müssen die rechtlichen Anforderungen an eine Unterschrift in gleicher Weise erfüllen wie handschriftliche Unterschriften und vor Gericht als Beweismittel zugelassen werden. Damit will offensichtlich die EU-Kommission eine Gleichstellung zwischen qualifizierter elektronischer Signatur und eigenhändiger Unterschrift erreichen. Für die einfache digitale Signatur regelt Art. 15 Abs. 2 der Richtlinie, dass einer elektronischen Signatur die rechtliche Wirksamkeit und die Zulässigkeit als Beweismittel in Gerichtsverfahren *„nicht allein deshalb abgesprochen wird, weil sie in elektronischer Form vorliegt oder nicht auf einem qualifizierten Zertifikat beruht oder nicht auf einem von einem akkreditierten Zertifizierungsdiensteanbieter ausgestellten qualifizierten Zertifikat beruht oder nicht von einer sicheren Signaturerstellungseinheit erstellt wurde"*. Das bedeutet, dass auch einfachen digitalen Signaturen eine Beweisfunktion vor Gericht zukommen muss. Unter Zugrundelegung der bisherigen Rechtsprechung zu elektronisch übermittelten Dokumenten ist damit auch für einfach digital signierte Dokumente ein Anscheinsbeweis nach § 286 ZPO im Rahmen der freien Beweiswürdigung möglich. Nach Art. 13 der Richtlinie müssen die Mitgliedstaaten die erforderlichen Rechts- und Verwaltungsvorschriften so rechtzeitig erlassen, dass diese vor dem 19.01.2001 wirksam werden.

Aufgrund dieser Forderung der Richtlinie in Art. 13 wurde am 16.08.2000 das neue Signaturgesetz vom Bundestag beschlossen und am 15.02.2001 verabschiedet. Während die Voraussetzungen zur Herausgabe einer digitalen Signatur im Vergleich zum alten Signaturgesetz erleichtert wurden, fehlen jedoch auch im neuen Signaturgesetz die zivil- und zivilprozessrechtlichen Rechtsfolgen der digitalen Signatur. Diese müssen deshalb in einem weiteren Gesetz geregelt werden.

In der „Begründung des Entwurfs eines Gesetzes über Rahmenbedingungen für elektronische Signaturen und zur Änderung weiterer Vorschriften [in der Fassung des Kabinettbeschlusses vom 16. August 2000]" heißt es u. a.:

„Der nach Artikel 5 Abs. 1 Buchst. b) und Abs. 2 EGSRL geforderten Zulassung elektronischer Signaturen als Beweismittel vor Gericht wird bereits

durch den geltenden Rechtsgrundsatz der freien Beweiswürdigung der Gerichte entsprochen. Der erforderliche Schutz des Erklärungsempfängers soll im übrigen prozessrechtlich durch das Institut des Beweises des ersten Anscheins gewährleistet werden, das im Gesetzentwurf zur Anpassung der Formvorschriften für die Frage der Echtheit einer in elektronischer Form nach § 126 a BGB-E abgegebenen Willenserklärung durch spezialgesetzliche Regelung in der ZPO (§ 292 a ZPO-E) ausdrücklich kodifiziert wird."

Damit hat der Gesetzgeber die Forderung der EU-Richtlinie nach Gleichstellung von qualifizierter digitaler Signatur und eigenhändiger Unterschrift so interpretiert, dass nach seiner Auffassung keine weitergehenden prozessualen Regelungen erforderlich sind. Daher sind weitere rechtliche Anpassungen der Regelungen der ZPO an die elektronische Form im genannten Gesetz nicht vorgesehen.

Zur Änderung verschiedener zivilrechtlicher und anderer Vorschriften wurde am 05.06.2000 der Referentenentwurf eingebracht, der u. a. folgende Änderungen vorsieht:

Einfügen eines Absatzes 3 in § 126:

„Die schriftliche Form kann durch die elektronische Form ersetzt werden, wenn sich nicht aus dem Gesetz ein anderes ergibt."

Einfügen neuer Vorschriften:

„§ 126a

(1) Soll die gesetzlich vorgeschriebene schriftliche Form durch die elektronische Form ersetzt werden, so muss der Aussteller der Erklärung dieser seinen Namen hinzufügen und das elektronische Dokument mit einer qualifizierten elektronischen Signatur nach dem Signaturgesetz versehen.

(2) Bei einem Vertrag müssen die Parteien jeweils ein gleichlautendes Dokument in der in Absatz 1 bezeichneten Weise elektronisch signieren".

Hier übernimmt der Gesetzgeber die von der EU-Kommission vorgenommene Differenzierung zwischen einfacher und qualifizierter digitaler Signatur und lässt grundsätzlich nur letztere zur Wahrung der Schriftform gelten. Die oben zitierte Rechtsprechung bzgl. der Wahrung der Schriftform durch die Einreichung von Fax-Dokumenten dürfte damit überholt sein.

Neben der Schriftform ist noch eine weitere mögliche Form einer Erklärung vorgesehen:

„§ 126b

Ist durch Gesetz Textform vorgeschrieben, so muss die Erklärung einem anderen gegenüber so abgegeben werden, dass sie in Schriftzeichen lesbar, die Person des Erklärenden angegeben und der Abschluss der Erklärung in geeigneter Weise erkennbar gemacht ist."

Offensichtlich soll durch § 126b die „Textform" als Zwischengebilde zwischen formfreien und schriftgebundenen Willenserklärungen eingeführt werden. Für diese Textform genügt offensichtlich die Lesbarkeit und Erkennbarkeit. Die Einführung der Textform als neues Formelement wird jedoch vom Bundesrat (s. u.) abgelehnt.

Die Neufassung des § 127 BGB enthält zunächst eine Auslegungsregel hinsichtlich eines rechtsgeschäftlichen Formzwanges und erlaubt auch die einfache digitale Signatur als formwahrendes Institut, wenn sich beide Vertragspartner darüber einig sind:

„§ 127

(1) Die Vorschriften der §§ 126, 126a oder des § 126b gelten im Zweifel auch für die durch Rechtsgeschäft bestimmte Form.

(2) Zur Wahrung der durch Rechtsgeschäft bestimmten schriftlichen Form genügt, soweit nicht ein anderer Wille anzunehmen ist, die telekommunikative Übermittlung und bei einem Vertrag der Briefwechsel. Wird eine solche Form gewählt, so kann nachträglich eine dem § 126 entsprechende Beurkundung verlangt werden.

(3) Zur Wahrung der durch Rechtsgeschäft bestimmten elektronischen Form genügt, soweit nicht ein anderer Wille anzunehmen ist, auch eine andere als die in § 126a bestimmte elektronische Signatur und bei einem Vertrag der Austausch von Angebots- und Annahmeerklärung, die jeweils mit einer elektronischen Signatur versehen sind.

Wird eine solche Form gewählt, so kann nachträglich eine dem § 126a entsprechende elektronische Signierung oder, wenn diese einer der Parteien nicht möglich ist, eine dem § 126 entsprechende Beurkundung verlangt werden.“

Der Bundesrat hat sich in seinem Beschluss vom 20.10.2000 gegen die Einführung der Textform als neuen Formtypus des Privatrechts ausgesprochen und hält deshalb die Überarbeitung des Gesetzentwurfs für erforderlich[131]. Er begründet den Beschluss damit, dass das Privatrecht grundsätzlich vom Prinzip der Formfreiheit beherrscht sei. Der Gesetzgeber solle deshalb anstelle der Einführung neuer Formtypen auf die gesetzliche Schriftform für bestimmte Bereiche verzichten. Der für die gewillkürte Schriftform im Zivilrecht geltende § 126 BGB solle einen Absatz 3 erhalten:

„Die schriftliche Form <u>wird</u> durch die elektronische Form <u>ersetzt</u>, wenn dies vereinbart ist und sich nicht aus dem Gesetz etwas anderes ergibt.“

Der Bundesrat begründet seinen Vorschlag damit, dass es nach dem Sinn und Zweck dieser Vorschrift darum gehen müsse, die elektronische Form nur dann zuzulassen, wenn die Beteiligten dies wollen. Die elektronische Form dürfe einem Teilnehmer am Rechtsverkehr nicht gegen seinen Willen aufgedrängt werden. Aus diesem Grunde soll nach dem Willen des Bundesrates die Bestimmung „.. kann ersetzt werden“ durch „wird ... ersetzt“ geändert werden.

Der Bundesrat hält darüber hinaus die Schaffung spezieller Regelungen für den Zugang elektronischer Willenserklärungen für erforderlich: Es sei pro-

[131] BR Drucksache 535/00 vom 20.10.2000

blematisch, ob Privatpersonen verpflichtet sind, ihren elektronischen Briefkasten regelmäßig zu „leeren“. Hier sei möglicherweise eine Differenzierung zwischen Privatpersonen und Kaufleuten angebracht. Vorgeschlagen wird auch, dass der Empfänger einer elektronischen Erklärung deren Eingang auf demselben Wege bestätigt.

Bei der Gestaltung des § 126a solle berücksichtigt werden, dass elektronische Signaturen nur für wenige Jahre hinreichend sicher seien. Wenn nämlich die Geltungsdauer der Signatur abgelaufen ist, das betreffende Dokument jedoch über diesen Zeitraum Gültigkeit haben soll, dann müsse ggf. die Signatur erneuert werden. Dazu müsste aber der Aussteller der digitalen Signatur bereit sein. Derartige Dokumente sollten nach Meinung des Bundesrates nicht vom Erklärenden selbst (Aussteller), sondern von einer Zertifizierungsstelle mit einer zweiten digitalen Signatur versehen werden.

Die in dem neuen § 127 BGB enthaltene Formulierung „telekommunikative Übermittlung“ solle eine Klarstellung dergestalt enthalten, dass in jedem Falle fernmündliche Übermittlung ausgeschlossen sei, um die durch Rechtsgeschäft bestimmte schriftliche Form zu wahren.

Dass der Gesetzgeber weder die qualifizierte, noch die einfache elektronische Signatur als ausreichend für die Erzeugung einer Privaturkunde i. S. d. § 416 ZPO anerkannt hat, wird im neugefassten § 292a ZPO deutlich:

„§ 292a (ZPO)
Der Anschein der Echtheit einer in elektronischer Form vorliegenden Willenserklärung, der sich auf Grund der Prüfung nach dem Signaturgesetz ergibt, kann nur durch Tatsachen erschüttert werden, die es ernsthaft als möglich erscheinen lassen, dass die Erklärung nicht mit dem Willen des Signaturschlüssel-Inhabers abgegeben worden ist.

Der Beweis dieser Tatsachen kann auch durch den Antrag auf Parteivernehmung nach § 445 geführt werden."

Der Gesetzgeber anerkennt damit lediglich den Anscheinsbeweis als zulässiges Beweismittel. Er schränkt allerdings dessen Angreifbarkeit erheblich ein. Obwohl in der erwähnten Europäischen Richtlinie zur digitalen Signatur die Gleichstellung zwischen eigenhändiger Unterschrift und digitaler Signatur gefordert wird, hat hier der Gesetzgeber eine völlige Gleichstellung gerade nicht erreicht: Zwar wird in bestimmten Fällen die Wahrung sowohl der gesetzlichen als auch der gewillkürten Schriftform anerkannt; elektronische Dokumente, die nach den Vorschriften des neuen Signaturgesetzes unterschrieben werden, sind dennoch – auch nach neuer Gesetzeslage – keine Urkunden i. S. d. § 416 ZPO. Die vom Gesetzgeber aufgestellte Behauptung, es genüge zur Wahrung des Beweises vor Gericht der sog. Anscheinsbeweis i. S. d. § 286 ZPO verkennt, dass der Urkundsbeweis nach § 416 ZPO der für den Inhaber der letztlich als echt eingestuften Urkunde sicherste Beweis vor Gericht ist und damit die Rechtssicherheit im elektronischen Geschäftsverkehr erheblich stärken würde. Selbst wenn man die in den neuen § 292a ZPO eingeführten Erschwernisse des Anscheinsbeweises als Gegenargument anführt, zeigt sich doch die offensichtliche Scheu des Gesetzgebers vor einer echten und letztlich von der EU gewollten Gleichstellung zwischen eigenhändiger

Unterschrift und digitaler Signatur. Diese Scheu wird auch im Beschluss des Bundesrates vom 20.10.2000[132] deutlich: Der Bundesrat will den neuen § 292a ZPO überhaupt nicht einführen, sondern ersatzlos streichen. Nach seiner Auffassung sei die darin enthaltene Annahme, bei Vorliegen einer nach dem Signaturgesetz erstellten qualifizierten digitalen Signatur sei von der Echtheit der vorliegenden Willenserklärung auszugehen, nicht gerechtfertigt. Der Anschein der Echtheit einer in elektronischer Form vorliegenden Willenserklärung könne erst im Laufe der Zeit von der Rechtsprechung beantwortet werden; hier dürfe der Gesetzgeber nicht vorgreifen.

Auch der Bundesrat übersieht an dieser Stelle die Intention der EU-Richtlinie, auf elektronischem Wege erstellte Dokumente völlig den Papierdokumenten gleichzustellen, sofern die im übrigen strengen Voraussetzungen einer qualifizierten digitalen Signatur erfüllt sind. Es erscheint völlig unverständlich, warum eine eigenhändige Unterschrift auf einem Blatt Papier als sicherer angesehen wird, als eine nach einem komplexen Algorithmus erzeugte digitale Signatur. Würde man diese neue prozessuale Beweisvorschrift wegfallen lassen, so läge es an den Gerichten, im Einzelfall elektronisch signierte Dokumente als „Anscheinsbeweis" anzuerkennen oder nicht. Im Ergebnis gäbe es bis zu einer klarstellenden obergerichtlichen Entscheidung möglicherweise voneinander abweichende Urteile der Amts- und Landgerichte zum Beweiswert elektronischer Dokumente. Ausweislich der Präambel der EU-Richtlinie zur digitalen Signatur ist jedoch die In-Kraft-Setzung eines sicheren elektronischen Geschäftsverkehrs gefragt, der nicht nur die technische, sondern auch die rechtliche Sicherheit fordert. Die Bereitschaft, auf elektronischem Wege Verträge zu schließen, erhöht sich mit der Anerkennung der damit zusammenhängenden elektronischen Dokumente durch Gesetzgebung und Justiz.

Anstelle unmittelbar im neuen Signaturgesetz auch die Rechtsfolgen in klarer und unmissverständlicher Form miteinzubeziehen, hat hier der Gesetzgeber in jedem betroffenen Einzelgesetz eine Regelung versucht.

Eine praktikablere Lösung wäre gewesen, auch im Signaturgesetz, welches ein Bundesgesetz ist, die Rechtsfolgen einer digitalen Signatur mitaufzunehmen. Beispielsweise könnte ein solches Signaturgesetz eine eindeutige Klausel enthalten:

„Eine nach den Vorschriften dieses Gesetzes erzeugte qualifizierte digitale Signatur wird der eigenhändigen Unterschrift gleichgestellt"

Dagegen spricht jedoch der vom Gesetzgeber gewollte systematische Aufbau des Signaturgesetzes, das ähnlich einer Gewerbeordnung die Voraussetzungen für digitale Signaturen regelt und letztlich darüber entscheidet, wer wann welche Signatur herausgeben darf.

[132] zu finden bei http://www.dud.de

5.1.3.3. Signaturgesetz in USA

In den USA war die Verabschiedung eines für alle Bundesstaaten geltenden Signaturgesetzes in der Vergangenheit ein Problem: mehrere Staaten hatten verschiedene, nicht miteinander kompatible Gesetze erlassen; teilweise wurde sogar lediglich die digitale Signatur für öffentliche Unternehmen geregelt[133]. Am 01.01.1998 trat dann der „Washington Electronic Authentication Act" (WEAA)" in Kraft. Interessant ist in diesem Zusammenhang, dass der WEAA die Gleichstellung zwischen eigenhändiger Unterschrift und digitaler Signatur ermöglicht: Ein gesetzliches Schriftformerfordernis ist gewahrt, sofern die digitale Signatur durch einen öffentlichen Schlüssel bestätigt wird, der in einem Zertifikat enthalten ist, welches von einer lizenzierten Zertifizierungsstelle herausgegeben wurde. Ferner muss der Aussteller den Willen gehabt haben, das Dokument digital zu signieren; der Erklärungsempfänger muss bzgl. der Berechtigung des Ausstellers gutgläubig sein. Ein digital signiertes elektronisches Dokument ist in gleichem Maße vollstreckbar und wirksam, wie ein Papierdokument. Bedauerlicherweise bezog sich der WEAA nur auf in Washington lizenzierte Zertifizierungsstellen, sah aber die mögliche Anerkennung von in anderen Staaten befindlichen Zertifizierungsstellen vor.

Am 08.06.2000 wurde schließlich der „Electronic Signatures in Global and national commerce act" verabschiedet und am 05.07.2000 vom Präsidenten der USA mit einer Smartcard abgezeichnet[134]. Das neue amerikanische Signaturgesetz trat am 01.10.2000 in Kraft[135].

Gültig für alle Bundesstaaten setzt es nun digital erstellte Dokumente mit Papierdokumenten gleich, sofern die digitale Signatur nach den Vorschriften dieses Gesetzes erfolgt ist. Im Zusammenhang mit Schriftform stellt es fest, dass ein unter den Vorschriften dieses Gesetzes erstelltes elektronische Dokument auch dann die Schriftform wahrt, wenn ein anderes Gesetz oder materiell-rechtliche Regelung die „Original-Form" verlangt. Damit regelt das amerikanische Signaturgesetz in einem einzigen Satz die Rechtsfolgen einer nach diesem Gesetz erzeugten digitalen Signatur hinsichtlich der Schriftform gleich mit. Eine Abänderung oder gar Ergänzung anderer Rechtsvorschriften ist dann nicht mehr notwendig.. Das amerikanische Signaturgesetz fordert ferner, dass eine Unterschrift, ein Vertrag oder eine Datei nicht deshalb abgelehnt werden dürfen, weil sie in elektronischer Form erstellt wurden.

Die Kritik am amerikanischen Signaturgesetz besteht vor allem darin, dass es keine allgemein gültigen Regelungen darüber enthält, welche Sicherheitsstufen Zertifizierungsstellen erfüllen müssen, um überhaupt Signaturen ausstellen zu dürfen[136]. Insoweit dürften immer noch die jeweiligen Zertifizierungsregeln der Bundesstaaten, wie das WEAA, gelten. In der Tat wird die Rechtssicherheit bzgl. einer digitalen Signatur nicht dadurch erreicht, dass man dem Markt die Konzeption der Sicherheitsanforderungen überlässt, weil

---

[133] Schumacher, Digitale Signaturen, CR 1999, 761

[134] http://www.einsundeins.com/portal/news/archiv_artikel.php3?artikel_id=3153

[135] http://www.us-botschaft.de/dossiers/ecommerce/s761_enr.htm

[136] http://www.sicherheit-im-internet.de/themes/themes.phtml?ttid=38&tdid=270

zwar durchaus sichere Standards entwickelt werden können, aber eine für alle verbindliche Grundlage schwer zu erzielen ist.

5.1.3.4. Signaturgesetz in Österreich

Mit dem am 01.01.2000 in Kraft getretenen österreichischen Signaturgesetz hält sich die Republik Österreich streng an die Vorgaben der EU-Richtlinie. Österreich war eines der ersten Länder, das über ein mit den gemeinschaftsrechtlichen Vorgaben in Einklang stehendes Signaturgesetz verfügt[137]. Das Gesetz wurde am 29.12.2000 neugefasst; die Neufassung trat am 30.12.2000 in Kraft.

Bereits in der Regierungsvorlage hatte die Regierung Österreichs die Auffassung vertreten, dass die weitere Entwicklung des elektronischen Geschäfts- und Rechtsverkehrs über das Internet und anderer offene Netzwerke nicht zuletzt davon abhängt, dass die Teilnehmer diesen Kommunikationsmitteln uneingeschränkt vertrauen[138]. Die Teilnehmer müssen sich auf die Identität ihres Ansprechpartners verlassen können und Gewissheit darüber haben, dass die ihnen zugesandten oder von ihnen abgeschickten Daten nicht verändert werden. Hierbei müssten gesetzliche Regelungen ein hohes Maß an Sicherheit bieten. Die Einführung und Anerkennung elektronischer Signaturen soll die rechtlichen Grundlagen für den Einsatz sicherer Technologien und Verfahren im Internet und anderen elektronischen Netzwerken schaffen. Ähnlich wie die deutsche Novelle des Signaturgesetzes regelt das österreichische Signaturgesetz die Voraussetzungen darüber, wer unter welchen Voraussetzung eine digitale Signatur erstellen darf und welche Verantwortlichkeiten und Haftungsregeln der Zertifizierungseinrichtungen bestehen. Mit diesem Gesetz wird ferner klar das Ziel verfolgt, nicht nur mit Hilfe einer digitalen Signatur die Identität einer Person bescheinigen zu können. Vielmehr sollen im Signaturgesetz auch die Rechtswirkungen elektronisch signierter Erklärungen klargestellt werden.

§ 2 des österreichischen Signaturgesetzes enthält nahezu wortgleich mit der EU-Richtlinie zur digitalen Signatur die Definition der „elektronischen Signatur" und der „fortgeschrittenen elektronischen Signatur", die allerdings als „sichere elektronische Signatur" bezeichnet wird[139].

Nach § 4 Abs. 1 SigG-Österreich erfüllt eine sichere elektronische Signatur das rechtliche Erfordernis einer eigenhändigen Unterschrift, sofern nicht durch das Gesetz ein anderes bestimmt ist. Abs. 2 dieser Vorschrift enthält Ausnahmen von dieser Gleichstellung; so ist z. B. bei Rechtsgeschäften des Familien- oder Erbrechts oder bei Grundbucheintragungen eine Wahrung der Schriftform durch digitale Signatur nicht möglich. § 4 Abs. 3 SigG-Österreich enthält ferner eine prozessuale Rechtsfolge, nach der die Bestimmung des § 294 ZPO-Österreich über die Vermutung der Echtheit des Inhalts einer unterschriebenen Privaturkunde auf elektronische Dokumente, die mit einer sicheren elektronischen Signatur versehen sind, anzuwenden ist.

[137] http://www.medien-recht.com/signaturgesetz.html
[138] http://normative.zusammenhaenge.at
[139] österreichisches Signaturgesetz bei http://www.signatur.tkc.at/de/legal/sigg.html

§ 24 SigG-Österreich enthält wichtige Vorschriften zur Anerkennung ausländischer digitaler Signaturen: Nach § 24 Abs. 1 SigG-Österreich werden Zertifikate, die von einem in der Europäischen Gemeinschaft niedergelassenen Zertifizierungsdiensteanbieter ausgestellt wurden und deren Gültigkeit vom Inland aus überprüft werden kann, inländischen Zertifikaten gleichgestellt. Insbesondere entfalten qualifizierte Zertifikate solcher Zertifizierungsdiensteanbieter dieselben Rechtswirkungen wie inländische qualifizierte Zertifikate. § 24 Abs. 2 SigG-Österreich bestimmt schließlich die Voraussetzungen, unter denen Zertifikate, die von einem in einem Drittstaat niedergelassenen Zertifizierungsdiensteanbieter ausgestellt wurden, im Inland anerkannt werden können. Dies ist dann der Fall, wenn deren Gültigkeit vom Inland aus überprüft werden kann, der Zertifizierungsdiensteanbieter des Drittstaates die Anforderungen nach § 7 SigG-Österreich (Nachweis der Zuverlässigkeit, Bereitstellung der Sicherheitsregeln usw.) erfüllt und unter einem freiwilligen Akkreditierungssystem eines Mitgliedstaates der Europäischen Union akkreditiert ist.

5.1.3.5. Verschlüsselung als Grundlage

Signaturen nach dem SigG werden aufgrund spezifischer Verschlüsselungsverfahren erzeugt. Diese Verschlüsselungsverfahren sind die Grundlage dafür, dass überhaupt die mit dem Signaturgesetz geforderte Sicherheit erreicht werden kann. § 7 Abs. 1 SigG legt dementsprechend die Notwendigkeit des Signaturschlüssels, der den Inhaber bezeichnet, des Signaturprüfschlüssels, der dem Zertifikat zugeordnet sein muss, und die Bezeichnung der Algorithmen, mit denen der Signaturprüfschlüssel des Signaturschlüssel-Inhabers sowie der Signaturprüfschlüssel des Zertifizierungsdiensteanbieters benutzt werden kann, fest.

Die technische Sicherheit in Gestalt von Verschlüsselungsverfahren hat erheblichen Einfluss auf die Rechtssicherheit der digitalen Signatur, weil sie ausweislich der genannten Bestimmungen diese erst zu einer qualifizierten Signatur macht und dadurch die erwarteten Rechtsfolgen hinsichtlich Schriftform und urkundsähnlichem Charakter hervorruft. Das Signaturgesetz selbst schreibt nicht zwingend ein bestimmtes Verschlüsselungsverfahren vor; dies ist im übrigen auch nicht die Intention der EU-Richtlinie. Während auf der einen Seite die Anerkennung der Zertifizierungsstellen durch öffentliche Behörden (Regulierungsbehörde) vorgesehen ist, wird auf der anderen Seite der Entwicklung des Marktes Rechnung getragen, immer sicherere Verschlüsselungsmechanismen hervorzubringen. Art. 3 Abs. 2 der EU-Richtlinie zur digitalen Signatur stellt dementsprechend auch klar, dass die Mitgliedstaaten der als eine Option zur Steigerung des Niveaus der erbrachten Zertifizierungsdienste vorsehen können, sogenannte freiwillige Akkreditierungssysteme einzuführen bzw. beizubehalten. Auch § 15 SigG regelt die Möglichkeit einer freiwilligen Akkreditierung. Die gegenseitige Anerkennung der Zertifikate, auch bezogen auf Drittstaaten, ist nach Art. 7 der Richtlinie geregelt; eine entsprechende Vorschrift findet sich in § 23 SigG.

Gleichwohl stellt sich in praktischer Hinsicht das Problem, dass verschiedene Signatursysteme verschiedener zertifizierter Anbieter miteinander kompatibel sein müssen, um einen effizienten elektronischen Geschäftsverkehr zu ermöglichen. Insbesondere sind daher für den grenzüberschreitenden Verkehr miteinander kompatibler Verschlüsselungssysteme, welche auch als kryptographische Verfahren bezeichnet werden, erforderlich.

6. Kryptographie

6.1. Definition

Man unterscheidet bei der Übertragung elektronischer Dokumente und Daten zwei Arten der Verschlüsselung: die symmetrische und die asymmetrische Kryptographie.

Bei der symmetrischen Verschlüsselung - auch „Secret Key Encryption - benutzen Sender und Empfänger einer Nachricht den gleichen geheimen Schlüssel, der eine zum Chiffrieren, der andere zum Dechiffrieren. Damit das funktioniert, müssen sich beide auf den gleichen geheimen Schlüssel einigen. Dies kann durch persönliche Vorabsprache geschehen oder per Post usw. Gerade dies zeigt bereits die Problematik dieser Verschlüsselungsmethode: Wenn bei der erstmaligen Einigung über den Code ein unbefugter Dritter den Schlüssel abfängt oder mithört, kann er fortan alle mit diesem, Code verschlüsselten Nachrichten lesen, bearbeiten usw. Das Problem wird umso stärker, je mehr Personen diesen Schlüssel benutzen wollen.

Das bekannteste Secret Key Encryption Verfahren ist der DES-Algorithmus (**D**ata **E**ncryption **S**tandard, 1970 von IBM entwickelt).

Aus diesem Grund wurde die sogenannte asymmetrische Kryptographie entwickelt. Im Jahre 1976 schlugen erstmals die Wissenschaftler Whitfield Diffie und Martin Hellmann dieses Prinzip vor, welches dann im Jahre 1978 von den Autoren Ronald L. Rivest, Adi Shamir und Leonard M. Adleman als „RSA" benannte Methode einer asymmetrischen Verschlüsselung erfunden wurde.

Jeder Teilnehmer an diesem Verfahren besitzt ein sogenanntes Schlüsselpaar, einen öffentlichen und einen privaten Schlüssel. Der öffentliche Schlüssel ist jedem potenziellen Kommunikationspartner frei zugänglich; der p*rivate hinge*gen verbleib bei jedem einzelnen, am besten sicher aufbewahrt z.B. in der persönlichen Chipkarte. Möchte nun ein Kommunikationspartner eine wichtige Information versenden, chiffriert er seine Nachricht mit dem öffentlichen Schlüssel und legt gleichzeitig fest, welcher Nutzer diese Nachricht lesen darf. Der Empfänger kann diese Nachricht jedoch nur mit seinem privaten Schlüssel dechiffrieren und damit lesen. Entscheidend ist, dass der verwendete öffentliche Schlüssel den jeweiligen Nutzern zugeordnet wird.

Da sich Hacker immer ausgeklügeltere Methoden einfallen lassen, um an die Verschlüsselungscodes zu kommen, dürfen die verwendeten Schlüsselsysteme nicht unendlich lange Gültigkeit haben. Üblicherweise werden z. B. die für die Verschlüsselung eingesetzten Chipkarten zeitlich begrenzt.

6.2. Das Prinzip der Verschlüsselung

Grundprinzip der Verschlüsselung sind mathematische Operationen, die auf sich nicht ohne weiteres umkehren lassen: Beispielsweise führt die Multiplikation von 100 mal 100 zum Ergebnis 10 000, jedoch lässt sich aus der Zahl 10 000 nicht der Umkehrschluss ziehen, dass dieser Zahl die Multiplikation 100 mal 100 zugrunde liegt.

Bei der asymmetrischen Verschlüsselung werden mindestens zwei hundertstellige Primzahlen (!) miteinander multipliziert. Das Ergebnis dieser Multiplikation wird zu einer Zahl generiert, die als öffentlicher Schlüssel verwendet wird. Asymmetrie bedeutet dabei, dass mit dem öffentlichen Schlüssel nur *ver*-, jedoch nicht *ent*schlüsselt wird. Die Entschlüsselung wird dann mit Hilfe der Ausgangsprimzahlen ermöglicht. Diese Ausgangsprimzahlen stehen dem Empfänger der Nachricht als privater Schlüssel zur Verfügung.

Hacker könnten nun versuchen, den öffentlichen Schlüssel soweit computertechnisch zu bearbeiten, dass ihnen die Ausgangsprimzahlen für die erfolgte Rechenoperation zur Verfügung stehen. Um dieses zu verhindern, werden Zufallszahlen und entsprechend breite Schlüssel eingesetzt:

Das Programm, welches den öffentlichen Schlüssel generiert, bekommt zunächst üblicherweise die Bitlänge des zu erstellenden Schlüssels angegeben. Ferner wird eine Zufallszahl ermittelt, um sicherzustellen, dass Ableitungen des Multiplikationsergebnisses, genauer gesagt, der Rückschluss auf die verwendeten Ausgangsprimzahlen, unmöglich gemacht werden. Neben der Bitbreite kommt hier der Verwendung von Zufallszahlen große Bedeutung hinsichtlich der Sicherheit des Schlüssels zu.

Versucht nun ein Hacker, vom öffentlichen Schlüssel auf den privaten Schlüssel zu schließen, müsste er z. B. bei einer Bitbreite von 1024 Bit 2^{1024} Möglichkeiten durchprobieren. Die Zufallszahl verhindert schließlich die Dechiffrierung von kurzen Nachrichten durch Probieren.

6.3. Kryptographiebeschränkungen

Bislang führten unterschiedliche nationalstaatliche Regelungen betr. Kryptographie zu Hemmnissen bei der verschlüsselten Datenübertragung und behinderten somit die Entwicklung eines sicheren eCommerce nicht unerheblich.

17 Mitgliedstaaten, darunter auch die Bundesrepublik, schlossen sich zur COCOM (**Co**ordinating **Co**mmittee for **M**ultilateral Export Controls) zusammen. Ziel dieser Organisation war die gegenseitige Exportkontrolle strategischer Produkte und Technologien. Im Jahre 1991 beschloss die COCOM, den Export von Kryptographie-Software für den Massenmarkt zu erlauben – nur die USA wollte auf ihren eigenen restriktiven Regelungen (s. u.) bestehen bleiben. Kryptographie sollte jedoch nicht in sogenannte „gefährliche" Länder wie nach deren Ansicht Libyen, Irak, Iran und Nord-Korea - exportiert werden. Im Jahre 1994 wurde die COCOM aufgelöst. Da offensichtlich nicht nur bei den Mitgliedstaaten der COCOM, sondern auch bei anderen Staaten ein Bedarf nach einem abgestimmten Verfahren zur Exportkontrolle bestand,

wurde 1995 von damals 28 Staaten das Wassenaar Abkommen ins Leben gerufen. und 1996 von 31 Staaten unterzeichnet.

Nach diesem Abkommen, zuletzt geändert am 2. und 3. Dezember 1998[140] verpflichten sich die nunmehr 33 Mitglieder (sämtliche EU-Mitgliedsstaaten, die USA, Russland, Japan, Korea usw.) zu einer Exportkontrolle von konventionellen Rüstungsgütern und sogenannten Dual-Use Produkten. Diese Produkte sind sowohl für zivile, als auch militärische Zwecke geeignet.

Nach dem Wassenaar-Abkommen werden die betroffenen Staaten insbesondere angehalten, sich gegenseitig über Exportgenehmigungen und –ablehnungen zu informieren. Die Koordinationsstelle, die entsprechenden Informationen den Mitgliedstaaten zugänglich macht, befindet sich in Wien.

Dadurch, dass Verschlüsselungstechniken sowohl für zivile, als auch für militärische Zwecke geeignet sind, unterfallen Programme, welche Kryptographie ermöglichen, unter den Geltungsbereich dieses Abkommens.

Die Beschlüsse vom 2. und 3 Dezember in Wien beinhalten u. a. folgende Regelungen:

- freier Export aller symmetrischen Kryptographie-Verfahren bis 56bit Schlüsselbreite
- freier Export aller asymmetrischen Kryptographie-Verfahren bis 512bit Schlüsselbreite
- freier Export von symmetrischen Verschlüsselungssystemen (Hard- und Software) bis 64bit Schlüsselbreite, gültig bis 3.12.2000, an dem Tag, bis zu dem die Mitglieder eine neue Einigung erzielt haben
- freier Export von Produkten, die Verschlüsselung zum Zwecke des Schutzes von geistigem Eigentum einsetzen (z. B. DVD-Regionalcodes)
- alle anderen Krypto-Verfahren benötigen eine Export-Lizenz

Problematisch ist in diesem Zusammenhang das Bestreben der amerikanischen Regierung, sogenannte Key-Recovery-Systeme einzusetzen, welche staatlichen Stellen zur Dechiffrierung von Daten zur Verfügung stehen sollen. Mit Hilfe derartiger Systeme – die in etwa den sogenannten Master-Keys gleichkommen – wird praktisch der Verschlüsselungsschutz zugunsten staatlicher Überwachungsorgane ausgehebelt.

Die „U.S. Encryption Export Control Regulations“ vom 10. Januar 2000 schließen nunmehr Verschlüsselungssoftware, welche zum Zwecke von Geschäftsbeziehungen eingesetzt wird, vom Waffenexportkontrollgesetz aus und erlauben die lizenzfreie Ein- und Ausfuhr[141]. Damit dürfte die bisherige 40/56bit-Grenze fallen. Ausgenommen von der Privilegierung sind Staaten, die nach Einschätzung der USA als „Terroristische Länder“ gelten, nämlich Kuba, Iran, Irak, Libyen, Nord Korea, Sudan, und Syrien.

In seiner Sitzung am 2. Juni 1999 hat das Bundeskabinett "Eckpunkte der deutschen Kryptopolitik" verabschiedet und damit die deutsche Position in der für den eCommerce wichtigen Frage dargelegt[142]. Die Notwendigkeit, endlich

---

[140] vgl. cwis.kub.nl/~frw/people/koops/lawsurvy.htm

[141] vgl.www.epic.org/crypto/export_controls/regs_1_00.html

[142] http://www.bmwi.de/presse/1999/0602prm1.html

eindeutig Stellung zugunsten einer offenen und frei von Repressalien liegenden Kryptopolitk zu beziehen, ergab sich aus dem Problem, das Sicherheit im Internet letztlich nur durch effiziente Systeme zu erreichen sei. Sichere kryptographische Verfahren sollen den deutschen Nutzer vor dem illegalen Ausspähen, dem Manipulieren oder gar Zerstören seiner Daten schützen.

In der „Entschließung der 58. Konferenz der Datenschutzbeauftragten des Bundes und der Länder" vom 7./8. Oktober 1999 wurde das Eckpunktepapier begrüßt und ebenfalls – ausgehend vom grundgesetzlich garantierten Post- und Fernmeldegeheimnis nach Art.10 GG festgestellt, dass die Privatsphäre des Bürgers nicht allein mit Rechtsvorschriften ausreichend geschützt werden könne. Vielmehr seien neben bestehenden Ge- und Verboten wirksame technische Vorkehrungen nötig, Systemdatenschutz und datenschutzfreundliche Technologien seien unverzichtbar. Aus diesem Grunde müsse „den Bürgerinnen und Bürgern effektive Instrumente zum Selbstschutz an die Hand gegeben werden". In einem modernen Datenschutzkonzept käme der Datenverschlüsselung daher eine herausragende Bedeutung zu[143].

Nicht nur, dass in Deutschland der Einsatz von Kryptographie beschränkungsfrei ist, es müssen natürlich auch die Anwender lernen, mit diesen Werkzeugen umzugehen. Das o. g. Eckpunktepapier enthält daher folgende Empfehlungen:

- aktive Förderung des Einsatzes von Verschlüsselungstechniken in der öffentlichen Verwaltung, bei Privatpersonen und in Wirtschaftsunternehmen,
- Erbringung von Serviceleistungen, die den Gebrauch von effektiven Verschlüsselungsprogrammen für jedermann erleichtern,
- Maßnahmen zum besonderen Schutz der Telekommunikation von Berufsgruppen, die besonderen Verschwiegenheitspflichten unterliegen (z. B. Ärzte und Ärztinnen, Anwälte und Anwältinnen, Psychologen und Psychologinnen),
- Unterstützung von Wirtschaftsunternehmen beim Schutz ihrer geschäftlichen Telekommunikation,
- Förderung einer neutralen Bewertung von Verschlüsselungsprodukten mit dem Ziel, den Verbrauchern Empfehlungen für ihren Gebrauch zu geben,
- Förderung der Entwicklung europäischer Verschlüsselungsprodukte mit offengelegten Algorithmen.

Die Datenschutzbeauftragten des Bundes und der Länder fordern in ihrer Entschließung die Hersteller von Produkten der Informations- und Telekommunikationstechnik auf, *„die guten Voraussetzungen zur Entwicklung von Verschlüsselungsprodukten in Deutschland zu nutzen, um sichere, leicht bedienbare und interoperable Produkte zu entwickeln und den Anwendern kostengünstig anzubieten"*.

Das Thema Verschlüsselung ist nicht nur im Rahmen der digitalen Signatur von Bedeutung: Immer dann, wenn Daten fälschungs- und angriffssicher

[143] http://www.tec.informatik.uni-rostock.de/RA/LfD-MV/beschlue/ent58.html

übertragen werden müssen, helfen Verschlüsselungsverfahren, die erwünschte Sicherheit herzustellen.

6.4. Verschlüsselungsprotokolle

6.4.1. Das SSL-Protokoll

Das sogenannte „Secure Socket Layer (SSL)"-Protokoll wurde von Netscape zum Zwecke der sicheren Datenübertragung entwickelt. Über den Netscape Navigator wurde es als sogenanntes „Plug-In" kostenlos bereitgestellt, später auch von Microsoft in dessen Internet Explorer miteinbezogen.

SSL benutzt zwei verschiedene Verschlüsselungsverfahren: die symmetrische Verschlüsselung, von einigen Autoren auch als Public-Key-Kryptographie bezeichnet, zur Authentifizierung und die asymmetrische (Secret-Key-Kryptographie) zur sicheren Datenübertragung.

Die Verschlüsselung mit SSL benötigt den Einsatz sogenannter zertifizierter Schlüssel. Das heißt, dass je nachdem, ob sowohl Anwender (Client) als auch angewählter Server identifiziert werden sollen, jeweils entsprechende digitale Zertifikate beim Anwender bzw. Server vorliegen müssen. Praktisch werden zwei Typen der SSL-Verschlüsselung unterschieden:

Bei SSL-2 soll lediglich die Identität des angewählten Servers zweifelsfrei festgestellt werden; demzufolge muss nur der Server zertifiziert sein. Über den SSL-2-Kanal werden auf diese Weise Täuschungsmanöver wie IP-Spoofing verhindert. Die bekannten Browser Internet-Explorer und Netscape beinhalten bereits die digitalen Zertifikate der bekanntesten Zertifizierungsinstanzen.

Gerade im Bereich von Internet-eCommerce reicht es jedoch nicht aus, allein die Daten auf der Leitung zu verschlüsseln oder nur einen von zwei oder mehr Vertragspartnern zu authentifizieren; vielmehr ergibt sich die Notwendigkeit, beide Kommunikationspartner so sicher zu identifizieren/authentifizieren, dass sie einander vertrauen können. Durch eine unabhängige Instanz, der Certification Authority (tlw. auch Trusted Third Parties, Key Distribution Center oder Trust Center genannt), wird die Identität der Adressaten gewährleistet.

Bei SSL-3 werden daher sowohl Client, als auch Server identifiziert; beide müssen deshalb über ein von einer anerkannten Stelle ausgestelltes digitales Zertifikat verfügen. Einfache Zertifikate, die ausreichen, beispielsweise die Echtheit einer E-Mail-Adresse zu bestätigen, kann der Anwender von einer etablierten Certification Authority (z. B. Verisign) ein Client-Zertifikat anfordern und in seinen Browser als Plug-In hinterlegen. Diese Zertifikate haben allerdings nur eine begrenzte Laufzeit (1- 1,5 Jahre) und werden üblicherweise kostenfrei zur Verfügung gestellt. Mit SSL wird allerdings nicht die Echtheit eines Kreditkartenkontos verifiziert.

Bei Verwendung von SSL zur Übertragung von Kreditkartendaten sieht allerdings der Händler die Kreditkartennummer des Kunden.

Aufgrund des amerikanischen Exportbeschränkungsverbots für Verschlüsselungen durften bislang nur 40-- bzw. 56-bit breite Verschlüsselungen eingesetzt werden. Diese konnten jedoch durch Hacker leicht „geknackt“ werden.

Die Schlüsselbreite beträgt mittlerweile 128bit, welches als bei symmetrischen Verfahren angewandt als ausreichend gilt.

Es gibt aber auch – ursprünglich zur Umgehung des Exportbeschränkungsverbots der USA Weiterentwicklungen von SSL. An dieser Stelle sei das SSLeay genannt, welches von einem Australier namens Eric Young erstmals entwickelt wurde. Bei SSLeay handelt es sich um eine Art Programmbibliothek, die zur Eigenentwicklung von SSL-Anwendungen benutzt wird. Man kann damit sogar selbst Zertifikate mit einer Schlüsselbreite von 1024bit erstellen, eine eigene Zertifizierungsstelle einrichten und beispielsweise mit ausgesuchten Kommunikationspartnern sicher kommunizieren[144].

Im Bereich der Bezahlung haben sich weitere Verschlüsselungsstandards entwickelt, die im nachfolgenden Kapitel untersucht werden sollen.

[144]vgl. Holger Reif, Secure Socket Layer: Chiffrieren und Zertifizieren mit SSLeay - Schlüsselfertig, 1996

7. Bezahlen im Internet

Im Rahmen von Internet-basierten Zahlungsformen kann zwischen der Bezahlung im Internet selbst und dem Internet-Banking unterschieden werden[145].

Beim Internet-Banking bestehen zwischen dem Bankkunden und seiner Bank Vertragsbeziehungen; das Internet dient letztlich als Kommunikationsmedium z. B. zum Zwecke der Überweisung. Diese Form der Bezahlung ist dadurch gekennzeichnet, dass Sie zeitlich unabhängig von einer getätigten Bestellung erfolgt; mithin ersetzt sie lediglich die bisherige papiermäßige Überweisung etc. Bezogen auf den B-to-B-Commerce bedeutet Internet-Banking die Eröffnung eines weiteren Zahlungsmediums; insbesondere dürften EDI-basierte Anwendungen hiervon profitieren (siehe dazu unter „EDI").

Bei Zahlungen im Internet selbst bestehen hingegen mehrere miteinander verknüpfte Vertragsbeziehungen, nämlich zwischen Händler, Händlerbank, Besteller und Bestellerbank. Dabei löst die Zahlungsaufforderung des Händlers, die praktisch zeitgleich mit dem Eingang der Bestellung erfolgt, die entsprechende Transaktion auf der Seite des Bestellers aus. Beide Banken führen dann den Zahlungsverkehr durch. Diese Form der Bezahlung ist vor allem immer dann relevant, wenn der Händler ein besonderes Interesse daran hat, die Zahlung sofort zu erhalten. In der Regel hat ein Händler, der im Internet einen Warenkatalog, Software, Musik oder Videos anbietet, kaum eine Möglichkeit, die Kreditwürdigkeit eines mehr oder weniger anonym surfenden Endkunden zu überprüfen. Vor allem bei nicht-körperlichen Gegenständen wie Software oder Videos, die sofort über die Internet-Leitung geliefert werden, wird der Händler auf ebenfalls sofortiger Zahlung bestehen wollen. Aus diesem Grunde sind technische Hilfsmittel erforderlich, deren Rechtsnatur und Funktionsweise im folgenden erläutert werden.

Für die Abwicklung des Zahlungsverkehrs via Internet sind vor allem die Authentifizierungs- und Verschlüsselungsanforderungen von Bedeutung: Es muss sichergestellt werden, dass scheinbarer und tatsächlicher Kunde identisch sind, dass die Zahlungsanweisung an die vom Kunden gewollte Bank bzw. den Empfänger gelangt und das während der Datenübertragung Dritte nicht mitlesen können.

7.1. Kreditkartenverfahren - SET

Bei diesem Verfahren bestellt der Kunde seine Waren im Internet-Shop und bezahlt in der Regel sogleich durch Eingabe seiner Kreditkartennummer. Selbstverständlich darf die Kreditkartennummer nicht auf dem Weg durchs Netz „mitgelesen" werden. Aus diesem Grunde hat sich ein Verfahren etabliert, das vor allem bei Kreditkartenzahlungen angewendet wird, und zwar

---

[145] vgl. Markus Escher, Gassmann u. Kollegen, München, http://www.gassner.de/escher/zvi-text.html):

das Secure Electronic Transaction-Protocol (SET), das sichere Geschäftsabschlüsse mit Kreditkartenzahlungen über das Internet ermöglichen soll.

Vorausgegangen waren im Jahre 1995 Entwicklungen von Kreditkartenanbietern: So entstand unter Zusammenarbeit von Visa und Microsoft zunächst das Protokoll STT (Secure Transaction Technology); später entwickelten MasterCard, IBM, Netscape und CyberCash das SEPP (Secure Electronic Payment Protocol). Da nicht abzusehen war, welches der beiden Protokolle sich durchsetzen würde, die Banken jedoch ihren elektronischen Geldverkehr forcieren wollten, entstand im Februar 1996 schließlich das SET[146].

Die Besonderheit des SET besteht darin, dass es hardware-unabhängig ist und darüber hinaus auch mit unterhalb des SET liegenden Kommunikationsprotokollen funktioniert. Gleichgültig, ob UNIX, Windows NT, Novell, Linux oder sonstige Plattformen verwendet werden, SET kann mit allen Plattformen kommunizieren. Aufgrund dieser Plattformunabhängigkeit ist es deshalb für den Einsatz im Internet besonders gut geeignet.

Beim SET müssen beide Geschäftspartner zunächst nachweisen, dass sie rechtmäßig im Besitz einer Kreditkarte (Käufer) bzw. eines Kreditkartenabwicklungsverfahrens (Händler) sind.

Angesichts der weit verbreitenden Befürchtungen, dass Kreditkartendaten gerne mitgelesen werden, ist die Tatsache von Bedeutung, dass der Händler bei Durchführung der Transaktion die Nummer der Kreditkarte des Käufers nicht einsehen kann, da diese verschlüsselt und für ihn deshalb unkenntlich gemacht worden ist. Gerade dieser Umstand ist es, der SET bei Kreditkartenzahlungen zum Durchbruch verholfen hat, da hier die Anonymität des Kunden beim Zahlungsvorgang ermöglicht wird.

Der Händler ist über ein sogenanntes Clearing-Gateway, das sich in der Regel bei seiner Hausbank befinden dürfte, verbunden.

Beim SET werden sowohl asymmetrische, als auch symmetrische Verschlüsselungsverfahren benutzt. Zunächst erfolgt die Verschlüsselung der Daten symmetrisch mit Hilfe eines sogenannten Session-Keys. Dieser Session-Key wird dann nochmals im dem öffentlichen asymmetrischen Schlüssel des Empfängers verschlüsselt (doppelte Verschlüsselung). Der Empfänger kann mit seinem privaten Schlüssel den Session-Key wieder entschlüsseln und erhält durch symmetrische Dekodierung den Klartext.

Jeder SET-Teilnehmer besitzt also ein asymmetrisches Schlüsselpaar.

Die symmetrische Verschlüsselung verwendet den DES[147], die asymmetrische den RSA-Algorithmus[148]. Im internationalen Geschäftsverkehr ist eine ausreichende Schlüssellänge bereits seit langem anerkannt.

Um sicherzugehen, dass während des elektronischen Einkaufsvorgangs der ausgewählte Händler auch der vom Kunden gewünschte ist, wird mittels einer doppelten digitalen Signatur die Identität des Händlers und des Käufers überprüft. Hierzu wird zunächst die Bestellung des Käufers und elektronische Zahlungsanweisung in einen sogenannten „Hash-Wert“ umgewandelt und

---

[146] vgl. Thomas Kron, Technik für den elektronischen Markt- Secure Electronic Transaction , 1997

[147] http://www.geocities.com/SiliconValley/3700/des-how-to.txt

[148] http://ei.cs.vt.edu/~cs5204/protection/rsa.html

anschließend asymmetrisch verschlüsselt. Der Händler erhält diesen Hash-Wert sowie die Bestellung/Anfrage im Klartext mitgeteilt. Aus der erhaltenen Anfrage erstellt der Händler seinerseits einen Hash-Wert. Dann entschlüsselt er den Hash-Wert des Käufers mit dessen öffentlichen Schlüssel. Stimmen jetzt beide Hash-Werte überein, so ist die Identität des Käufers und die Echtheit der Bestellung sichergestellt. Der Händler leitet nach Prüfung und Bestätigung die Zahlungsanweisung an ein sog. Payment Gateway weiter, welches die Signatur von Kunde und Händler überprüft. Das Payment Gateway befragt die Bank des Kunden über die Korrektheit der Zahlung. Ist alles korrekt, erhält der Händler eine Bestätigung. Die Abrechnung erfolgt über das Bankennetzwerk (Abbildung 7.1.1).

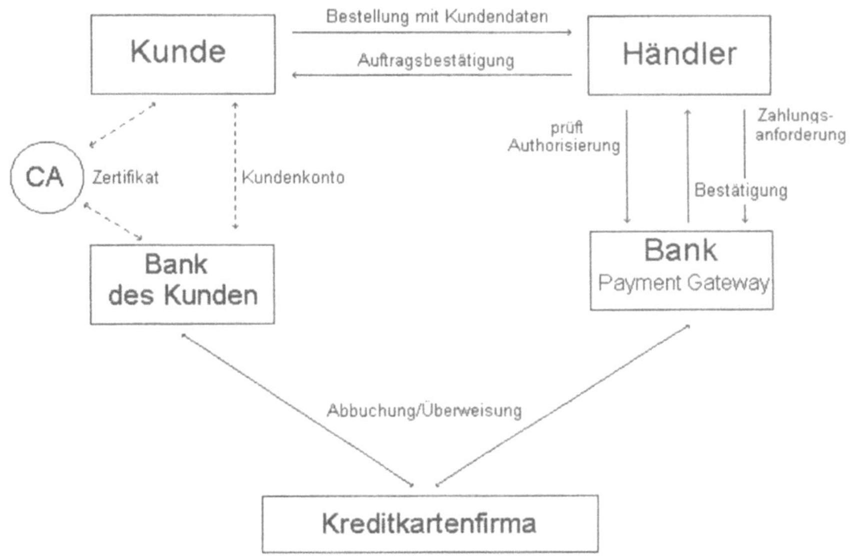

Abbildung 7.1.1: SET-Schema

Wie wird nun sichergestellt, dass der Inhaber der Kreditkarte auch der tatsächlich Berechtigte ist? Um dies nachzuweisen, benutzt man sogenannte Zertifikate. Regelmäßig dürfte der rechtmäßige Besitzer der Kreditkarte von seiner Bank bzw. mit Hilfe einer besonderen Zertifizierungsinstanz ein Zertifikat erhalten haben. Dieses Zertifikat enthält den öffentlichen Schlüssel, mit dessen Hilfe die digitalen Signaturen überprüft werden können, ein Ablaufdatum und seine Kontonummer. Ablaufdatum und Kontonummer werden wiederum mit Hilfe eines Hash-Wertes verschlüsselt. Damit die ausgegebenen Zertifikate auch gegenüber jedem Dritten vertrauenswürdig sind, sollten diese von einem Zertifizierungsdiensteanbieter (Trust-Center) i. S. d. § 4 SigG herausgegeben werden.

Die elektronische Verarbeitung bei der Zahlung mit einer Kreditkarte setzt im Grunde genommen erst dann an, wenn der Zahlungsbetrag von der Bank des Händlers eingefordert wird. Zunächst gibt der Kunde, der im Besitz einer Kreditkarte ist, dem Händler quasi ein Zahlungsversprechen. Nach Prüfung der Zertifikate und insbesondere der Bonität des Kunden durch die Banken und die zwischengeschaltete Kreditkartenfirma erfolgt zwischen der Bank des Kunden und der des Händlers über ein speziell abgesichertes Bankennetzwerk die Überweisung.

Folgende Teilnehmer sind am Zahlungsvorgang mit SET beteiligt:

- **Kartenbesitzer** (Kunde)
  Im Prinzip kann jeder Inhaber einer Kreditkarte am SET teilnehmen, Voraussetzung ist die Registrierung bei einer Zertifizierungsinstanz als SET-Kunde. Mittlerweile beinhalten auch gängige Internet-Browser Zertifikate, die zur sicheren Übertragung der Kreditkartendaten eingesetzt werden können.
- **Zertifizierungsinstanz** (Certification Authority, CA)
  Der Kreditkartenbesitzer erhält von der Zertifizierungsinstanz ein Zertifikat. Die Zertifizierungsinstanz lässt sich die Angaben des Kunden bzgl. seines Kreditkartenkontos von der Bank des Kunden bestätigen. Die Bank kann auch selbst als Zertifizierungsinstanz auftreten.
- **Bank des Kartenbesitzers** (Issuer)
  Die Bank des Kartenbesitzers wickelt über das Konto des Kunden die Zahlungen mit der Bank des Händlers, ggf. über eine Kreditkartenfirma ab, nachdem sie die für SET notwendigen Angaben überprüft hat.
- **Kreditkartenfirma**
  Häufig besteht ein Kreditkarten-Vertragsverhältnis zwischen Kunde und Kreditkartenfirma, aufgrund dessen der Kunde eine Kreditkarte erhält. Die Kreditkartenfirma hat ihrerseits vertragliche Beziehungen zur Bank des Kunden bzw. das Recht, die entsprechenden Beträge vom Kundenkonto einzuziehen und an die Bank des Händlers zu überweisen.
- **Händler**
  Der Händler nimmt auf elektronischem Wege – dem Internet- die Bestellungen des Kunden entgegen. Hierzu vermerkt er am besten in seinem Internet-Shop, dass er ein legitimierter SET-Händler ist und dass zum Zwecke der Zahlung per Kreditkarte das SET-Protokoll eingesetzt wird. Der Händler hat ebenfalls ein Zertifikat, ausgestellt von der Acquirer Bank. Über das sogenannte Payment-Gateway wird das o. g. Zahlungsversprechen des Kunden überprüft und dessen Authentizität festgestellt. Anschließend wird die Bank des Händlers beauftragt, den Zahlungsbetrag einzuziehen.
- **Bank des Händlers** (Acquirer)
  Die Händlerbank führt im Auftrag des Händlers alle erforderlichen Transaktionen über das Bankennetzwerk aus. Wie erwähnt, besteht die Hauptaufgabe beim SET der Händlerbank darin, das Zahlungsversprechen des Kunden zu verifizieren und anschließend den Betrag einzuziehen. Über die Acquirer-Bank ist der Händler im Rahmen des SET zertifiziert.

- **Payment Gateway**
Als Payment-Gateway bezeichnet man die für das SET erforderliche elektronische Schnittstelle zwischen der Bank des Händlers und dem Netzwerk des Händlers. Diese Schnittstelle muss selbstverständlich über geeignete Sicherungsmechanismen verfügen.

Aus heutiger Sicht ist SET eine sichere Möglichkeit, Kreditkartenzahlungen über das Internet abzuwickeln. Entscheidend ist allerdings eine sichere Zuordnung eines Schlüssels zum Kreditkartenkonto des Kunden. Jeder, der im Besitz des Schlüsselpaares ist, kann mittels SET im Namen des Kunden einkaufen – auch der Dieb! Daher ist die Identifizierung und Authentifizierung des Kunden ein wesentlicher Faktor für die Sicherheit in technischer und rechtlicher Hinsicht. Schließlich will kein Händler, der insbesondere „virtuelle Waren" über das Internet verkauft, Rechtsstreitigkeiten darüber ausgesetzt sein, ob der scheinbare Kunde auch der tatsächliche Kunde ist. Anlässlich der Zertifizierung müssen dabei weitere Authentifizierungsmerkmale angegeben werden, die nur der Kunde und sein Geschäftspartner kennen. Häufig werden dabei sogenannte PINs (**P**ersonal **I**dentification **N**umber) benutzt, wie sie im übrigen auch für andere Zahlungsformen verwendet werden. Die PIN muss allerdings vorher über einen sicheren Kanal übermittelt werden.

Aufgrund der Neufassung des SigG und der damit zusammenhängenden Rechtsverordnungen haben sich zugunsten der Rechtssicherheit bei Kreditkartenzahlungen völlig neue Perspektiven ergeben: Bisher wurde nämlich die Kreditkartenzahlung im Internet weitgehend mit der Übermittlung der Kreditkarten per Telefon gleichgestellt, da die Schriftform nicht gewahrt werden konnte. Damit trug der Händler letztlich das Beweisrisiko für den Kreditkartenzahlungsvorgang. Mit Inkrafttreten des neuen Signaturgesetzes ist es möglich, mit Hilfe einer qualifizierten digitalen Signatur die Schriftform bei der Kreditkartenzahlung einzuhalten und auf diese Weise dem Händler eine Beweiserleichterung zu geben.

7.2. Elektronische Sammelrechnungen

Während einige Zahlungsverfahren – wie SET – eher zur sofortigen Bezahlung von im Internet bestellten Waren geeignet sind, bietet sich für dauerhafte oder zumindest mittelfristige Geschäftsbeziehungen zwischen Unternehmen die elektronische Sammelrechnung als einfachste Form des Electronic Billing an. Bereits bei der Übermittlung der Bestelldaten via gesicherter Internet-Verbindung werden dem Lieferanten neben den Artikeldaten auch Daten für die eigene Buchhaltung (z. B. Kundennummer, Kostenstelle, Materialnummer) übergeben. Da der Lieferant aufgrund möglicherweise langjähriger Geschäftsbeziehungen weitere Informationen des bestellenden Unternehmens gespeichert hat, kann er die Bestelldaten um weitere für die Rechnung relevante Daten ergänzen. In einer monatlichen Sammelrechnung werden diese Daten dann zusammengestellt und an die Finanzbuchhaltung des bestellenden Unternehmens übermittelt. Dieses Verfahren erfordert allerdings entweder manuelle Nachbearbeitung der Daten oder ein funktionierendes EDI-System.

7.3. Gutschriftverfahren

Eine weitere Möglichkeit, die Abrechnung und Bezahlung zu vereinfachen, ist das Gutschriftverfahren, das speziell in der Automobilbranche stark verbreitet ist: Wird eine Bestellung elektronisch ausgelöst, so erfolgt über eine Schnittstelle zum Buchhaltungssystem die Erstellung einer Gutschrift an den Lieferanten. Nachteil dieses Verfahrens ist, dass die Abrechnung ohne Rücksicht auf den Wareneingang erfolgt. Das Geld ist dann bereits bezahlt, selbst wenn Leistungsstörungen vorliegen.

7.4. Zahlung per Lastschrift

Nach dem Lastschriftabkommen der Verbände der deutschen Kreditwirtschaft ist es erforderlich, dass der Kunde dem Händler gegenüber eine schriftliche Einzugsermächtigung erteilt.

Erstellt der Lieferant seine Rechung per EDIFACT, so können Rechnungen direkt ins Buchhaltungssystem des bestellenden Unternehmens übermittelt und automatisch verbucht werden. Der Lieferant darf dann die Rechnungsbeträge per Lastschrift vom Konto des bestellenden Unternehmens abbuchen.

Aufgrund der oben angesprochenen Neufassung des SigG ist es nun theoretisch auch möglich, dass eine solche Einzugsermächtigung auf elektronischem Wege erfolgt – wenn die AGB der Banken dies entsprechend vorsehen. Bisher jedenfalls sind die Händler aufgrund der dem Lastschriftverfahren zugrunde liegenden Vertragsbedingungen verpflichtet, eine schriftliche Einzugsermächtigung des Kunden einzuholen und das Vorliegen dieser Erklärung seiner Bank gegenüber zu versichern[149]. Es ist allerdings damit zu rechnen, dass der zentrale Kreditausschuss die Neufassung des Signaturgesetzes zum Anlass nehmen wird, ein elektronisches Lastschriftverfahren einzuführen.

7.5. Online-Banking

Beim Online-Banking bezahlt der Anwender dadurch, dass er seiner Bank online einen Überweisungsauftrag zugunsten eines Dritten erteilt. Praktisch wird der alte Überweisungsvordruck durch einen elektronischen Vordruck abgelöst; die Transaktion wird durch die Eingabe einer PIN (Authentifizierung) und je einer Transaktionsnummer (TAN) pro Transaktion ausgelöst. Das Online-Banking entspricht weitgehend dem Btx-Vertrag von 1984; dieser wird insoweit analog angewendet. Durch die Verbreitung der Online-Dienste hat auch das Online-Banking mittlerweile großen Anklang gefunden.

Die Bezahlung per Online-Banking kommt für den elektronischen Geschäftsverkehr dann nicht in Betracht, wenn der Händler bereits bei der Bestellung des Kunden die Sicherheit verlangt, dass dieser auch bezahlt; wenn

---

[149] Markus Escher, Aktuelle Rechtsfragen des Zahlungsverkehrs im Internet, http://www.gassner.de/escher/zvi-text.html

also bereits mit der Bestellung der Zahlungsvorgang oder genauer gesagt: das Zahlungsversprechen ausgelöst werden soll.

7.6. Elektronisches Geld

Die Deutsche Bank AG hat in Zusammenarbeit mit der holländischen Firma digiCash ein Pilotprojekt mit dem Namen Ecash entwickelt. Bei diesem Verfahren wird zunächst für den Kunden ein spezielles Ecash-Konto angelegt, auf das der Kunde von seinem normalen Girokonto einen bestimmten Betrag überweist. Dieses Ecash-Konto dient dazu, spezielle elektronische Münzen zu generieren. Dabei muss der Kunde zunächst mit seiner Ecash-Software sogenannte digitale Münzen generieren. Diese werden verschlüsselt und insbesondere mit einer einmaligen Seriennummer versehen, die jedoch nicht sichtbar ist. Die so verschlüsselten digitalen Münzen werden an die Bank gesandt.

Diese Münzen werden von der ausgebenden Bank zertifiziert und damit für echt befunden. Hierzu wurde von DigiCash ein spezielles Verfahren erfunden, das als sogenannte „blinde Signatur" bezeichnet wird und das der ausgebenden Bank später ermöglicht, diese digitalen Münzen als von ihr stammend zu identifizieren. Zum Zeitpunkt der Zertifizierung wird das Ecash-Konto des Kunden mit dem entsprechenden Wert belastet. Der Kunde speichert die digitalen Münzen als Dateien auf seiner Festplatte ab.

Damit die Bezahlung mit dem elektronischen Geld anonym bleibt, wird einfach der dem Ecash-Konto des Kunden belastete Wert einem bei der Bank intern geführten Poolkonto gutgeschrieben.

Zahlt jetzt der Kunde mit diesem elektronischen Geld bei einem Lieferanten, der ebenfalls an diesem System teilnimmt, so kann dieser seinerseits das virtuelle Geld bei der ausgebenden Bank zum Kontoausgleich online einreichen. Anhand der Seriennummer wird erkannt, dass diese Münze das erste Mal verwendet wurde; damit verhindert man einen mehrfachen Einsatz. Interessant ist dabei, dass die ausgebende Bank nicht mehr anhand der digitalen Münze erkennen kann, von wem diese stammt; mithin bleibt der Kunde bei diesem Zahlungsvorgang anonym. Der Händler erhält nun das Geld von dem oben beschriebenen internen Ecash-Poolkonto.

Der Höchstbetrag für elektronische Münzen ist z. Z. auf 400,-- DM beschränkt[150].

Für den B-to-B-Commerce ergeben sich beim Einsatz dieses Zahlungsverfahrens ungeahnte Möglichkeiten, Bestellvorgänge vor allem mit geringem Volumen noch leichter abzuwickeln: Gesteht man nämlich dem Bedarfsträger in einem Unternehmen nicht nur die Kompetenz zur Beschaffung im eingangs beschriebenen Umfange zu, sondern auch das Recht, unmittelbar die Bezahlung hierfür einzuleiten, dann könnte elektronisches Geld durchaus ein brauchbarer Weg sein. Organisatorisch könnte jeder Bedarfsträger im Rahmen der Budgetplanung bereits zum Zwecke der Beschaffung von C-Artikeln ein Kontingent an Ecash-Münzen erhalten bzw. die Option, bis zu einem vordefi-

---

[150] vgl. Escher, Bankrechtsfragen des elektronischen Geldes, http://www.gassner.de/e-geld-text.htm

nierten Höchstbetrag Ecash-Münzen zu erwerben. Anschließend könnte jeder hierauf bezogene Beschaffungsvorgang mit einer sofortigen Zahlung per Ecash-Münze verbunden sein. Der Vorteil bestünde darin, dass der Finanzbuchhaltung lediglich der Zahlungsvorgang auf elektronischem Wege mitgeteilt wird, um die entsprechenden internen Buchungen einzuleiten. Der Nachteil liegt darin, dass sämtliche Ecash-Münzen – wie Briefmarken oder Telefonkarten- im Vorauserwerb erzeugt werden müssen; d. h. bezahlt wird an die Bank, der eigentliche Nutzen des elektronischen Geldes erfolgt mit Zeit- und damit Zinsverlust später. Der Vorwurf, die Bedarfsträger würden durch das elektronische Geld noch mehr Kompetenzen zum „Geldausgeben" erhalten, überzeugt jedoch nicht: schließlich löst bereits die eingangs diskutierte Bestellung durch den Bedarfsträger die Zahlungsverpflichtung des Unternehmens aus. Effizientes Controlling schließlich und insbesondere gesammelte Erfahrungen im Rahmen eines Pilotbetriebes könnten darüber hinaus die Bedenken zerstreuen.

Ein anderes Problem stellt sich jedoch angesichts der Tatsache, dass die digitalen Münzen auf der Festplatte der Kunden gespeichert werden: Logischerweise handelt es sich nämlich dann um Dateien, die selbstverständlich in verschlüsselter Form vorliegen. Unseriöse Kunden könnten nun versuchen, diese Dateien so zu manipulieren, dass entweder der Wert der darin verborgenen digitalen Münze erhöht wird oder die digitale Münze mehrfach verwendet werden kann. Wie erwähnt, enthält jede digitale Münze eine einmalige Seriennummer. Um zu verhindern, dass durch Manipulation einer digitalen Münze eine andere Seriennummer zugewiesen wird, die von der ausgebenden Bank als echt erkannt wird, muss die Seriennummer besonders geschützt sein. Auch hier ergeben sich gesteigerte Anforderungen an die Verschlüsselungsbreite, um derartige Manipulationen zu verhindern[151].

Fraglich ist dann jedoch immer noch die Strafbarkeit derartiger Manipulationen: Die Tatbestände der Geld- und Wertzeichenfälschung, §§ 146 ff. StGB scheiden aus, da es sich bei den digitalen Münzen weder um Geld, noch um Wertzeichen handelt.

Digitale Münzen sind nämlich kein gesetzliches Zahlungsmittel i. S. d. § 14 Abs. 1 Satz 3 BBankG. Ihre Ausgabe ist jedoch nach § 1 KWG bankerlaubnispflichtig.

Der Tatbestand der Urkundenfälschung nach § 267 StGB scheidet ebenfalls aus, da es sich nicht um Urkunden handeln dürfte und insbesondere die Neufassungen der digitalen Signatur die Herstellung einer Urkunde i. S. d. § 416 ZPO nicht vorsehen.

Übrig bliebe der Tatbestand des Betruges, falls es einem Hacker tatsächlich gelingt, mit einer manipulierten digitalen Münze zu bezahlen und auf diese Weise den Händler zu einer Vermögensverfügung zu veranlassen, § 263 StGB.

Die Rechtsnatur des elektronischen Geldes ist umstritten; teilweise werden die Vorschriften über die Inhaberschuldverschreibung nach §§ 793 ff. BGB analog angewandt. Gemäß § 793 Abs. 1 BGB ist die Inhaberschuldverschrei-

---

[151] vgl. Ludwig Gramlich , Elektronisches Geld, Gefahr für Geldpolitik und Währungshoheit?, CR1997, 11-18

bung eine Urkunde, in der dem Inhaber dieser Urkunde eine Leistung versprochen wird.

Die Dresdner Bank hat bereits sog. „Cyber-Coins“ als Bestandteil ihres Cyber-Cash-Programms eingeführt.

7.7. Paybox – Bezahlen mit dem Handy

Eine neuartige Methode des Bezahlens ist „Paybox“[152].

Paybox wurde von der Paybox-AG zusammen mit der Deutschen Bank als Partner entwickelt. Der Anwender erhält nachdem er sich online per Internet oder offline per Post oder Fax angemeldet hat, eine Paybox-Nr. sowie eine PIN. Ummittelbar nach Auslösen der Bestellung und Eingabe der Mobilfunkrufnummer klingelt das Handy des Anwenders und fordert diesen zur Eingabe der Paybox-PIN auf. Mit dieser PIN wird dann der eigentliche Zahlungsauftrag – ähnlich der Online-Überweisung – ausgelöst.

7.8. HBCI

Beim ***Homebanking- Computer-Interface*** (HBCI) wird durch die Verwendung von Kryptographie und der Nutzung von Chipkarten eine sichere Kommunikation über das Internet ermöglicht.

HBCI unterstützt verschiedenste bankentypische Geschäftsvorfälle. Im Gegensatz zu SSL werden die geheimen Daten des Nutzers per Chipkarte und nicht durch die Eingabe einer PIN bzw. TAN übertragen. Die Gefahr des Verlorengehens oder des Missbrauchs ist somit stark eingeschränkt, da der Kunde sich die Daten nicht mehr „merken“ muss.

Unter Homebanking versteht man die Geschäftsabwicklung mit einer Bank durch den Einsatz von Personal Computern oder anderen sogenannten intelligenten Endgeräten. Es ist möglich, zunächst sämtliche Aufträge offline zu bündeln, um sie anschließend online zur Weiterverarbeitung anzustoßen. HBCI ist der Standard zum Zwecke der Kommunikation zwischen Kundensystemen (PC usw.) und Bankrechnern mit dem Ziel, Bank-Transaktionen durchzuführen[153].

Beim bisherigen Homebanking-Verfahren (Btx, T-Online Classic) wird mit Hilfe von PIN/TAN Kombinationen die Authentifizierung des Kunden durchgeführt und die erforderliche Transaktion angestoßen. Dabei erhält der Kunde von der am Homebanking-Verfahren teilnehmenden Bank Listen mit Transaktionsnummern (TAN) per Briefpost. Zur Anmeldung ist eine PIN erforderlich, die ausschließlich aus Ziffern besteht. Beim erstmaligen Anmelden muss der Kunde seine PIN ändern. Bei jedem Auftrag, z. B. einer Überweisung, wird eine TAN vom Kunden online eingegeben. Die Ausgabe von PIN und TAN macht den Kunden selbst zum Sicherheitsrisiko: auf der einen Seite

---

[152] vgl. www.paybox.de

[153] Kurt Haubner, HBCI-Kompendium 2.2, Mai 2000, http://www.sixsigma.de

muss er sich die PIN merken; unter Umständen werden leicht zu merkende PIN gewählt, die zudem aus Bequemlichkeit niemals geändert werden. Auf der anderen Seite liegen die zur Durchführung von Bankaufträgen erforderlichen TAN in Papierform vor. Dieses Papier muss gesichert aufbewahrt werden; zudem können TAN, die meist 6stellig sind, „erraten" werden.

Nicht nur die Sicherheitsproblematik, sondern auch das wachsende Bedürfnis des Internet-Commerce an komfortablen und zugleich sicheren Online-Banking-Lösungen machten die Weiterentwicklung dieses Systems erforderlich. Die erweiterten Sicherheitsfunktionen des HBCI sollen dies ermöglichen. Folgende Anforderungen standen im Vordergrund:

- leistungsfähige und flexible Datenschnittstelle
- Internet-Tauglichkeit der Datenschnittstelle
- Ermöglichen multibankfähiger Kundensysteme
- erweiterte Sicherheitsfunktionen
- jederzeitige Kontrollmöglichkeit des Auftragsstatus
- Kompatibilität durch Hardware-Unabhängigkeit, dadurch Nutzung nahezu beliebiger Endgeräte möglich

Um insbesondere die weltweite Verfügbarkeit und Kompatibilität zu gewährleisten, muss der HBCI-Standard einheitlich für das Kreditgewerbe vereinbart werden.
Eine HBCI-Nachricht besteht aus sogenannten Segmenten, die zusammen als Einheit übertragen werden, die aber jede für sich durchaus mehrere Geschäftsvorfälle abdecken können (Abbildung 7.8.1). Der Segmentkopf enthält die Informationen über die einzelnen Segmente. Im sogenannten Nachrichtenkopf befinden sich administrative Informationen, wie z. B. die Nachrichtennummer. Der Chiffrierkopf enthält die Verschlüsselung der Daten; ein Signaturkopf enthält die Beschreibung für das anzuwendende Sicherheitsverfahren und darüber hinaus eine Referenznummer, mit der das Kreditinstitut eine Kontrolle durchführen kann. Der Signaturabschluss kann für die digitale Signatur der gesamten Nachricht eingesetzt werden.

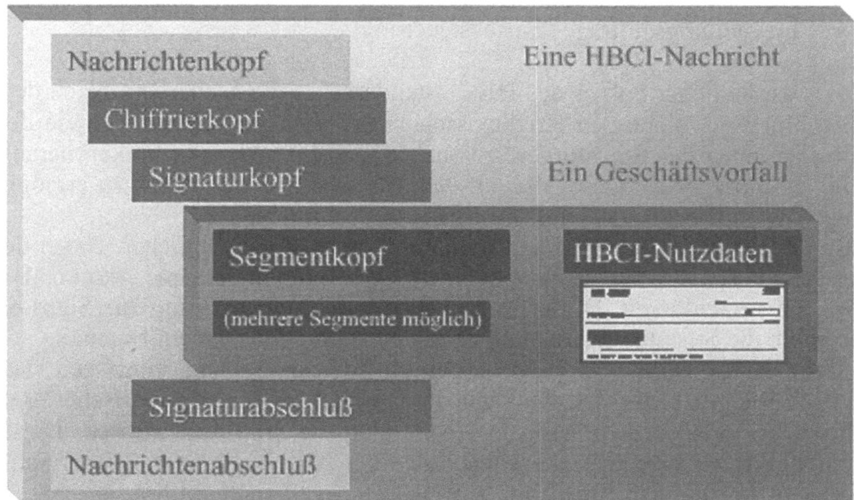

Abbildung 7.8.1: HBCI-Nachrichtenaufbau[154]

Bevor die eigentliche Auftragsabwicklung zwischen Kunde und Bank im Rahmen des HBCI stattfindet, erfolgt eine sogenannte Dialoginitialisierung, die der gegenseitigen Authentisierung der beiden Partner dient. Dabei werden die Verschlüsselungs- und Komprimierungsverfahren sowie die Parameterdaten des Kunden und der Bank miteinander abgeglichen. Ein Abgleich findet auch hinsichtlich der öffentlichen Schlüssel statt. Anschließend werden die entsprechenden Aufträge im Dialog durchgeführt; am Ende des Dialogs erhält der Kunde eine Dialogbeendigungsnachricht, die gleichzeitig bestätigt, dass alle Nachrichten korrekt übertragen und abgearbeitet wurden. Aufgrund von sogenannten Rückmeldecodes während des Dialogs kann der Kunde auf etwaige fehlerhafte Eingaben (z. B. falsche Bankleitzahl) hingewiesen werden.

Im Gegensatz zu den bisherigen Methoden des Online-Banking kann sich der Kunde nach einem etwaigen Leitungsabbruch über den Status seiner bis dahin eingegebenen Aufträge informieren.

Zurzeit können folgende Geschäftsvorfälle im HBCI-Standard abgewickelt werden[155]:

- Einzelaufträge im Zahlungsverkehr (z. B. Überweisungen)
- Sammelaufträge (Sammelüberweisungen und Lastschriften)
- Abruf von Kontoumsätzen
- Saldenabfragen
- Termineinlagen (z. B. Festgeld)
- Wertpapierorder (nach dem SWIFT-Format, incl. Fondorder und Neuemmissionen, Status- und Depotinformationen)
- Zahlungsaufträge in EURO für den Auslandsverkehr
- Karten-, Schecks- und Formularbestellungen

[154] Kurt Haubner, HBCI-Kompendium 2.2, Mai 2000, http://www.sixsigma.de

[155] vgl. detailliert bei Kurt Haubner, aaO

- Devisenbestellungen und –anzeige
- Freistellungsaufträge (Zinsbesteuerung)

Ein wesentlicher Faktor des HBCI-Standards ist die Sicherheit. Nach dem Abkommen des Zentralen Kreditausschusses „DFÜ für Kunden" sowie den Anforderungen des Signaturgesetzes haben sich Sicherheitstechniken herausgebildet, um Zahlungsgeschäfte auf elektronischem Wege sicher zu ermöglichen.

Bei der Bildung der digitalen Signatur werden die eigentlichen Daten des Geschäftsvorfalls (z. B. Kundenname, -konto, Empfängername, -konto, Betrag) mit verschlüsselt. Diese Daten haben immer einen Bezug zur Signatur, das heißt, die Signatur „passt" immer zu den zugrundeliegenden Daten.

Beim HBCI werden zwei Verfahren zur Verschlüsselung eingesetzt: Das MAC-Verfahren (**M**essage **A**uthentication **C**ode) ist ein symmetrisches Verfahren, bei dem die Schlüssel beiden Partnern bekannt sein müssen. Dieser Schlüssel ist zwar geheim, muss jedoch vorher zwischen beiden Partnern ausgetauscht worden sein. Dies kann z. B. vor Ort in einer Bankfiliale geschehen, oder per Briefpost. Ein sogenannter Signierschlüssel dient zum Unterschreiben der Nachrichten, ein Chiffrierschlüssel dient der Verschlüsselung. In der neuen Version HBCI 2.2 unterstützt eine Chipkarte, die vom Zentralen Kreditausschuss akkreditiert wurde, das MAC-Verfahren.

Bei der RSA-Verschlüsselung (**R**ivest **S**hamir **A**dlemann-Verfahren) handelt es sich um ein asymmetrisches Verfahren, bei dem es immer einen privaten und einen öffentlichen Schlüssel gibt. Der private oder auch persönliche Schlüssel soll dabei individuell über eine Software erzeugt werden. Mit diesem Schlüssel signiert der Kunde seine Aufträge. Anhand des öffentlichen Schlüssels, der dem Kreditinstitut vorher bekanntgegeben sein muss, kann die Bank die elektronische Unterschrift auf ihre Herkunft hin prüfen. Der Kunde wird demnach über den öffentlichen Schlüssel authentifiziert. Falls der Kunde vertrauliche Nachrichten an die Bank übermitteln will, kann er dies mit dem öffentlichen Schlüssel der Bank tun; diese wiederum kann die so verschlüsselten Nachrichten mit dem privaten Schlüssel der Bank lesbar machen. Es gibt demnach beim RSA-Verfahren, welches im HBCI eingesetzt wird, zwei Schlüsselpaare, und zwar ein Signierschlüsselpaar zum Unterschreiben der Nachrichten und ein Chiffrierschlüsselpaar zum Verschlüsseln dieser Nachrichten. Software plus Chipkarte unterstützen dieses Verfahren. Bedauerlicherweise sind dabei verschiedene Chipkarten-/Softwarelösungen auf dem Markt; hier strebt der Zentrale Kreditausschuss eine Vereinheitlichung an, um die Multibankfähigkeit des sicheren HBCI zu erreichen[156].

Die Sicherheit bei der Abwicklung von Geschäftsvorfällen über den HBCI-Standard wird somit sowohl mit Hilfe digitaler Signaturen, als auch über die Verschlüsselung der eigentlichen Daten und deren Überprüfung erreicht (Abbildung 7.8.2).

---

[156] neueste Informationen zu HBCI unter http://www.hbci-zka.de/aktuell/1.html

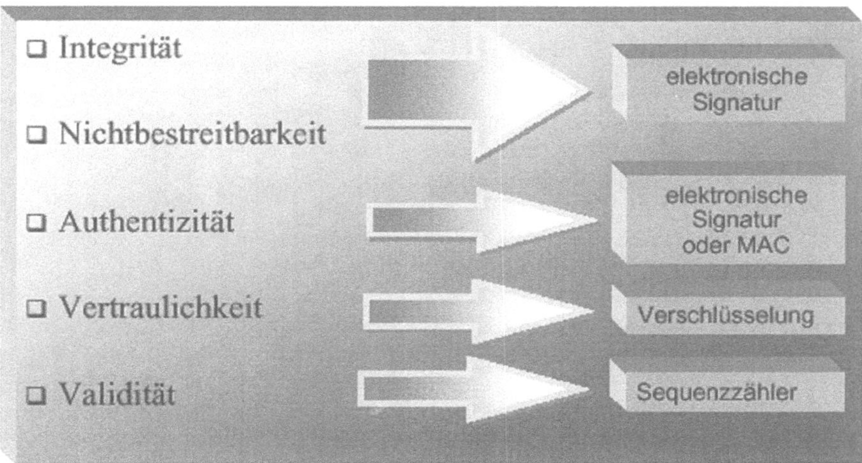

Abbildung 7.8.2: HBCI-Signatur[157]

Bei der Authentifikation des Kunden wird der Kunde entweder zur Eingabe eines Passwortes aufgefordert, oder er legitimiert sich mit Hilfe der Chipkarte (MAC-Verfahren) bzw. bei RSA mit Hilfe seiner Kundensoftware (ggf. plus Chipkarte). Das MAC-Verfahren ermöglicht außerdem die gegenseitige Authentisierung zwischen Bank und Kunden. Dies ist vor allem dann von Bedeutung, wenn Geschäftsvorfälle automatisch angestoßen und durchgeführt werden sollen. Die digitale Signatur weist die Herkunft des Geschäftsauftrages nach.

Bei der Prüfung der Integrität soll nachgewiesen werden, dass die HBCI-Nachricht auf dem Übertragungsweg nicht verändert wurde. Dies geschieht mit Hilfe der digitalen Signatur. Zunächst wird eine Prüfsumme, die auch als Hash-Wert bezeichnet wird, gebildet[158]. Über das MAC- bzw. RSA-Verfahren wird eine digitale Signatur gebildet, die in das HBCI-Segment „Signaturabschluss" eingestellt wird. Nach dem gleichen Algorithmus bildet der Empfänger den Hash-Wert nach und überprüft mit Hilfe seiner Schlüssel die Signatur (Abbildung 7.8.3).

[157] Kurt Haubner, HBCI-Kompendium 2.2, Mai 2000, http://www.sixsigma.de

[158] zur Hash-Wert-Berechnung vgl. http://www.remote.org/frederik/projects/cash/cash-3.html

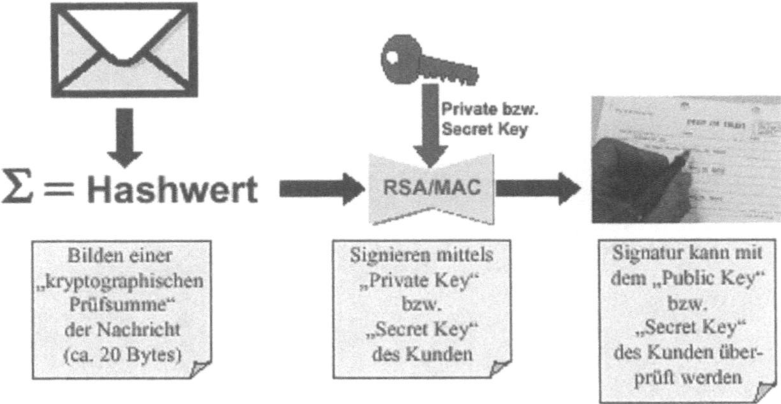

Abbildung 7.8.3: Signaturbildung[159]

Die Geheimhaltung der zu übertragenden Daten erfolgt mit der Verschlüsselung der gesamten Nachricht. Um zu verhindern, dass eine einzige Überweisung z. B. nach einem Leitungsabbruch versehentlich mehrfach ausgeführt wird, gibt es bei HBCI ein spezielles Verfahren, welches die eingegangenen Aufträge identifiziert und mit einer bei der Bank vorhandenen elektronischen Liste vergleicht („Sequenzzähler").

Um HBCI auch in Unternehmen sinnvoll nutzen zu können, bei denen regelmäßig verschiedene Hierarchiestufen einzuhalten sind, ist auch die Einbeziehung mehrerer Unterschriften möglich.

Die Durchsetzung des HBCI-Standards, das bei der zurzeit vorliegenden Version 2.2 bereits internetfähig ist, typische Geschäftsvorfälle realisieren kann und über den Zentralen Kreditausschuss einheitlich gestaltet werden kann, hängt davon ab, wie diejenigen Unternehmen, die ernsthaft B-to-B-Commerce betreiben wollen, diesen Standard nutzen. Das neue Signaturgesetz spielt dabei eine nicht zu unterschätzende Rolle: schließlich führt die Rechtssicherheit im Hinblick auf Schriftform und Beweisbarkeit der digitalen Dokumente zu einer höheren Akzeptanz der Chipkartensysteme. Je mehr diese Systeme zur digitalen Unterschrift eingesetzt werden, desto größer wird auch die Chance für Verfahren, die auf eine sichere elektronische Signatur setzen. Ein solches Verfahren ist HBCI, welches durch die Ablösung papiermäßiger Bearbeitung im Zahlungsverkehr erhebliche Einsparpotenziale zu realisieren hilft. Die internet-typischen Entwicklungen hin zu einem weitgehend elektronisch ablaufenden Datenaustausch müssen dabei allerdings auch in das HBCI-Konzept eingebunden werden. Mit einem weiterentwickelten HBCI muss es künftig möglich sein, ausschließlich auf elektronischem Wege Zahlungsdaten auszutauschen. Die Entwicklungen im Bereich EDI und XML müssen dabei in die Weiterentwicklung des HBCI-Standards einbezogen werden[160].

[159] Kurt Haubner, HBCI-Kompendium 2.2, Mai 2000, http://www.sixsigma.de
[160] so auch Kurt Haubner, aaO

8. Authentifizierung

8.1. Grundlagen

Wie erwähnt, dient die digitale Signatur bereits selbst der eindeutigen Authentifizierung des Anwenders. Das heißt, der scheinbar zur elektronischen Unterschrift Berechtigte muss auch der tatsächlich Berechtigte sein. Im Rahmen des Workflow kommt hinzu, dass der Adressat eines digital signierten Dokuments auch der vom Anwender gewollte Adressat sein muss.

Insbesondere dürfen Dritte nicht die Möglichkeit haben, während des elektronischen Dokumentenversandes oder danach auf das Dokument zuzugreifen, die Mailbox des Empfängers anwählen usw.

Die eindeutige Identifikation des Anwenders und gleichzeitige Ermöglichung einer digitalen Signatur geschieht heute üblicherweise durch den Einsatz von personalisierten Chipkarten. Der dort angebrachte Speicherchip ist nicht nur in der Lage, verschlüsselte Codes mit einer heute üblichen Bit-Breite von 1024 Bit zu speichern, sondern er kann auch als Türöffner im Rahmen von Zutrittskontrollsystemen, zur Arbeitszeiterfassung usw. eingesetzt werden.

Beim Einsatz von Chipkarten muss sichergestellt werden, dass der Besitzer der Chipkarte (=derjenige, der diese tatsächlich in Händen hält) auch der Berechtigte ist. Diese Sicherstellung geschieht in der Regel durch den Einsatz sog. PIN; meist eine 4 bis 8stellige Ziffernfolge, die der Nutzer vor der eigentlichen Signatur als Nachweis seiner Berechtigung eingibt. Eine auf dem Chip gespeicherte verschlüsselte Checksumme führt letztlich zur endgültigen Bestätigung. Zusätzlich können bestimmte Dateien, auf die der Anwender zugreifen möchte, mit Passwort geschützt werden[161].

Aufgrund des PIN- bzw. Passwortprinzips könnte aber der Anwender selbst zum Sicherheitsrisiko werden: selbst auswählbare PIN führen zu leicht zu erratenden Ziffernfolgen wie „1234"; Passwörter werden entweder merkbaren Begriffen (Name des Partners/der Partnerin, Hobbies usw.) zugeordnet oder sind so kompliziert, dass sie vom Anwender aufgeschrieben werden müssen.

Es besteht somit – jedenfalls zur Ergänzung der Sicherheit des gesamten IT-Systems –das Bedürfnis nach alternativen Authentifizierungsverfahren.

8.2. Biometrie

Immer öfter wird der Einsatz sog. biometrischer Verfahren zur Authentifizierung berechtigter Nutzer, welche auf die Eindeutigkeit bestimmter Körpermerkmale abstellen, diskutiert. Die Idee der Biometrie reicht bis ins 19. Jahr-

---

[161] vgl. TCOS-System, http://www.telesec.de

hundert[162]: Ärzte, Psychiater und Kriminalisten untersuchten Körpermerkmale von Straffälligen und analysierten diese. Letztlich mündeten diese Versuche in die auch heute noch übliche erkennungsdienstliche Behandlung beim Verdacht einer Straftat. Moderne biometrische Anwendungsfälle staatlicher Behörden des 20. Jahrhunderts sind vor allem die Genomanalyse , die nach den §§ 81 f. StPO auch als „genetischer Fingerabdruck“ bekannt ist und anhand von Haar- oder Speichelproben bereits einige Straftäter überführt hat sowie verschiedene Fingerabdrucksysteme. Mittlerweile haben sich biometrische Verfahren auch im privaten Geschäftsverkehr etabliert.

Die Anwendungsfälle sind vielfältig: Nicht nur, dass Anwender sich durch Biometrie in bestimmte Server „einloggen“ können, es können auch Zutrittskontrollsysteme zu besonders schützenswerten Bereichen (Rechenzentrum, Kassenraum usw.) mit biometrischen Verfahren gesichert werden.

Ein weiterer interessanter möglicher Anwendungsfall für biometrische Verfahren besteht darin, den Schlüsselinhaber einer digitalen Signatur durch zusätzliche – nämlich biometrische Merkmale – zu identifizieren, vgl. § 16 Abs. 2 Signaturverordnung (SigV). Dass mit diesen „zusätzlichen Merkmalen“ auch Biometrie gemeint ist, ergibt sich aus der Begründung zur Signaturverordnung[163]:

"Die Signiertechnik wird in der Regel im wesentlichen auf einer Chipkarte oder einem vergleichbaren Träger (z.B. PCMCIA-Karte) realisiert. Um über Besitz (Karte) und Wissen (PIN oder Passwort) hinaus eine Bindung des Signaturschlüssels an den Inhaber zu erreichen, können biometrische Merkmale (z. B. Gesicht, eigenhändige Unterschrift oder Fingerstruktur) genutzt werden."

Insbesondere kann eine mögliche Authentisierung einer anderen unberechtigten Person dadurch ausgeschlossen werden, dass die Signaturerstellungseinheit (=Chipkarte) durch die Nutzung eindeutiger biometrischer Merkmale an eine Person gebunden wird.

Im folgenden sollen einzelne biometrische Merkmale, die sich mittlerweile herauskristallisiert haben, vorgestellt und kritisch beleuchtet werden.

8.2.1. Fingerabdruck-Systeme

Diese Systeme basieren auf der Tatsache, dass der Fingerabdruck eines Menschen regelmäßig lebenslang gilt und damit unveränderbar ist. Ein Beispiel ist das System „Fingerprint FIU-700“[164] von Sony: Dieses System kombiniert Passwörter und PIN mit dem Fingerabdruck des Anwenders und ermöglicht dadurch zusätzliche _Sicherheit. Es ist aber auch möglich, allein den Fingerabdruck zum Zwecke der Authentifizierung einzusetzen.. Sony verfolgt

---

[162] vgl. Thilo Weichert, Biometrie – Freund oder Feind des Datenschutzes, CR 1997, 369 – 375

[163] Begründung zum Entwurf eines Gesetzes über Rahmenbedingungen für elektronische Signaturen und zur Änderung weiterer Vorschriften, S. 43

[164] http://www.sel.sony.com

damit das Ziel, sein Fingerabdrucksystem in den Bereichen eCommerce, Internet und Unternehmenssicherheit salonfähig zu machen..

Die Fa. Digitalpersona[165] bietet mit Ihrem System „U Are U“ (You are you - Du bist Du) ein ähnliches Verfahren an: Hierbei wird ein Fingerabdruck-Leser an eine PC-Schnittstelle (seriell oder über den Universal Serial Bus USB) angeschlossen. Die dazugehörige Software erlaubt das Einlesen der Daten eines Fingers nebst Verschlüsselung und vergleicht diese mit einem auf dem PC bzw. einem Netzwerkserver abgelegten Referenzmuster. Stimmen die Daten überein, wird die gewünschte Aktion ausgelöst:

8.2.1.1. Anwendungsbereiche

Je nach eingesetzter Software können Fingerabdruck-Systeme insbesondere für folgende Anwendungsbereiche eingesetzt werden:

- **Absicherung des PC gegen unbefugte Nutzung**

Bei dieser Anwendung lässt sich der PC nur dann hochfahren – „booten“ -, wenn der Fingerabdruck des Nutzers mit dem Referenzmuster übereinstimmt. Diese Vorgehensweise setzt allerdings insbesondere bei Windows-basierten PC voraus, dass in der Systemdatei CONFIG.SYS ein Treiber installiert ist, der dem Betriebssystem meldet, dass sich ein Fingerabdruck-Lesegerät an einer der üblichen Schnittstellen befindet. Zusätzlich wird ein Programm zur Abfrage der Fingerabdruck-Informationen gestartet. Auch andere Systeme, die beispielsweise auf Chipkarten aufbauen, funktionieren auf diese Weise, und genau da liegt das Problem: Gelingt es einem Anwender, das Auslesen der CONFIG.SYS zu umgehen, indem er z. B. den PC mit Hilfe einer Startdiskette startet, so ist dieser Schutz wirkungslos. Auch etwaig Einträge in der Registrierungsdatei von Windows, welche auf die Existenz einer Fingerabdruckprüfung hinweisen, lassen sich dann problemlos löschen. Den Start des PC mit Hilfe einer Startdiskette oder gar bootfähigen CD-ROM ist praktisch nur durch entsprechende Eintragungen im BIOS zu verhindern; allerdings muss dann der Zugriff auf das BIOS selbst wieder geschützt werden – meistens mit einem Passwort. Der Passwortschutz des BIOS funktioniert aber nur dann, wenn das BIOS keine sogenannten Masterpasswörter zulässt (bis zur Version 4.5 konnte man das Award-BIOS mit dem Masterpasswort „lkwpeter“ aufrufen).

Auch der Schutz des PC bei laufendem Betrieb durch Einrichtung eines fingerabdruck-geschützten Bildschirmschoners – z. B. bei kurzfristigem Verlassen des Büros – ist in vielen Fällen wirkungslos: Mit Hilfe einer selbstgebrannten CD, die Dateien AUTORUN.INF und X.BAT enthält, wird das Bildschirmschoner-Passwort bzw. der Zugriffsschutz ausgehebelt[166]:

---

[165] http://www.digitalpersona.com

[166] vgl. PC-Welt 8/99, S. 64

```
[autorun]
OPEN=X.BAT

Die Datei X.BAT enthält folgende Zeilen:

Ren %windir%\system sys
Pause
Ren %windir%\sys system
```

Dies hat seine Ursache darin, dass standardmäßig beim Einlegen einer CD in das CD-ROM-Laufwerk diese auch gestartet wird. Da hilft es nur, im Gerätemanager die Schaltfläche „Automatische Benachrichtigung beim Wechsel" zu deaktivieren (Abbildung 8.2.2.1)

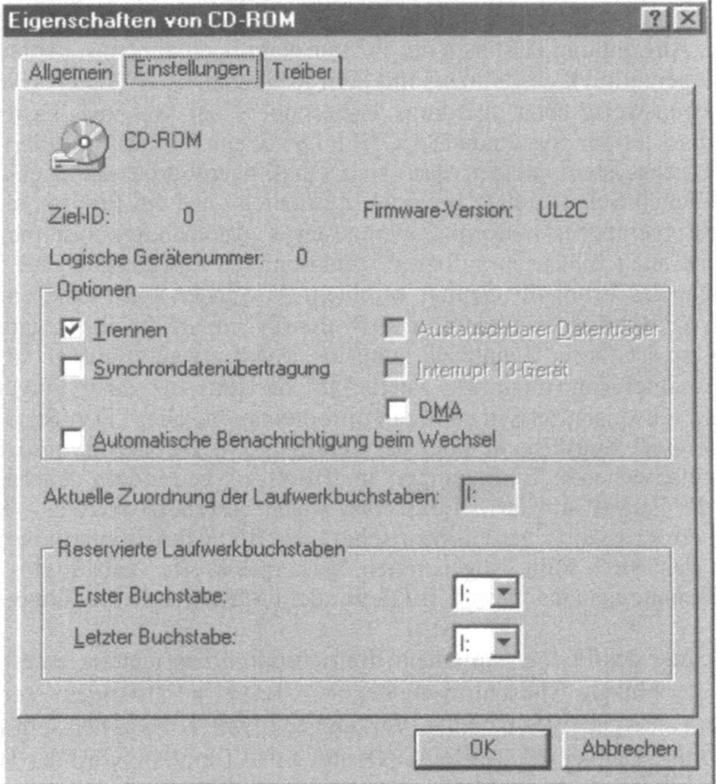

Abbildung 8.2.2.1: Einstellungen bei Windows 95/98

- **Zugriff auf Netzwerke, Server**

Hier liegt das Referenzmuster, mit dem der Fingerabdruck des Anwenders verglichen wird, auf einem Netzwerkserver; der PC ist am Netzwerk angeschlossen. Im Erfolgsfalle, d .h. bei bestandener Fingerabdruck-Prüfung erhält der Anwender Zugriff auf die angefragten Daten, kann sich mit einem Server verbinden, Transaktionen auslösen usw. Kurz gesagt, damit sind alle servergesteuerten Anwendungen absicherbar.

- **Zutrittskontrolle, Türöffner**

Das Prinzip, die Eingangstür zu beispielsweise einem Rechenzentrum oder sonst geschützten Bereich eines Unternehmens biometrisch abzusichern, ist bereits aus zahlreichen Agentenfilmen aus den 60ern bekannt (wenngleich es sich zu diesem Zeitpunkt um Science-Fiction gehandelt haben dürfte). Heute lässt sich selbstverständlich auch die Zutrittskontrolle mit Hilfe von Fingerabdruck-Systemen ermöglichen. Dabei ist das Fingerabdruck-Lesegerät fest neben der Tür montiert und intern mit einem Server verbunden, der die Fingerabdruck-Prüfung vornimmt und bei Erfolg ein Türöffner-Signal auslöst.

- **Fingertipp-Sensoren**

Weitere Möglichkeiten der Fingerabdruck-Kontrolle werden u. a. von der Siemens AG untersucht, die sog. Fingertipp-Sensoren anbietet[167]:

- das Fingertipp-Handy (Identifizieren und Wählen durch einfaches Auflegen des Fingers in eine Mulde am Handy).
- Starten des Autos mit Hilfe des Fingerabdrucks statt eines Schlüssels
- Ersatz der Passworte und Geheimnummern beim Computer
- Einfaches Bezahlen an der Ladenkasse
- zukünftige Scheck- und Kreditkarten mit Fingertipp-Sensor
- SmartCards mit Fingertipp-Sensor zur sicheren Durchführung von Geschäften im Internet, eCommerce, Homebanking
- sicherer Waffengebrauch (die Waffe z. B. eines Polizisten ist nur aufgrund der Fingerabdruck-Erkennung möglich; dadurch ist ein Entreißen der Waffe oder die versuchte Benutzung durch ein Kind unschädlich)

Mittlerweile hat die Firma Digitalpersona sogar mit dem weltweit größten Hersteller von Tastaturen, Chicony Electronics, ein Abkommen abgeschlossen, die den Fingerprint-Sensor von U.are.U® sowie die dazugehörige Erkennungssoftware in die Tastaturen so integrieren, dass der Endkunde beim Erwerb einer solchen Tastatur keine weitere Hardware anzuschaffen braucht, um das System zu nutzen.

8.2.2. Gesichtskontrolle

Bei den Gesichtskontrollsystemen, wie z B. „Faceit" von der Fa. Visionics Corp.[168], wird das Gesicht des Anwenders in Frontalansicht mit einem Referenzmuster, welches wie bei den Fingerabdruck-Systemen auch – auf einem Server liegen dürfte, verglichen. Im Erfolgsfalle werden dann die entspre-

[167] http://www.siemens.de
[168] http://www.faceit.com

chenden Aktionen (s. o.) ausgelöst, wobei sich solche Systeme vor allem zur Zutrittskontrolle eignen dürften.

Das System „Faceit“ ist nach Angabe des Herstellers für alle gängigen Betriebssysteme geeignet und kann sowohl sich bewegende, als auch „starre“ Gesichter erfassen. Es soll zudem keine Rolle spielen, ob der Anwender Brillenträger ist oder nicht. Die Gesichtserkennung soll unabhängig vom Hintergrund funktionieren. In weniger als 1 Sekunde soll das Gesicht des Anwenders erfasst und geprüft sein; die Fehlerrate soll weniger als 1 % betragen[169].

Das Hauptproblem bei den Gesichtserkennungssystemen dürfte sein, dass sich das Gesicht eines Menschen innerhalb kurzer Zeit stark verändern kann. Wenngleich auch bei den modernen Gesichtserkennungssystemen die Haarfarbe keine Rolle mehr spielt, so kann trotzdem die „Tagesform“ des Anwenders, der im schlimmsten Fall übernächtigt und mit geschwollenem Gesicht ins Büro kommt, dazu führen, dass die Tür verschlossen bleibt.

Darüber hinaus muss ein solches System verhindern, dass jemand anstelle eines naturgemäß dreidimensionalen Gesichts irgendein Foto benutzt, um Zutritt zu erhalten.

Aus diesen Überlegungen heraus entstand das Prinzip, nicht das ganze Gesicht eines Menschen, sondern nur einen Teil zur biometrischen Prüfung zu erfassen:

8.2.3. Iriskontrolle

Bei der Iris-Kontrolle wird die Iris (Regenbogenhaut) des menschlichen Auges mit einer kleinen Kamera abgetastet und mit einem Referenzmuster verglichen.

So führte z. B. die Dresdner Bank als erste Bank in Deutschland in einem Pilotversuch die Iris-Kontrolle bei der Benutzung von Geldautomaten durch[170].

Seit dem 29.11.1999 läuft der Testbetrieb der Dresdner Bank in der Windmühlstraße in Frankfurt am Main. Der Geldautomaten-Benutzer – in der Testphase ausschließlich Mitarbeiterinnen und Mitarbeiter der Dresdner Bank – brauchen für Geldabhebungen am Automaten keine PIN mehr einzugeben. Aus einer Entfernung von bis zu einem Meter nimmt eine normale Kamera die Iris des menschlichen Auges auf und teilt diese in insgesamt acht konzentrische Kreise auf. Diese Aufteilung ermöglicht die genaue Erfassung der individuellen Strukturmerkmale der Iris. Diese Merkmale werden dann mit einem auf einem Server der Dresdner Bank liegenden Muster verglichen. Vorteil der Iris-Erkennung ist die größere Vielfalt der Strukturmerkmale gegenüber anderen Erkennungssystemen, insbesondere den Fingerabdruck-Systemen. Die Iris weist etwa 400 Strukturmerkmale auf und gilt lebenslang.

Möglicherweise lassen sich aufgrund der Verbreitung der sog. WebCams (PC-Videokamera) Iriskontrollsysteme auch zur Authentifizierung im Internet-Geschäftsverkehr einsetzen. Diese WebCams werden ständig weiterentwickelt und erreichen bereits heute Auflösungen von 800 mal 600 Pixel. Übli-

---

[169] vgl. http://www.faceit.com/Faceit/What/techspecs.htm

[170] vgl. http://www.dresdner-bank.de/unternehmen/presse_services/aktuelle_themen/archiv/archiv_006.html

cherweise werden sie an die USB-Schnittstelle angeschlossen, über die jeder moderne PC mittlerweile verfügt. Die Anschaffungskosten liegen bei etwa 150 bis 300 DM.

8.2.4. Stimmkontrolle

Stimmkontrollsysteme sollen sich vor allem für Geschäfte eignen, die über den Telefonverkehr abgewickelt werden.

Die Firma Veritel[171] hat hierzu das System „Voicecrypt" entwickelt. Dabei wird versucht, die Einzigartigkeit der menschlichen Stimme zu erfassen und einem digital auswertbaren Raster zuzuordnen.

Das Stimmerkennungs-, genauer gesagt Verifizierungs-System soll Passwörter und PIN ersetzen.

Ziel der Firma Veritel ist es, dieses System vor allem in Unternehmensnetzwerken zum Zwecke der Authentifizierung anzuwenden.

Dabei spielt die Sprache des Anwenders überhaupt keine Rolle; es geht lediglich darum, die Eigenarten der Sprache, also z. B. in welcher Stimmlage, mit welcher Betonung usw. jemand spricht.

Das Problem bei diesen Systemen ist die nicht immer gegebene Unverwechselbarkeit der menschlichen Stimme; hinzukommt, dass Stimmen bei entsprechender Übung imitiert werden können. Auch eine starke Erkältung könnte – wie der Hersteller selbst zugibt – eine sichere Authentifizierung verhindern.

8.2.5. Rechtsprobleme biometrischer Verfahren

Dadurch, dass biometrische Verfahren mit spezifischen Körpermerkmalen natürlicher Personen arbeiten, unterliegen die daraus gewonnenen Informationen als personenbezogene Daten dem Schutz des informationellen Selbstbestimmungsrechts. Dies gilt nicht nur für das erfasste körperliche Merkmal selbst (Gesichtsausdruck, Stimme, Fingerabdruck), sondern auch für die daraus abgeleiteten Daten, gleichgültig ob sie auf einem zentralen Server gespeichert oder auf einer Chipkarte verschlüsselt abgelegt werden[172]. Die von derartigen Verfahren betroffenen Personen haben daher das Recht, selbst über deren Preisgabe und Verwendung zu bestimmen[173].

Man stelle sich vor, ein Unternehmen speichert die biometrischen Daten des Fingerabdrucks seiner Beschäftigten auf einem Server ab – und liefert auf Anfrage staatlicher Behörden diese Daten an den Verfassungsschutz.. Beispielsweise hat das FBI zwischen 1924 und heute bereits über 30 Millionen Fingerabdrücke archiviert; seit 1993 werden Fingerabdrücke in digitaler Form abgespeichert[174]. Welcher Beschäftigte möchte schon seine Fingerabdrücke, die er eigentlich nur zum Betreten der Büroräume benötigen will, im Archiv irgendeines Verfassungsschützers wissen?

---

[171] vgl. http://www.veritelcorp.com/

[172] vgl. Thilo _Weichert, CR 1997, 369-375

[173] vgl. Lukas Gundermann und Marit Köhntopp, Juristische Aspekte biometrischer Verfahren

[174] vgl. http://www.amara.com/IEEEwave/IW_ref.html

Im wesentlichen bestehen bei der Verarbeitung biometrischer Daten aus Sicht der Betroffenen folgende Bedenken:

- Wie werden meine biometrischen Daten vom Unternehmen tatsächlich ausgewertet?
- Wie wird sichergestellt, dass kein Dritter an meine biometrischen Daten gelangen kann?

Biometrische Daten sind höchstpersönlicher Natur; wer möchte schon, dass die Videoüberwachung im Kaufhaus oder neuerdings auch auf bestimmten öffentlichen Plätzen dazu benutzt werden kann, festzustellen, wer wann bei wem was eingekauft oder sich wo aufgehalten hat?[175]

Die Perversion biometrischer Systeme schließlich findet sich in der Idee wieder, dem Menschen gleich einen Chip zur eindeutigen Identifizierung einzupflanzen, wie es die Amerikaner bereits bei Alzheimer-Erkrankten erprobt haben[176].

Werden im Geschäftsverkehr, also im privaten Bereich, biometrische Verfahren eingesetzt, so sind zunächst die entsprechenden Vorschriften des Bundesdatenschutzgesetzes über die nicht-öffentlichen Stellen zu beachten.

Besonders interessant ist in diesem Zusammenhang, dass bestimmte Datenschutzvorschriften sogar den Einsatz biometrischer Verfahren aus Gründen der Datensicherheit begünstigen; so verlangt z. B § 9 BDSG ausdrücklich die Datensicherheit, zu der Zugangs-, Benutzer und Zugriffskontrollen gehören.

Möchte ein Unternehmen biometrische Verfahren z. B. für die Zugangskontrolle einsetzen, so ist der Betriebsrat zu beteiligen; die Einführung derartiger Verfahren unterliegt der Mitbestimmung, §§ 87 Abs. 1, 75 Abs. 2 BetrVG. Darüber hinaus wird die Auffassung vertreten, dass sämtliche Betroffenen darin einwilligen müssen[177]. In der Regel dürfte die Einführung biometrischer Verfahren in einem Unternehmen nur über den Abschluss einer Betriebsvereinbarung möglich sein.

Datenschutzrechtliche Bedenken ergeben sich immer dann, wenn die Gefahr besteht, dass neben den eigentlichen rein zur Authentifizierung eines Berechtigten benötigten biometrischen Daten weitere Informationen gewonnen werden, die Rückschlüsse auf die Lebensgewohnheiten oder biologischen Eigenheiten der Person zulassen. Biometrische Verfahren lassen sich jedoch auch mit dem Einsatz von Chipkarten kombinieren: Eine Zufallszahl befindet sich auf der Chipkarte des Berechtigten. Nur die Verwendung der Chipkarte in Kombination mit den gespeicherten biometrischen Daten führt zur gewünschten Authentifizierung.

Ein wesentliches datenschutzrechtliches Problem besteht darin, dass jede Anwendung, die aufgrund einer biometrischen Abfrage „reagieren„ soll, über sogenannte Referenzdaten verfügen muss. In der Regel dürften z. B. bei einem Zugangskontrollsystem für Mitarbeiter eines Rechenzentrums deren Referenzdaten auf einem zentralen Server gespeichert sein. Darüber hinaus bleiben

---

[175] vgl. Thilo Weichert, aaO

[176] vgl. Thilo Weichert, aaO, mwN.

[177] vgl. Köhntopp/Gundermann, aaO

diese Referenzdaten u. U. über einen langen Zeitraum hin konstant und auf den ersten Blick bestünde kein Anlass, die Referenzdaten z. B. der Iris eines Zugriffsberechtigten regelmäßig neu einzulesen. Um wiederum den unbefugten Zugriff auf diese Referenzdaten zu verhindern, müssen nicht nur die Zugriffsbefugnisse genau definiert werden; es müssen darüber hinaus Sicherheitsmaßnahmen implementiert sein, die den Rückschluss von den Referenzdaten auf die natürliche Person verhindern. Dies kann durch geeignete Verschlüsselungstechnologien erreicht werden. Man könnte beispielsweise daran denken, die biometrischen Referenzdaten lediglich anonymisiert abzuspeichern oder anonymisierten Daten zuzuordnen. Letztlich geht es beim Einsatz biometrischer Verfahren nur darum, eine Ja-Nein-Entscheidung herbeizuführen, d. h. ob der Kollege Zutritt bekommt oder nicht. Eine weitere Lösung, den Rückschluss der im System gespeicherten Referenzdaten auf die natürliche Person zu verhindern, wäre das regelmäßige Neu-Einlesen der biometrischen „Masse„ mit anschließender Codierung: Die Iris des menschlichen Auges verändert sich zwar nicht; jedoch können die aus dem Ablesen der Iris gewonnenen Daten – letztlich nur Nullen und Einsen – regelmäßig neu codiert werden.

Ob bereits die Abgabe von biometrischen Daten zum Zwecke der Identifikation eine Willenserklärung i. S. Des § 119 ff. BGB darstellt, dürfte wenig praktische Bedeutung haben: in der Regel wird derjenige Anwender, der sich „durch Körpereinsatz„ identifiziert, nicht damit zugleich auch eine entsprechende Willenserklärung abgeben wollen.

Möglicherweise führt auch der Einsatz biometrischer Authentifizierungsverfahren dazu, dass neben der digitalen Signatur der Beweiswert der auf diese Weise erzeugten elektronischen Urkunde vor Gericht erhöht wird.

BioTrust[178] empfiehlt beim Einsatz biometrischer Verfahren, die für Biometrie geeigneten Produkte und Sicherheitsmechanismen transparent zugestalten. Selbstverständlich müssten Urheberrechte und Patente gewahrt werden. Auch die oben erwähnte Verschlüsselung biometrischer Daten wird empfohlen. Für den Bankbereich böte sich die zusätzliche Speicherung auf der Chipkarte an; bei Netzverbindungen müssten die Übertragungswege entsprechend geschützt werden, z. B. über Verschlüsselungsprotokolle.

Im Ergebnis dürften diejenigen Biometrischen Verfahren eine Zukunft haben, die von anerkannten Stellen zertifiziert wurden[179]. BioTrust empfiehlt darüber hinaus folgende Grundsätze bei der Einführung biometrischer Verfahren zu beachten:

- Transparenz der Produkte und Sicherheitsmechanismen bei Wahrung des geistigen Eigentums (Urheberrechte, Patente?)
- Verschlüsselung biometrischer Daten
- Bankbereich: Speicherung auf externen Datenträgern (z. B. Chipkarte)
- bei Netzverbindungen: Schutz der Übertragungswege

[178] http://www.biotrust.de

[179] vgl. Thomas Probst - Der Landesbeauftragte für den Datenschutz SH, in „Datenschutzgerechte Biometrie – wie geht das?" - Workshop BioTrust am 03.05.2000

Um letztlich den Missbrauch biometrischer Daten zu verhindern, bedarf es unabhängiger Kontrollinstanzen: im Datenschutzrecht ist dies der Datenschutzbeauftragte, der allerdings auch tatsächlich die in der Praxis erforderlichen Kontrollen durchführen muss. Setzt ein Unternehmen biometrische Verfahren zur Authentifizierung ein, so müssen nicht nur die Referenzdaten selbst, sondern auch die Methoden zur Speicherung und Auswertung biometrischer Daten überprüft, genauer gesagt: auditiert werden.

9. Rechtsfragen innerhalb der Unternehmensorganisation

9.1. Elektronische Buchführung

Gemäß § 238 Abs. 1 Satz 1 HGB ist jeder Kaufmann verpflichtet, *„Bücher zu führen und in diesen seine Handelsgeschäfte und die Lage seines Vermögens nach den Grundsätzen ordnungsgemäßer Buchführung ersichtlich zu machen"*. Da die Nutzung von eCommerce nicht in den Räumen der Unternehmen halt macht, ist damit zu rechnen, auch diesen Teil des Unternehmens so weit wie möglich elektronisch abzubilden. Schließlich können auf diese Weise weitere Einsparpotentiale durch Erreichen höherer Zugriffsgeschwindigkeit, Platzersparnis usw. erzielt werden. Das HGB selbst lässt in § 239 Abs. 4 Satz 1HGB die Führung der Handelsbücher und der sonst erforderlichen Aufzeichnungen auf Datenträger ausdrücklich zu soweit dies den Grundsätzen der ordnungsgemäßen Buchführung entspricht. § 239 Abs. 3 HGB fordert schließlich, dass eine Eintragung oder Aufzeichnung nicht in einer Weise verändert werden darf, dass der ursprüngliche Inhalt nicht mehr feststellbar ist, und stellt auf diese Weise auf die Integrität der Aufzeichnung ab.

Nicht nur die Handelsvorschriften, sondern auch die Steuergesetze, wie z. B. § 147 Abs. 1 Abgabenordnung (AO) enthalten Ordnungsvorschriften für die Führung und Aufbewahrung von Unterlagen, z. B. von Handels- und Geschäftsbriefen. § 147 Abs. 2 AO erlaubt unter gewissen Voraussetzungen ebenfalls die Aufbewahrung von Unterlagen auf Datenträgern.

Weder das HGB, noch die AO, noch andere Gesetze im materiellen Sinne definieren allerdings die „Grundsätze ordnungsgemäßer Buchführung (GoBS)". Daher wurden diese von der Arbeitsgemeinschaft für wirtschaftliche Verwaltung e.V. (AWV), Eschborn, ausgearbeitet. Sie werden allgemein anerkannt[180] und sind im übrigen mit Schreiben des Bundesministers der Finanzen an die obersten Finanzbehörden der Länder vom 7. November 1995 - IV A 8 - S 0316 - 52/95, BStBl 1995 I S. 738 - in der Finanzverwaltung eingeführt worden.

Ein Unternehmen, das demnach seine Buchführung vollständig oder teilweise elektronisch durchführen will, muss demnach insbesondere die GoBS beachten.

Die DIN ISO 9000 ff. insbesondere ISO 9001 Ziff. 4.5, die wie die GoBS ebenfalls kein Gesetz im materiellen Sinne sind, jedoch aufgrund der Notwendigkeit der Zertifizierung einen wesentlichen Einfluss auf die Unternehmen haben, regeln u. a. die Lenkung der Dokumente und Daten und in diesem Zusammenhang insbesondere die Nachvollziehbarkeit der Dokumentenwege.

---

[180] vgl. http://www.gkuehn.de/fibu.htm

Obwohl § 239 Abs. 4 Satz 1 HGB die Speicherung der Aufzeichnungen auf Datenträger zulässt, dürfen nicht alle Dokumente ausschließlich in elektronischer Form archiviert werden:

Eröffnungsbilanz, Jahresabschluss, Lagebericht, Konzernabschluss, Konzernlagebericht sowie Arbeitsanweisungen und Dokumente zu diesen Unterlagen müssen nach § 257 Abs. 3 Satz 1 HGB zusätzlich in Urschrift vorliegen; für alle übrigen Unterlagen genügt nach § 257 Abs. 4 HGB ein Ausdruck bzw. ein auf einem Datenträger gespeicherter Ausdruck. Ein weiteres entscheidendes in § 257 Abs. 3 Satz 1 Ziff. 1 und 2 genanntes Kriterium ist die Lesbarmachung der auf Datenträger gespeicherten Dokumente.

Interessant ist dabei, dass nach dem erwähnten Schreiben des BMF *„der Buchführungspflichtige, der aufzubewahrende Unterlagen nur in Form einer Wiedergabe auf einem Datenträger vorlegen kann, verpflichtet ist, auf seine Kosten diejenigen Hilfsmittel zur Verfügung zu stellen, die erforderlich sind, um die Unterlagen lesbar zu machen; auf Verlangen der Finanzbehörde hat er auf seine Kosten die Unterlagen unverzüglich ganz oder teilweise auszudrukken bzw. lesbare Reproduktionen beizubringen"*[181]. Damit will die Finanzbehörde sicherstellen, jederzeit die elektronisch archivierten Dokumente nachprüfen zu können.

Bei der digitalen Weiterverarbeitung der Aufzeichnungen wird zwischen sogenannten „analogen Dokumenten" und originär digitalen Dokumenten unterschieden:

Unter analogen Dokumenten werden alle in Papierform verkörperten Dokumente verstanden, z. B. Rechnungs- oder sonstige Belege, die mittels Scanner digitalisiert und auf einem Datenträger abgelegt werden. Der BMF verlangt unternehmensinterne Regelungen, welche genau festlegen, wer scannen darf, zu welchem Zeitpunkt gescannt wird - welches Schriftgut gescannt wird, ob eine bildliche oder inhaltliche Übereinstimmung mit dem Original erforderlich ist (§ 147 Abs. 1 Nr. 2 oder 3 AO), wie die Qualitätskontrolle auf Lesbarkeit und Vollständigkeit und wie die Protokollierung von Fehlern zu erfolgen hat.

Das eingescannte Dokument muss mit einem unveränderbaren Index versehen werden. Dies kann z. B. eine fortlaufende Nummerierung sein. Der BMF will sichergestellt wissen, dass das Scannergebnis unveränderbar ist und eine weitere Bearbeitung im Anschluss an den Scannvorgang nur mit dem gespeicherten Beleg erfolgen darf (z. B. Buchungsvermerke). In praktischer Hinsicht stellt sich das Problem, dass jedes eingescannte Dokument zunächst einmal zu einer Bilddatei wird (BMP-, TIF-_, JPG-Format usw.), welche ihrerseits mit jedem beliebigen Bildbearbeitungsprogramm manipuliert werden kann. Will ein Unternehmen nun den Nachweis der Integrität des eingescannten Dokuments gegenüber der Finanzbehörde führen, so muss es zwangsläufig die papiermäßige Scanvorlage aufbewahren.

Bei sogenannten originär digitalen Dokumenten erfolgt die Speicherung durch Übertragung der Inhalts- und Formatierungsdaten auf einem digitalen Datenträger. Hier möchte der BMF sicherstellen, dass während des Übertra-

---

[181] Schr. des Bundesministers der Finanzen an die obersten Finanzbehörden der Länder vom 7. November 1995 - IV A 8 - S 0316 - 52/95- BStBl 1995 I S. 738

gungsvorgangs auf das Speichermedium eine Bearbeitung nicht möglich ist. Schließlich soll die Wiedergabe auf dem Datenträger mit der Originalunterlage bildlich übereinstimmen, vgl. § 147 Abs. 2 Nr.1 AO. Eine Farbwiedergabe wird nur dann gefordert, wenn der Farbe eine Beweisfunktion zukommt. Hinzukommt eine Indexierung wie bei gescannten Dokumenten. Das so archivierte digitale Dokument soll nur unter dem zugeteilten Index bearbeitet und verwaltet werden können.

Da die Finanzbehörde stets die Möglichkeit haben muss, die betreffenden Buchungsvorgänge in formeller und sachlicher Hinsicht zu prüfen, müssen auch digital gespeicherte Dokumente diese Prüfungen ermöglichen. Aus diesem Grunde wird während der gesamten gesetzlich vorgeschriebenen Aufbewahrungsfrist (vgl. hierzu § 257 Abs. 4 HGB) die Verknüpfung zwischen Index, digitalem Dokument und Datenträger gefordert.

Aus diesem Grunde verlangen auch die GoBS, für jedes elektronische Dokumentensystem eine Verfahrensdokumentation für Dokumente i. S. d. HGB zu erstellen. Neben den gesetzlich vorgeschriebenen Buchführungsinformationen muss ein Unternehmen auch all diejenigen Dokumente sichern, die es aus Eigeninteresse aufbewahren will.

Die Archivierung selbst darf nur auf nicht-löschbaren Datenträgern erfolgen, weil ansonsten der Anspruch der Integrität nach § 239 Abs. 3 HGB nicht gewahrt werden würde. In Betracht kommen somit nicht-löschbare Datenträger wie CD-ROM, WORM (**W**rite **O**nce, **R**ead **M**ultiple) oder neuerdings auch DVD (**D**igital **V**ersatile **D**isk). Es genügt allerdings nicht, z. B. eine Handelsaufzeichnung einfach auf CD-ROM zu brennen; die CD-ROM muss finalisiert (abgeschlossen) werden, um Fälschungen durch sogenannte weitere Sessions zu verhindern. Auch Speicherformate wie UDF, die eine CD-ROM ähnlich einer Festplatte behandeln, sind hierfür ungeeignet; Dateien lassen sich – auch bei einer nur einmal beschreibbaren CD (CD-R) „überschreiben". Eine finalisierte CD hingegen bleibt inhaltlich unveränderbar.

Im Rahmen der Steuerreform 2000 erhält die Finanzverwaltung das Recht, auf elektronisch geführte Buchführungsunterlagen der Unternehmen im Rahmen von Betriebsprüfungen vor Ort online zuzugreifen. Damit werde „eine effektive und kostensparende Prüfungstätigkeit unter den Bedingungen der modernen Informationsgesellschaft und des zunehmenden elektronischen Handels" ermöglicht. Diese Maßnahme wird allerdings, um Anpassungsschwierigkeiten zu vermeiden, erst ab 2002 eingeführt[182].

9.1.1. GoBS-Sicherheitsanforderungen

Aus den GoBS lassen sich ganz spezielle Sicherheitsanforderungen ableiten:

[182] http://www.vdw-online.de/htm/public/BMF/steuerreform.htm

9.1.1.1. Erstellen eines Datensicherungskonzepts Was wird wie lange und auf welche Weise gesichert?

Hier müssen zunächst einmal die zu sichernden Objekte definiert werden. Dabei spielen nicht nur die gesetzlich vorgeschriebenen Dokumentationspflichten, sondern auch die Eigeninteressen des Unternehmens eine Rolle. Als zu sichernde Objekte kommen nicht nur Datendateien, sondern auch Anwendungssoftware in Betracht. Sicherlich muss bei Vorliegen einer effizienten IT-Organisation in einem Unternehmen nicht jeder Anwender seine Bürokommunikationssoftware selbst sichern; es genügt, wenn die entsprechenden Lizenzen vorliegen und im übrigen eine IT-Abteilung jederzeit eine etwa beschädigte Software wiederaufspielen kann. Um die Gefahr urheberrechtlicher Verletzungen zu vermeiden, sollte diejenige Software, die in einem Unternehmen üblicherweise auf den Arbeitsplätzen eingesetzt wird, grundsätzlich nicht auf Datenträger (z. B. CD-ROM) beim Anwender vorliegen. Es kann nicht ausgeschlossen werden, dass der eine oder andere Anwender eine Kopie herstellt, um diese Software zuhause einzusetzen. Liegen dann keine entsprechenden Lizenzvereinbarungen mit dem Softwareunternehmen vor, ist ein Verstoß gegen urheberrechtliche Vorschriften gegeben. Größere Unternehmen dürften es dabei mit Hilfe von entsprechenden Rahmenvereinbarungen mit Softwarehäusern einfacher haben, urheberrechtliche Probleme zu minimieren: wird Standardsoftware (Betriebssystem, Bürokommunikation) in größeren Stückzahlen in einem Unternehmen eingesetzt, wird das betreffende Softwareunternehmen möglicherweise bereit sein, sogenannte „Generallizenzen" für alle Beschäftigten einzuräumen und ggf. sogar die Mit-Nutzung auf PC zuhause gestatten.
Beim Datensicherungskonzept muss festgelegt werden, in welchen turnusmäßigen Abständen Daten zu sichern sind; dieser Turnus kann je nach Art der Daten unterschiedlich sein.
Datensicherungsprozeduren müssen daher periodisch wiederholt werden.
Über die gesicherten Programme und Datenbestände sind systematische Verzeichnisses zu führen. Zertifizierte Unternehmen und solche, welche eine Zertifizierung anstreben, müssen ihr Datensicherungskonzept nach DIN ISO 9001 in nachvollziehbarer Weise dokumentieren. Insbesondere muss diese Dokumentation auch von einem für den Vertretungsfall zuständigen Mitarbeiter gelesen und verstanden werden können. Sogenannte Wissensmonopole, mit denen sich einzelne Mitarbeiter unverzichtbar zu machen glauben, können dazu führen, dass im Ernstfall eine bestimmte Datensicherung nicht zur Wiederherstellung dringend benötigter Daten herangezogen werden kann, weil der „Fachmann" erkrankt ist.

9.1.1.2. Sicherstellung des laufenden Betriebs der Hardware

Ein Unternehmen, welches eine Vielzahl von Produkten elektronisch beschafft, kann sich Ausfälle der Hardware nicht leisten: die durch die elektronische Beschaffung gewünschte Zeitersparnis ist dahin, wenn ausgerechnet im dringendsten Bedarfsfalle der Online-Zugang nicht hergestellt werden kann. Daher müssen zumindest diejenigen Server in einem Unternehmen einen lau-

fenden Betrieb rund um die Uhr gewährleisten, bei denen die Unerlässlichkeit ihrer Funktion feststeht. Während man über die Tag-und-Nacht-Bereitschaft bestimmter Informations-Server diskutieren kann (z. B. solche mit interner Werbung), besteht bei denjenigen Servern, die unmittelbar die Beschaffungsvorgänge auslösen, kein Zweifel: hier kann und muss über die Einrichtung unterbrechungsfreier Stromversorgungen, Bereithalten von Kontroll- und Servicepersonal, Abfangen von Hardwareausfällen etc. der Dauerbetrieb sichergestellt werden.
Bewährt haben sich angesichts drohender Hardwareausfälle auch sogenannte Spiegelsysteme: dabei werden die Installationen einzelner Server auf einem anderen körperlich getrennten Server gespiegelt. Es ist möglich, bei einem Hardwareausfall sofort auf den gespiegelten Server umzuschalten; es muss allerdings sichergestellt werden, dass die Dateninhalte zwischen Original- und Spiegelserver identisch sind. Nicht sinnvoll ist es, Original- und Spiegelserver im selben Gebäude, möglicherweise noch im selben Raum, unterzubringen. Der „Worst-Case“ – ein Brand des Gebäudes nämlich – würde dann beide unwiederbringlich zerstören.
Die Datensicherheit muss schließlich regelmäßig an den Stand der Technik angepasst werden. Dies gilt nicht nur für den ausreichenden Schutz vor immer neuen Computerviren, sondern auch für die Berücksichtigung neuerer und effizienterer Datensicherungstechniken. Auf der anderen Seite ist es für ein Unternehmen wenig wirtschaftlich, permanent technischen Neuerungen im IT-Bereich nachzugeben: „Never change a running system“ – Wer nur deshalb ein funktionierendes System verändert, weil ein neues System auf den Markt gekommen ist, übersieht möglicherweise, dass das neue System im Vergleich zum alten keinen für das Unternehmen relevanten Zusatznutzen bringt. Dann, wenn Effizienzsteigerungen nachvollziehbar möglich sind oder eine Verbesserung der Datensicherheit durch z. B. Einbindung weiterer Sicherheitstools möglich wird oder bisherige Mängel des alten Systems beseitigt werden können, empfiehlt sich ein „Upgrade“ des alten Systems.

9.1.1.3. Problemfeld Zugriffsbeschränkungen

Zugriffsbeschränkungen setzen ein existierendes Berechtigungskonzept voraus, welches Zugriffsobjekt (z. B. Datenbank, Datenverzeichnis auf Server), Zugriffssubjekt (Anwender, Benutzergruppen) und deren jeweiligen Benutzerrechte eindeutig identifiziert.

Bei der Zuweisung von Berechtigungsmerkmalen ist nicht nur das „Ob“ des Zugriffs, sondern auch deren Art und Weise zu unterscheiden. Im wesentlichen kommt es darauf an, ob der Anwender lediglich lesend auf ein Dokument zugreifen darf oder ob er tatsächlich berechtigt ist, Veränderungen am Dokument, insbesondere durch elektronische Unterschrift, vorzunehmen. Die digitale Signatur, d. h. das elektronische Unterschreiben selbst erfordert immer den sog. Vollzugriff auf das zu signierende Dokument.

Das Berechtigungskonzept muss – genau wie das Datensicherungskonzept - schließlich dokumentiert werden.

Die Einhaltung des Berechtigungskonzepts, also die Realisierung der damit verbundenen Zugriffsbeschränkungen, muss überwacht werden:

Das An- und Abmelden am System wird protokolliert; Benutzerrechte, Benutzerverwaltung, Datei- und Objektzugriffe sowie etwaige unautorisierte Zugriffe werden dokumentiert. Durch die Verwendung eines Dienstes zur Beobachtung sicherheitskritischer Ereignisse, einem sog. Audit, werden alle sicherheitskritischen Aktivitäten kontrolliert und gespeichert. Dies trifft insbesondere auf fehlgeschlagene Zugriffsversuche zu. An dieser Stelle tritt das Problem auf, das zwar diese Dokumentation IV-technisch unterstützt wird, im Ergebnis jedoch Personal bereitstehen muss, diese zu monitoren.

Schließlich müssen die Auditergebnisse durch unabhängige Mitarbeiter geprüft werden. Insbesondere sind auch die jeweiligen IV-Administratoren zu von unabhängigen Kräften zu kontrollieren: Administrationsrechte sind betriebssystembedingt weitreichend; damit verbunden ist die „Macht" des Administrators, über Zugriffsrechte und Funktionen „seines" Systems entscheiden zu können. zwar befinden sich Administratoren häufig ebenso in einer hierarchischen Struktur eines Unternehmens, wie andere Mitarbeiter auch; das meist überaus hohe Fachwissen des Administrators erschwert jedoch dessen Vorgesetzten die Steuerung und die Kontrolle seiner Aufgaben. Aus diesem Grund ist es sinnvoll, wenn Mitarbeiter, die nicht zur Abteilung des Administrators gehören, also auch von dessen Vorgesetzten weisungsunabhängig sind, zur Kontrolle des Administrators eingesetzt werden.

9.2. Arbeitsrechtsfragen

Wie im Zusammenhang mit Steuerrechtsfragen erörtert, kostet das private Surfen im Internet ein Unternehmen jährlich mehrere Millionen Euro[183]. Nicht nur, dass dabei Kosten in Gestalt der hierfür erforderlichen Nutzungsentgelte produziert werden; auch die geldwerte Arbeitszeit wird durch allzu häufiges privates Surfen verschwendet.

Die mit der Einführung des B-to-B-Commerce einhergehende Ausstattung der Arbeitsplätze mit Internet-Zugang muss daher zum einen die geschilderten Kostenfaktoren berücksichtigen, zum anderen muss aber auch gewährleistet werden, dass das Unternehmen nicht zivil- oder strafrechtlicher Verfolgung aufgrund eines Internet-Missbrauchs seiner Arbeitnehmer ausgesetzt wird.

Wichtigste Voraussetzungen, dass der Arbeitgeber überhaupt wirksam gegen den seinen Internet-Zugang missbrauchenden Arbeitnehmer vorgehen kann, sind eindeutige unternehmensinterne Regelungen, die am besten mit dem Betriebsrat abgestimmt worden sind.

Verstößt nun der Arbeitnehmer gegen diese Regelungen, so stellt dies ein arbeitsvertragswidriges Verhalten dar, welches den Arbeitgeber grundsätzlich zur Kündigung berechtigt („verhaltensbedingte Kündigung"). Regelmäßig ist im Rahmen solcher verhaltensbedingter Kündigungen eine Abmahnung erforderlich; das heißt, der Arbeitgeber muss den seine Pflicht verletzenden Arbeitnehmer unter Androhung der Kündigung auffordern, künftig das vertragswidrige Verhalten einzustellen [184].

---

[183] vgl. http://www.whoopee-home.de/kanal5/computer/artikel/internet-news102000.htm

[184] vgl. http://www.barkhof.uni-bremen.de/tbs/ak/abmahn.htm

Teilweise wird jedoch mittlerweile auch von der Rechtsprechung des Bundesarbeitsgerichts (BAG) die Auffassung vertreten, eine Abmahnung sei im Falle besonders schwerwiegender Pflichtverletzung entbehrlich[185]. Dies sei insbesondere dann der Fall, wenn nicht erwartet werden könne, dass der Arbeitnehmer sein Verhalten aufgrund der Abmahnung ändert und deshalb das Vertrauensverhältnis nicht wiederhergestellt werden könne.

Für den Bereich des Internet-Missbrauchs sind insbesondere folgende Fälle interessant:

9.2.1. Herunterladen von Daten

Bei dem Leiter eines kommunalen Kindergartens waren aufgrund staatsanwaltlicher Ermittlungen auf seinem privaten PC sechzig aus dem Internet heruntergeladene Bilddateien mit Kinderpornographie sichergestellt worden. Da dies den dringenden Verdacht begründete, der Arbeitnehmer habe aufgrund pädophiler Neigungen gehandelt, konnte ihm fristlos gekündigt werden[186].
Wie läge der Fall, wenn der Arbeitnehmer „im Dienst" pornographische Bilder aus dem Internet auf seinen Arbeitsplatz-PC heruntergeladen hätte? Im obigen Fall hatte das ArbG Braunschweig auf die pädophilen Neigungen abgestellt, die eine Gefährdung der im Kindergarten befindlichen Kinder darstellten oder zumindest das Ansehen des Kindergartens in der Öffentlichkeit erheblich beschädigt hätten. Aus diesem Grunde musste deshalb die fristlose Kündigung ausgesprochen werden. Für den Fall aber, in dem lediglich beim Surfen Porno-Bilder oder auch sonst Bilder und Darstellungen mit strafbaren Inhalten heruntergeladen werden, besteht nicht notwendig ein derart einschneidender Zusammenhang mit der zu verrichtenden Arbeit. Man kann daher dem Arbeitnehmer nur vorwerfen, er habe einen Teil seiner Arbeitszeit zu privaten Zwecken missbraucht. Geschieht das Herunterladen während der Mittagspause, kommt es darauf an, ob privates Surfen in der Mittagspause gestattet ist oder nicht. Ist es erlaubt, während der Pausen im Internet zu surfen, darf jedenfalls für diese Zeit das „Moorhuhn"-Spielen nicht verboten werden. Möglicherweise verbieten auch die internen IT-Regelungen den Download nicht notwendig für die Tätigkeit benötigter Angebote, z. B. von Software, oder untersagen explizit das „Spielen" im Netz. Den generellen Download von Bildern und HTML-Seiten zu verbieten, ist aus technischen Gründen nicht möglich: Regelmäßig werden nämlich alle aufgerufenen Internet-Seiten in einem sogenannten temporären Verzeichnis (Cache) auf der Festplatte des Anwenders abgelegt; meist ist dies „C:\WINDOWS\Temporary Internet Files" (Internet-Explorer), um Zeit beim Wiederaufruf einer HTML-Seite zu sparen. Diese Funktion kann zwar durch Einstellungen in den Browsern abgeschaltet werden, ist aber wegen des damit verbundenen Zeitverlustes beim Laden wenig sinnvoll. Demzufolge bleibt den IT-Regeln nur das Verbot, alle vom Unternehmen unerwünschten Aktionen zu verbieten, die ein aktives Tun des Beschäftigten voraussetzen; dies betrifft z. B. das Verbot, Software,

---

185 vgl. die Nachweise bei Hans-Georg Meier, http://www.advocati.de/Veroeffentlichungen/Verhalten.htm

186 Arbeitsgericht Braunschweig, Urteil vom 22. Januar 1999, 3 Ca 370/98 NZA-RR 1999, 192

Scripte, Treiber usw. vom Netz zu laden, bei denen der Anwender regelmäßig durch Anklicken die betreffende Aktion auslösen muss.

Hat nun ein Beschäftigter gegen diese IT-Regeln verstoßen, so dürfte zunächst einmal eine Abmahnung in Betracht kommen, bevor eine Kündigung ausgesprochen werden kann.

9.2.2. Eigenmächtiges Verbreiten von Inhalten im Internet

Ein Arbeitnehmer, der z. B. über das Internet mit einem Lieferanten verhandelt, E-Mails verschickt usw., könnte auf den Gedanken kommen, seinem Unmut über seinen Arbeitgeber durch das Verbreiten entsprechender Äußerungen Luft zu machen.

Das LAG Schleswig Holstein[187] hatte sich mit dem Fall zu befassen, in dem ein Arbeitnehmer im Internet unter der Bezeichnung „News der Woche" mehrere Nachrichten verbreitet hatte, die seinen Dienstherrn beleidigt und herabgesetzt hatten. Zuvor war der Arbeitnehmer bereits wegen anderer Verfehlungen mehrfach abgemahnt worden. Das Gericht hat hier die Kündigung für rechtens erklärt. Insbesondere hat es ausgeführt, dass sich der Arbeitnehmer hinsichtlich seiner Veröffentlichungen im Internet nicht auf sein Grundrecht der freien Meinungsäußerung nach Artikel 5 GG berufen könne. Dieses jedem Arbeitnehmer zustehende Grundrecht finde nämlich seine Schranken in den Grundregeln des Arbeitsverhältnisses; insbesondere dürfe durch öffentliche Äußerungen des Arbeitnehmers der Betriebsfrieden nicht gestört werden.

Das vorstehende Urteil stellt zum einen auf die Verwirklichung eines Straftatbestandes i. S. d. § 185 StGB (Beleidigung) ab, zum anderen stellt es zugleich klar, dass auch sonst öffentliche Äußerungen, die geeignet sind, den Betriebsfrieden zu stören, nicht Gegenstand einer Internet-Veröffentlichung sein dürfen, so dass aus diesem Grund – jedenfalls –nach vorausgegangener Abmahnung – eine Kündigung ausgesprochen werden könne. Wann Äußerungen, die keine Straftatbestände i. S. d. §§ 185 ff. StGB darstellen, den Betriebsfrieden stören können, muss nach den Umständen des Einzelfalls ermittelt werden.

9.2.3. Arbeitnehmerhaftung anlässlich IT-Nutzung

Der Umgang mit der Informationstechnik ist für Arbeitnehmer nicht ohne Risiko: Durch unbedachtes Surfen und insbesondere das Herunterladen von Software aus dem Internet oder das unbedachte gewohnheitsmäßige Anklikken von Anlagen zu E-Mails können Viren ins Unternehmensnetzwerk gelangen und erheblichen Schaden anrichten. Beispielsweise führte der „Loveletter"-Virus zu einer Blockade des E-Mail-Servers in einigen Unternehmen. Ausfälle des Mail-Verkehrs, langwierige Servicearbeiten usw. waren die Folge[188]. Fraglich ist, ob der Arbeitnehmer– je nach Vertragsgestaltung – für das Einschleppen eines Virus verantwortlich gemacht werden kann:

---

[187] LAG Schleswig-Holstein, Urt. vom 4.11.1998, 2 Sa 330/98, http://www.netlaw.de/urteile/lagsh_1.htm

[188] vgl. http://www.zdnet.de/news/report/lovelettervirus/lovelettervirus-wc.html

Möglicherweise ist im Arbeitsvertrag eine Klausel vorhanden, welche dem Arbeitnehmer bei fahrlässigem Gebrauch der zur Verfügung gestellten informationstechnischen Einrichtung die Haftung für entstandene Schäden aufbürdet. Möglicherweise versucht der Arbeitgeber aber auch, den Arbeitnehmer wegen Verstoßes gegen entsprechende IT-Regelungen unter dem Gesichtspunkt der positiven Vertragsverletzung des Arbeitsvertrages haftbar zu machen. Der Arbeitsvertrag ist eine besondere Form des Dienstvertrages i. S. d. § 611 BGB. Da die Vorschriften über den Dienstvertrag keine speziellen Haftungsregelungen vorsehen, nimmt man die von der Rechtsprechung entwickelte Rechtsfigur der positiven Vertragsverletzung als Haftungsgrundlage.

Unter Berücksichtigung der Rechtsprechung des Bundesarbeitsgerichts (BAG) zur Arbeitnehmerhaftung dürfte jedoch eine Vertragsklausel oder sonstige Regelung unwirksam sein, welche dem Arbeitnehmer die volle Haftung bei jedem Verschuldensgrad aufbürdet: Das BAG hat in seiner richtungsweisenden Entscheidung vom 12.10.1989 -8 AZR 276/88 - BAGE 63, 127 – die Regelungen zur Haftung des Arbeitnehmers neu aufgestellt:

- bei Vorsatz oder grober Fahrlässigkeit hat der Arbeitnehmer grundsätzlich den gesamten Schaden zu ersetzen
- bei leichtester Fahrlässigkeit, also geringer Schuld, haftet er nicht
- bei normaler oder auch mittlerer Fahrlässigkeit ist der Schaden nach den Kriterien Schadensverursachung, Schadensfolgen, Billigkeits- und Zumutbarkeitsgesichtspunkten quotenmäßig zwischen Arbeitgeber und Arbeitnehmer zu teilen

Bis zu dieser Entscheidung waren die Haftungserleichterungen für Arbeitnehmer auf die sogenannte „gefahrgeneigte Arbeit“ beschränkt. Darunter wurde eine Arbeit verstanden, welche so ausgeprägt ist, dass auch bei einem sorgfältigen Arbeitnehmer mit einem leichten Versehen gerechnet werden muss und dadurch ein verhältnismäßig großer Schaden entstehen kann. Seit der zitierten Entscheidung des BAG werden jedoch die Haftungserleichterungen auf alle betrieblich veranlassten Arbeiten ausgedehnt. Der Arbeitgeber nämlich gestaltet durch organisatorische und technische Maßnahmen die Modalitäten der Arbeitsleistung. Er selbst schafft dadurch Schadensrisiken, die der Arbeitnehmer durch fahrlässiges Verhalten realisiert. Die Vergrößerung der Haftungsrisiken, die im Laufe der Zeit durch den technischen Fortschritt und die Werterhöhung der sachlichen Betriebsmittel eingetreten ist, lasse es nicht mehr gerechtfertigt erscheinen, den Arbeitnehmer in jedem Fall für einen Schaden voll haften zu lassen[189]. Das Arbeitseinkommen stehe darüber hinaus in einem erheblichen Missverhältnis zur Höhe des zu ersetzenden Schadens; eine volle Ersatzpflicht des Arbeitnehmers führe letztlich zu einer Gefährdung seiner wirtschaftlichen Existenz[190]. Gerade in der Informationstechnik ist das Haftungsrisiko des Arbeitnehmers besonders groß; bereits auf Knopfdruck bzw. per Mausklick können Schäden angerichtet werden, deren Höhen in kei-

[189] BAG, Urt. vom 12.10.1989 -8 AZR 276/88 - BAGE 63, 127

[190] vgl. Vorlagebeschluss des Großen Senats des BAG vom 12.06.1992, CR 1993, 514

ner Relation mehr zum individuellen Arbeitseinkommen stehen[191]. In seinem Beschluss vom 27.09.1994 - GS 1/89 (A)- hat das BAG diese Rechtsprechung schließlich bestätigt und die Beschränkung der Arbeitnehmerhaftung auf alle Arbeiten ausgedehnt, die durch den Betrieb veranlasst sind.

Versucht nun der Arbeitgeber, seinem Arbeitnehmer in jedem Fall das volle Haftungsrisiko aufzubürden, so benachteiligt er daher den Arbeitnehmer unangemessen.

Während das Bürgerliche Gesetzbuch gemäß § 276 BGB lediglich zwischen Vorsatz und Fahrlässigkeit unterscheidet, nimmt das BAG weitere Differenzierungen innerhalb des Fahrlässigkeitsbegriffs vor. Nach § 276 Abs. 1 Satz 2 BGB handelt derjenige fahrlässig, der die im Verkehr erforderliche Sorgfalt außer acht lässt. Bei der Differenzierung innerhalb des Verschuldensmerkmals „fahrlässig" wird darauf abgestellt, in welchem Maß der Arbeitnehmer seine Sorgfaltspflichten verletzt hat. Es sollen die Umstände, die Gefahrgeneigtheit einer Arbeit begründen, bei der Bewertung des Verschuldensgrades berücksichtigt werden.

Ist der betroffene Arbeitnehmer zugleich IT-Servicetechniker und mit dem Aufspielen von Software beauftragt, so trifft ihn sicherlich eine höhere Verantwortung als den „Jedermann"-User. Man wird daher von einem IT-Servicetechniker einen höheren Verschuldensgrad annehmen, wenn dieser es beispielsweise unterlässt, Aktualisierungen von Virenschutzprogrammen vorzunehmen oder gar selbst einen Virus durch Anklicken auf eine E-Mail-Anlage einschleppt. Der Ausbildungsstand eines IT-Servicetechnikers dürfte nämlich so weit gehen, dass dieser weiß, dass E-Mail-Anlagen („Attachements"), insbesondere mit den Dateierweiterungen „.vbs", „.exe", „.com" als äußerst risikobehaftet eingestuft werden müssen. Ihm wird man wenigstens mittlere Fahrlässigkeit vorwerfen können, bei welcher der Schaden quotenmäßig geteilt wird.

Beim „normalen" Anwender hingegen, der insbesondere in Unternehmen gewisser Größenordnung täglich mit E-Mails überflutet wird, kann man davon ausgehen, dass er gewohnheitsmäßig auf Anlagen zu E-Mails klickt und dadurch das schädigende Ereignis auslöst. Hier wird auf die Frage abzustellen sein, ob der Arbeitnehmer die Gefahr überhaupt erkennen konnte: je mehr der Arbeitnehmer in Fragen der IT-Sicherheit geschult und auf die Gefahren – insbesondere durch Viren – hingewiesen worden war, desto höher wird man den Grad des Verschuldens ansetzen müssen. Dabei genügt es allerdings nicht, ein Mal eine Schulung durchzuführen, in denen beispielsweise auf die Gefahren von Mail-Attachements hingewiesen wird, und dann zu glauben, dem Arbeitnehmer sei fortan und für alle Zeit diese Gefahr bewusst. Je nach Fallgestaltung wird man diesem Arbeitnehmer im Falle des Einschleppens von Viren durch E-Mails lediglich leichte Fahrlässigkeit vorwerfen können, welche nach den Grundsätzen der zitierten BAG-Entscheidung nicht zur Haftung führt.

Fraglich ist, inwieweit der Arbeitnehmer haftet, der trotz ausdrücklichen Verbots virenbehaftete Software aus dem Internet geladen und verbreitet hat:

---

[191] vgl. Peter Wedde, Anmerkung zum Vorlagebeschluss des BAG vom 12.06.1992 – GS 1/89, CR 1993, 517

Stammt die Software – z. B. ein Treiber-Update – aus an sich vertrauenswürdigen Quellen (bekannte Hardware-Hersteller, Geschäftspartner usw.), dann wird man dem Arbeitnehmer zwar einen Verstoß gegen IT-Regelungen anlasten können; für den Verschuldensgrad im Hinblick auf die Viren-Verbreitung könnte man ihm jedoch zugute halten, dass er auf die Sicherheit der vertrauenswürdigen Quelle vertraut und damit lediglich leicht fahrlässig gehandelt hat. Stammt die Software allerdings aus dubiosen Quellen, welche häufig unter den Stichworten „crackz“, „warez“ oder „serialz“ ihre Angebote feilhalten und offensichtlich Urheberrechtsverletzungen billigend in Kauf nehmen, dann wird man dem Arbeitnehmer vorwerfen müssen, er habe das Risiko nicht nur einer Urheberrechtsverletzung, sondern auch eines Virus erkennen können und damit grob oder mittel fahrlässig gehandelt. Zumindest dürfte in diesen Fällen eine Quotelung des Schadensersatzes angebracht sein.

9.2.4. Überwachung der Internet-Nutzung

Mittlerweile gibt es auf dem Markt Hard- und Softwareeinrichtungen, die es dem Arbeitgeber ermöglichen, das Surf-Verhalten seiner Beschäftigten zu kontrollieren. Beispielsweise bietet das Produkt „Investigator 2.0“ der amerikanischen Firma „WinWhatWhere“[192] die Möglichkeit, jede Handlung des Anwenders, jeden Aufruf einer Seite usw. zu protokollieren, um anschließend dem Arbeitgeber überprüfbare Daten zur Verfügung zu stellen. Das Programm läuft unsichtbar im Hintergrund ab und speichert u. a. Datum, Beginn und Ende des Zugriffs, gestartete Programme sowie sämtliche Aktivitäten, die der Anwender auf seinem Arbeitsplatz-PC ausführt. Nach einer Umfrage im Jahre 1999 in den USA[193] gaben 31% der befragten Arbeitgeber zu, ihre Arbeitnehmer regelmäßig auf etwaiges privates Surfverhalten zu überwachen.

Während auf der einen Seite die Einführung eines solchen Systems als reizvoll erscheinen mag, weil auf diese Weise die Beschäftigten leichter dazu veranlasst werden können, privates Surfen im Internet zu unterlassen, müssen doch eine Reihe von rechtlichen Bedenken beachtet werden:

Die Überwachung von Arbeitnehmern hat es im Zusammenhang mit der Benutzung firmeneigener Telefonanlagen früher schon gegeben: Ein Unternehmer, der ein einheitliches Telefonsystem einführt, muss insbesondere die Mitbestimmungsrechte des Betriebsrats, bei Konzernen sogar des Gesamtbetriebsrats, beachten[194]. Gemäß § 87 Abs. 1 Nr. 6 BetrVG hat nämlich der Betriebsrat bei der Einführung und Anwendung von technischen Einrichtungen, die dazu bestimmt sind, das Verhalten oder die Leistung der Arbeitnehmer zu überwachen, ein Mitbestimmungsrecht. Telefonanlagen können aufgrund ihrer Technik Leistungsdaten, z. B. die Zahl und die Dauer von Telefonaten, bezogen auf einzelne Arbeitnehmer erfassen und damit über das Verhalten bzw. die Leistung der Arbeitnehmer Aussagen treffen. Eine Software, die Netzwerk-Aktivitäten der Arbeitnehmer überwacht, ist erst recht eine zur Verhaltens- und Leistungskontrolle bestimmte Einrichtung; dies ist sogar ihr originä-

---

[192] http://www.winwhatwhere.com/

[193] vgl. http://www.spiegel.de/druckversion/0,1588,57407,00.html

[194] BAG, Beschluss vom 11.11.1998, 7 ABR 47/97

rer Zweck. Somit ist die Einführung von Sicherheitssoftware wie „Investigator 2.0“ mitbestimmungspflichtig.

In datenschutzrechlicher Hinsicht ist die Speicherung und Weiterverarbeitung der durch derartige Software gewonnenen Daten nur mit Einwilligung der Betroffenen zulässig[195]. Ein Zwang zur Einwilligung ließe sich allerdings dadurch erreichen, dass nur derjenige Arbeitgeber einen Netzzugang bekommt, der der Überwachung zustimmt. Fraglich ist, ob dann die zur Kontrolle eingesetzte Software stets die ausgeführten Aktionen bestimmten Personen zuordnen darf, also den konkreten Anwender identifiziert. Auf diese Weise ließe sich nämlich – auch bei völlig legaler und im Unternehmensinteresse liegender Internet-Nutzung – ein individuelles Anwenderprofil erstellen, welches zur Leistungsbeurteilung geeignet wäre. Man könnte z. B. feststellen, welche Suchmaschinen der Anwender wie lange benutzt, um zum gewünschten Ergebnis zu gelangen, wie lange er sich auf dem virtuellen Marktplatz im Einkauf aufhält usw. Damit wäre gleichzeitig die Effizienz zumindest eines Teils seiner Leistung messbar.

Aufgrund des ihm nach § 87 Abs. 1 BetrVG zugewiesenen Mitbestimmungsrechts wird allerdings der Betriebsrat versuchen, dass die Erhebung, Verarbeitung und Nutzung personenbezogener Daten zu keinem anderen als dem ausgewiesenen Zweck erfolgen. Es ist somit davon auszugehen, dass die Einführung derartiger Überwachungssoftware ausschließlich dem Zweck dienen darf, Missbräuche, Störungen im Netz und ähnliches aufzudecken, jedoch nicht personengebundene permanente Auswertungen zu liefern hat.

Bei der Frage, welche Kontrollmaßnahmen seitens des Arbeitgebers zulässig sind, ist zu berücksichtigen, ob der Arbeitgeber die private Internet-Nutzung, z. B. in der Mittagspause, gestattet oder verboten hat:

Zunächst einmal ist darauf abzustellen, ob private Nutzung dann erlaubt ist, wenn es keinerlei dagegensprechende Unternehmens- oder arbeitsvertragliche Regelungen gibt. Während der aktiven Arbeitszeit hat sich der Arbeitnehmer mit seiner ganzen Kraft seinen Aufgaben zu widmen. Innerhalb dieser Zeit dürfte in jedem Fall privates Surfen untersagt sein, auch wenn ein ausdrückliches Verbot nicht existiert. Anders liegt der Fall, wenn der Arbeitnehmer in seiner Mittagspause einige Seiten im Internet aufruft: der Arbeitnehmer darf seine Mittagspause grundsätzlich so gestalten, wie er will; allerdings verliert er z. B. seinen Unfallversicherungsschutz, wenn er das Betriebsgelände verlässt[196].

Auf der anderen Seite produziert der Arbeitnehmer durch das Surfen im Internet Telekommunikations- und Providerkosten, wobei es schwierig sein dürfte, im Einzelfall die durch das Surfen entstandenen Mehrkosten zu ermitteln. Hat der Arbeitnehmer ohnehin einen Internet-Zugang am Arbeitsplatz, dann dürfte gelegentliches Surfen in der Mittagspause kaum ins Gewicht fallen. Dies gilt erst recht, wenn der Arbeitnehmer über das Unternehmensnetzwerk mit Hilfe einer sogenannten Firewall mit dem Internet verbunden ist: hier wird nämlich permanent eine Internet-Verbindung aufrechterhalten, wel-

---

195 vgl. Rüdiger Voßberg, „Schnüffeln ist Chefsache“, http://www.vossyline.de/htms/texte/spion.htm

196 vgl. BSG vom 02.07.1996, NJW 1996, 742.

che in der Regel durch Pauschalvereinbarungen mit den jeweiligen Providern abgegolten werden dürfte. Hinzukommt, dass der Arbeitgeber nach der allgemeinen Lebenserfahrung mit privatem Surfverhalten jedenfalls in den Pausenzeiten der Arbeitnehmer rechnen muss, wenn er es nicht ausdrücklich verbietet.

Ist demnach die zumindest teilweise private Nutzung nicht verboten, so kommt für die Frage der Überwachungsmechanismen der Grundsatz des Fernmeldegeheimnisses nach § 85 TKG in Betracht, weil dann ein Teledienst im Sinne des § 2 Abs. 2 Nr. 3 TDG bereitgestellt wird. Gemäß § 3 Ziff. 1TDG tritt nämlich hier der Arbeitgeber als Diensteanbieter auf, der den Zugang zur Nutzung fremder Teledienste (= des Internet nämlich) vermittelt, indem er über sein Unternehmensnetzwerk ggf. mit Hilfe einer Firewall einen Internet-Zugang bereithält. Der Arbeitnehmer ist dann als Nutzer im Sinne des § 3 Ziff. 3 TDG anzusehen, der den Internet-Dienst nachfragt.

Ist private Nutzung erlaubt, dann richten sich Art und Umfang der Protokollierung von Nutzungs- und Abrechnungsdaten nach § 6 TDDSG. Danach darf der Diensteanbieter – hier: der Arbeitgeber - personenbezogene Daten über die Inanspruchnahme von Telediensten nur erheben, verarbeiten und nutzen, soweit dies erforderlich ist, um dem Nutzer die Inanspruchnahme von Telediensten zu ermöglichen (Nutzungsdaten) oder um die Nutzung von Telediensten abzurechnen (Abrechnungsdaten). Darüber hinaus ist der Arbeitgeber nach § 85 Abs. 2 TKG zur Wahrung des Fernmeldegeheimnisses verpflichtet, weil er durch die Bereitstellung des Internet-Zugangs zur privaten Nutzung seiner Arbeitnehmer geschäftsmäßig Telekommunikationsleistungen erbringt: Darunter wird nämlich nach § 3 Ziff. 5 TKG *"das nachhaltige Angebot von Telekommunikation einschließlich des Angebots von Übertragungswegen für Dritte mit oder ohne Gewinnerzielungsabsicht"* verstanden.

Dem Fernmeldegeheimnis unterliegen nach § 85 Abs. 1 *TKG „der Inhalt der Telekommunikation und ihre näheren Umstände"*. Bezogen auf die private Internet-Nutzung bedeutet das die Inhalte der aufgerufenen Seiten, Verbindungsversuche, aber auch private E-Mails.

Insbesondere ist es ihm nach § 85 Abs. 3 TKG untersagt, *„sich oder anderen über das für die geschäftsmäßige Erbringung der Telekommunikationsdienste erforderliche Maß hinaus Kenntnis vom Inhalt oder den näheren Umständen der Telekommunikation zu verschaffen"*. Bezogen auf die Einrichtung von Überwachungssoftware bedeutet dies, dass der Arbeitgeber zwar Nutzungs- und Abrechnungsdaten erheben darf, eine Erhebung von Surfverhalten seiner Arbeitnehmer jedoch verboten ist, die eine Individualisierung des Betroffenen ermöglicht. Es darf also nicht passieren, dass Dateien geführt werden, in denen zu erkennen ist, dass Herr X an einem bestimmten Datum die Seite Y aufgerufen hat[197]. Hat der Arbeitgeber die private Internet-Nutzung untersagt, dann stellt er lediglich seinen Arbeitnehmern ein Arbeitsmittel in Gestalt vernetzter PC zur Verfügung, aber keinen Teledienst, weil es dann an dem vom Teledienstegesetz vorausgesetzte Merkmal fehlt, dass es sich bei Diensteanbieter und Nutzer um zwei unterschiedliche Rechtssubjekte handelt.

[197]vgl. http://www.thueringen.de/datenschutz/orhilfe.htm

Ist private Nutzung verboten, kommen die Bestimmungen des § 9 BDSG, § 27, § 31 BDSG bzw. die entsprechenden Datenschutzbestimmungen der Länder in Betracht. Nach § 9 BDSG haben auch Unternehmen, die insoweit als „nicht-öffentliche Stellen" bezeichnet werden, die Pflicht, die technischen und organisatorischen Maßnahmen zu treffen, die erforderlich sind, um die Einhaltung der Vorschriften des BDSG nebst Anlage zu gewährleisten. Nach § 4 Abs. 1 BDSG ist die Speicherung und Weiterverarbeitung personenbezogener Daten auch erlaubt, wenn der Betroffene einwilligt. An dieser Stelle könnten Arbeitgeber Druck auf ihre Beschäftigten ausüben, in die vorgesehenen Kontrollen einzuwilligen, um den Arbeitsplatz zu erhalten bzw. Neueinstellungen von dieser Einwilligung abhängig machen[198]. Selbst wenn jedoch eine Einwilligung vorliegt, muss der Arbeitgeber bestimmte Regeln beachten:
Insbesondere ergeben sich gemäß der Anlage 1 zu § 9 BDSG[199] auch für Unternehmen die Verpflichtungen,

1. Unbefugten den Zugang zu Datenverarbeitungsanlagen, mit denen personenbezogene Daten verarbeitet werden, zu verwehren (Zugangskontrolle),
2. zu verhindern, dass Datenträger unbefugt gelesen, kopiert, verändert oder entfernt werden können (Datenträgerkontrolle),
3. die unbefugte Eingabe in den Speicher sowie die unbefugte Kenntnisnahme, Veränderung oder Löschung gespeicherter personenbezogener Daten zu verhindern (Speicherkontrolle),
4. zu verhindern, dass Datenverarbeitungssysteme mit Hilfe von Einrichtungen zur Datenübertragung von Unbefugten genutzt werden können (Benutzerkontrolle),
5. zu gewährleisten, dass die zur Benutzung eines Datenverarbeitungssystems Berechtigten ausschließlich auf die ihrer Zugriffsberechtigung unterliegenden Daten zugreifen können (Zugriffskontrolle),
6. zu gewährleisten, dass überprüft und festgestellt werden kann, an welche Stellen personenbezogene Daten durch Einrichtungen zur Datenübertragung übermittelt werden können (Übermittlungskontrolle),
7. zu gewährleisten, dass nachträglich überprüft und festgestellt werden kann, welche personenbezogenen Daten zu welcher Zeit von wem in Datenverarbeitungssysteme eingegeben worden sind (Eingabekontrolle),
8. zu gewährleisten, dass personenbezogene Daten, die im Auftrag verarbeitet werden, nur entsprechend den Weisungen des Auftraggebers verarbeitet werden können (Auftragskontrolle),
9. zu verhindern, dass bei der Übertragung personenbezogener Daten sowie beim Transport von Datenträgern die Daten unbefugt gelesen, kopiert, verändert oder gelöscht werden können (Transportkontrolle),
10. die innerbehördliche oder innerbetriebliche Organisation so zu gestalten, dass sie den besonderen Anforderungen des Datenschutzes gerecht wird (Organisationskontrolle).

---

[198] vgl. http://www.ksk-tuebingen.de/tre/ff/glaes38.html
[199] http://www.online-recht.de/vorges.html?BDSG#anlage

Beim Einsatz der geschilderten Überwachungssoftware kommen hier vor allem die Ziff. 8 und 9 in Betracht: hier muss der Arbeitgeber dafür sorgen, dass diejenigen Kräfte, die eine Überwachungssoftware einsetzen und administrieren, genau nach seinen Weisungen handeln. Die „Allmacht" des Administrators wird daher auch hier erheblich eingeschränkt. Überwachungsprotokolle dürfen nur von denjenigen Personen eingesehen werden, die für den damit verbundenen Sicherungszweck eingesetzt worden sind. Es empfiehlt sich, diesen Personenkreis möglichst klein zu halten, um auch ein fahrlässiges Weiterleiten der Daten an unbefugte Dritte auszuschließen.

Welche Inhalte eine Überwachungssoftware speichern darf, bestimmt § 28 BDSG: auf den hier bezogenen Fall, dass zum einen ein Missbrauch der Internet-Nutzung ausgeschlossen werden und zum anderen die Sicherheit des Unternehmensnetzwerks sichergestellt werden soll, ist danach ist das Speichern personenbezogener Daten als Mittel zur Erfüllung dieser Geschäftszwecke im Rahmen des Arbeitsvertragsverhältnisses zulässig, wenn ein berechtigtes Interesse des Arbeitgebers vorliegt, die personenbezogenen Daten aus allgemein zugänglichen Quellen entnommen wurden und kein überwiegendes Interesse des Beschäftigten ersichtlich ist. Den berechtigten Interesse des Arbeitgebers müssen die Persönlichkeitsrechte des Betroffenen gegenübergestellt werden; der Arbeitnehmer darf dabei nicht zum „gläsernen Mitarbeiter" werden, dessen Surf-Verhalten beliebig ausgewertet wird.

Ferner regelt § 31 BDSG, dass *„personenbezogene Daten, die ausschließlich zu Zwecken der Datenschutzkontrolle, der Datensicherung oder zur Sicherstellung eines ordnungsgemäßen Betriebes einer Datenverarbeitungsanlage gespeichert werden"*, nur für diese Zwecke verwendet werden dürfen. Aus Sicht des Arbeitgebers soll die zu Überwachungszwecken eingesetzte Software soll gerade die Merkmale der Datenschutzkontrolle und insbesondere den ordnungsgemäßen Betrieb der DV-Anlage sicherstellen. Ob der Arbeitgeber vorbeugend, also pauschal, alle Internet-Aktivitäten seiner Beschäftigten kontrollieren und zumindest für einen gewissen Zeitraum speichern darf, ist fraglich: Die österreichischen Kollegen in der Datenschutzkommission des österreichischen Bundeskanzleramts haben hierzu bereits eindeutig Stellung bezogen. Sie sehen die unternehmensweite und lückenlose Überwachung von Mitarbeitern, beispielsweise durch die Software „Investigator 2.0" als mit der Menschenwürde unvereinbar an[200]. Allenfalls zulässig sei die gezielte Überwachung einzelner Mitarbeiter, bei denen ein begründeter Verdacht auf mangelnde Arbeitsleistungen bestünde. Nach Empfehlungen des Datenschutzbeauftragten der Europäischen Union[201] soll *„die Speicherung oder der Zugriff des Arbeitgebers auf personenbezogene Daten über den Arbeitnehmer ohne vorherige Mitteilung oder für andere Zwecke als angegeben nur unter außergewöhnlichen Umständen gerechtfertigt sein"*. Hierzu werde ein begründeter Verdacht vorausgesetzt, dass eine schwerwiegende Straftat begangen wurde oder begangen werden soll. Die EU sieht ebenfalls in der pauschalen Kon-

---

[200] vgl. http://www.primavista.at/1999/10/19991008004.htm

[201] vgl. http://www.datenschutz-berlin.de/doc/eu/konf/96_arbde.htm

trolle durch die eingangs erwähnte Software einen Verstoß gegen das Persönlichkeitsrecht.

10. Produkt- und Produzentenhaftung

Im Rahmen der elektronischen B-to-B-Beschaffung kann es zu dem Problem kommen, dass Lieferanten Produkte liefern, welche erhebliche Schäden im Unternehmen des Bestellers verursachen. Insbesondere stellt sich angesichts der Beschaffung von „virtuellen Waren" die Frage, inwieweit ein Zulieferer für Schäden einzustehen hat, welche im Unternehmensnetzwerk aufgrund der Fehlerhaftigkeit z. B. einer Software-Lieferung eingetreten sind. Beispielsweise könnte ein versehentlich „mitgelieferter" Virus das gesamte Netzwerk des Bestellers lahm legen. Darüber hinaus gibt es Software, die zur Steuerung und Regelung von Maschinen eingesetzt wird und aufgrund von Fehlfunktionen Schäden an einer ganzen Fabrikanlage anrichten kann. Durch fehlerhafte Software sind auch Personen- und Sachschäden möglich: Die fehlerhafte Steuerung eines Prozesses innerhalb der Energiewirtschaft kann beispielsweise eine Explosion mit Personen-, Sach- und Umweltschäden hervorrufen.

Bei anderen virtuellen Waren wie Bücher, Videos oder Musikdateien können ebenfalls Viren auftreten, sofern in den zugrundeliegenden Datendateien Makros oder andere ausführbare Programme (Scripte) enthalten sind.

Im folgenden wird untersucht, welche Ansprüche dem einkaufenden Unternehmen gegen den Softwarelieferanten bzw. –hersteller zur Verfügung stehen.

10.1. Vertragliche Ansprüche

Zunächst kommen für den Fall, dass eine per Internet bestellte und gelieferte Standardsoftware mit einem Fehler behaftet ist, der zu Schäden am Unternehmensnetzwerk oder sonstigen Rechtsgütern des Bestellerunternehmens führt, z. B. einen Virus aufweist, vertragliche Ansprüche in Betracht. Da bei der Bestellung von Standardsoftware regelmäßig ein Kaufvertrag zustandekommt, richten sich die Ansprüche auf Wandelung, Minderung oder Schadensersatz nach den Regeln der §§ 459 ff. BGB. Schließlich haftet der Verkäufer nach § 459 BGB dafür, das die Sache *„nicht mit Fehlern behaftet ist, die den Wert oder die Tauglichkeit zu dem gewöhnlichen oder dem nach dem Vertrag vorausgesetzten Gebrauch aufheben oder mindern".* Zwar ist Software keine Sache i. S. d. § 90 BGB, weil dieser auf „körperliche Gegenstände" abstellt; die Rechtsprechung wendet jedoch die Regeln der §§ 459 ff. BGB zumindest entsprechend beim Kauf von Standardsoftware an[202]. Ein mit einem Virus verseuchtes Programm ist mangelhaft, weil es ohne Gefährdung des IT-Systems bzw. ohne Einsatz spezieller Werkzeuge nicht bestimmungsgemäß lauffähig ist.

Fraglich ist, ob auch andere Softwarefehler, die geeignet sind, einen Schaden beim Besteller hervorzurufen, unter den Fehlerbegriff des § 459 Abs. 1

[202] vgl. BGH, Urteil vom 4. November 1987, VIII ZR 314/86, CR 88, 124-130.

BGB fallen: Völlige Fehlerfreiheit ist aufgrund der Komplexität von Computerprogrammen nie zu erreichen; man könnte daher argumentieren, dass jeder Käufer von Standardsoftware mit Fehlern rechnen muss[203]. Bereits bei der Programmierung sei es aufgrund menschlich unvermeidbarer Fehlleistungen sicher zu erwarten, dass Fehler einprogrammiert würden, die nicht ohne weiteres aufgefunden werden könnten[204]. Auf der anderen Seite dürfen Softwarefehler nicht soweit gehen, dass sie geeignet sind, Schäden beim Kunden oder Dritten hervorzurufen. Der Hersteller oder Händler von Software kann nicht etwa von einer Haftung für angeblich unvermeidbare Fehler befreit werden; vielmehr ist er aufgrund der spezifischen Schadensneigung erst recht zur weitgehenden Vermeidung von Fehlern verpflichtet[205]. Insbesondere muss davon ausgegangen werden, dass die Software den anerkannten Regeln der Technik entspricht; diese Eigenschaft kann man zumindest als stillschweigend vereinbart ansehen: angesichts der „Millenium-Bug"-Fälle hat insbesondere das LG Leipzig darauf hingewiesen, dass eine Software, die den Jahr-2000-Wechsel nicht beherrscht, bereits im Keim als unzulänglich zu bezeichnen ist, selbst wenn sich der Fehler erst zum Jahreswechsel 1999/2000 auswirkte[206]. Maßgeblich für die Bestimmung des Fehlers sei für Individualsoftware, deren Gewährleistung nach Werkvertragsrecht zu beurteilen ist, die Nutzungsdauer, der Vertragszweck und das Projektvolumen. Bezogen auf den hier untersuchten Fall kaufrechtlicher Gewährleistung bedeutet dies, dass die eingekaufte Software den ihr innewohnenden Nutzungszweck erfüllen muss und sich in die Betriebssystemlandschaft des Käufers einfügt.

Ist der Besteller Vollkaufmann, so trifft ihn jedoch die Untersuchungs- und Rügepflicht des § 377 HGB: danach muss der Käufer nämlich die Ware unverzüglich nach der Ablieferung untersuchen und einen etwaigen Mangel dem Verkäufer anzeigen. Anderenfalls gilt die Ware nach § 377 Abs. 2 HGB als genehmigt und damit mangelfrei. Die rechtzeitige Mängeluntersuchungs- und die daran anknüpfende unverzügliche Rügepflicht des Bestellers dient dazu, den Lieferanten davor zu schützen, sich noch längere Zeit nach der Ablieferung der Kaufsache etwaigen nur noch schwer feststellbaren Gewährleistungsansprüchen ausgesetzt zu sehen[207]. Folglich soll der Lieferant aufgrund der unverzüglich durchzuführenden Rüge des Bestellers in die Lage versetzt werden, seinerseits entsprechende Feststellungen und notwendige Dispositionen zu treffen; insbesondere soll er die Möglichkeit erhalten, einen weiteren Schaden abzuwehren. Die Haftungseinschränkung des § 377 HGB gilt für sogenannte offene Mängel; das sind solche, die bei der äußeren Kontrolle z. B. im Wareneingang, erkannt werden können. Ob es sich bei einem Computervirus um einen offenen Mangel handelt, ist jedoch fraglich: wird der Virus bereits unmittelbar nach Anlieferung der Software und Start des Programms aktiv, dann müsste eine entsprechende Anzeige an den Verkäufer erfolgen. Der

---

[203] vgl. Michael Kort, Fehlerbegriff und Produkthaftung für medizinische Software, CR 1990, 251 – 256

[204] vgl. Klaus Meier/Andreas Wehlau, Produzentenhaftung des Softwareherstellers, CR 1990, 95 - 100

[205] Meier/Wehlau, aaO

[206] LG Leipzig, Urt. v. 23.07.1999, CR 1999, 602

[207] BGH WM 1991, 1634, 1635

Vollkaufmann hat hier die Pflicht, die eingekaufte Software zu installieren, Testdaten zur Untersuchung wesentlicher Programmabläufe einzugeben und wesentliche Programmabläufe durchzutesten[208].

Allerdings gibt es Viren, die erst nach einiger Zeit ihr schädliches Tun offenbaren („Michelangelo“) oder die vom Anwender unbemerkt im Hintergrund ablaufen und Schäden erst später bemerkbar machen. Ob der Kaufmann darüber hinaus verpflichtet ist, eingekaufte Software mittels sogenannter Virenscanner auf Virenfreiheit zu untersuchen, um auch diese Viren aufzuspüren, ist zweifelhaft: Zum einen müsste der Kaufmann erst wirkungsvolle Programme zur Entdeckung und Entfernung der Viren erwerben; zum anderen werden ständig neue Formen von Viren entwickelt, die nur bei regelmäßiger Aktualisierung des Virenschutzprogramms erkannt werden können. Es gibt bisher keine generelle Verpflichtung eines Kaufmanns zum Bereithalten stets aktueller und wirkungsvoller Virenschutzprogramme. Allenfalls wird man einem Softwarehaus, welches sich mit dem weiteren Vertrieb der Software befasst, zumuten können, weitergehende Prüfung an der eingekauften Software vorzunehmen[209]. Die Zunahme des B-to-B-Commerce und die damit einhergehende Sensibilisierung auf dem Gebiet der IT-Sicherheit dürfte m. E. die Anforderungen hinsichtlich der Eingangsprüfung von Software erhöhen; mit der Zeit wird jedem durchschnittlichen Unternehmer bekannt sein, dass Software Viren enthalten kann, die auch auf den ersten Blick nicht erkenn- und ermittelbar sind. Wer seine Geschäftsbeziehungen auf elektronischem Wege abwickeln möchte, ist darüber hinaus selbst für die Sicherheit seines Unternehmensnetzwerks verantwortlich und darf daher auch nicht Dritte durch die Nutzung dieses Netzwerks, z. B. in Form von Datenübermittlungen, welche das System des Geschäftspartners zum Absturz bringen, schädigen. In Zukunft werden daher die Untersuchungs- und Rügepflichten des § 377 HGB für das vollkaufmännische Unternehmen verschärft anzuwenden sein.

Angesichts dieser Umstände bietet es sich für ein Unternehmen förmlich an, die Untersuchungs- und Rügepflichten vertraglich abzubedingen[210]. Der BGH hat allerdings die formularmäßige Abbedingung der Untersuchungs- und Rügepflichten als unvereinbar mit § 9 AGBG und damit unzulässig angesehen[211]. Eine andere Möglichkeit bestünde darin, die Wareneingangskontrolle durch Qualitätssicherungsvereinbarungen mit dem Lieferanten zu ersetzen[212]. Auch hier wird jedoch insbesondere für nach DIN EN ISO 9000f. zertifizierte Unternehmen kein völliger Verzicht auf Prüfungen möglich sein, zumal die ISO 9001 in Ziff. 4.6 zwingend eine Prüfung des Lieferanten zur Qualitätssicherung vorschreibt.

Ordnet man den schadensstiftenden Virus als versteckten Mangel ein, dann gilt die Haftungseinschränkung des § 377 HGB nicht.

[208] vgl. LG Kleve v. 29.6.1995, CR 1996, 292

[209] so auch Jochen Schneider / Andreas Günther, Haftung für Computerviren, CR CR 1997, 389 – 396

[210] Schneider/Günther, aaO

[211] BGH NJW 1991, 2633

[212] Schneider/Günter, aaO

Eine Minderung des Kaufpreises nach § 462 BGB kommt nur dann in Betracht, wenn die eingekaufte Software z. B. durch den Einsatz von Viren beseitigenden Produkten lauffähig gemacht werden kann. Statt dessen kann das einkaufende Unternehmen auch Wandelung verlangen, nämlich Rückgabe der Software Zug um Zug gegen Rückerstattung des Kaufpreises. Meist wird der Wandelungsanspruch verbunden sein mit dem Abschluss eines neuerlichen Kaufvertrages über die gleiche – diesmal virenfreie – Software.

Hat nun der mit der Software eingeschleppte Virus Schäden am Unternehmensnetzwerk in Form von Datenverlusten, umfangreichen Restaurierungsarbeiten u. ä. verursacht, wird der Unternehmer versuchen, Schadensersatz nach § 463 BGB zu verlangen. Diese Vorschrift gewährt jedoch dem Käufer nur dann Schadensersatz, wenn der Kaufsache eine zugesicherte Eigenschaft fehlt. Hier müsste demnach der Softwarelieferant ausdrücklich die Virenfreiheit der Software zusichern. Dies kann auch dadurch geschehen, dass z. B. in den Vertragsbedingungen darauf hingewiesen wird, dass die zu liefernde Software auf Virenfreiheit untersucht worden ist. Es empfiehlt sich also, derartige Zusicherungen in den Vertrag einzuarbeiten. In der Praxis werden vor allem Unternehmen mit größerer Nachfragemacht versuchen, das Schadensrisiko auf den Softwareanbieter abzuwälzen[213].

Ob vom Schadensersatzanspruch nach § 463 BGB auch Schäden erfasst werden, welche am Unternehmensnetzwerk entstehen, ist jedoch fraglich: Derartige Schäden werden als „Mangelfolgeschäden" bezeichnet. Mangelfolgeschäden sind solche, welche an anderen Rechtsgütern des Käufers als an der Kaufsache entstehen. Der Schadensumfang des § 463 BGB umfasst neben dem eigentlichen Schaden an der Kaufsache selbst (= Wert der Sache) sogenannte Mangelfolge- oder Begleitschäden nur insoweit, als sie vom objektiven Sinne der Zusicherung umfasst werden, also insbesondere mit der Zusicherung zugleich auch der Schutz des Käufers bezweckt wird[214]. Aus diesem Grunde hat auch die bisherige Rechtsprechung lediglich den sogenannten „engeren Mangelfolgeschaden" als ersatzfähig nach § 463 BGB erkannt, ansonsten jedoch darauf abgestellt, dass die Gewährleistungsregeln lediglich das sogenannte „Äquivalenzinteresse" des Käufers ersetzen sollen, nämlich eine seinem Geld gleichwertige Leistung zu bekommen. Das ist derjenige Schaden, der unmittelbar aufgrund der Fehlerhaftigkeit des Produkts eintritt. Der Schaden am Unternehmensnetzwerk wird zwar auch kausal vom mit der Software eingeschleppten Virus umfasst; er tritt jedoch erst dann auf, wenn der Besteller weitere Handlungen vornimmt, also die Software installiert und betreibt[215]. Anders liegt der Fall, wenn Arbeiten manuell verrichtet werden müssen, die infolge der fehlerhaften Software nicht IV-technisch abgewickelt werden konnten: dann wird der Arbeitsaufwand als ersatzpflichtiges Kriterium vom § 463 BGB mitumfasst[216].

---

[213] vgl. Martin Schulze-Schwienhorst, Die Software-Haftpflichtversicherung, CR 1995, 193 - 198

[214] vgl Palandt, BGB § 463 Rdnr, 4)

[215] vgl. BGH, Urteil vom 11.04.2000, X ZR 19/98

[216] so auch OLG Düsseldorf, Urteil vom 26.03.1993, 22 U 199/92, CR 1993, 1267

Teilweise wird daher die Auffassung vertreten, dass zumindest Schäden an Programmen und Daten, die virenbedingt verursacht wurden, dem engen Mangelfolgeschaden und damit der Anspruchsgrundlage des § 463 BGB zuzurechnen sein müssten[217]. Dies setzt jedoch voraus, dass der Verkäufer bei der Zusicherung der Virenfreiheit auch zugleich den Schutz der beim Käufer liegenden Daten miteinschließen wollte. In der Praxis werden sich derartige Zusicherungen kaum durchsetzen lassen, zumal der Softwareanbieter ein ungeheures Haftungsrisiko angesichts der verschuldensunabhängigen Haftung auf sich nehmen würde. Darüber hinaus sind in jedem Falle sogenannte entferntere Mangelfolgeschäden nicht von § 463 BGB umfasst; z. B. der Verlust von Aufträgen aufgrund des durch den Virus lahmgelegten Netzwerkes.

Reicht die Anspruchsgrundlage des § 463 BGB demzufolge nicht aus, die entstandenen Schäden zu ersetzen, kommen Ansprüche aus positiver Vertragsverletzung (pVV) in Betracht, wie sie bereits im Jahr 1902 von der Rechtsprechung des Reichsgerichts entwickelt wurden (RGZ 52 S. 18). Rechtsgrund der Haftung aus pVV ist der in § 242 BGB statuierte Grundsatz von Treu und Glauben (BGHZ 11, 80, 84).

Ein Schadensersatzanspruch aus pVV setzt jedoch das Verschulden des Haftungspflichtigen voraus, also mindestens Fahrlässigkeit. Hier müsste also dem Softwarelieferanten ein fahrlässiges Verhalten nachgewiesen werden, das z. B. zur Infektion der Software mit dem Virus geführt hat. Entscheidend ist dabei, in welchem Zeitpunkt die Software infiziert wurde: Trat die Infektion bereits auf, bevor der Lieferant die Software freigab, könnte man ihm dann ein fahrlässiges Verhalten vorwerfen, wenn er die zumindest üblichen Virenschutzmaßnahmen unterlassen hat. Das Hauptproblem dürfte sein, dem Softwarelieferanten das Verschulden zu beweisen.

Wie erwähnt, entfalten einige Viren ihr schädliches Tun erst ab einem bestimmten Zeitpunkt; es kann also vorkommen, dass die per Internet gelieferte Standardsoftware ordnungsgemäß installiert wird und zunächst ohne Probleme lauffähig ist. Hier stellt sich die Frage nach der Verjährung der geschilderten Schadensersatzansprüche: gemäß § 477 BGB verjähren gewährleistungsrechtliche Ansprüche aus einem Kaufvertrag innerhalb von 6 Monaten nach der Ablieferung. Bei Lieferung von Standardsoftware wird der Zeitpunkt der Ablieferung üblicherweise dann angenommen, wenn der Kunde die zum Betrieb des Programms erforderlichen Daten eingegeben hat und das Programm im wesentlichen störungsfrei probegelaufen ist[218].

Zeigt sich danach die Wirkung des eingeschleppten Virus, sind möglicherweise die Ansprüche verjährt. Teilweise wird die Auffassung vertreten, die Verjährung dürfe erst dann zu laufen beginnen, wenn der Schaden entstanden oder erkennbar sei[219], mithin also erst in dem Zeitpunkt, in welchem der Virus sein Tun entfaltet. Diese Ansicht verkennt jedoch, dass das Prinzip der gewährleistungsrechtlichen Verjährung davon ausgeht, im Kaufrecht möglichst bald nach Vertragsabwicklung den Rechtsfrieden wiederherzustellen. Schließ-

---

[217] so auch Günter Freiherr von Gravenreuth, Haftung bei der Verbreitung von virenverseuchter Software, http://www.elektronikboerse.de/tipps/anwalt/anwalt.html

[218] OLG Köln, Urteil vom 02.04.1993, 19 U 202/92, CR 1993, 426 – 428

[219] vgl. Littbarski, in: NJW 1980, 2331, 2334

lich würden mit zunehmendem Zeitablauf die Ermittlungen darüber immer schwerer, ob und in welchem Umfang Mängel bei Gefahrübergang vorhanden und welche Schäden sie verursacht hätten[220]. Aus diesem Grund ist grundsätzlich von der 6monatigen Verjährungsfrist des § 477 BGB auszugehen. Fraglich ist, ob sich diese Verjährungsfrist auch auf die Ansprüche aus pVV bezieht: da die pVV wie erwähnt eine von der Rechtsprechung geschaffene Rechtsfigur ist, gibt es hierzu keine ausdrücklichen Regelungen, so dass man nach den allgemeinen Regeln des BGB die dreißigjährige Verjährungsfrist des § 195 BGB annehmen könnte. Der Anspruch aus pVV hat jedoch hier seinen Bezug zum geschlossenen Kaufvertrag, für den der Grundsatz gilt, nicht zuletzt wegen der Schnelllebigkeit der Produkte und des ständigen Warenumsatzes den Rechtsfrieden alsbald wiederherzustellen. Der Verkäufer dürfe im übrigen auch nicht schlechter stehen, als habe er eine Eigenschaft zugesichert. Aus diesem Grund wendet die Rechtsprechung auch für diese Fälle die kurze Verjährungsfrist des § 477 BGB an[221].

10.2. Deliktsrechtliche Ansprüche

Angesichts der wegen der Beweis- und Verjährungsfragen problematischen vertraglichen Ansprüche könnte der Besteller-Unternehmer versuchen, seinen durch einen eingeschleppten Virus entstandenen Schaden nach den Grundsätzen der Produkt- bzw. Produzentenhaftung ersetzt zu verlangen.

10.2.1. Ansprüche nach dem Produkthaftungsgesetz

Zunächst kommt als spezialgesetzliche Regelung das Produkthaftungsgesetz (ProdHaftG) in Betracht: Nach § 1 Abs. 1 ProdHaftG haftet der Hersteller eines Produkts dem Geschädigten für Personen- und Sachschäden, die durch die Fehlerhaftigkeit des Produktes entstanden sind. Anspruchsgegner ist somit in erster Linie der Hersteller, zu dem möglicherweise keine Vertragsbeziehungen bestehen, so dass deshalb ihm gegenüber keine vertragsrechtlichen Ansprüche in Betracht kommen. Richtet sich der Anspruch gegen einen Händler, der eine vom Softwarehersteller eingekaufte Software weiterverkauft, so haftet er gemäß § 4 ProdHaftG nur dann, wenn er zu dem Produkt einen Grundstoff oder ein Teilprodukt hergestellt hat; seine Marke oder sein Kennzeichen anbringt; das Produkt in den Europäischen Wirtschaftsraum einführt oder das Produkt verkauft hat und seine Lieferquelle, die innerhalb des Europäischen Wirtschaftsraumes liegen muss nicht benennen kann. Dann würden auch Händler und insbesondere Importeure einem Hersteller im Sinne des ProdHaftG gleichgestellt werden.

Ein Verschulden des Herstellers ist nicht erforderlich. Seit der zum 01.01.1990 in Kraft getretenen Neuregelung ist es darüber hinaus nicht mehr möglich, von der Haftung freigestellt zu werden („Exkulpation"), auch wenn der Hersteller nachweist, dass er von der Wareneingangskontrolle bis zur

[220] BGH NJW 1980, 1950

[221] vgl. BGH, Urteil v. 23.7.1997, VIII ZR 238/96 , NJW 1997, 3227

Endkontrolle alle zumutbaren Überwachungs- und Sicherungsmaßnahmen getroffen hat[222]. Nach Satz 1 des § 1 ProdHaftG wird jedoch nur der Schaden an einer anderen Sache als dem fehlerhaften Produkt ersetzt; diese andere Sache muss ihrer Art nach gewöhnlich für den privaten Ge- oder Verbrauch bestimmt und hierzu von dem Geschädigten hauptsächlich verwendet worden sein. Ob Schäden im Gewerbebetrieb des Unternehmers hierunter fallen, ist jedoch fraglich: § 1 Abs. 1 Satz 2 ProdHaftG schützt die privaten Rechtsgüter des Geschädigten[223]. Schäden, die den Gewerbebetrieb betreffen, sind damit vom ProdHaftG nicht mitumfasst. Das einkaufende Unternehmen kann somit nicht seine z. B. am Unternehmensnetzwerk entstandenen Schäden beim Hersteller nach dem ProdHaftG geltend machen[224].

10.2.2. Risiko des Bestellerunternehmens nach dem ProdHaftG

Handelt es sich bei dem Bestellerunternehmen um einen Softwarehändler bzw. Händler mit „virtuellen Waren“, dann kann es seinerseits Dritten gegenüber nach dem Produkthaftpflichtgesetz zur Verantwortung gezogen werden. Wer demnach Software über das Internet bestellt, um diese seinerseits dem Endkunden anzubieten, sollte das Risiko einer Produkthaftung nach dem ProdHaftG abschätzen.

Zunächst muss es sich bei der Software bzw. virtuellen Ware um ein Produkt im Sinne des § 2 ProdHaftG handeln. Gemäß § 2 S. 1 ProdHaftG ist "Produkt" jede bewegliche Sache, unabhängig davon, ob sie einen Teil einer anderen beweglichen oder unbeweglichen Sache bildet. § 90 BGB definiert Sachen als „körperliche Gegenstände“. Während man noch den Datenträger als Verkörperung einer Software und damit als körperlichen Gegenstand ansehen kann[225], wird diese Einordnung angesichts der rein elektronischen Lieferung von Software über das Internet problematisch. § 2 Satz 1 ProdHaftG umfasst jedoch nicht nur körperliche Sachen, sondern nennt auch „Elektrizität“ als vom Produktbegriff umfasst. Eine ausdrückliche Gleichstellung von Software mit Elektrizität findet nicht statt. Angesichts der dem ProdHaftG zugrundeliegenden EU-Richtlinie (Richtlinie des Rates 85/374/EWG vom 25. Juli 1985 über die Angleichung der Rechts- und Verwaltungsvorschriften der Mitgliedstaaten über die Haftung für fehlerhafte Produkte - EG-Produkthaftungsrichtlinie, ABl. EG Nr. L 210/29, angepasst durch Art. 23 Buchstabe c in Verb. m. Anhang III des Abkommens über den EWR, ABl. EG Nr. L 1/1) muss der Produktbegriff so ausgelegt werden, wie er in der Richtlinie definiert ist. Das heißt, es kommt nicht auf die nationalstaatlichen Interpretationen des Begriffs „Produkt“ an, sondern auf die durch EU-Recht übergeordnete Begriffsbestimmung. Dies ergibt sich insbesondere aus. Art. 15 der EG-Richtlinie, so dass der Produktbegriff „europäisch auszulegen” ist[226].

[222] vgl. IHK Aachen, http://www.aachen.ihk.de/Kurzinfo/ku_prod.htm

[223] vgl. Thomas Griebel und Dr. Georg Schröder, Produkthaftung im Internet, http://www.industrienet.de/objekte/ba/ecommerce/produkt.htm

[224] vgl. Meier/Wehlau, aaO

[225] vgl. Jürgen Taeger, Produkt- und Produzentenhaftung bei Schäden durch fehlerhafte Computerprogramme, CR 1995, 257 – 271

[226] vgl. Meier/Wehlau, aaO

Art. 2 Satz 3 der Richtlinie bezeichnet ebenfalls „Elektrizität" als Produkt, liefert aber darüber hinaus keine weitere Definition. In der offiziellen Mitteilung 89/C 114/42 vom 8.5.1989 hat die EU-Kommission allerdings im Europäischen Parlament festgestellt, *„dass die Richtlinie über die Haftung für fehlerhafte Produkte auch auf Computerprogramme Anwendung findet und es sich deshalb erübrige, einen Gesetzgebungsvorschlag zur Haftung für fehlerhafte Software zu unterbreiten"*[227]. Demgegenüber sind in den EU-Mitgliedstaaten bei der Umsetzung der Richtlinie verschiedene Definitionen zur Anwendung gekommen[228], obwohl nach der Mitteilung der Kommission der eindeutige Wille des Richtliniengebers vorlag, auch Software unter den Sachbegriff des ProdHaftG miteinzubeziehen. Dadurch, dass die Richtlinie die nichtkörperliche Elektrizität in den Produktbegriff miteinbezieht, habe *„der Richtliniengeber die vom Schutzzweck bestimmte Anwendungsbreite der Richtlinie gerade auf technologisch neuartige Produkte und Vertriebsformen artikuliert"*[229]. Nach dem Schutzzweck der Richtlinie kommt es zum einen auf den Warencharakter des Produkts, zum anderen auf dessen Gefährlichkeit an.

Die Gegenansicht stellt darauf ab, dass Software letztlich eine geistige Leistung sei, die aus elektronisch gespeicherten Zeichen besteht und der daher jegliche Körperlichkeit fehle[230]. Der wirtschaftliche Wert besteht gerade nicht in Form des die Software speichernden Datenträgers, sondern liege in der Programmierleistung selbst. Auf der anderen Seite ist Software – gleichgültig ob sie via Internet gegen Entgelt heruntergeladen oder auf einem Datenträger gekauft wird – ein Wirtschaftsgut, dessen dauerhafte Überlassung Kaufrecht bzw. bei Individualsoftware Werkvertragsrecht zugeordnet wird. Hinzukommt, dass um die Software nutzen zu können, eine dauerhafte Speicherung auf einem Datenträger immer erforderlich ist. Das Bestellerunternehmen muss also beim Bezug von Software via Internet ausreichenden Plattenplatz bereithalten, um dem Lieferanten die Lieferung über das Netz überhaupt zu ermöglichen[231]. Gleiches gilt für den Endkunden, der Software aus dem Internet herunterlädt. Der Transport von Software – wie auch aller anderen „virtuellen Warn" ist dabei durchaus mit dem Transport von Elektrizität vergleichbar, da wie bei der Elektrizität Elektronenbewegungen stattfinden[232].

Auch urheberrechtliche Einschränkungen seitens des Verkäufers von Software ändern hieran nichts: Veräußert ein Softwarehersteller ein Computerprogramm an einen Händler, so besteht seine kaufvertragliche Hauptpflicht nach § 433 BGB darin, das Eigentum an der konkreten Programmkopie zu überlassen; nur mit dieser Hauptpflicht ist nach §§ 17 Abs. 2, 69c Nr. 3 UrhG die Erschöpfung des Verbreitungsrechts verbunden. Selbst wenn der Hersteller z. B. an einen OEM-Händler zum Zwecke der Vervielfältigung bzw. Installation auf PC Software überlässt, ändert sich daran nichts: Der Händler, der z. B. PC mit vorinstallierter Software verkaufen will, muss zumindest ein Exemplar

[227] vgl. Taeger, aaO, mwN
[228] vgl. die Nachweise bei Taeger, aaO
[229] vgl. Meier/Wehlau, aaO
[230] vgl. die Nachweise bei Taeger, aaO
[231] vgl. Taeger, aaO
[232] vgl. Meier/Wehlau, aaO

der Software als Masterkopie vom Hersteller erworben haben, um es gemäß den Lizenzvereinbarungen kopieren und zusammen mit den PC weiterveräußern zu können. Zeigt sich bereits beim Ersterwerb der Software ein schadensstiftender Mangel (fehlerhaftes Betriebssystem, Virus), so ist jedenfalls die Masterkopie als Produkt anzusehen. Auch nach Sinn und Zweck des Produkthaftungsgesetzes erscheint eine Einordnung von Software als Produkt sinnvoll: Angesichts der Entwicklung der industriellen Massenproduktion mit für den Kunden kaum mehr zu durchschauenden Produktionsprozessen versucht das ProdHaftG einen angemessenen Ausgleich zu schaffen. Eine Beurteilung der mit dem Softwareeinsatz verbundenen Risiken ist für den Anwender kaum möglich[233].

10.3. Produzentenhaftung

Als weitere deliktsrechtliche Anspruchsgrundlage kommen hier die von der Rechtsprechung entwickelten Grundsätze der Produzentenhaftung zur Anwendung, die unter den § 823 Abs.1 BGB subsumiert werden: Danach hat nämlich der Hersteller eines Zulieferprodukts dafür einzustehen, *„dass das von ihm gefertigte Produkt im Rahmen des bestimmungsgemäßen Gebrauchs in der Weiterverarbeitung durch andere in vollem Umfang fehlerfrei und ohne Gefährdung des Eigentums Dritter eingesetzt werden kann“*[234]. Als bestimmungsgemäßer Gebrauch wird jeder Einsatz angesehen, *„der nach der Art der Bewerbung und Beschreibung des Produkts durch den Hersteller für einen Verwender entsprechend dessen Kenntnissen im Rahmen seines Fachgebiets bei sachgemäßer Betrachtung in Frage kommt“*. Die Produzentenhaftung ist Ausprägung einer allgemeinen Verkehrssicherungspflicht des Unternehmers, der dafür sorgen muss, dass seine Produkte frei von Fehlern sind, die das Leben, die Gesundheit oder das Eigentum Dritter gefährden könnten[235].

Anders als die Gewährleistungshaftung soll die Produzentenhaftung das sogenannte Integritätsinteresse des Nutzerschützen, durch das Produkt nicht Schaden an seinen übrigen Rechtsgütern zu erleiden[236].

Geschützt wird insbesondere das Sacheigentum des Bestellers, aber auch dessen eingerichteter und ausgeübter Gewerbebetrieb. Interessant ist in diesem Zusammenhang die Rechtsprechung über den sogenannten Weiterfresserschaden: Seit der „Schwimmerschalter-Entscheidung“ des BGH[237] hat man das Vorliegen eines Sachschadens auch dann bejaht, wenn zwar der Fehler in einem funktional abgrenzbaren Teil des Produkts lokalisierbar und mit vertretbarem wirtschaftlichem Aufwand behebbar ist, aber dieser Fehler das Produkt in seinen übrigen Bauteilen beschädigt[238]. Diese Rechtsprechung bezieht sich auf Bauteile, welche zu einem Gesamtprodukt gehören oder zumindest

[233] vgl. Taeger, aaO

[234] vgl. BGH, Urt.v. 14.05.1996 - VI ZR 158/95 -VersR 1996, 980

[235] vgl. Friedrich-Wilhelm Engel, Produzentenhaftung für Software, CR 1986, 702 – 708

[236] BGH NJW 1977 S. 379, 380

[237] BGH NJW 1977, 379

[238] vgl. Stefan Abel, Der Millennium-Bug und der lange Arm der Produzentenhaftung, CR 1999, 680, mwN

deren Funktionsweise steuern können. Besonders Chips dürften darunter fallen. Beim Einsatz von fehlerbehafteter, insbesondere virenverseuchter Software stellt sich die Frage, ob Schäden an Daten und Programmen vom Schutzzweck der Produzentenhaftung gedeckt sind: Programme und Daten sind als solche keine körperlichen Gegenstände im Sinne des § 90 BGB, so dass man durchaus der Auffassung sein könnte, es läge bei einem Datenverlust kein Sachschaden i. S. d. § 823 Abs. 1 BGB vor. Auf der anderen Seite werden Programme und Daten durch magnetisierte Partikel (magnetische Datenträger wie Festplatte, Diskette, magnetooptische Disk) oder durch bestimmte Reflexionseigenschaften des Datenträgers (CD-ROM, WORM) repräsentiert und somit materiell verkörpert[239]. Nicht erfasst vom Sachschaden sind in den Arbeitsspeicher geladene Programme oder Daten, da diesen jeglicher Bezug zur Körperlichkeit fehlt. Ausgehend von der zitierten Rechsprechung zum „Weiterfresserschaden“ müssten auch Schäden an der IV-Anlage und Ihren auf Datenträger verkörperten Programmen und Daten umfasst sein, wenn die fehlerbehaftete Software diese weiteren Fehler verursacht und sich somit innerhalb des IV-Systems „weitergefressen“ hat.

Nicht nur der Hersteller eines Produkts kann Anspruchsgegner sein, sondern auch der Händler und Importeur: Importeure haben beispielsweise eine eigene Instruktions- und Produktbeobachtungspflicht[240]. Diese Pflichten sind jedoch im Vergleich zum Hersteller nicht notwendig gleich hoch. Der BGH geht zwar davon aus, dass *„auch andere in den Warenabsatz eingeschaltete Unternehmer bei Vorliegen eines Produktfehlers oder einer unzureichenden Instruktion der Verbraucher wegen Verletzung von Verkehrssicherungspflichten Schadensersatzpflichten treffen können*“. Dem Importeur bzw. Händler werden allerdings nicht schon deshalb die für den Warenhersteller geltenden Gefahrenabwendungspflichten auferlegt, weil er - ”wie ein Hersteller” aufgetreten ist und das Produkt mit seinem Markenzeichen versehen hat. Hinzukommen müsse noch eine besondere Stellung im Markt, insbesondere wenn es sich um einen Importeur handelt, der Waren aus dem EU-Ausland bezieht und den Eindruck erweckt, auf dem deutschen Markt für Reklamationen und Beschwerden die maßgebende Anlaufadresse zu sein. Aus diesem Grunde müsse der Importeur jedenfalls die Pflicht haben, das von ihm vertriebene Produkt „passiv“ zu beobachten, also insbesondere Beanstandungen, die ihm zugeleitet werden, überprüfen.

Im Rahmen der Produzentenhaftung wird zwischen folgenden Fehlerarten unterschieden, aus denen sich unabhängig voneinander bestehende Pflichten ergeben:

- Herstellungsfehler
  - Konstruktions- bzw. Rezeptfehler
  - Fabrikationsfehler bei unzureichender Fertigung
  - Kontrollfehler bei der Fertigungskontrolle
- Instruktionsfehler

  Diese liegen vor, wenn der Produzent nicht ausreichend und eindeutig

[239] vgl. Abel, aaO
[240] BGH NJW 1994 S. 517

genug über die richtige Anwendung des Produkts aufgeklärt bzw. vor eventuellen Gefahren gewarnt hat, als er es in Verkehr brachte[241]. Instruktionsfehler liegen immer dann vor, wenn die Verwendung des Produkts mit Gefahren verbunden ist, gegen die Sicherungsmaßnahmen getroffen werden müssen. Beispielsweise ist dies bei einem Baukran der Fall.

Im Rahmen der Konstruktionspflicht ist darauf abzustellen, dass das Produkt so konstruiert sein muss, dass es die notwendige Sicherheit gewährt. Bei der Bemessung der Pflicht sind in- und ausländische technische Normen zu berücksichtigen, die Qualitätsstandards von Konkurrenzprodukten, Prüfungsergebnisse und Ergebnisse aus dem Qualitätsmanagementsystem[242]. Insbesondere angesichts des drohenden (jedoch nicht realisierten) Jahr-2000-Crash hat man solche Software auf jeden Fall als konstruktionsfehlerhaft angesehen, welche nach Mai 1996 ausgeliefert wurde, weil spätestens ab diesem Zeitpunkt die vierstellige Jahresschreibweise anerkannte Regel der Technik gemäß DIN ISO 5001 war[243].

Eine Verkehrspflichtverletzung wird auch dann anzunehmen sein, wenn das Produkt nicht hinreichend auf von ihm ausgehende Gefahren untersucht wird und die danach erforderlichen Maßnahmen nicht getroffen werden, die zur Abwendung der Gefährdung der Rechtsgüter des Verwenders erforderlich sind. Auch nach dem Inverkehrbringen des Produkts besteht diese Pflicht. Dabei handelt es sich um die Produktbeobachtungspflicht, die am Beispiel des Computervirus bewirkt, dass der Anspruchsgegner vor der Auslieferung der Software diese hinreichend auf Virenfreiheit prüfen muss.

Für den Softwarehändler wird man zumindest dann, wenn er als Hauptvertriebspartner aufgetreten ist, erwarten können, dass er die von ihm gelieferte Software mit üblichen Virenschutzprogrammen untersucht[244]. Wenn demnach mit einem handelsüblichen Virenschutzprogramm auch ein neuer Virus hätte festgestellt werden können, ist eine Pflichtverletzung anzunehmen. Zumindest wird man dann, wenn der Händler ohne Einschaltung weiterer Prüfmechanismen die Software weitervertreibt, eine Pflichtverletzung annehmen müssen. Problematisch ist auch hier die Frage, ob für den Software-Hersteller bzw. -händler eine generelle Pflicht besteht, Virenschutzprogramme stets auf dem neuesten Stand zu halten: Die Problematik der Computerviren ist hinlänglich bekannt[245]. Jeder Softwarehersteller und Händler muss wissen, dass ausführbare Programme Viren enthalten können, die den Rechner des Anwenders beeinträchtigen oder gar lahm legen können. Dies muss erst recht für diejenigen Softwareanbieter gelten, die das Internet als Vertriebskanal für ihre Software nutzen, weil auf diesem Wege in der Regel Software und andere virtuelle Waren von Unternehmensnetzwerk zu Unternehmensnetzwerk geschickt wer-

---

[241] vgl. Engel, aaO
[242] vgl. http://www.bartsch-partner.de/personen/mb/texte/20000322_1.de.html).
[243] vgl. Stefan Abel, aaO
[244] vgl. Jochen Schneider / Andreas Günther, Haftung für Computerviren, CR 1997, 389 – 396
[245] vgl. Schneider/Günther, aaO

den und damit ein weit größerer Schaden angerichtet werden kann, als beim alleinstehenden PC des Endverbrauchers.

Normalerweise setzt ein Anspruch aus § 823 Abs. 1 BGB den Nachweis des Verschuldens des Anspruchsgegners voraus. Angesichts der Vielzahl der durch fehlerhafte Produkte verursachten teilweise erheblichen Schäden hat jedoch die Rechtsprechung für den Bereich der Produzentenhaftung eine sogenannte Beweislastumkehr vorgenommen: Der Geschädigte braucht nur zu beweisen, dass die Ware einen objektiven Mangel aufweist, der im Organisations- und Gefahrenbereich des Herstellers entstanden ist, und dass ihm aus diesem Mangel ein Schaden an Leben, Gesundheit oder Eigentum entstanden ist[246]. Ursache dieser Beweislastumkehr ist die Tatsache, dass das Risiko der Unaufklärbarkeit des Verschuldens im Bereich des Schädigers, also dessen Unternehmens, liegt und es aufgrund der teilweise komplizierten Organisations- und Fertigungsstruktur von Unternehmen praktisch für den Geschädigten unmöglich ist, den Sachverhalt abschließend aufzuklären. Der Grundsatz der Beweislastumkehr bei der Produzentenhaftung gilt ganz allgemein und unabhängig davon, ob es sich um einen Groß- oder einen Kleinbetrieb, um industrielle Fabrikation oder handwerkliche Herstellung handelt[247]. Gerade bei Softwarefehlern muss die Beweislastumkehr erst recht gelten: Zwar kann der Geschädigte die Fehlerhaftigkeit des Computerprogramms dadurch beweisen, dass er die fehlerhafte Funktion des Programms vorführt; das Verschulden bei der Programmierung ist jedoch regelmäßig nur mit Kenntnis des Quellcodes nachweisbar. Bei komplexer Software wird zudem noch eine Kenntnis der Entwicklerdokumentation vorausgesetzt[248].

Im Rahmen der Produzentenhaftung gibt es allerdings für den Ersatzpflichtigen die Möglichkeit zur Exkulpation; d. h., wenn dieser detailliert nachweist, dass der in Frage stehende Fehler auch bei sorgfältigster Prüfung durch die leistungsfähigsten Testprogramme und Einsatzsimulationen zur Zeit der Herstellung nicht auffindbar gewesen wäre, haftet er nicht[249]. Kann demnach der Hersteller den Nachweis erbringen, er habe beispielsweise den anerkannten Regeln der Technik entsprechende Virenerkennungsprogramme eingesetzt, so haftet er nicht, falls gleichwohl ein Virus auftritt.

Diese Exkulpationsmöglichkeit, die bei Haftung nach dem ProdHaftG nicht mehr besteht, führt unter Umständen zu dem unbefriedigenden Ergebnis, dass zwar der Endverbraucher durch das ProdHaftG und insbesondere durch das am 1. August 1997 aufgrund der EU-Richtlinie 92/58/EWG in Kraft getretene „Gesetz zur Regelung der Sicherheitsanforderungen an Produkte und zum Schutz der CE-Kennzeichnung[250] geschützt ist, der Gewerbebetrieb des Unternehmers jedoch nur eingeschränkt, obwohl möglicherweise die gleichen schadensstiftenden Ereignisse zugrundeliegen.

---

[246] vgl. Engel, aaO

[247] BGH, Urteil vom 19.11.1991, VI ZR 171/91, CR 1992, 604 – 606

[248] vgl. Thomas Heymann, Haftung des Softwareimporteurs, CR 1990, 176 – 17

[249] vgl. Meier/Wehlau, aaO

[250] Produktsicherheitsgesetz-ProdSG, http://www.raekoeve.de/prodg.htm

10.3.1. Haftung aufgrund kooperativer Geschäftsbeziehungen?

Nicht nur Hersteller oder Händler können ein mit einem Virus versehene Software ins Unternehmensnetzwerk des Bestellers einschleusen, es kann sogar aufgrund kooperativer Geschäftsbeziehungen zu solchen schädigenden Ereignissen kommen: immer öfter werden Daten zwischen Unternehmen ausgetauscht; gerade Anwendungen wie EDI bringen regelmäßige Datenübertragungen mit sich. Dabei werden auch Datenträger eingesetzt. Welche Haftung trifft nun ein Unternehmen, das zum Zwecke des Datenaustauschs einen Datenträger an ein anderes Unternehmen weitergibt? Die Weitergabe von Daten auf einem Datenträger wird sicherlich nicht zu den primären Vertragspflichten gehören; für evtl. Verletzung vertraglicher Nebenpflichten, zu denen auch Sorgfaltspflichten gehören, kommen die Haftungsgrundlagen der pVV in Betracht. Das LG Köln ist in einem solchen Fall zu der Auffassung gelangt, dass das versendende Unternehmen nicht verpflichtet sei, den Empfänger darauf hinzuweisen, dass bei Verwendung fremder Disketten Viren auf den Computer gelangen können. Der Versender habe auch nicht die Pflicht, Virenerkennungs-Systeme zu installieren. Falls demnach das Computersystem des Empfängers durch auf der Diskette befindliche Viren infiziert werde, könne dieser von seinem Partner keinen Schadensersatz fordern, wenn dem Versender der Virenbefall ohne Verschulden unbekannt war[251].

10.4. Haftpflichtversicherung

Angesichts des durch die Produkt- bzw. Produzentenhaftung bestehenden Risikos, dem die Hersteller und Händler von Software und anderen virtuellen Waren ausgesetzt sind, besteht die Forderung nach einem umfangreichen Versicherungsschutz[252]. Auch das Einkaufsunternehmen ist gefährdet, wenn es die bezogenen Waren weiterverarbeitet und weiterveräußert, ihm gegenüber dem Hersteller wegen dessen Exkulpation kein Anspruchsgegner gegenübersteht, jedoch selbst unter dem Gesichtspunkt der Produkthaftung haften muss. Wie erwähnt, ist ein vollständiger Haftungsausschluss in Allgemeinen Geschäftsbedingungen nicht möglich.

Bei den bisher üblichen Allgemeinen Haftpflichtversicherungsbedingungen fällt auf, dass diese insbesondere Folgeschäden aus der An- oder Verwendung von Softwareprogrammen ausschließen[253]. Nach der Übergabe der Software an den Nutzer besteht somit nach diesen Vertragsbedingungen kein Versicherungsschutz, ausgenommen sind Schäden, die z. B. bei der Installation von Individualsoftware auftreten. Da aber andererseits ein Bedarf der Softwareanbieter hinsichtlich eines wirksamen Versicherungsschutzes besteht, wurden die Produkthaftpflichtbedingungen für die speziellen Bedürfnisse eines Softwareanbieters fortentwickelt und als „Besondere Bedingungen für die Soft-

[251] Urteil des LG Köln vom 20.05.1999, Handelsblatt vom 26.10.1999.

[252] vgl. Martin Schulze-Schwienhorst, Die Software-Haftpflichtversicherung, CR 1995, 193 - 198

[253] Schulze-Schwienhorst, aaO

ware-Produkthaftpflichtversicherung" herausgegeben. Beim Haftpflichtversicherungsvertrag werden zunächst die Allgemeinen Haftpflichtversicherungsbedingungen (AHB) Vertragsbestandteil. Mitumfasst werden von den AHB dabei sowohl deliktsrechtliche, als auch vertragsrechtliche Ansprüche, derer sich der Versicherungsnehmer ausgesetzt sieht. Allerdings schränkt § 4 I Ziff. 6 Abs. 3 AHB den Versicherungsschutz für Ansprüche aus einem Vertragsverhältnis dergestalt ein, dass die Erfüllung des Vertrages oder die Ersatzleistung im unternehmerischen Risiko verbleibt[254]. Praktisch bedeutet dies, dass ein Schaden z. B. an der Kaufsache selbst nicht ersetzt wird. Damit soll verhindert werden, dass der Versicherungsnehmer sich seine Leistungen durch den Versicherer bezahle[255].

§ 4 Abs. 1 Satz 1 AHB schließlich gewährt auch keinen Versicherungsschutz für Ansprüche aufgrund besonderer Garantieversprechungen oder sonstigen besonderen Haftungsvereinbarungen, z. B. Vertragsstrafen[256]. An dieser Stelle muss darauf hingewiesen werden, dass die Zusicherung einer vertraglichen Eigenschaft nicht notwendig ein Garantieversprechen darstellt. Die Eigenschaftszusicherung geht normalerweise nicht über den Regeleinsatz des Produkts hinaus und bezieht sich unmittelbar auf den Verwendungszweck des Produkts.

Für den Versicherungsschutz ist entscheidend, dass der Schaden nach Auslieferung der Standard-Software bzw. vollständiger Abnahme der Individualsoftware eingetreten ist. Umgekehrt bedeutet dies, dass der Versicherungsnehmer alles zur Erfüllung des Vertrages erforderliche getan haben muss. Beratungsfehler, die zu einem Schaden geführt haben, werden vom Versicherungsschutz mitumfasst.

Normalerweise werden in § 1 Abs. 3 AHB Vermögensschäden vom Versicherungsschutz ausgeschlossen, weil nur Personen- und Sachschäden ersetzt werden. Dies wird insbesondere bedeutsam, wenn aufgrund fehlerhafter Software ein Datenverlust oder Betriebsstillstand auftritt und der dadurch erwartete Geschäfte nicht mehr realisierbar macht. In den Besonderen Vertragsbedingungen sollten daher Regelungen gewählt werden, die auch weitergehende Schäden einschließt, insbesondere solche nach dem ProdHaftG.

Die Lieferung von Software in außereuropäische Länder, insbesondere die USA und Kanada, stellt ein besonderes Risiko dar, weil dort verschärfte Produkthaftungsregelungen gelten[257]. Aus diesem Grunde dürften für diese Fälle erheblich höhere Prämien vereinbart werden müssen.

Wer Software vertreibt, die sich noch in der Entwicklungsphase befindet, geht ein besonderes Risiko ein: *„Ersatzansprüche aus Sach- und Vermögensschäden durch Software, die ohne ausreichenden Programmtest gemäß den anerkannten Regeln der Technik und ohne Probelauf eingeführt oder übergeben wurden, sowie durch Hardware, deren Verwendung im Hinblick auf den konkreten Verwendungszweck nicht nach den anerkannten Regeln der Technik*

---

[254] vgl. Jürgen Kurth, Versicherung des Haftpflichtrisikos von Softwarehäusern, CR 1991, 632 – 634

[255] vgl. OLG Hamm, Urteil vom 29. September 1993, 20 U 96/93, CR 1994, 679 – 680

[256] vgl. Schulze-Schwienhorst, aaO

[257] vgl. Schulze-Schwienhorst, aaO

oder Wissenschaft oder in sonstiger Weise ausreichend erprobt waren" sind regelmäßig ausgeschlossen[258]. Dies betrifft insbesondere die sogenannte Evaluierungs-Software: Es handelt sich dabei um Software, die in einer Beta-Version, also noch nicht völlig ausgetestet, vorliegt, und die ausgewählten Kunden zu einem entweder günstigeren Preis oder gar kostenlos angeboten wird („Windows 2000"), wobei deren Einsatzzeit in der Regel beschränkt ist. Wer solche Software bezieht und weiterverteilt, z. B. zum Download anbietet, setzt sich unter Umständen einem erhöhten Haftungsrisiko aus, welches er nicht auf den Versicherer abwälzen kann.

Software-Haftpflichtversicherungen schließen auch die Haftung für solche Schäden aus, bei denen nicht festzustellen ist, ob ihre Ursache im Bereich der gelieferten Software liegt[259]. In der Regel wird auch nach den „Besonderen Versicherungsbedingungen" die Haftung für Schäden ausgeschlossen, die durch Computerviren verursacht worden sind, falls der Versicherungsnehmer nicht eine aktuelle, dem technischen Stand entsprechende Anti-Viren-Software zum Virenschutz eingesetzt hat und hierüber ein Protokoll vorliegt[260]. Es kann nämlich erwartet werden, dass alle Anwender eine Überprüfung auf Softwareviren vornehmen.

Bei der Ermittlung der Deckungssummen und Prämien wird danach unterschieden, ob es sich überwiegend um Standardsoftware oder Individualsoftware handelt, ob zugleich auch Hardware vertrieben wird, welche Umsätze erzielt werden und welche Qualitätssicherungsmaßnahmen im zu versichernden Unternehmen vorliegen[261]. Dabei werden den Versicherungsnehmern Fragebogen an die Hand gegeben, mit deren Hilfe diese ihr Schadensrisiko ermitteln können[262]. Interessant ist auch, dass die Haftpflichtversicherungen auch Schäden umfassen, die von Internet-Seiten ausgehen.

10.5. Qualitätssicherungsvereinbarungen

10.5.1. Zweck

Die mittlerweile in der Industrie weit verbreiteten Qualitätssicherungsvereinbarungen dienen dem Zweck, im Verhältnis zwischen Hersteller und Zulieferant sicherzustellen, dass die vereinbarten Qualitätsstandards eingehalten werden. Ziel ist zum einen die Vermeidung von Fehlerm zum anderen soll für beide Vertragspartner das Haftungsrisiko durch Optimierung der Qualitätsstandards herabgesenkt werden[263]. Wechselseitige Prozesse aufgrund von produkthaftungsrechtlichen Tatbeständen werden dabei ebenso minimiert wie die

---

[258] vgl. Schulze-Schwienhorst, aaO
[259] vgl. Schulze-Schwienhorst, aaO
[260] vgl. Klaus Sakowski, Die Versicherung des Software-Entwicklers und Internet-Service-Providers, http://www.sakowski.de/onl-r/onl-r35.html
[261] vgl. Beispiele unter http://www.datenversicherungen.de/uf_vers/v_gew/hit/hit.htm
[262] vgl. http://www.datenversicherungen.de/uf_vers/v_gew/hit/1_risikoanalyse.htm
[263] vgl. Hermann H. Hollmann, Qualitätssicherungsvereinbarungen, CR 1992, 13 – 18

Haftung gegenüber Dritten[264]. Etwaige einzelvertragliche Ansprüche des Bestellers werden i. d. R. nicht von den Qualitätssicherungsvereinbarungen ausgeschlossen; vielmehr soll es durch die Einhaltung von Qualitäts-Standards erst gar nicht zu Leistungsstörungen kommen[265]. Die immer enger werdende und frühzeitig einsetzende Zusammenarbeit zwischen Besteller und Lieferant macht ebenfalls den Abschluss von Qualitätssicherungsvereinbarungen sinnvoll.

Hinsichtlich der sich aus § 823 Abs. 1 BGB ergebenden Verkehrssicherungspflichten können Qualitätssicherungsvereinbarungen so ausgestaltet werden, dass der Lieferant verpflichtet wird, in *„konstruktiver und fertigungstechnischer Hinsicht das von ihm zugelieferte Produkt so zu gestalten, dass derjenige Sicherheitsgrad erreicht wird, der nach dem Verwendungszweck dieses Produkts allgemein für erforderlich angesehen wird"*[266]. Damit wird der Lieferant praktisch zur Einrichtung eines Qualitätssicherungssystems verpflichtet, welches alle notwendigen Schritte beinhaltet, um bereits im Produktentstehungsprozess qualitativ einwandfreie Teile zu erzeugen und diesen Zustand bis zur Ablieferung der Teile beim Besteller beizubehalten und zu beobachten[267].

Auf der einen Seite können Qualitätssicherungsvereinbarungen dazu beitragen, die Frage der Beachtung der im Verkehr erforderlichen Sorgfalt nach § 276 BGB aufzuklären, auf der anderen Seite dienen sie dazu, von vorneherein Produktfehler zu vermeiden. Besonders im Einkauf haben Qualitätssicherungsvereinbarungen, die sich an den DIN ISO 9000 ff. orientieren, eine hohe praktische Bedeutung[268]. Insbesondere wird in Ziff. 3.1 der ISO 9001 der Produktbegriff eindeutig als „Ergebnis von Tätigkeiten und Prozessen" definiert und in der Anmerkung Nr. 2 hierzu werden Dienstleistung, Hardware, verfahrenstechnische Produkte, Software oder Kombinationen daraus ausdrücklich als zu diesem Produktbegriff gehörig eingeschlossen. Die im Rahmen des ProdHaftG diskutierte Frage, ob Software als Produkt zu bezeichnen ist, spielt somit im Rahmen von Qualitätssicherungsvereinbarungen keine Rolle. Die sich verändernde Kommunikationslandschaft beeinflusst entscheidend das organisatorische Umfeld von Qualitätssicherungsvereinbarungen: Die Einführung der B-t-B-Beschaffung macht es erforderlich, auf eine Verringerung der Teile-Komplexität hinzuwirken und insbesondere kompatible Materialstämme zu etablieren. Darüber hinaus muss die Produktion beim Lieferanten nachvollziehbar sein; die zugrundeliegenden Produktionsprogramme müssen genauer und stabiler ablaufen[269]. Ein Datenaustausch zwischen Endhersteller und Lieferanten ermöglicht schließlich das Monitoring der Qualitätssicherung. Qualitätssicherungsvereinbarungen können nur mit solchen Lieferanten abgeschlossen werden, die für eine enge und frühzeitige Zusammenarbeit geeignet sind und im Rahmen des B-to-B-Commerce über die geeigneten Schnittstellen

[264] vgl. Graf von Westphalen, Qualitätssicherungsvereinbarungen,CR 1993, 65 – 73
[265] vgl. Graf von Westphalen, aaO
[266] vgl. Graf von Westphalen, aaO
[267] vgl. Hermann H. Hollmann, Qualitätssicherungsvereinbarungen, CR 1992, 13 – 18
[268] vgl. Graf von Westphalen, aaO
[269] Hollmann, aaO, S. 13

verfügen. Eine nachvollziehbare Lieferantenbewertung ist nicht nur für das „Ob" einer Qualitätssicherungsvereinbarung, sondern auch für das Monitoring unerlässlich. Während in früheren Jahren im Rahmen einer „Güteprüfung" fehlerentdeckende Kontrollen (repressiv) beim Lieferanten durchgeführt wurden, müssen heutige Qualitätsforderungen – nicht zuletzt bedingt durch die zunehmende technische Komplexität – durch fehlervermeidende Maßnahmen (präventiv) in Konstruktion, Planung und Fertigung erfüllt werden[270]. Auch setzen moderne Einkaufsabteilungen durch die Entwicklung neuer Beschaffungsstrategien wie z. B. Just-In-Time-Delivery" (sofortige Lieferung ohne Lagerhaltung beim Empfänger) oder „Single Sourcing" (Beschaffung bei einem einzigen Lieferanten) auf Vertrauen in die Qualitätsfähigkeit des Lieferanten. Die Qualitätsfähigkeit wird dabei weniger durch Qualitätskontrollen bestimmt, sondern durch die Implementierung eines Qualitätsbewusstseins von der Planung bis zur Fertigung .

Vorteile eines funktionierenden Qualitätssicherungssystems sind die Verminderung des Produkthaftungsrisikos, Ersparnis von Kosten für die Fehlerbeseitigung und Mängelreklamation sowie die Verbesserung von Wettbewerbschancen aufgrund der gesteigerten Produktgüte, soweit diese auf dem Markt als relevantes Kriterium anerkannt wird (gilt z. B. nicht für „Wegwerfprodukte").

10.5.2. Inhalte

Der Abschluss von Qualitätssicherungsvereinbarungen setzt im wesentlichen folgende Grundlagen voraus[271]:

- Produktfehler müssen rechtzeitig erkannt und durch systematische Fehleranalysen im gesamten Produktionsprozess vermieden werden.
- Die notwendigen Qualitätssicherungsmaßnahmen, wie z. B. gezielte Produktprüfung oder Prüfung des QM-Systems, müssen zwischen Besteller und Lieferant abgestimmt werden.
- Es sind klare Regelungen hinsichtlich der jeweiligen Verantwortlichkeiten (Informationspflicht, Mitwirkungspflicht) erforderlich.
- Die Anforderungen an die Qualitätsfähigkeit der Produkte sind eindeutig zu definieren; pauschale Definitionen („...muss den anerkannten Regeln der Technik entsprechen") einzuarbeiten; vielmehr muss der Lieferant genau wissen, welches Qualitätselement sein Produkt erfüllen muss (z. B. vorhandene Erdung an einer Platine). Je technisch komplexer ein Produkt ist, desto spezifischer müssen die Anforderungen ausgearbeitet werden. Es empfiehlt sich die Erstellung technischer Spezifikationen.
- Prüfmittel und –verfahren sowie die ablauforganisatorischen Maßnahmen müssen festgelegt werden.
- Die durchzuführenden Qualitätssicherungsmaßnahmen sind nachvollziehbar zu dokumentieren; das gilt auch für die Ergebnisse.

---

[270] vgl. Hollmann, aaO, S. 13

[271] vgl. Hollmann, aaO, S. 13

Bei der Ausgestaltung des Vertragsinhalts der Qualitätssicherungsvereinbarung muss insbesondere berücksichtigt werden, dass die Qualität eines Produktes im Wareneingang des Bestellers häufig gar nicht genau bestimmt werden kann[272]. Es wäre darüber hinaus unwirtschaftlich, Qualitätsprüfungen, die der Lieferant aufgrund der vertraglichen Regelung vorgenommen hat, nochmals oder in abgewandelter Form beim Besteller in dessen Wareneingang durchzuführen. Aus diesem Grunde versucht man, im Zuge von Qualitätssicherungsvereinbarungen die Wareneingangskontrollen weitestgehend auf den Lieferanten in Form von Warenausgangskontrollen zu verlagern. Die Wareneingangsprüfungen sollen dann beim Besteller auf folgende Prüfungen reduziert werden:

- Wareneingänge werden auf offensichtliche Transportschäden untersucht; das sind solche Schäden, die äußerlich an der Verpackung erkennbar sind und einen Rückschluss auf eine Beschädigung des Inhalts zulassen.
- Es wird eine Identitätsprüfung durchgeführt. Die Angaben auf dem Lieferschein werden mit dem Inhalt der Verpackung hinsichtlich Falschlieferungen oder Mengenfehlern abgeglichen.
- An den Warensendungen werden in vom Lieferanten nicht vorhersehbaren Abständen Qualitätsstichproben vorgenommen. Art und Umfang der Stichprobenprüfung wird dokumentiert.
- Etwa auftretende Mängel werden innerhalb einer kurzen Frist vom Besteller dem Lieferanten gegenüber angezeigt.

10.5.3. Auswirkungen auf Haftungsregeln

Fraglich ist, ob derjenige, der Qualitätssicherungsvereinbarungen auf der Basis dieser Normen, welche innerhalb der EU Gültigkeit haben, abschließt, zugleich auch bei Rechtsgeschäften eine Zusicherung von Eigenschaften einer Ware abgibt und sich dadurch z. B. erhöhter kaufvertraglicher Haftung, nämlich einem Schadensersatzanspruch aus § 463 BGB, aussetzt: In der Regel dürfte die Bezugnahme auf die technischen Regelwerke lediglich als Beschaffenheitsvereinbarung anzusehen sein, deren Abweichung einen Fehler i. S. d. § 459 Abs. 1 BGB darstellt[273]. Andererseits könnte man bei denjenigen, die mit dem Slogan werben „zertifiziert nach DIN ISO 9001“, eine konkludente Zusicherung eines bestimmten Qualitätsstandards der vertriebenen Produkte annehmen. Schließlich werden in Ziff. 4 der DIN ISO 9001 eine Reihe von Forderungen aufgestellt, die der Lieferant zur Sicherstellung der Qualitätsfähigkeit seiner Produkte einzuhalten hat. Dies betrifft nicht nur seine Pflicht, Vorbeugungsmaßnahmen gegen mögliche Fehler bei einem Produkt, Prozess oder beim Qualitätsmanagement-System zu veranlassen (Ziff. 4.1.2.1a), sondern auch Probleme bei einem Produkt festzustellen, Lösungen zu erarbeiten und die weitere Behandlung, Auslieferung oder Montage fehlerhafter Produkte so lange zu überwachen, bis die Unzulänglichkeit oder der unbefriedigende Zustand behoben sind (Ziff. 4.1.2.1 b-e). Zertifikate werden von unabhängigen

[272] vgl. Hollmann, aaO, S. 14
[273] vgl. Graf von Westphalen, aaO

anerkannten Zertifizierungsstellen herausgegeben; mit dem Zertifikat wird bestätigt, dass das Unternehmen ein nach DIN ISO 9000ff. installiertes Qualitätsmanagement-System besitzt. Aus dem Zertifikat zu schlussfolgern, dass das Unternehmen automatisch nur noch fehlerfreie Produkte herstellt, wäre jedoch ein Trugschluss: Das Zertifikat stellt lediglich ein zusätzliches Instrument zur Gewährleistung der Produktqualität dar und bestätigt, dass der Unternehmer alles nach DIN ISO 9000ff. getan hat, um die Qualität seiner Produkte sicherzustellen[274]. DIN ISO 9004 definiert Qualität als *„die Gesamtheit von Eigenschaften und Merkmalen eines Produktes oder einer Dienstleistung, die sich auf deren Eignung zur Erfüllung festgelegter oder vorausgesetzter Erfordernisse beziehen"*. Der Nachweis, dass die Qualitätsforderungen an dem konkreten Produkt erfüllt sind, ist jedoch nicht Gegenstand der ISO-Normen; die Qualität eines bestimmten Produkts ist demnach nur die mittelbare Folge eines Qualitätsmanagement-Systems des Lieferanten[275]. Im übrigen werden in den DIN ISO 9000 ff. lediglich in abstrakter Form die Anforderungen an ein Qualitätsmanagement-System beschrieben. Demgegenüber will derjenige, der eine Eigenschaftszusicherung nach § 459 Abs. 2 BGB abgibt, ausdrücklich für eine bestimmte Funktion, einen definierten Zweck eines konkreten Produktes einstehen. Die bloße Angabe des Zertifikats ist demzufolge für sich allein gesehen noch keine Eigenschaftszusicherung.

Wer jedoch ausdrücklich im Rahmen seiner Produktwerbung darauf hinweist, dass seine konkreten Produkte ein Zertifikat besitzen und mit den Inhalten dieses Zertifikats wirbt, der gibt gleichzeitig eine Zusicherung bestimmter in dieser Werbung beschriebener Eigenschaften ab: Beispielsweise wirbt die Fa. AVM, die ISDN-Karten und Zubehör herstellt, damit, dass ihr ISDN-Access-Server mit dem Microsoft –Zertifikat ausgestattet ist, welches für die Anwender die Gewähr biete, *„dass der ISDN Access Server for Windows NT optimal für den Betrieb in Windows NT-Serverumgebungen designed wurde"* und sich an weiterentwickelte BackOffice-Umgebungen problemlos anpassen ließe[276]. Die Zertifizierungs-Politik von Microsoft hat im übrigen im Rahmen der Einführung von Windows 2000 dazu beigetragen, dass Hardwarehersteller und Hersteller von Treibern mit dem Slogan „designed for Windows 2000" werben und damit die Kompatibilität ihrer Systeme mit Windows 2000 zusichern. Interessant ist in diesem Zusammenhang die betriebssystembedingte Installationsroutine von Windows 2000, welche vor der Installation nicht-zertifizierter Treiber warnt[277] und damit beim Anwender Befürchtungen verursacht, seine neu gekaufte Hardware werde nicht oder nur eingeschränkt unter Windows 2000 funktionieren. Ohne dass es vorher ausdrücklicher Qualitätssicherungsvereinbarungen mit Microsoft bedurft hätte, haben sich zahlreiche Hersteller von Windows-kompatibler Hardware auf die Microsoft-Zertifizierung und damit auf die Einhaltung der von Microsoft vorgegebenen Qualitäts-Standards eingelassen.

---

[274] vgl. http://www.kpmg.ch/it/soft/certifaq.htm

[275] vgl. Benno Heussen/Markus Schmidt, Inhalt und rechtliche Bedeutung der Normenreihe DIN/ISO 9000 bis 9004 für die Unternehmenspraxis, CR 1995, 321 – 332

[276] vgl. http://www.avm.de/deutsch/press/p0999-2.htm

[277] vgl. http://www.windows2000.ch/de/hardwarewin2000.asp

Während demnach in bestimmten Fällen der Bezug auf die Einhaltung von Qualitäts-Normen eine Eigenschaftszusicherung darstellen kann, haben die ISO-Normen rechtliche Auswirkungen auf folgende Rechtsgebiete:

- Bestimmung des Fehlers i. S. d. § 459 Abs. 1 BGB
- Produzentenhaftung nach § 823 Abs. 1 BGB
- Produkthaftung nach dem ProdHaftG
- Im öffentlichen Recht, in denen die amtliche Zulassung technischer Produkte in Frage kommt, z. B. bei Telekommunikations-Endeinrichtungen nach § 59 Abs. 1 und Abs. 4 TKG
- Im Strafrecht bei der Beurteilung von Vorsatz und Fahrlässigkeit

Die Einhaltung dieser Normen als „anerkannte Regeln der Technik“ kann dabei sowohl den Verschuldensgrad bestimmen, als auch zu einer Umkehr der Beweislast (z. B. im Rahmen der Produzentenhaftung) führen[278]. Wer demnach als zertifiziertes Unternehmen auftritt, behauptet, sein Unternehmen so organisiert zu haben, wie der Stand der Technik das verlangt, so dass in seinem Unternehmen die Voraussetzungen für die Herstellung einer bestimmten Qualität gegeben sind. Stellt sich nun anhand der normgerechten Dokumentation heraus, dass das Produkt mit hinreichender Sorgfalt erstellt worden ist, trifft den Anspruchssteller die Beweislast. Wurde demgegenüber das Qualitätsmanagement-System nicht „gelebt“, finden sich mithin Mängel in der Dokumentation, den Prozessen usw., trägt der Lieferant die Beweislast. Fehlt hingegen ein Zertifikat, dann wird der Nachweis einer mangelhaften Organisation oder einer schlechten Produktüberwachung schwierig bis unmöglich. Aus diesem Grund empfiehlt es sich, in Qualitätssicherungsvereinbarungen stets die Einhaltung der DIN ISO 9000 ff. zu verlangen bzw. nur mit solchen Lieferanten Verträge abzuschließen, die zertifiziert sind oder zumindest – falls für die konkreten Produkte zertifizierte Lieferanten nicht zur Verfügung stehen – ein an DIN ISO 9000 ff. angelehntes Qualitätsmanagement-System haben.

10.5.4. Inhaltskontrolle nach AGBG

Werden Qualitätssicherungsvereinbarungen mit mehreren Lieferanten abgeschlossen, bietet sich die Einbeziehung in „Allgemeine Geschäftsbedingungen“ an. Bei dieser Fallkonstellation ist die Qualitätssicherungsvereinbarung praktisch eine unselbständige Ergänzung des jeweiligen Erwerbsgeschäfts; d. h. es liegt z. B. ein Einkaufsvertrag vor, der durch AGB um Qualitätssicherungsvereinbarungen ergänzt wird. Fraglich ist, ob nach der – auch für Vollkaufleute nach § 24 Abs. 2 AGBG geltenden - Inhaltskontrolle des § 9 AGBG die nach den nach §§ 377, 378 HGB erforderliche Untersuchungs- und Rügepflicht abbedungen werden kann und ob weitere Modifikationen der Risikoverteilung zwischen Besteller und Lieferant zulässig sind: Ein völliger Ausschluss der §§ 377, 378 HGB wird bislang von der Rechtsprechung als unangemessene Benachteiligung angesehen[279]. Auf der anderen Seite wird im Rah-

---

[278] vgl. Heussen/Schmidt, aaO

[279] OLG Hamm 19 U 35/86 vom 28.10.1986; BGH WM 1991, 1634

men von Qualitätssicherungsvereinbarungen versucht, mit den wesentlichen Lieferanten ein geschlossenes Regelungssystem aufzubauen, nach der diese Lieferanten verpflichtet werden, eine Warenausgangskontrolle durchzuführen und nach genau vorbestimmten Terminen zu liefern[280]. Die eigene Wareneingangskontrolle des Bestellerunternehmens, die mindestens den Anforderungen der §§ 377, 378 HGB genügen muss, soll demnach durch „Just-In-Time“-Liefervereinbarungen zumindest teilweise ersetzt werden. Im Kern geht es um die Frage, ob sich das Bestellerunternehmen auf die Ausgangskontrolle beim Lieferanten verlassen und seine Untersuchungspflichten entsprechend minimieren oder ganz weglassen darf. Der Verzicht auf die Wareneingangskontrolle ist allerdings nur dann wirtschaftlich sinnvoll, wenn sich mehrere Lieferanten in Abstimmung mit dem Bestellerunternehmen bereitfinden, eine Warenausgangskontrolle nach den vorgegebenen Spezifikationen des Bestellers durchzuführen[281]. Bei der Frage, ob durch Qualitätssicherungsvereinbarungen der Lieferant i. S. d. § 9 Abs. 1 AGBG unangemessen benachteiligt wird, ist zu berücksichtigen, dass das Risiko zur Produkt- und Produzentenhaftung des Lieferanten erheblich gesteigert wird: ihm werden weitgehende Pflichten auferlegt, deren Nichtbeachtung zu einer Haftung führen können. Andererseits werden die vom Lieferanten zu erfüllenden Sicherungspflichten exakt aufgrund von Vereinbarungen zwischen den Fachleuten vorgegeben und vertraglich vereinbart, so dass der Lieferant weiß, worauf er sich einlässt[282]. Teilweise wird die Auffassung vertreten, dass dem Lieferanten beim "Just-in-Time-Delivery"-System aufgrund der ihm obliegenden Warenausgangskontrolle praktisch der Einwand genommen werde, der Besteller habe seinerseits die ihn treffenden Kontrollpflichten nicht ordnungsgemäß erfüllt.

Mit anderen Worten: im Falle der Produzentenhaftung könne der Lieferant kaum ein Mitverschulden des Bestellers nachweisen oder sich gar exkulpieren; hinzukäme, dass dem Geschädigten nur noch ein Anspruchsgegner in Gestalt des Lieferanten zur Verfügung stünde und beispielsweise im Konkursfalle möglicherweise auf seinem Schaden sitzenbliebe. Die Gegenansicht verweist demgegenüber auf die nach dem ProdHaftG bestehende verschuldensunabhängige Haftung des Bestellers; es sei unerheblich, ob der Fehler des Produkts aufgrund von Pflichtverletzungen des Lieferanten oder des Bestellers entstanden seien[283]. Im übrigen bestünden für den Besteller Auswahl-, Überwachungs- und Spezifikationspflichten, derer er sich auch nicht durch Verlagerung seines Wareneingangs entziehen könne. Darüber hinaus müsse der Zulieferer ohnehin nach dem Produkt- und Produzentenhaftungsrecht fehlerfrei liefern. Eine weitere Folge dieser Risikoabwälzung auf den Lieferanten könnte darin bestehen, dass der Besteller, der z. B. sogenannte Rückrufaktionen wegen fehlerhafter Produkte durchführen muss, seinerseits Aufwendungsersatzansprüche gegenüber dem Lieferanten aus Geschäftsführung ohne Auftrag nach den Regeln der §§ 683 in Verbindung mit § 670 BGB geltend machen könnte[284].

---

[280] Graf von Westphalen, Rechtsprobleme des "Just-in-Time-Delivery" CR 9/1990 - Seite 567
[281] Graf von Westphalen, Just-in-Time-Delivery, S. 567
[282] vgl. Graf von Westphalen, Just-in-Time-Delivery, Seite 570
[283] vgl. Hollmann, aaO, S. 14
[284] vgl. Graf von Westphalen, Just-in-Time-Delivery, Seite 571

Derartige Aufwendungen können – wie im Falle von „Firestone“[285]zu erheblichen Belastungen des Lieferanten führen. Der Lieferant hat nur wenig bis keinen Einfluss auf die Vertriebswege des Bestellers. Er vermag somit gar den möglichen Umfang etwaiger Rückrufaktionen zu überblicken. Ferner wird der Lieferant aufgrund der wirksamen Übertragung von Verkehrssicherungspflichten vom Besteller auf den Zulieferer zumindest im Rahmen der verschuldensabhängigen Produzentenhaftung nach § 823 Abs. 1 BGB von seiner Haftung gegenüber Dritten befreit[286]. Wie erwähnt, bleibt einem gewerblichen Kunden eines Lieferanten gar nichts anderes übrig, als seinen durch ein fehlerhaftes Produkt entstandenen Schaden im Wege der Produzentenhaftung geltend zu machen, da ihm das ProdHaftG mangels „privater Nutzung“ diesen Schaden nicht ersetzen wird. Während sich der Besteller aufgrund des Nachweises seiner Kontroll- und Überwachungspflichten exkulpieren kann, besteht diese Möglichkeit für den Lieferanten bzw. Hersteller aufgrund der ihm übergewälzten Qualitätssicherungspflichten nur eingeschränkt oder gar nicht. Damit wird der Lieferant durch die Überwälzung der Prüf- und Kontrollpflichten im Rahmen eines „Just-In-Time-Delivery“-Systems derartigen Risiken ausgesetzt, dass von einer unangemessenen Benachteiligung i. S. d. § 9 Abs. 1 AGBG gesprochen werden kann. Teilweise wird jedoch die Auffassung vertreten, eine solche Verlagerung von Verantwortlichkeiten sei jedenfalls dann nicht unangemessen, wenn der Lieferant über eine ausreichende Versicherung verfügt[287]. Wie erörtert, müsste eine solche Versicherung aber möglichst viele Haftungsrisiken abdecken; es ist fraglich, ob zusammen mit einer Qualitätssicherungsvereinbarung gleichzeitig auch der Abschluss einer Versicherung seitens des Lieferanten bewirkt werden kann, weil damit die Zahlung von Versicherungsprämien verbunden ist. Zwar könnte der Besteller die Versicherungsprämien übernehmen; durch den praktisch gezwungenen Abschluss eines Versicherungsvertrages würde aber in die Rechte des Lieferanten eingegriffen werden, selbständig über eigene Verträge zu entscheiden. Das aus Art. 2 Abs. 1 GG abgeleitete Recht zur Abschlussfreiheit von Verträgen beinhaltet nämlich die Freiheit jedes einzelnen, darüber zu entscheiden, ob und mit wem ein Vertrag abgeschlossen wird. Zwingt demnach der Besteller mit dem Ziel, seine eigene Untersuchungs- und Rügepflicht zu minimieren, den Lieferanten zum Abschluss eines Versicherungsvertrages, so bedeutet dies einen Eingriff in das verfassungsmäßig garantierte Recht auf die Abschlussfreiheit. Zwar steht es jedermann frei, einen Vertrag abzuschließen oder nicht; hier könnte aber die Marktmacht des Bestellers einen wesentlichen Einfluss zu Lasten der Abschlussfreiheit des Lieferanten haben. Hinzukommt, dass sich der Lieferant für den Fall, dass seine Produkte auch ins US-amerikanische Ausland geliefert werden, wegen des in USA verschärften Produkthaftungsrechts Ansprüchen ausgesetzt sehen könnte, welche nicht von einer Versicherung abgedeckt werden. Bei ordnungsgemäßer Wareneingangskontrolle durch den Besteller nach den §§ 377, 378 HGB könnte sich der Lieferant hingegen erfolgreich verteidi-

[285] Handelsblatt, 10.08.2000, http://www.strafzettel.de/struktur/news.html

[286] so auch Hollmann, aaO, S. 14

[287] vgl. Graf von Westphalen, Just-in-Time-Delivery, Seite 571 mwN

gen[288]. Die vollständige Überwälzung der Untersuchungs- und Rügepflichten nach §§ 377, 378 HGB im Rahmen eines Just-In-Time-Delivery ist damit wegen Verstoßes gegen § 9 Abs.1 AGBG unwirksam.

Fraglich ist, ob dieser Grundsatz auch im Bereich der Lieferung von „virtuellen Waren“ gelten kann: Ist demnach der Software-Hersteller aufgrund von Qualitätssicherungsvereinbarungen mit dem Händler zu weitgehenden Prüfungen und insbesondere Kontrollen verpflichtet, so wird der Händler, der insbesondere im Internet Software zum Verkauf anbietet, sich auf die vom Hersteller durchzuführenden Kontrollen berufen. In technischer Hinsicht wäre durchaus der Fall denkbar, dass die fragliche Software direkt vom Server des Herstellers auf dem Server des Händlers abgelegt und im Internet bereitgestellt wird oder dass sogar ein Provider zwischengeschaltet wird, der Webspace für den Softwarevertrieb bereitstellt. Bei diesen Fallkonstellationen ist eine Wareneingangskontrolle wie bei körperlichen Gegenständen nur schwer möglich; allenfalls könnte der Software-Händler die rein elektronisch eingehende Software auf Viren zu untersuchen; ein vollständiger Test eines jeden Programms wäre jedoch angesichts der möglichen Vielzahl der zu vertreibenden Programme und des damit verbundenen Zeitaufwandes wenig sinnvoll. Der Software-Hersteller, aber auch der Produzent anderer virtueller Waren, hat es selbst in der Hand, seine auszuliefernden virtuellen Produkte gründlich zu prüfen. Angesichts dieser Umstände dürfte gegen diese Verlagerung der Verantwortlichkeiten zu Lasten einer Warenausgangskontrolle beim Hersteller nichts einzuwenden sein.

Neben der Problematik der Verlagerung von Untersuchungs- und Rügepflichten besteht noch die Frage, welche Haftungsfreizeichnungsklauseln in Qualitätssicherungsvereinbarungen vereinbart werden dürfen: Eine vollständige Freizeichnung dergestalt, dass der Lieferant unabhängig von den Prüfungen und Kontrollen des Bestellers haftet, dürfte gegen den Rechtsgedanken des § 254 BGB (Mitverschulden) verstoßen und damit wegen § 9 Abs. 1 AGBG unwirksam sein[289]. Auch die Haftung für fehlerhafte Weisungen des Bestellers kann nicht zu Lasten des Lieferanten gehen, wenn der Mangel des Produkts gerade aufgrund einer fehlerhaften Anweisung oder sonstigen Mitwirkungspflicht entstanden ist. Nicht zu vernachlässigen ist der Gesichtspunkt der Kooperation bei Qualitätssicherungsvereinbarungen: im Rahmen eines Gleichgewichts von Chancen und Risiken sollten Besteller und Lieferant so zusammenwirken, dass optimale Qualitätsergebnisse erzielt werden und im Ergebnis keiner von beiden Ersatzansprüche fürchten muss. Unter diesem Gesichtspunkt sind auch sogenannte Freistellungsvereinbarungen zu betrachten, nach denen insbesondere im Falle von produkthaftungsrechtlichen Ansprüchen der Lieferant verpflichtet werden soll, den Besteller von diesen Ansprüchen freizuhalten; mit derartigen Klauseln soll die gesamtschuldnerische Haftung der §§ 830, 840 BGB bzw. §§ 1, 4, 5 ProdHaftG unterbunden werden. Sobald dem Lieferanten alle Einwendungen abgeschnitten werden, die auf eine Mitverant-

[288] vgl. Graf von Westphalen, Just-in-Time-Delivery, Seite 571 mwN

[289] vgl. Graf von Westphalen, CR 2/1993 - Seite 71

wortlichkeit des Bestellers abzielen, wird er i. S. d. § 9 Abs. 1 AGBG unangemessen benachteiligt[290].

Bei der Ausgestaltung von Qualitätssicherungsvereinbarungen müssen daher Untersuchungs- und Prüfpflichten beim Besteller verbleiben: Beispielsweise könnte der Besteller in zulässiger Weise die §§ 377, 378 HGB dahingehend einschränken, in regelmäßigen Abständen Prüfungen aufgrund der vereinbarten Prüfpläne durchzuführen oder die eingehende Ware lediglich auf Transportschäden zu untersuchen[291]. Empfehlenswert ist es ohnehin, Qualitätssicherungsvereinbarungen soweit möglich mit den wichtigsten Lieferanten („A-Lieferanten", „Top-Lieferanten") einzelvertraglich abzuschließen. Möglicherweise werden Lieferanten versuchen, den Aufwand vom Besteller ersetzt zu verlangen, der durch die Implementierung eines Qualitätssicherungssystems entsteht. Auf der anderen Seite könnte die Marktmacht des Bestellers den Aufwendungsersatzwunsch des Lieferanten vereiteln.

Der ZVEI hat ein Vertragsmuster zu Qualitätssicherungsvereinbarungen herausgegeben, das gegen Entgelt bezogen werden kann[292].

---

[290] vgl. Graf von Westphalen, CR 2/1993 - Seite 71

[291] vgl. http://www.biv.org/infos/aktuell.html

[292] http://www.leuze-verlag.de/plus/verband/zvei/archiv/zv199909.html#05

11. EDI

11.1. Definition

Unter EDI (**E**lectronic **D**ata **I**nterchange) versteht man den elektronischen Datenaustausch über Geschäftstransaktionen zwischen Unternehmen. Dabei werden z. B. Bestellungen, Rechnungen, Überweisungen, und Lieferscheine in einem zwischen den Kommunikationspartner vereinbarten Datenformat umgewandelt. Wichtig ist, dass die Datenstruktur (Feldname, Feldtyp, Feldlänge, Anzahl Dezimalen) so festgelegt ist, dass der Empfänger die Daten direkt in seinen Anwendungsprogrammen weiterverarbeiten kann.

Der Versand und der Empfang der elektronischen Dokumente wird dabei vollautomatisch gesteuert, sobald das betreffende Ereignis (Rechnungserstellung, Wareneingang) erfolgt ist. Im Idealfall ist es demnach nicht erforderlich, dass ein Mensch per Knopfdruck den Datenaustausch startet. Der Sinn und Zweck von EDI besteht darin, die Daten 1:1 vom Absender zum Empfänger zu übertragen.

In den USA gibt es EDI seit 1974; in Deutschland hatte zunächst die Automobilindustrie einen eigenen EDI-Standard (**V**erband **d**er **A**utomobilindustrie, VDA)[293] entwickelt, ebenso seit 1977 die Konsumgüterindustrie (**S**tandardregelungen **E**inheitlicher **Da**tenaustausch**s**ysteme, SEDAS[294]. In Zusammenarbeit zwischen Europäischer Kommission für Wirtschaft (ECE), den Vereinten Nationen und Vertretern einzelner branchenspezifischer EDI- Lösungen wurde mit EDIFACT (engl.: **E**lectronic **D**ata **I**nterchange **F**or **A**dministration, **C**ommerce and **T**ransport; elektronischer Datenaustausch für Verwaltung, Handel und Transport) ein Standard geschaffen, der sämtliche anfallenden Geschäftsvorfälle von Anfang bis zum Ende abwickeln soll. Alle Geschäftsvorfälle von der Anfrage auf Abgabe eines Angebotes bis zum Erhalt der "Bezahlt- Meldung" sollen branchen- und länderübergreifend nach den EDI- Vorgaben getätigt werden können. Dabei handelt es sich um einen Datenübertragungsstandard, der vor allem im Bereich der Abrechnung – „Fakturierung" – eine große Rolle spielt. EDIFACT enthält eine Menge internationaler Normen, die für die Darstellung von Geschäfts- und Handelsdaten beim elektronischen Datenaustausch zwischen Betrieben maßgeblich sind[295]. Jede Norm deckt dabei jeweils eine betriebliche Aufgabe ab, die sich auf elektronischem Wege abwickeln lässt. Als Beispiel, welches für den Einkauf interessant ist, sei hier DELFOR für Lieferabrufe genannt: Über diese Nachricht teilt der Besteller seinen Lieferanten mit, dass zukünftig Waren geliefert werden sollen. Der Status der einzelnen Warenabrufe kann dabei durchaus unterschiedlich sein: Denkbar sind Mitteilungen über unverbindliche Planungen von Warenabrufen bis hin zur

---

[293] vgl. http://www.benteler.de/edi/vda49053.htm

[294] vgl. http://www.ean128.de/deutsch/kommuni/kommu_1b.htm

[295] vgl. http://www.bik.de/dl/edifact_b.html

Aufforderung, die Fertigung anzustoßen oder die Waren zu einem bestimmten Zeitpunkt an einen bestimmten Ort anzuliefern[296].

Eine weitere Norm ist INVOIC für Rechnungen: Es handelt sich dabei um eine Nachricht zur Zahlungsaufforderung für Waren oder Dienstleistungen, die nach den zwischen Verkäufer und Käufer vereinbarten Konditionen geliefert bzw. erbracht wurden.

Bei all diesen Normen handelt es sich um Datenübertragungsprotokolle, welche die zu übertragenden Daten nach festen Regeln strukturieren.

EDI-Informationen werden häufig im ASCII bzw. EBCDIC-Format übertragen (z. B. bei VDA, s. o.). Es handelt sich dabei um ein einfaches Datenformat, welches im Prinzip von jeder Datenbankanwendung eingelesen und weiterverarbeitet werden kann. Entscheidend ist dabei die sogenannte Datensatzdefinition, das heißt, jedes Datenfeld ist entweder auf eine bestimmte Position (Spalte) in einem Datensatz festgelegt oder enthält einen Feldtrenner (Leerzeichen, Semikolon o.ä.). Möchte nun ein Unternehmen diese EDI-Daten in seiner Datenbankanwendung (z. B. SQL-Datenbank) weiterverarbeiten, muss innerhalb der Datenbankanwendung ein Programm (Job, Routine usw.) geschrieben werden, welches die EDI-Daten einliest und in eine Tabelle mit gleicher Felddefinition und –größe abspeichert. Die Alternative, eingehende EDI-Meldungen auszudrucken und manuell in das unternehmensinterne Datenbanksystem einzupflegen, bringt keine Effizienzverbesserungen, sondern zusätzliches Fehlerpotential und Risiken hinsichtlich der Datengüte. Ein EDI-System muss demnach technisch in die vorhandene IT-Struktur integriert werden; ferner müssen die unternehmensinternen organisatorischen Abläufe angepasst werden.

Die erstmalige Einführung von EDI setzt eine Analyse der in einem Unternehmen getätigten Geschäftsprozesse voraus. Dabei wird festgestellt, welche Geschäftsprozesse überhaupt einer Standardisierung zugänglich sind. Dies ist dann der Fall, wenn sie bei gleichbleibenden Inhalten in immer wiederkehrender Form mit denselben Geschäftspartnern abgewickelt werden. Man kommt dabei zur grundsätzlichen Regel, immer wiederkehrende Arbeitsabläufe zu automatisieren: Gibt ein Mitarbeiter beispielsweise immer den gleichen Code innerhalb einer IT-Anwendung ein und drückt immer die gleichen Tasten, sind mithin die Arbeitsabläufe immer gleichförmig, so bietet sich deren Automatisierung durch ein elektronisches System förmlich an. Häufig wird man dabei zu der Erkenntnis kommen, dass papiermäßige Belege die Ursache für derartig gleichförmige manuelle Arbeiten sind. An dieser Stelle greift das EDI-Prinzip ein, Papierbelege durch elektronische Daten zu ersetzen und ohne manuelles Zutun von Mitarbeitern deren Weiterverarbeitung zu ermöglichen.

Wer EDI einsetzt, muss darüber hinaus auch die Informationsflüsse der angeschlossenen EDI-Partner berücksichtigen, weil schließlich über EDI die Kommunikation mit den Geschäftspartnern verbessert werden soll.

[296] vgl. http://www.wildschuette.de/edinac.htm

11.2. Vorteile

Im Rahmen der elektronischen Beschaffung spielt Electronic Data Interchange (EDI) eine herausragende Rolle bei der Optimierung von Kosteneinsparungen. Ein zwischen Besteller und Lieferant funktionierendes EDI-System ermöglicht die vollautomatische Buchung in den jeweiligen Warenwirtschaftssystemen. Mit EDI besteht die Möglichkeit, die im Internet erzeugten Bestellungen in ein standardisiertes Format zu übersetzen, um die automatisierte Weiterverarbeitung der Daten zu ermöglichen. Entweder besteht zwischen Lieferant und Besteller eine Vereinbarung über das Datenaustauschformat; allerdings müsste dieses Format zu den Formaten möglichst vieler Lieferanten des Bestellers kompatibel sein. Oder das EDI-System konvertiert die Online-Bestellung in das EDIFACT-Format, welches umgekehrt wieder beim Lieferanten in dessen Format zurückverwandelt wird. Ein funktionierendes EDI spart im wesentlichen wertvolle Arbeitszeit, die anderenfalls durch umständliches Sichten und Prüfen von papiermäßigen Bestellungen und Rechnungen, manuellen Eingaben usw. verloren ginge.

Durch den Einsatz von EDI werden nicht nur Prozesskosten bei der Abwicklung von Geschäftsvorfällen eingespart; es werden darüber hinaus noch weitere strategische Vorteile erzielt:

- EDI-Vereinbarungen mit Lieferanten führen zu einer Stärkung der Lieferantenbindung und –nähe. EDI ist damit ein Aspekt zum Aufbau strategischer Lieferantenbeziehungen.
- Durch den EDI-Einsatz ist ein schnellerer und effizienterer Warenumsatz möglich, weil die Bestellungen unmittelbar und ohne zusätzlichen Papiereinsatz beim Lieferanten eingehen, die bestellten Mengen im Warenwirtschaftssystem gebucht und von der Logistik ausgeliefert werden können. Ferner kann sich ein Unternehmen anhand der EDI-Daten jederzeit einen aktuellen Überblick über den Warenumsatz verschaffen und auf diese Weise besser disponieren.
- Mit allen über EDI verbundenen Geschäftspartnern können in kürzester Zeit Angebote eingeholt und gesichtet werden.
- EDI ermöglicht in besonderem Maße Beschaffungsstrategien wie „Just-In-Time-Delivery", weil Bestell- und Liefervorgänge weitgehend elektronisch abgewickelt werden.
- Durch die beschleunigte Auftragsabwicklung wird die Zufriedenheit der Kunden erhöht.
- Die Motivation des Personals kann durch die Entlastung von Routinearbeiten wie Prüfen, Sortieren, Versenden, Erfassen etc. gesteigert werden; auf der anderen Seite ist jedoch nicht der Umstand außer acht zu lassen, dass die EDI-bedingte Einsparung von Arbeitszeit zu weiteren Personalreduktionsmaßnahmen führen kann.
- EDI kann auch grenzüberschreitend eingesetzt werden; etwaige Sprachbarrieren spielen keine oder nur eine untergeordnete Rolle, sofern die Daten eine sprachenneutrale Datenstruktur aufweisen. Etwaige Sprachprobleme bei den Artikelbezeichnungen werden im Vorfeld durch die

EDI-Vereinbarung ausgehebelt. Schließlich weiß der z. B. englischsprachige Besteller, welchen Artikel er per EDI beim deutschen Lieferanten bestellt.

11.3. Kosten

Ein Unternehmen, das erstmals EDI einsetzen möchte, muss zunächst über eine entsprechende IT-Landschaft verfügen. Dies dürfte bei den meisten Unternehmen der Fall sein; schließlich werden ohnehin Wareneingänge, -ausgänge, Rechnungen, Gutschriften etc. unternehmensintern elektronisch gebucht. Dementsprechend sind nur die Kosten für den zusätzlichen Aufwand eines EDI-Systems zu berücksichtigen; das sind die Kosten für die Software-Programmierung, die in der Regel an die vorhandene IT-Struktur des Unternehmens angepasst wird. Regelmäßig dürfte der Einsatz von IV-Beratern angezeigt sein. Je mehr EDI-Datenübertragungsprotokolle verwendet werden, desto höher ist der Aufwand für die Erst-Programmierung des Einlesevorgangs. Hinzukommen die Kosten für die Hardware, die Wartung und Pflege des EDI-Systems sowie die Übertragung der EDI-Nachrichten über Telekommunikationsnetze. Jährliche Fixkosten entstehen aufgrund der Form des Betriebs sowie des Vorhaltens von Personal für die Wartung und Pflege. Mit zunehmender Menge der EDI-Nachrichten sinken allerdings die Gesamtkosten des EDI-Systems pro Nachricht.

Wer nicht über das nötige Know-how oder über eine ausreichende IT-Landschaft verfügt, um ein EDI-System einzuführen, wird sich möglicherweise eines sog. EDI-Providers bedienen. Dieser stellt dann dem Unternehmen, von dem er die Roh-Daten bezieht, sein EDI-System zur Verfügung, welches über ein gegenüber Dritten hin gesichertes Netzwerk. angeschlossen wird. Bei diesem Prinzip des „Outsourcing" von EDI-Leistungen sind dementsprechend die Kosten für den Provider zu berücksichtigen.

11.4. Nachteile

Die Kosten für die Implementierung eines EDI-Systems können insbesondere für kleinere Firmen zur Folge haben, dass erst nach längerer Zeit eine Amortisation eintritt. Dies hängt zum einen davon ab, über welche IT-Landschaft das Unternehmen bereits verfügt, zum anderen ist die Anzahl der zu übertragenden EDI-Nachrichten bedeutsam, welche bei Kleinbetrieben eher gering ausfallen dürfte. Möglicherweise werden kleinere Betriebe auch von ihren mächtigen Geschäftspartnern zur Einführung eines EDI-Systems genötigt. Es handelt sich dabei um Betriebe, deren Umsatz zum größten Teil oder ganz vom Bestellverhalten eines Geschäftspartners abhängt. Bei dieser Fallkonstellation besteht die Gefahr, ein EDI-System unter hohem Zeitdruck einführen zu müssen und deshalb die möglichen Einsparpotenziale nicht ausschöpfen zu können. In rechtlicher Hinsicht kann aufgrund des in § 26 Abs. 2 und 3 GWB enthaltenen Diskriminierungsverbots für marktbeherrschende und -mächtige Unternehmen ein Wettbewerbsverstoß zu erblichen sein, falls ein solches Unternehmen verlangt, Geschäftsvorgänge nur noch per EDI durchzuführen oder auch nur bestimmte Übertragungs- und Verschlüsselungsverfahren festlegt. Damit werden nämlich diejenigen Zulieferer ausgegrenzt, die aufgrund der hohen Investitionskosten den Einsatz von EDI scheuen. Ein Missbrauch der Nachfragemacht ist in diesem Zusammenhang durchaus denkbar. Während die öffentlichen Auftraggeber aufgrund ihrer Bindung an die VOL/A bzw. VOB/A zu einer nicht-diskriminierenden Nachfrage gehalten sind, gibt es für die Privatwirtschaft – abgesehen von denjenigen Firmen, die unter den Geltungsbereich der Richtlinie 93/38/EWG (Sektorenrichtlinie) fallen – keine entsprechenden Bestimmungen. Der Grund zur Durchsetzung von EDI-Anwendung gegenüber Lieferanten dürfte der damit verbundene Rationalisierungseffekt sein, also ein legitimes Mittel zur Einsparung von Ressourcen auch eines marktstarken Unternehmens. Ist demnach die mögliche Ausgrenzung nicht zu EDI bereiter Lieferanten kein primärer Zweck, so ist das Verhalten des marktstarken Anbieters, seine Lieferanten zu EDI zu drängen, durchaus gerechtfertigt[297].

Die strategische Bedeutung von EDI muss innerhalb der Geschäftsleitung eines Unternehmens hinreichend gewürdigt werden. Dies bedeutet, dass „von oben" klare Vorstellungen und für alle nachgeordneten Unternehmenseinheiten klare Entscheidungen bestehen müssen, EDI im Unternehmen einzuführen. Die Bereitschaft, dabei organisatorische Veränderungen in Kauf zu nehmen, muss von der obersten Geschäftsleitung „gelebt" werden. Anderenfalls besteht die Gefahr, dass die mit der Einführung des Systems betrauten IT-Abteilungen, die in der Regel organisatorisch getrennt sind von den operativen Abteilungen, nicht genügend von den operativen Einheiten unterstützt werden: schließlich greift die Implementierung eines effizienten EDI-Systems tief in die Organisationsstruktur eines Unternehmens ein, so dass insbesondere Widerstände operativer Einheiten, die um ihre Aufgaben und Führungspositionen fürchten, zu erwarten sind. In diesem Zusammenhang ist das Problem zu erörtern, EDI nicht bloß als IV-technische Anwendung zu sehen, sondern als Mittel zur Optimierung der Geschäftsprozesse unter Einschluss organisatorischer Veränderungen eines Unternehmens zu begreifen.

Ein weiterer Nachteil sind gesetzliche Regelungen (vgl. die Ausführungen zur steuerrechtlichen Problematik), die immer noch eine papiermäßige Aktenführung verlangen und auf diese Weise die Realisierung weiterer Einsparpotenziale verhindern.

Soll ein neuer Geschäftspartner an das vorhandene EDI-System angebunden werden, so sind ggf. weitere Investitionskosten erforderlich. Ferner müssen sich die Kommunikationspartner darauf einigen, welche Nachrichtentypen sie verwenden. Dies liegt daran, dass der Datenaustausch unmittelbar von einem Kommunikationspartner zum anderen erfolgt. Man spricht insoweit von einer Point-To-Point-Verbindung. Die bisherigen EDI-Standards, wie sie beispielsweise in EDIFACT implementiert sind, reichen häufig nicht für die beabsichtigten Transaktionen aus und müssen umständlich an die Bedürfnisse der Unternehmen angepasst werden.

[297] im Ergebnis auch Heun/Fritzemeyer, aaO, unter Hinweis auf BGHZ 107, 273 278 ff.)

11.5. Web-EDI

Um das beschriebene Problem der Point-To-Point-Verbindung zu lösen und insbesondere auch kleinen Unternehmen die Vorteile des EDI zu verschaffen, wurde Web-EDI entwickelt. Mit Hilfe eines Internet-Browsers greifen dabei die Lieferanten auf den Web-Server ihres Geschäftspartners zu, der über ein EDI-System verfügt. Auf dem Web-Server werden die von den Lieferanten eingegebenen HTML-Nachrichten in das EDI-Format des Geschäftspartners übersetzt. Der Vorteil für diese Unternehmen besteht darin, dass sie selbst keine Investitionen für Hard- und Software tätigen müssen, sondern ihre vorhandenen Internet-Zugänge zur EDI-Abwicklung nutzen können. Kleinere Geschäftspartner loggen sich auf dem Internet-Server des Unternehmens ein und bekommen über Bildschirmmasken die eingegangenen Nachrichten angezeigt. Diese können sie anschließend mit Hilfe von Web-Formularen bearbeiten.

Das Prinzip eines Internet-basierten Web-EDI ist zum einen das weltweite hardwareunabhängige TCP/IP-Protokoll, zum anderen der in jedem Browser grundsätzlich lesbare HTML-Standard (von etwaigen Microsoft/Netscape-spezifischen Definitionen abgesehen). Die Darstellung von Formularen bzw. Eingabefeldern auf einer Internet-Seite gehört zum HTML-Standard. Die Weiterverarbeitung der Ein- und Ausgaben erfolgt über ein sogenanntes Script auf dem Web-Server des Unternehmens. Es handelt sich dabei entweder um ein eigens dafür geschriebenes oder modifiziertes Programm (Java, Perl usw.) oder um eine in den Web-Server integrierte Schnittstelle, wie sie z. B. beim „Internet Information Server" von Microsoft standardmäßig vorhanden ist. Diese Schnittstelle muss dabei den Zugriff und die Verarbeitung von Daten in Datenbank-Managementsystemen erlauben beziehungsweise unterstützen. Eine solche Schnittstelle ist ODBC (**O**pen **D**ata**b**ase **C**onectivity), die von Microsoft entwickelt wurde. Anders als beim ASCII- oder EBCDIC-Format muss kein spezielles Programm zum Einlesen oder Ausgeben der Daten aus der Datenbank geschrieben werden; die Programme des via Internet abgefragten Unternehmens bleiben unverändert.

Soll die Eingabe in eine Datenbank des Unternehmens, welches den Web-Server betreibt, erfolgen, übersetzt das Script die Eingaben in das Formular üblicherweise in eine SQL-Datenbankanweisung. SQL (**S**tructured **Q**uery **L**anguage) ist eine Abfragesprache, die als Schnittstelle zu relationalen Datenbanken benutzt wird. SQL ist nach dem ANSI (**A**merican **N**ational **S**tandards **I**nstitute) Standard genormt und damit auf viele sogenannte relationale Datenbanken anwendbar (z .B. Oracle, Sybase, Microsoft SQL Server, Access, Ingres).

Der SQL-Befehl fügt hinzu, liest, ändert oder löscht den entsprechenden Datensatz in der SQL-Datenbank. Das Unternehmen, welches Web-EDI im Internet anbietet, muss demnach am besten über einen Web-Server mit SQL-Schnittstelle und eine SQL-Datenbank verfügen.

Der Vorteil dieses Verfahrens besteht darin, dass von einem Web-Browser aus jede beliebige SQL-fähige Datenquelle angezapft bzw. bearbeitet werden kann. Daten können über die beschriebenen Standard-Schnittstellen sowohl importieren als auch exportiert werden. Ferner können innerhalb einer einzigen Web-Anwendung Nachrichten mehrerer Kommunikationspartner angezeigt und parallel bearbeitet werden.

11.5.1. Probleme des bisherigen Web-EDI-Ansatzes

Die oben beschriebene Möglichkeit, sich mittels eines Browsers auf einem speziell für das WEB-EDI eingerichteten Web-Server einzuloggen und unter Abfrage von Zugangsdaten online seine Bestellungen zu lesen oder Rechnungen zu bearbeiten, erfordert entgegen der ursprünglichen EDI-Intention manuelles Nachbearbeiten. Schließlich muss jemand die im Web angebotenen Online-Formulare ausfüllen und elektronisch versenden. Zwar kann man auch hier mögliche Fehleingaben durch im Web-Formular integrierte Plausibilitätsprüfungen (z. B. über Java-Script) minimieren; allerdings dürfte dem Unternehmen, welches auf die Eingabe in das Formular angewiesen ist, kaum Vorteile in Form von Einsparungen erwachsen. Vorteile hat dann allein das Unternehmen, das Web-EDI in dieser Form anbietet, da es die im Formular eingegebenen Daten automatisch weiterverarbeiten kann. Der Anwender, also z. B. das kleine Unternehmen, welches die Investition in ein „echtes" EDI-Systems scheut, muss seine Bestellungen auf herkömmliche Weise bearbeiten und kann deshalb keinerlei Rationalisierungseffekte erzielen. Hinzukommen die Online-Gebühren für den Empfang der Bestellungen und die Eingabe der Daten. Je größer die Anzahl der elektronischen Belege, z. B. Lieferscheine und Rechnungen, wird, desto länger wird die aufzuwendende Online-Zeit und damit steigen die Online-Gebühren. Muss sich der Anwender in die Web-Seiten mehrerer seiner Geschäftspartner einloggen, können diese Kosten ins Unermessliche steigen. Die einzige Alternative zur automatisierten Weiterverarbeitung von Bestelldaten für z. B. einen kleinen oder mittelständischen Lieferanten, der aufgrund der Marktmacht des Nachfragers zum Einsatz von Web-EDI gedrängt wird, besteht darin, die Einlog-Vorgänge in die jeweiligen Web-Seiten der Nachfrager über geeignete Tools zu automatisieren. Die Abfrage der Web-EDI-Seiten könnte, um Zugangskosten zu sparen, nachts in der tariflich günstigsten Zeit erfolgen. Die zurückgegebenen HTML-Seiten mit den Bestellinformationen müssten allerdings dann über eigens hierzu geschriebene Programme ausgelesen und in die Datenbank des Lieferanten übernommen werden. Gibt es mehrere Nachfrager, die ihre Web-Bestellungen in unterschiedlichen Formaten darstellen, hat der Lieferant das Problem, für jeden Web-EDI-Auftritt ein eigenes Abfrageprogramm schreiben zu müssen.

Der bisherige Web-EDI-Ansatz erfüllt demnach nicht oder nur sehr eingeschränkt die mit EDI angestrebten Vorteile.

11.5.2. Entwicklung eines Internet-basierten EDI

Die technische Globalität des Internets aufgrund seines hardwareunabhängigen Protokolls und die damit bestehende offene Kommunikationsstruktur ist ein wesentlicher Faktor, der die Weiterentwicklung von EDI beeinflusst. Insbesondere wird das Internet in zunehmendem Maße als Transportmedium für EDI-Daten eingesetzt. Im wesentlichen bestehen folgende Ansätze:

11.5.2.1. EDI-Mail

Beim EDI-Mail wird der bisherige über den X.400-Standard praktizierte EDI-Datenaustausch durch den E-Maildienst des Internets ersetzt. Mit Hilfe spezieller E-Mail-Module lassen sich zu fest vorgegebenen Zeiten EDI-Nachrichten automatisch vom Mail-Server abholen und weiterverarbeiten. Das EDI-Datenformat bleibt – wie zwischen den Kommunikationspartnern vereinbart – unverändert. Lediglich der Datentransport ändert sich. Aufgrund der im Internet generell bestehenden Sicherheitsprobleme empfiehlt es sich, die zu übertragenden EDI-Daten zu verschlüsseln, d. h. geeignete Sicherheitsprotokolle einzusetzen. Der notwendige Einsatz von Verschlüsselungsverfahren, auf die sich die EDI-Kommunikationspartner einigen müssen, wirkt unter Umständen als Hemmnis, diesen Weg zu beschreiten. Gleichwohl ist die Übertragung per Internet kostengünstiger, als die Datenverbindung über den X-400-Standard.

11.5.2.2. EDI via Internet (EvI)

Beim EDI via Internet (EvI) werden diejenigen Daten, die in das vereinbarte EDI-Format konvertiert werden müssen, auf einen zentralen Server ausgelagert. Beispielsweise stellt ein großes Nachfragerunternehmen einen EvI-Server im Internet zur Verfügung und legt dort seine Bestellungen für die ihm bekannten Lieferanten ab. Dabei muss allerdings sichergestellt werden, dass nur die angesprochenen Lieferanten Zugriff auf die entsprechenden Web-Seiten haben, was wiederum die Erfüllung bestimmter Sicherheitsmerkmale voraussetzt. Mit Hilfe einer speziell für diesen Zweck geschriebenen und den Lieferanten zur Verfügung gestellten Software können diese ihre Bestellungen in einem automatisierten Verfahren abholen und weiterverarbeiten. Um die EDI-Einsparpotenziale voll auszuschöpfen, empfiehlt sich dabei die Weiterverarbeitung ohne zusätzlichen manuellen Aufwand. Die Bearbeitung der auf dem EvI abgelegten Bestellungen erfolgt offline, d. h. im Gegensatz zum Web-EDI braucht der Lieferant keine permanente Internet-Verbindung. Nach der Bearbeitung können handelsübliche Auftragsbestätigungen, Lieferscheine und Rechnungen der Lieferanten wiederum auf dem EvI-Server abgelegt werden. Denkbar ist auch die Lösung, dass die vom Bedarfsträger auf dem EvI-Server abgelegten Bestellungen nach der Konvertierung ins EDI-Format auf eine E-Mailbox des Lieferanten verschickt und von dort aus mittels Software ausgelesen und weiterverarbeitet werden (Abbildung 11.5.2.2).

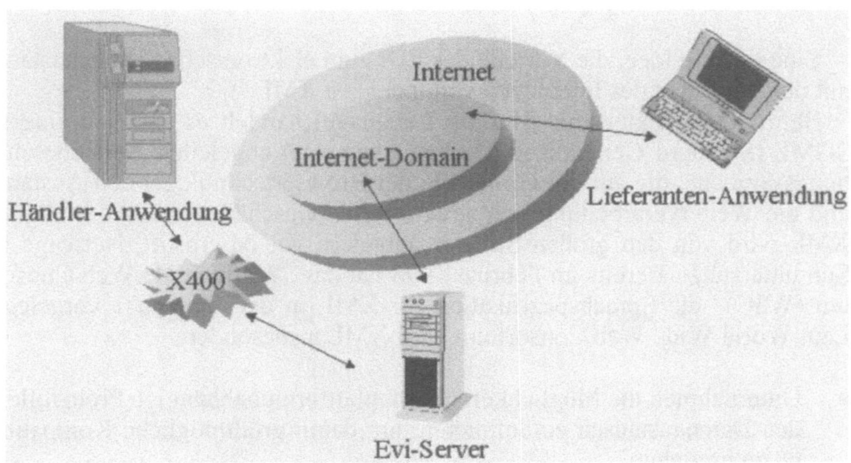

Abbildung 11.5.2.2

Gegenüber herkömmlichen Web-EDI-Lösungen haben die Lieferanten den Vorteil, dass sie mit Hilfe der vom Bestellerunternehmen bereitgestellten Software ohne eigenes EDI-Know-How Daten vom EvI-Server herunterladen und wieder aufspielen können. Da die Konvertierung der ein- und ausgehenden Daten auf dem EvI-Server erfolgt, muss der Lieferant kein eigenes EDI-Know-How aufbauen. Die Offline-Bearbeitung spart zudem Verbindungskosten.

Damit EvI überhaupt funktioniert, muss das Bestellerunternehmen über eindeutige Lieferantenstammdaten verfügen. Schließlich basiert die eingesetzte und den Lieferanten zur Verfügung gestellte Software auf einer Datenbank, die alle erforderlichen Daten (Adressdaten, Bankverbindungen, vereinbarte Zahlungsbedingungen etc.) enthält. Dass zudem aufgrund der persönlichen Dateninhalte Schutzregeln beachtet und entsprechende Sicherheitsmechanismen eingebaut werden müssen, ist selbstverständlich. Die Eindeutigkeit der Lieferantenstammdaten kann dann zum Problem werden, wenn Geschäftspartner des Bestellunternehmens über mehrere interne Organisationseinheiten verfügen (Zweigstellen, Niederlassungen etc.), welche separat z. B. aus finanzbuchhalterischen Gründen in der Lieferantendatenbank geführt werden. Hier muss das Bestellerunternehmen durch eine gezielte Nachpflege sicherstellen, dass mehrere Niederlassungen eines Lieferanten zum Zwecke von Auswertungen auch genau diesem Lieferanten zugeordnet werden können. Auch muss das Bestellerunternehmen auf eine eindeutige unverwechselbare Schreibweise der Lieferantennamen achten; unterschiedliche Schreibweisen, z. B. „Siemens AG“, „Siemens AG, München“. „SAG“, „Siemens“ usw. führen zu Verwirrungen und Datenfehlern. Hier ist der Name, der im Handelsregister eingetragen ist, die brauchbarste Lösung; dieser befindet sich zumeist auf den Geschäftsbriefen. Bei Beachtung der Datengüte kann sowohl der Lieferant sicher sein, dass er vom EvI-Server brauchbare Daten erhält, als auch das Bestellerunternehmen, das umgekehrt auswertbare Daten zurückbekommt.

11.5.2.3. XML und EDI

Eine weitere Idee, die Vorteile des EDI zum elektronischen Datenaustausch mit den Vorteilen des Internet zu verbinden, ist XML:

Beim XML (**Ex**tensible **M**arkup **L**anguage) handelt es sich um eine von SGML (**S**tandard **G**eneralized **M**arkup **L**anguage) abgeleitete Seitenbeschreibungs-Sprache, die auf der Grundlage der Browsertechnologie den Austausch und die Weiterverarbeitung von strukturierten Geschäftsvorfällen ermöglicht. XML wird von den großen Softwareanbietern wie Microsoft, Netscape und Sun unterstützt. Bereits im Februar 1998 hat das „World Wide Web Consortium (W3C)" die Sprachspezifikation für XML in der Version 1 vorgelegt[298]. Laut World Wide Web Consortium wird XML insbesondere

- Unternehmen die Möglichkeit geben, plattformunabhängige Protokolle für den Datenaustausch zu definieren, um damit größtmögliche Kompatibilität zu erreichen,
- Informationen für sogenannte „Intelligente Agenten" zur Verfügung stellen, die eine automatisierte Weiterverarbeitung der durch die intelligenten Agenten bereitgestellten Daten ermöglichen,
- allen Nutzern die Verarbeitung von Daten mit kostengünstiger Software erleichtern,
- allen Nutzern die gewünschte Darstellung der Daten ermöglichen
- effizientere Suchfunktionen durch sogenannte Metadaten (Daten über Daten) bereitstellen.

Normalerweise werden mit Hilfe der sogenannten Auszeichnungssprache HTML (**H**ypert**ext** **M**arkup **L**anguage) Schriftarten definiert, Überschriften, Fußnoten, Kursiv- oder Fettschrift verwendet und Möglichkeiten geschaffen, die online abgerufenen Dokumente inhaltlich und visuell zu gestalten. Ferner werden Text, Grafik und andere Multimedia-Elemente durch bestimmte Anweisungen (Tags) eingebunden[299].

Ähnlich wie HTML die hardwareunabhängige Darstellung von Web-Seiten im Internet und Intranet ermöglicht, ist XML ein universelles Datenformat zur Darstellung nahezu aller Formatierungsmerkmale. Struktur und Inhalt eines Dokuments können dabei so präzise beschrieben werden, dass diese Informationen zusammen mit dem eigentlichen Dokumentinhalt übertragbar sind. Normalerweise enthält ein Internet-Dokument, gleichgültig ob es sich um ein Text-, Datenbank- oder Grafikdokument handelt, im sogenannten Dateikopf (Header) die Information darüber, welchen Dokumenttyp (Text, Daten oder Grafik) es repräsentiert. Eine Web-Seite enthält im Dateikopf – hier die erste Zeile des Quellcodes – immer die Anweisung „<HTML>". Anschließend werden bestimmte Parameter wie Titel, stilistische Angaben, Suchangaben, Autor, oder zu verarbeitenden Scripte definiert. Über sogenannte „TAGS" (Web-Befehle) wird die Struktur einer Web-Seite definiert; beispielsweise wird Fließtext angelegt, Zeilenschaltungszeichen werden eingeführt, Tabellen

---

[298] vgl. http://www.w3.org/TR/R1EC-xml

[299] vgl. Sprachenübersicht bei http://www.uni-koblenz.de/~www/sprachen/beschreibung.html

definiert und Grafiken eingebunden. HTML wurde bereits 1989 von Tim Berners-Lee am Forschungszentrum der Europäischen Organisation für Kernforschung (CERN) entwickelt und ist eigentlich eine reine Präsentationssprache also eine Sprache zur Anzeige von Dokumenten[300]. Die Definitionen in HTML beziehen sich somit lediglich auf das äußere im Browser dargestellte Erscheinungsbild einer Web-Seite; versucht man z. B. Inhalte einer solchen Seite in eine Datenbank einzulesen, scheitert man an den in einer solchen HTML-Seite fehlenden Felddefinitionen. Es ist nicht möglich, in HTML eigene Tags zu definieren, so dass man auf die für die jeweils gängige HTML-Version (z. Z. 4.0) definierten Tags angewiesen ist.

Mit Hilfe von XML wird hingegen der Inhalt der Web-Seite definiert. Auf diese Weise lassen sich gezielt Datenbankfelder mit ihren Parametern (Feldname, Feldtyp, Feldlänge, Anzahl Dezimalen usw.) ansprechen. Ohne dass beim Datenaustausch eine aufwendige Konvertierung oder gar eine Implementierung in die eingesetzten Programme erforderlich ist, können auf diese Weise z. B. Bestellungen generiert oder eine Anbindung an das Warenwirtschafts- bzw. Buchhaltungssystem realisiert werden. Den auszutauschenden Daten werden alle zu ihrer Weiterverarbeitung notwendigen Informationen mitgegeben; das zur Auswertung eingesetzte Programm „weiß“ damit genau, ob es sich um reine Textdaten oder ein Bild oder um Datenbankdaten handelt.

Beispiel:

HTML (ohne Dateikopf)	**XML (ohne Dateikopf)**
<TABLE> <TR> <TH>Name</TH> <TH>Plz</TH> <TH>Ort</TH> </TR> <TR> <TD>Mustermann</TD> <TD>12345</TD> <TD>Musterstadt</TD> </TR> </TABLE>	 <NAME>Mustermann</NAME> <PLZ>12345</PLZ> <ORT>Musterstadt</ORT>

In diesem Beispiel wird deutlich, dass XML die Feldnamen „NAME“, „PLZ“ und „ORT“ eigens in der Web-Seite definiert. Auf diese Weise kann ein Programm, das nach diesen Feldinhalten sucht und die Datenbankdefinition kennt, unmittelbar die Inhalte „Mustermann“, „12345“ und „Musterstadt“ auswerten.

Im Gegensatz zu HTML enthält XML keinerlei Layoutdefinitionen (die HTML-Anweisung <TABLE> bestimmt die Anzeige der Inhalte in Tabellenform). Die Layouts werden in sogenannten Formatvorlagen festgelegt, für die

[300] vgl. http://xml.cnec.org/center/Booklet.pdf

es wiederum eine eigene Beschreibungssprache, das XSL (**E**x**t**ensible **S**tyle **L**anguage) gibt. Auch bei HTML-Seiten ist es möglich, über sogenannte CSS-Style-Sheets Formate zu definieren. Für XML ist dies vorgeschrieben. Der Vorteil besteht darin, unabhängig vom Inhalt für jedes Ausgabemedium ein bestimmtes Layout festlegen zu können. Sogenannte XSL (Extensible Style Sheet Language)-Parameter sorgen für die Formatierung der XML-Dokumente. Mit Hilfe von XSL lassen sich zudem aus XML-Dokumenten HTML-Seiten erzeugen, was für eine browser-kompatible Anzeige von Bedeutung sein kann. In einer weiteren Datei wird die Strukturbeschreibung eines XML-Dokumentes über eine Dokument Type Definition (DTD) definiert. Die DTD enthält somit die einsetzbaren Befehle und deren zusätzliche Optionen. DTDs werden nicht für jedes einzelne Dokument neu geschrieben, sondern für eine Klasse von Dokumenten verwendet. Eine solche Klasse ist z. B. ein Bestell- oder Rechnungsformular, welches eine durchgängige Struktur aufweist, um die eingegebenen Felder nicht nur korrekt anzeigen, sondern auch auswerten zu können.

Sogenannte Inhaltsverknüpfungen (XLL) und Datenmodelle (UML) runden die fertige XML-Anwendung ab, um insbesondere Datenbankinhalte austauschen zu können. Das XML-Sprachkonzept besteht demnach aus den Elementen „Inhalt", „Struktur" und „Formatierung"; äußerlich unterscheiden sich XML-Dokumente in der Browser-Ansicht kaum oder gar nicht von HTML-Dokumenten.

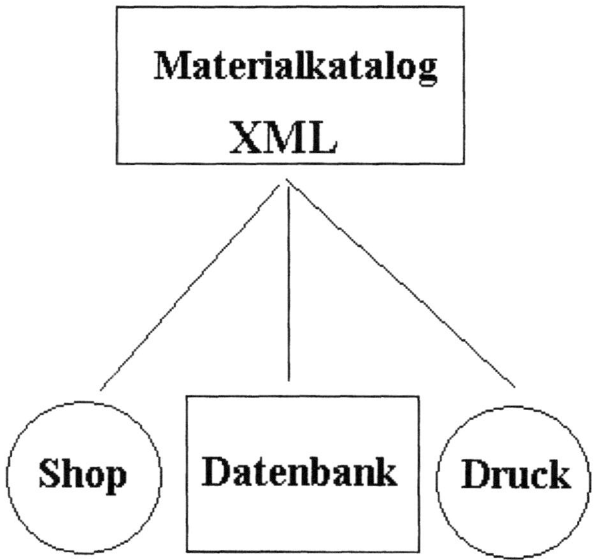

Abbildung 11.5.2.3: Schema einer XML-Anwendung

Anhand eines einfachen Beispiels (Abbildung 11.5.2.3) wird der Anwendungsbereich für XML klar: Angenommen, ein Unternehmen hat seinen Materialkatalog durchgängig im XML-Format dargestellt. Damit ist es möglich, sowohl einen Shop im Internet zu betreiben, der im Falle der Bestellungen auf diesen Materialkatalog zugreift, als auch Datenbanken mit auswählbaren Inhalten aus dem Materialkatalog zu versorgen. Natürlich ist auch ein Ausdruck bestimmter Materialinformationen möglich. Der wesentliche Vorteil besteht nun darin, dass die geschilderten Anwendungen – Shop, Datenbank und Druckanwendung – keine Konvertierung mehr vornehmen müssen, weil alle erforderlichen Parameter im XML-Standard bereits vorliegen.

Mitentscheidend für die Marktdurchdringung von XML ist die Fähigkeit der gebräuchlichen Browser, XML-Dateien anzeigen zu können[301]. Bereits der Internet-Explorer ab Version 5.0 beherrscht zumindest in Grundzügen die neue Seitenbeschreibungssprache XML; mit Version 5.5 ist die Darstellung von XML-Seiten wesentlich verbessert worden. Auch der neue Netscape 6.0 soll XML-Seiten darstellen können[302]. Auch Office 2000 von Microsoft enthält bereits ein Datenformat mit integrierten XML-Abschnitten. Man kann demzufolge davon ausgehen, dass bereits jetzt Anwender XML-Dateien ohne den Einsatz zusätzlicher Software vollständig bearbeiten können. Da die XML-Dateien datentechnisch mit jedem Texteditor bearbeitet werden können, ist vom Prinzip her die Erstellung eigener auf die Bedürfnisse des Anwenders abgestellter Formate (DTD) in XML möglich. Auf der anderen Seite müssen sich dann die Kommunikationspartner wiederum auf diese Formate, genauer gesagt, auf die dort verwendeten „Tags" verständigen. Im Gegensatz dazu enthält EDIFACT einen weltweit und branchenübergreifend eingesetzten Standard, der – einmal in ein Unternehmensnetzwerk integriert – dauerhaft funktioniert. Der Geschäftsdatenaustausch über XML muss demgegenüber genau definiert werden; möglicherweise existieren unzählige Datenformate bei denjenigen Unternehmen, die bereits XML anwenden. Auf der anderen Seite kann ein Unternehmen via XML leicht etwa geänderte Geschäftsabläufe anpassen: die XML-Dateien sind ohne Eingriff in das Unternehmensnetzwerk änderbar, während hingegen bei EDIFACT umfangreiche Programmierungen erforderlich sind. Bei XML müssen sich die Kommunikationspartner über Struktur und Inhalte der auszutauschenden Nachrichten einigen und eigene Formate (DTD) erstellen. Nur wenn zwischen den XML-Partnern Einigkeit über die genutzten Tags und DTDs besteht, kann eine korrekte Interpretation sowie Weiterverarbeitung der Daten stattfinden. Der Hauptmangel bei XML besteht somit in der fehlenden Normierung der XML-Anweisungen (Tags).

Mit dieser Problematik hat sich die „Arbeitsgruppe für die Vereinfachung internationaler Handelsverfahren", seit März 1997 neuorganisiert in CEFACT (**Ce**ntre for **F**acilitation of Procedures and Practices for **A**dministration, **C**ommerce and **T**ransport) befasst und schlägt vor, die bestehende Semantik von EDIFACT-Segmenten und Datenelement-Identifiern bei der Nutzung von XML für den unternehmensübergreifenden Datenaustausch durch XML-Anweisungen zu ersetzen[303]. Sie ist Teil des Gremiums der Vereinten Nationen für Handelserleichterung und elektronischen Handel und hat sich mit der Organisation für den Ausbau strukturierter Informationen (OASIS) zusammengeschlossen, um ein weltweites Projekt zur Standardisierung von XML-

[301] Beispiele vgl. http://www.hiz.de/xml/XML_browser.htm
[302] Übersicht vgl. http://xml.cnec.org/center/tools/browser.html
[303] vgl. http://www.e-gateway.de/dedig/unece_empfehlungen.cfm

Handelsspezifikationen ins Leben zu rufen. Im wesentlichen gibt es zwei Ansätze, um die gewünschte weltweite Interoperabilität zu erreichen: zum einen lassen sich Formatdefinitionen (DTD), die einem bestimmten Industriestandard entsprechen, zur Verfügung stellen, so dass grundsätzlich jeder, der in seinem XML-Dokument diese DTDs nutzt, von der Weiterverarbeitbarkeit ausgehen kann. Die zweite, von CEFACT favorisierte Lösung ist die Bereitstellung „fertiger" XML-Tags.

Wichtig ist in diesem Zusammenhang, dass nicht jeder Geschäftspartner eigene XML-Tags für Geschäftsvorfälle definiert, sondern dass über das Internet abrufbare, allgemein zugängliche XML-Tags zur Verfügung stehen. Ähnlich wie es bei HTML ein gemeinsames Gerüst von Tags gibt, sollen die standardisierten XML-Tags für möglichst viele Geschäftsvorfälle verwendbar sein. EDIFACT-Segmente werden durch XML-Tags übersetzt. Dabei sollen alle EDIFACT-Komponenten mit XML-Tags dargestellt werden können. . Unter anderem veröffentlicht OASIS die aktuellen Ergebnisse der Standardisierungsbemühungen[304]. Den Bedarf nach XML-Lösungen machen sich auch sogenannten XML-Provider zunutze. Unter anderem hat die Fa. Documentum für den B-to-B-Bereich am 05.12.2000 die erste XML-Content-Management-Plattform zum Austausch von B-to-B-Daten angeboten[305].

XML bringt jedoch nicht nur Vorteile für den Datenaustausch im Rahmen von B-to-B-Commerce; er werden auch weitere Nutzenpotenziale ausgeschöpft: Durch die Darstellung aller zum Verarbeiten eines Dokuments notwendigen Informationen muss nicht der Server des Dokumenterstellers, sondern das Anwendungsprogramm des Nutzers das Dokument auswerten. Das heißt, der XML-fähige Browser übersetzt mit Hilfe sogenannter „Plug-ins" (z. B. Java) lokal am PC des Anwenders die über das Internet übermittelte XML-Datei und zeigt sie im Browser an. Die Netzlast wird damit vom Server auf den Anwender (Client) verlagert; die Übersetzung der XML-Daten in ein anzeigefähiges Format erfolgt also nicht „im Netz" und führt daher zu einer Entlastung. Hinzukommt, dass die XML-Dateien eine relativ geringe Dateigröße aufweisen; schließlich handelt es sich im Wesentlichen um ASCII-Dateien. Ein weiterer Vorteil ist die flexiblere Anzeige der in einem XML-Dokument enthaltenen Dateiinformationen: je nach Nutzerwunsch können die konkret geforderten Teile eines Dokuments dargestellt werden, also z. B. nur eine Grafik. Auch eine flexible Sortierung der Daten ist innerhalb eines XML-Dokuments möglich.

XML-Dokumente können zudem die Suche nach dem gewünschten Inhalt erleichtern: während normalerweise in HTML-Dokumenten Suchbegriffe ohne inhaltlichen Zusammenhang ausgewertet werden, so dass auch Boole´sche Verknüpfungen (UND, ODER, UND-NICHT) zu merkwürdigen Ergebnissen führen, lässt sich die Bedeutung von Begriffen in XML-Dokumenten hinterlegen. Es ist demnach möglich, in einem XML-Dokumente sogenannten „Deskriptoren" (Beschreibewörter, *lat. describere*=beschreiben) zu hinterlegen, die gezielt von Suchmaschinen oder intelligenten Agenten angesprochen werden können.

---

[304] vgl. http://www.xml.org/xmlorg_news/index.shtml

[305] vgl. http://www.documentum.com

Praktische Bedeutung der XML-Standards für den B-to-B-Verkehr hat insbesondere die Konvertierung von unternehmensinternen Datenbankinhalten in XML-Dokumente. Beispielsweise dürften im Einkauf eines Unternehmens Materialstämme in Datenbanksystemen abgelegt sein. Handelt es sich dabei um SQL-Datenbanken, so ermöglicht z. B. die Software QORX die Konvertierung der Ergebnisse einer SQL-Abfrage in eine XML-Datei, welche dann wiederum in einem automatisierten Verfahren vom Anwender ausgelesen werden kann[306].

Eine Lösung zum Austausch von Geschäftsdokumenten via XML ist das „Extensible Data Interchange"-Konzept: Dabei werden sogenannte „Inhouse"-Datenbank-Strukturen in das XML-Format konvertiert. Über Java erfolgt der Zugriff auf die Datenbank, die natürlich zur Java-Schnittstelle kompatibel sein muss. Die Geschäftsdokumente werden über das Internet unter Einschluss von Sicherheitsmechanismen übertragen. Zurzeit wird die Einbindung von ständigen Geschäftspartnern via Extranet, also einem speziell per Firewall usw. abgesichertes Internet, auf welches nur die ausgewählten Geschäftspartner Zugriff haben, empfohlen[307]. Die Dresdner Bank z. B. bietet ihren Firmenkunden einen elektronischen Rechnungsversand an, der über das Extranet „x.net" der aus der Lufthansa Air Plus hervorgegangenen Seals GmbH in Frankfurt erfolgen soll. Dabei können sich die Firmen XML-Rechnungen zusenden, ohne ihre Finanzbuchhaltungssysteme zueinander anpassen zu müssen. Die Rechnungsbearbeitung erfolgt dann entweder via Browser oder in einem weiteren Schritt vollautomatisch[308].

11.6. Rechtsprobleme bei EDI-Vereinbarungen

Die mittlerweile gefundenen Lösungen auf dem Gebiet des elektronischen Datenaustausches zwischen Unternehmen sind bestechend, ermöglichen sie doch für beide Kommunikationspartner (z. B. Besteller, Lieferant) erhebliche Kostenvorteile. Auf der anderen Seite bestehen – wie bei allen elektronischen Transaktionen auch – Rechtsunsicherheiten hinsichtlich der Gültigkeit der Dokumente, der Sicherheit der Datenübertragung und der Haftung, falls etwas schief geht. Es empfiehlt sich daher aus Gründen der Rechtssicherheit beim Einsatz von EDI – gleich welcher Ausprägung (EDIFACT, Web-EDI, XML-EDI usw.) Vereinbarungen zwischen den beteiligten Unternehmen abzuschließen. Solche sogenannten Austauschvereinbarungen haben im Wesentlichen folgende Zwecke zu erfüllen[309]:

- Steigerung der gerichtlichen Durchsetzbarkeit von EDI-Transaktionen
- Verringern von Verwechselungen und Missverständnissen
- Aufteilung der Haftung
- Definition von Datensicherheitsvorschriften

[306] vgl. http://www.griffinbrown.co.uk/qorx.html

[307] vgl. http://xml.cnec.org/center/Booklet.pdf, S. 40 mit weiteren Beispielen

[308] vgl. http://www.golem.de/0007/8698.html

[309] vgl. Ian Walden, EDI-Austauschvereinbarungen, CR 1994, 1-13

- Erstellung von Schulungs- und Implementationswerkzeugen.

Tatsächlich existieren im internationalen Bereich für das klassische EDI sogenannte „Standard-Austauschvereinbarungen; hervorzuheben sei hier der deutsche EDI-Rahmenvertrag, der in einem Arbeitskreis der „Arbeitsgemeinschaft für wirtschaftliche Verwaltung e. V., Eschborn" unter Beteiligung von Unternehmen, Verbänden, Ministerien und Wissenschaftlern im Mai 1994 verabschiedet wurde[310], das „Standard Interchange Agreement", das in der Britischen EDI-Vereinigung zur Anwendung kommt, das Trading Partner Agreement der American Bar Association (Amerikanische Anwaltsvereinigung) sowie insbesondere die Empfehlung der Kommission vom 19. Oktober 1994 über die rechtlichen Aspekte des elektronischen Datenaustausches[311].

Gemäß Art. 3 Ziff. 3.1 der Empfehlung verzichten die Vertragsparteien dabei ausdrücklich darauf, *„die Gültigkeit eines gemäß den Bedingungen der Vereinbarung mit Hilfe von EDI abgeschlossenen Vertrags lediglich mit der Begründung anzufechten, dass er mit Hilfe von EDI abgeschlossen wurde."* Dies bedeutet, dass noch vor Inkrafttreten des neuen Signaturgesetzes eine rechtsverbindliche Vereinbarung per EDI zwischen Geschäftspartnern möglich sein soll. Art. 4 der Empfehlung lässt EDI-Nachrichten als Beweismittel vor Gericht zu, sofern *„kein gegenteiliger Beweis erbracht wird"*. Damit enthalten diese Bestimmungen sowohl eine Qualifizierung von mittels EDI geschlossenen Verträgen, als auch eine Beweisvereinbarung, bei welcher eine EDI-Nachricht unabhängig davon, ob die prozessrechtlichen Voraussetzungen vorliegen, als zumindest urkundsähnliches Beweismittel definiert wird. Regelmäßig dürften EDI-Nachrichten, die vollständig elektronisch generiert werden sollen, keine Urkunden i. S. d. § 416 ZPO (Privaturkunde) darstellen, weil ihnen die eigenhändige Unterschrift des Ausstellers fehlt. Man könnte angesichts der Regelungen des neuen Signaturgesetzes und seiner Änderungsbestimmungen davon ausgehen, dass zumindest für den Fall der qualifizierten digitalen Signatur von EDI-Nachrichten ein nur schwer zu erschütternder Anscheinsbeweis hinsichtlich der in den EDI-Nachrichten enthaltenen Tatsachen gesehen werden kann. Dies setzt jedoch voraus, dass die EDI-Partner sich über ein einheitliches digitales Signaturverfahren geeinigt haben und im Besitz der jeweiligen öffentlichen Schlüssel sind. In technischer Hinsicht könnten durchaus EDI-Nachrichten in einem automatisierten Verfahren mit der qualifizierten Signatur eines Unternehmens versehen werden. Die Implementierung eines solchen Verfahrens ist jedoch aufwendig und lohnt sich nur dann, wenn möglichst viele EDI-Partner die gleichen Signaturverfahren anwenden. Fraglich ist nun, ob eine derartige, von der EU-Kommission empfohlene Klausel auch ohne digitale Signatur erzeugte EDI-Nachrichten zu gerichtsrelevanten Beweismitteln machen darf: Bei dieser Urkundsklausel soll der angesprochene Adressat die äußere Beweiskraft des Dokuments nicht in Frage stellen[312]. Ferner soll die Vollständigkeit und Richtigkeit des Dokuments vermutet werden (= Anscheinsbeweis). Zunächst ist die Frage zu stellen, ob

---

[310] http://www.awv-net.de/schriften/I-10548.html

[311] Richtl 94/820/EG, http://europa.eu.int/eur-lex/de/lif/dat/1994/de_394X0820.html

[312] vgl. Thomas Hoeren, Beweiskraft in EDI-Vereinbarungen, CR 1995, 513 – 518

ein Gericht aufgrund derartiger Klauseln gezwungen werden kann, EDI-Nachrichten im Streitfall als zumindest urkundsähnliche Dokumente anzuerkennen. Man spricht insoweit auch von einer prozessualen Wirkung derartiger Austauschvereinbarungen. Teilweise wird die Auffassung vertreten, in Deutschland sei die Zivilprozessordnung (ZPO) sogenanntes nicht-dispositives Recht und damit Abänderungen durch Dritte, insbesondere Vertragsparteien entzogen. Was die ZPO nicht regele, könne auch nicht per Parteivereinbarung hineininterpretiert werden[313]. Die Gegenansicht stellt auf den Grundsatz „erlaubt ist, was nicht ausdrücklich verboten ist" ab und meint, Parteien könnten den Grundsatz der freien Beweiswürdigung nur insoweit beschränken, wie es ihnen während des Verfahrens aufgrund der Verhandlungs- und Dispositionsmaxime möglich ist. Letztere bedeute schließlich, dass nur dasjenige vor Gericht verhandelt werde, was von den Parteien vorgetragen wird. Diese Auffassung ist zwar im Kern richtig, verkennt jedoch, dass zwar die Tatsachen, die vor Gericht verhandelt werden, der Disposition der Parteien unterliegen, nicht aber der Typus der Beweismittel. Die Beweismittel (Urkundsbeweis, Sachverständigenbeweis, Zeugenbeweis etc.) sind in der ZPO abschließend geregelt. Das Gericht bestimmt anhand objektiver Kriterien, wie ein Beweisangebot unter eines der Beweismittel einzuordnen ist. Wird beispielsweise ein Schriftstück zum Beweis einer Tatsachenbehauptung vorgelegt, prüft das Gericht, ob es sich dabei um eine Urkunde handelt. Selbst wenn eine Partei behauptet, eine Urkunde vorlegen zu können, obliegt die Wertung hinsichtlich der Urkundsqualität allein dem Gericht. Nach dem Beibringungsgrundsatz legt zwar die betreffende Partei ein Beweismittel vor; die *Prüfung* dieses Beweismittels ist jedoch allein Aufgabe des Gerichts. Folglich kann eine Austauschvereinbarung, welche die Anerkennung von EDI-Nachrichten durch die Vertragsparteien beinhaltet, keine prozessuale Verpflichtung des Gerichts beinhalten.

Fraglich ist jedoch, welche materiell-rechtlichen Wirkungen eine derartige Beweisvereinbarung entfalten kann; dabei ist Ausgangsbasis die Rechtsnatur derartiger Klauseln. Die Auffassung, eine Beweisvereinbarung einem sogenannten deklaratorischen Schuldanerkenntnis gleichzustellen mit der Wirkung, Einwände des Anspruchsgegners auszuschließen, verkennt, dass es lediglich darum geht, die Art und Weise des eingelegten Beweismittels festzuschreiben. Die Inhalte der etwaigen Einwände werden gerade nicht angesprochen. Gleichwohl sind Beweisvereinbarungen sogenannten Schuldanerkenntnissen durchaus ähnlich, weil sie ohne Bezug auf das eigentliche Rechtsgeschäft (z. B. einen Kaufvertrag) die abstrakte Anerkennung eines Beweismittels regeln. Deshalb wird unter analoger Anwendung des § 780 BGB beim Abschluss von Beweisvereinbarungen die Einhaltung der Schriftform gefordert, weil nur so der Schuldner vor Übereilung geschützt sei.. Unter diesem Gesichtspunkt wären Beweisklauseln in elektronisch geschlossenen EDI-Austauschverträgen gar nicht möglich. Der Schriftformgedanke des § 780 BGB dient jedoch nicht dem Schutz des Schuldners, sondern der Schaffung klarer Beweisverhältnisse[314]. Ein wesentliches Problem von Beweisklauseln in

[313] vgl. Nachweise bei Hoeren, Beweiskraft in EDI-Vereinbarungen
[314] vgl. Hoeren, aaO

EDI-Austauschvereinbarungen ist jedoch deren möglicherweise fehlende Bestimmtheit: die gewünschte Beweiswirkung soll nämlich für eine Vielzahl von zum Zeitpunkt des Vertragsschlusses noch nicht bekannten EDI-Vereinbarungen eintreten. Sieht man in der Anerkennung dieser Beweisklausel einen im voraus erklärten Verzicht auf Verfahrensrechte, so stellt dies einen Verstoß gegen den in Art. 103 Abs. 1 GG statuierten Anspruch auf rechtliches Gehör dar. Ein pauschaler Verzicht auf Beweismittel ist demnach nicht zulässig; der Verzicht muss sich vielmehr auf ein konkretes Verfahren und einen konkreten Verfahrensgegenstand beziehen[315]. Sofern dem Betroffenen die Möglichkeit genommen wird, Einwendungen gegen den Beweiswert von elektronischen Dokumenten vorbringen zu können, stellt dies einen Verstoß gegen Art. 103 Abs. 1 GG dar. Es wird daher die Auffassung vertreten, derartige Beweisvereinbarungen seien unzulässig, weil im Streitfall der Gegner die Echtheit der vorgelegten anzuerkennenden Beweismittel nicht anzweifeln dürfte. Auf der anderen Seite beziehen sich Urkundsklauseln in EDI-Austauschvereinbarungen auf genau festgelegte EDI-Nachrichten. Zwar werden in der Tat zum Zeitpunkt des Vertragsschlusses noch keine Inhalte dieser EDI-Nachrichten, also z. B. Höhe der Rechnung, Anzahl der Artikel usw. definiert; die Struktur der EDI-Nachrichten ist jedoch aufgrund der zwischen den Parteien vereinbarten Standards fixiert oder bezieht sich auf die oben beschriebenen internationalen Standards. Aufgrund der Strukturdefinition der EDI-Nachrichten wissen beide Parteien sicher, von wem das betreffende elektronische Dokument stammt, sofern auf dem Übertragungsweg keine Fälschung seitens Dritter eingebaut oder der Empfänger über die Identität der EDI-Nachricht getäuscht wurde. Die nach der Empfehlung der EU-Kommission ausgesprochene Beweisklausel könnte daher dahingehend ausgelegt werden, dass zumindest dann, wenn die Authentizität des Ausstellers einer EDI-Nachricht feststeht, dieses elektronische Dokument inhaltlich nicht mehr angezweifelt werden kann. Umgekehrt bedeutet dies, dass in jedem Fall der Einwand verbleibt, beim Vorliegen von Anhaltspunkten die Authentizität der in Frage gestellten EDI-Nachricht gerichtlich überprüfen zu können[316].

Nach Art. 3 Ziff 3.2 stellen die Parteien die Gültigkeit der EDI-Vereinbarung länderübergreifend sicher; nach Ziff. 3.3 kommt der EDI-Vertrag durch die Annahmeerklärung zustande, die auf elektronischem Wege zugehen darf. Im Falle einer auf dem Datenübertragungswege erfolgten Verstümmelung der Daten stellt sich die Frage, ob die beim Absender noch richtige Erklärung wirksam und rechtzeitig beim Empfänger zugegangen ist. Ist es z. B. für den Empfänger zumutbar, die verstümmelt eingegangene Rechnung zu rekonstruieren, so wird teilweise ein Zugang unter dem Gesichtspunkt von Treu und Glauben angenommen. Die Zugangsfiktion kann im Falle von elektronischen Rechnungen wegen des Zahlungsziels und des damit verbundenen Fristbeginns erhebliche finanzielle Folgen nach sich ziehen. Vielfach ist dies aus technischen Gründen gar nicht möglich; auch wird man im Nachhinein schwer feststellen können, ob die EDI-Nachricht zu dem Zeitpunkt, an dem sie

---

[315] Hoeren aaO

[316] im Ergebnis so auch Wolfgang Fritzemeyer /Sven-Erik Heun, Rechtsfragen des EDI (I), CR 1992, 129 – 133, 131

den Server des Absenders verlassen hat, noch in Ordnung war. Das BGB kennt für Beförderungsprobleme bei Annahmeerklärungen die Regelung des § 149 BGB: danach muss der Antragende die Verspätung der aufgrund von Beförderungsmängeln eingegangenen Annahmeerklärung dem Annehmenden gegenüber anzeigen, wenn er erkennen musste, dass die Annahmeerklärung ihm bei regelmäßiger Beförderung rechtzeitig zugegangen wäre. Im Falle der Verzögerung der Anzeige gilt die Annahmeerklärung als nicht verspätet. Diese Vorschrift verpflichtet demnach den Empfänger einer Nachricht (hier: die Annahmeerklärung), dann dem Absender eine Mitteilung über die Beförderungsstörung zu geben, wenn er erkennen musste, dass bei ordnungsgemäßer Beförderung die Nachricht rechtzeitig angekommen wäre. Bezogen auf den Fall der verstümmelten EDI-Nachricht bedeutet dies, dass der Empfänger einer EDI-Nachricht dann etwaige Datenfehler dem Absender mitteilen muss, wenn er diese erkennen konnte. Regelmäßig dürfte bereits die IT des Empfängers einer EDI-Nachricht entsprechende Fehlermeldungen ausgeben, falls auf dem Übertragungswege Daten verlorengegangen sind; dann liegt es an der IT-Organisation, ob und wie dem Absender der EDI-Nachricht eine entsprechende Mitteilung gemacht wird. Denkbar ist auch, dass die jeweiligen IT-Systeme, welche EDI-Nachrichten austauschen, elektronische Bestätigungen senden, wenn die Nachricht nicht nur erhalten, sondern auch auf Datenfehler überprüft wurde. Wenig sinnvoll ist es allerdings, auf manuellem Wege „Bestätigungsschreiben“ oder ähnliches an den Absender einer EDI-Nachricht zu senden, weil dadurch der Sinn und Zweck des elektronischen Datenaustausches verfehlt wird[317]. Art. 5 der Empfehlung versucht hier, über die Festlegung von Fristen und Empfangsbestätigungen eine mögliche Lösung zu erzielen. Nach dem deutschen EDI-Rahmenvertrag ist eine EDI-Nachricht dann zugegangen, wenn sie bei der Kommunikationseinrichtung des Empfängers eingegangen und zusätzlich eine automatische Empfangsbestätigung erfolgt ist[318]. Sinn und Zweck dieser Bestimmung ist es, so früh wie möglich Fehler bei der Datenübermittlung zu erkennen. Einen ähnlichen Weg geht auch die Richtlinie der Europäischen Kommission zum elektronischen Geschäftsverkehr vom 08.07.2000[319]: Nach Art. 11 Abs. 1 der Richtlinie soll der Diensteanbieter den Eingang einer Bestellung des Nutzers auf elektronischem Wege bestätigen; Bestellung und Empfangsbestätigung gelten als eingegangen, wenn die Parteien, für die sie bestimmt sind, sie abrufen können. Zwar kann ausweislich der Bestimmung des Art. 11 Abs. 1 zwischen Geschäftspartnern eine andere abweichende Regelung getroffen werden; allerdings ist diese Regelung ein guter Anhaltspunkt, die Rechtssicherheit bezogen auf den Zugang auch der EDI-Willenserklärungen zu gewährleisten: Gelangt eine EDI-Nachricht zum Server des Empfängers, dann soll dieser eine Empfangsbestätigung an den EDI-Absender schicken. Es kommt nicht darauf an, ob tatsächlich eine Weiterverarbeitung erfolgt, sondern ob ein Abruf der EDI-Nachricht bzw. eine

---

317 vgl. Fritzemeyer/Heun, aaO

318 vgl. Wolfgang Kilian, Zweck und Inhalt des deutschen EDI-Rahmenvertrages, CR 1994, 657 – 660

319 http://europa.eu.int/comm/internal_market/de/media/eleccomm/2k-442.htm

Weiterverarbeitung möglich ist; jeder EDI-Partner ist somit für seinen jeweiligen EDI-Eingang selbst verantwortlich.

Bei der Frage der Wirksamkeit von per EDI übermittelten Willenserklärungen stellt sich zusätzlich das Problem des Widerrufs: Gemäß § 130 Abs. 2 BGB wird eine Willenserklärungen unter Abwesenden dann nicht wirksam, wenn der Widerruf vorher oder gleichzeitig zugeht. Beispielsweise gilt ein elektronischer Zahlungsauftrag als ausgeführt, wenn der Empfänger mit Willen der Bank unmittelbaren Zugriff auf deren Datenbestand erlangen kann (BGH CR 1989, 106). Im Rahmen des EDI-Datenaustauschs ist aufgrund der schnellen Datenübertragung praktisch kein Widerruf möglich. Hier tragen demnach die Geschäftspartner ein erhöhtes Risiko hinsichtlich der inhaltlichen Qualität ihrer EDI-Nachrichten.

Da EDI-Nachrichten auch Daten enthalten können, die dem BDSG (und den Datenschutzvorschriften der anderen Mitgliedstaaten) unterliegen können, enthält Art. 17 der Empfehlung entsprechende Bestimmungen: Nach Art. 7 Ziff. 7.1 gewährleisten die Parteien, *„dass EDI-Nachrichten mit Informationen, die vom Sender oder im beiderseitigen Einvernehmen der Parteien als vertraulich eingestuft werden, vertraulich gehandhabt und weder an unbefugte Personen weitergegeben oder gesendet, noch zu anderen als von den Parteien vorgesehenen Zwecken verwendet werden"*. Ziff. 7.4 verpflichtet schließlich, bei der Übertragung personenbezogener Daten zumindest den Mindeststandard der Konvention des Europarates zum Schutze von personenbezogenen Daten einzuhalten. Für den Anwendungsbereich des BDSG bedeutet dies, dass die EDI-Vertragspartner in jedem Fall an die Regeln des BDSG gebunden sind und insbesondere ihre Sicherheitsvorkehrungen auf die dort enthaltenen Forderungen abstimmen müssen, Art. 7 Ziff. 7.2f. Interessant ist in diesem Zusammenhang, ob die gleichzeitige Übermittlung von Kunden- oder Lieferantendaten von dem EDI-Vertragszweck gedeckt oder geeignet ist, berechtigte Interessen der Vertragspartner zu wahren. Beide Vertragspartner müssen die Vorgaben zur Speicherung und weiteren Nutzung der Daten einhalten[320]. Kunden- und Lieferantendaten werden zum Zweck des Vertragsschlusses, aber auch zur Rechnungsstellung übertragen. Die Frage, ob die Datenübermittlung noch vom Vertragszweck gedeckt ist oder über die berechtigten Interessen des Unternehmens hinausgeht, ist mitunter schwierig zu beantworten; jedenfalls dürfen keine Umstände vorliegen, die eine Beeinträchtigung des Betroffenen hinweisen[321]. Wer beispielsweise Qualitäts- oder Fertigungsdaten von Produkten per EDI übermittelt, muss diese losgelöst von möglichen Zuordnungen zu Personen darstellen. Es darf für den EDI-Partner nicht möglich sein, aus den übermittelten Fertigungsdaten auf die Auslastung des Fertigungspersonals des Absenders zu schließen oder gar Qualitätsmängel eines Produktes einer Einzelperson zuzuordnen. Werden EDI-Provider zwischengeschaltet, so gelten die Vorschriften des TDSV (Telekommunikationsdienstleister) bzw. UDSV (Unternehmen, die Virtual Area Networks betreiben), welche ebenfalls ein hohes Schutzniveau für die Speicherung, Übermittlung und Nutzung von Daten beinhalten.

---

[320] vgl. Fritzemeyer/Heun, aaO, S. 199

[321] Fritzemeyer/Heun, aaO

Die weiteren Artikel der EU-Empfehlung umfassen u. a. Regelungen über die Sicherheit der EDI-Nachrichten sowie insbesondere die organisatorischen und technischen Anforderungen, um überhaupt einen elektronischen Datenaustausch zu gewährleisten. Art. 11 der Empfehlung schließlich regelt die Haftung der Vertragspartner; wechselseitige Ansprüche werden beschränkt oder gar ausgeschlossen: in Ziff. 11.2 ist keine Partei für Schäden haftbar, *„die durch eine Verzögerung oder Unterlassung der Einhaltung der Bestimmungen dieser Vereinbarung verursacht werden, wenn die Verzögerung oder Unterlassung durch eine Behinderung bedingt ist, die sich dem Einfluss dieser Partei entzieht, deren Berücksichtigung zum Zeitpunkt des Abschlusses der Vereinbarung nicht erwartet werden konnte oder deren Folgen nicht vermieden oder überwunden werden konnten*“ Diese Klausel legt mithin fest, dass die Vertragspartner zumindest für das verantwortlich sind, was sie beeinflussen können. Bei der Beurteilung einer zum Schadensersatz führenden Pflichtverletzung können die von den internationalen Stellen verabschiedeten EDI-Normen (UN/EDIFACT) von den Gerichten durchaus zur Entscheidungsfindung herangezogen werden. Der deutsche EDI-Rahmenvertrag versucht in ähnlicher Weise über eine sogenannte „Sphärenhaftung“ die jeweiligen Verantwortlichkeiten zu verteilen: Im Anhang 12 des deutschen EDI-Rahmenvertrages sind Pflichten festgelegt, die sowohl Sorgfaltspflichten, als auch ein ggf. vorliegendes Mitverschulden präzisieren sollen. Im Falle eines Schadens muss der jeweils verantwortliche darlegen, dass er seine Sorgfaltspflichten erfüllt hat und dies im Bestreitensfalle ggf. auch beweisen[322].

Der in der EU-Empfehlung ausgesprochene gegenseitige Haftungsausschluss ist unter dem Gesichtspunkt der unangemessenen Benachteiligung nach § 9 AGBG nicht unproblematisch: im Verhältnis zueinander können nämlich Leistungsstörungen (Verzug, Unmöglichkeit, Gewährleistung) auftreten, die z. B. durch die Verletzung von EDI-Vereinbarungen selbst hervorgerufen werden. Bei der Frage der unangemessenen Benachteiligung spielt allerdings die Risikoverteilung eine große Rolle; der eine Partner trägt z. B. das Risiko, dass seine Bestellung eingeht, der andere, dass die Rechnung richtig übermittelt wird. Somit hat beim EDI-Austauschvertrag jeder EDI-Partner vom Prinzip her eine im wesentlichen gleiche Risikogewichtung. Ein anderes Bild könnte sich dann ergeben, wenn aufgrund der Datenmenge ein Vertragspartner übermäßig belastet wird. Die Menge der zu verarbeitenden Daten kann durchaus ein Risiko darstellen, da damit die Ressourcen des IT-Systems (Arbeitsspeicher, Plattenkapazität) erheblich beansprucht werden. Hier wird im Einzelfall festzustellen sein, ob ein EDI-Partner, der sich durch vorstehende Klausel von seiner Haftung freizeichnet, seinen Datenempfänger mit Hilfe großer Datenmengen die Möglichkeit nimmt, eine ausreichende Prüfung der Datengüte vorzunehmen.

Nach Ziff. 11.3 trägt diejenige Partei, die einen EDI-Provider mit der Übertragung, Protokollierung oder Verarbeitung von EDI-Nachrichten beauftragt, das Risiko für diejenigen Schäden, die sich direkt aus den Handlungen, Fehlern oder Unterlassungen des Providers ergeben. Die Einschaltung eines EDI-Providers oder die Nutzung des Internet zu XML-EDI-Anwendungen

---

[322] vgl. Kilian, aaO, S. 658

kann insbesondere dazu führen, dass Fehler beim Provider verzögerte Warenlieferungen oder Rechnungsstellung zur Folge haben[323]. Begründet wird dies im Anhang 2 zur Empfehlung der Kommission damit, dass diejenige Partei, die die Dienste eines Dritten in Anspruch nimmt und die Vertragsbeziehung zu diesem unterhält, in der besten Ausgangsposition sei, um im Falle einer Haftung gegen den Dienstleistungserbringer zu klagen. Diese Begründung übersieht jedoch, dass z. B. ein Internet-Provider (z. B. bei XML-EDI) seine Haftung gegenüber den EDI-Partnern mittels seiner AGB weitgehend beschränkt hat. Der EDI-Dienstleister, z. B. ein VAN-Provider, wird ebenfalls versuchen, seine Haftung so weit wie möglich zu begrenzen. Im Ergebnis trägt derjenige EDI-Partner das Risiko einer aufgrund fehlerhafter Übermittlung bewirkten Leistungsstörung, der den Provider beauftragt oder den anderen EDI-Partner zur Einschaltung eines Dritten aufgefordert hat. Mit dieser Klausel können unter Umständen kleine und mittlere Betriebe, die aufgrund mangelnder eigener Ressourcen kein eigenes EDI-Netzwerk aufbauen können, unangemessen benachteiligt werden: Im Falle einer Fehlübermittlung, die durch eine Störung im EDI-Server des Providers hervorgerufen wird, würden diese Unternehmen gegenüber ihrem EDI-Partner haften, hätten jedoch aufgrund möglicher haftungsentlastender AGB der Provider keinen Anspruchsgegner für einen etwaigen Rückgriff. Je nach Vertragsgestaltung zwischen dem EDI-Partner und dem Provider ist letzterer als Erfüllungsgehilfe anzusehen. Gemäß § 278 BGB wäre dann ein etwaiges Verschulden des EDI-Providers dem EDI-Partner zuzurechnen. Erfüllungsgehilfe ist nämlich, wer mit dem Willen des Schuldners bei der Erfüllung einer diesem obliegenden Verbindlichkeit als seine Hilfsperson tätig wird[324]. Für den Fall, dass der EDI-Provider mit Hilfe seiner Leistungen zum Zwecke der Vertragserfüllung eingeschaltet wurde, ist er Erfüllungsgehilfe des ihn beauftragenden EDI-Partners. Es kommt dabei nicht darauf an, ob der EDI-Provider bewusst den EDI-Vertrag des Schuldners miterfüllen will; es genügt, dass sich der Schuldner der Dienstleistung des EDI-Partners zur Erfüllung des EDI-Vertrages bedient. Nutzen beide Vertragspartner einen EDI-Provider oder kann die Dienstleistung eines solchen beiden zugerechnet werden, so dürfte der Provider auch für beide EDI-Partner als Erfüllungsgehilfe anzusehen sein mit der Maßgabe, ein etwaiges Verschulden anteilsmäßig zu verteilen[325]. Wird z. B. im Bereich des XML-EDI ein Internet-Provider zur Datenübertragung genutzt, so müsste beiden Partnern ein etwaiges Verschulden zugerechnet werden. Fraglich ist jedoch, ob die von Ziff. 11.3 und 11.4 geforderte verschuldensunabhängige Haftung desjenigen, der einen Dritten zur Datenübertragung einsetzt, gleichwohl eine unangemessene Benachteiligung darstellt: die Zurechnungsnorm des § 278 BGB stellt nämlich auf das Verschulden des Erfüllungsgehilfen ab, nämlich Vorsatz oder Fahrlässigkeit. Nach dieser Klausel jedoch würde der beauftragende EDI-Partner jedoch unabhängig vom Nachweis eines Verschuldens des Dritten haften. Die verschuldensunabhängige Haftung hat hier ihren Grund darin, dass ansonsten einem gesteigerten Risiko des Versa-

[323] vgl. Fritzemeyer/Heun, aaO; S. 200
[324] BGHZ13, 113
[325] so auch Fritzemeyer/Heun, aaO, S. 200

gens technischer Einrichtungen nicht ausreichend Rechnung getragen werden könne. Der Einsatz von IT birgt aufgrund ihrer Komplexität Risiken, da insbesondere Fehler in der Datenaufbereitung und –übertragung immer wieder vorkommen können. Man könnte daher zu dem Ergebnis kommen, dass derjenige, der sich zur Erfüllung eines EDI-Vertrages eines Providers bedient, das Risiko eines Schadenseintritts erhöht und somit ausweislich Ziff. 11.3 der Empfehlung verschärft haften muss. Auf der anderen Seite ist nicht einzusehen, warum derjenige, der selbst IT-Einrichtungen betreibt und EDI-Leistungen durchführt, nach Ziff. 3.1 praktisch nicht haftet bzw. die Möglichkeit hat, sich von der Haftung zu exkulpieren: schließlich dürfte die Implementierung eigener EDI-Systeme weitaus komplexer und mit höheren Risiken behaftet sein, als die Inanspruchnahme eines erfahrenen EDI-Providers. Letzterer bietet seine Leistungen mehreren EDI-Nutzern an und verfügt über ausreichendes Know-how, das sich ein selbstversorgender EDI-Partner erst aneignen muss. Die in Ziff. 11.3 und 11.4 festgelegte verschuldensunabhängige Haftung des EDI-Partners steht somit in einem Widerspruch zu den in Ziff. 3.1 genannten Haftungsregeln. Hinzukommt, dass kleinen und mittleren Betrieben häufig gar nichts anderes übrig bleibt, als sich der Leistungen von EDI-Providern zu bedienen. Die vorstehende Klausel führt daher zu einer unangemessenen Benachteiligung. Es wird daher empfohlen, die Haftung des einen EDI-Provider beauftragenden Vertragspartners von einem Verschulden des Providers abhängig zu machen oder ihm zumindest die Möglichkeit zu geben, sich durch den Nachweis der ordnungsgemäßen Auswahl und Überwachung der Leistungen des Providers von der Haftung freizustellen.

Die weiteren Empfehlungen der Kommission enthalten keine Klauseln, die eine mögliche Haftung gegenüber Dritten beinhalten, zumal letztlich im Falle von Schäden, die Dritten gegenüber entstehen, jeder selbst verantwortlich ist.

Um die jeweiligen nationalen Gerichte zu entlasten und auf der anderen Seite langwierige Rechtsstreite zu vermeiden, enthält Art. 12 schließlich eine Schiedsklausel, die entweder die Streitschlichtung an eine von beiden Vertragspartnern zu benennende Person überträgt oder zumindest den Gerichtsstand festschreibt, an dem etwaige Rechtsstreitigkeiten auszutragen sind. Die Vereinbarung einer Schiedsklausel hat den Vorteil, dass ein Schiedsgericht nicht an die Beweismittel der ZPO gebunden ist. Das Schiedsgericht muss allein den Willen der Parteien beachten. Dies betrifft insbesondere auch die in der EU-Empfehlung und im deutschen EDI-Rahmenvertrag enthaltene Beweisklausel, da ein Schiedsgericht anders als ein ordentliches Gericht die festgelegte Beweiskraft von EDI-Nachrichten beachten muss[326].

11.7. Haftung des EDI-Providers

Im Rahmen der Haftung der EDI-Partner untereinander ist das Problem der Verantwortlichkeit eines zwischengeschalteten EDI-Providers angesprochen worden. Insbesondere können Datenübertragungsfehler, Server-Ausfälle, Be-

[326] vgl. Kilian, aaO, S. 659

triebsstörungen aller Art beim Provider erhebliche Schäden bei den EDI-Partnern auslösen.

11.7.1. Anspruchsgrundlagen

Regelmäßig dürfte zwischen einem EDI-Partner und einem EDI-Provider ein Vertragsverhältnis bestehen. Zunächst müssen die Vertragspflichten des Providers anhand des Vertragstyps definiert und dann die Haftungsgrundlagen festgestellt werden. Durch die Nutzung der vom EDI-Provider bereitgestellten Dienste könnte es sich um Teledienste i. S. d. § 2 Abs. 1 TDG handeln: Teledienste sind danach *„alle elektronischen Informations- und Kommunikationsdienste, die für eine individuelle Nutzung von kombinierbaren Daten wie Zeichen, Bilder oder Töne bestimmt sind und denen eine Übermittlung mittels Telekommunikation zugrunde liegt“*. § 2 Abs. 2 Nr. 2 TDG definiert insbesondere Datendienste, Nr. 5 Angebote von Waren und Dienstleistungen in elektronisch abrufbaren Datenbanken mit interaktivem Zugriff und unmittelbarer Bestellmöglichkeit als Teledienste. Im Rahmen von EDI geht es gerade um die Aufbereitung und Übermittlung von EDI-konformen Daten, so dass von einer Inanspruchnahme von Telediensten gesprochen werden kann. § 4 Abs. 1 nimmt die Inanspruchnahme von Telekommunikationsdienstleistungen, die in § 3 des TKG definiert sind, vom Geltungsbereich des TDG aus. Dies betrifft insbesondere die Betreiber von Übertragungswegen oder –netzen (§ 3 Nr. 1 und 3 TKG), also z. B. die Deutsche Telekom AG. Bei der Einschaltung eines EDI-Providers geht es jedoch vornehmlich darum, dessen EDI-Know-How zu nutzen: Die angestrebte Tätigkeit geht demnach über die bloße Bereitstellung von Übertragungswegen etc. hinaus, sondern umfasst vielmehr die Konvertierung der angelieferten Daten ins EDI-Format, die Weiterleitung usw. Folglich werden Datendienste i. S. d. § 2 Abs. 1 TDG in Anspruch genommen. Wer hingegen lediglich als Dienstleister die von einem Nutzer eingegebene oder eingespeiste Information übermittelt oder vermittelt, ist für die Dateninhalte nach Art. 12 der EU-Richtlinie für den elektronischen Geschäftsverkehr nicht verantwortlich, wenn er die Übermittlung nicht veranlasst, den Adressaten der übermittelten Information nicht auswählt und die übermittelten Informationen weder auswählt noch verändert. Wer demnach z. B. nur sein Telekommunikationsnetz zur Durchleitung von EDI-Nachrichten bereitstellt, ist grundsätzlich nicht haftbar.

§ 5 Abs. 2 TDG regelt die Verantwortlichkeit des Telediensteanbieters für fremde Inhalte: danach ist der Anbieter von Telediensten nur dann für fremde Inhalte, die er zur Nutzung bereithält, verantwortlich, wenn er von diesen Inhalten Kenntnis hat und es ihm technisch möglich und zumutbar ist, deren Nutzung zu verhindern. Diese Vorschrift zielt insbesondere auf die Verantwortlichkeit von Providern für rechtswidrige Inhalte[327]. Sie ist dementsprechend darauf gerichtet, den Provider zu einer Unterbindung der Nutzung rechtswidriger Inhalte zu veranlassen, wenn er davon Kenntnis erlangt hat. Eine ähnliche Zielsetzung verfolgt Art. 14 der EU-Richtlinie für den elektroni-

[327] vgl. Georg M. Bröhl, Rechtliche Rahmenbedingungen für neue Informations- und Kommunikationsdienste, CR 1997, 73 – 79, 74

schen Geschäftsverkehr: Danach ist ein Diensteanbieter auch dann nicht für die Informationsinhalte verantwortlich, wenn er die von einem Nutzer eingegebenen Informationen speichert und von etwaigen rechtswidrigen Inhalten keine Kenntnis erlangt hat. Die Vorschrift gibt jedoch keine Anhaltspunkte für eine Haftung bei Datenübertragungsfehlern im Rahmen eines Vertragsverhältnisses.

Auch die in § 3 und 4 des Teledienstedatenschutzgesetzes (TDDSG) genannten Pflichten des Telediensteanbieters zur Wahrung des Datenschutzes bei der Verarbeitung personenbezogener Daten liefern hierzu keine Anhaltspunkte; sie haben jedoch dann Bedeutung, falls es im Zuge der EDI-Verarbeitung zu einer Verletzung des Datenschutzes kommt und der EDI-Partner deswegen in Anspruch genommen wird: dann können diese Vorschriften zur Überprüfung einer möglichen Pflichtverletzung des Telediensteanbieters herangezogen werden.

Die vertragliche Haftung des EDI-Providers ist somit nach den allgemeinen Regeln des BGB zu beurteilen. Bei der Frage der Haftung kommt es im Wesentlichen darauf an, ob es sich um einen Dienst- oder Werkvertrag handelt. Bei einem Dienstvertrag i. S. d. § 611 BGB wird lediglich die Erbringung einer Dienstleistung geschuldet; Schäden, die in Ausübung der Dienstleistung dem Vertragspartner zugefügt werden, werden über die Rechtsfigur der „positiven Vertragsverletzung" abgegolten. Der Anbieter von EDI-Leistungen stellt zunächst auf seinem Server eine bestimmte Speicherkapazität für die eingehenden und zu verarbeitenden EDI-Daten zur Verfügung. Wichtig ist in diesem Zusammenhang auch, dass die Verfügbarkeit zu vorgegebenen Zeiten oder gar rund um die Uhr garantiert wird. Dies muss der Provider durch geeignete technische Maßnahmen sicherstellen; insbesondere sollten in den Vertrag IT-Sicherungsregelungen aufgenommen werden, die einen etwaigen Server-Ausfall z. B. durch Spiegelung der Daten abfangen und auch die Bandbreite der Datenübertragung garantieren[328]. Diese Leistungen enthalten im Wesentlichen dienstvertraglichen Charakter. Wer einen EDI-Provider einsetzt, möchte jedoch zusätzlich sicherstellen, dass die von ihm angelieferten Roh-Daten in das zwischen den EDI-Partnern vereinbarte Format konvertiert und vereinbarungsgemäß ausgetauscht werden. Bei einer solchen Leistung ist regelmäßig ein Erfolg geschuldet, der das wesentliche Element eines Werkvertrages gemäß § 631 Abs. 2 BGB darstellt. Zunächst schuldet der EDI-Provider bei der hier vorgestellten Fallkonstellation die ordnungsgemäße Konvertierung und Aufbereitung der vom EDI-Partner angelieferten Daten. Falls diese Leistung verspätet oder gar nicht erfolgt, hätte der EDI-Partner einen Anspruch wegen des Verzugs mit einer Hauptleistungspflicht bzw. Nichterfüllung nach den Regeln der §§ 326, 636 BGB[329].

Übertragungsfehler oder Fehler in der Kontrolldurchführung sind Gewährleistungsfälle, die nach den §§ 633 ff. BGB abzuwickeln sind: Zunächst hat der EDI-Partner einen Anspruch auf Nachbesserung, d. h. insbesondere Korrektur etwa fehlerhaft konvertierter Daten. In der Praxis dürfte der EDI-Dienstleister kaum für die inhaltliche Richtigkeit der Daten einstehen, da diese

[328] vgl. Stefan Schuppert, Web-Hosting-Verträge, CR 2000, 227, 230
[329] vgl. Jörg Fritzsche, Informationsbeschaffungsverträge, CR 1999,462, 463

in die Risikosphäre des die Daten anliefernden EDI-Partners fallen: ob eine Bestellmenge inhaltlich richtig ist, kann der EDI-Dienstleister nicht wissen; er greift lediglich „technisch" auf die Daten zwecks Konvertierung und übermittlung zu. Allenfalls könnte sich ein Nachbesserungsanspruch hinsichtlich des Dateninhalts ergeben, falls der EDI-Provider aufgrund der Vorgaben des EDI-Partners inhaltliche Plausibilitätsprüfungen vorzunehmen hat und dabei einen Fehler macht. Ansonsten bezieht sich die Nachbesserung auf etwaige Mängel in der Konvertierung, z. B. ungenügende Beachtung der EDI-Formate. Ansprüche auf Wandelung oder Minderung nach § 634 BGB dürften im Rahmen dieser Vertragsbeziehungen wenig praktisch sein: Werden beispielsweise Übertragungsfehler nicht rechtzeitig korrigiert bzw. eine korrekte Übertragung der EDI-Nachrichten wiederholt, so hat der EDI-Partner nichts davon, wenn er die Übertragung nach Fristsetzung mit Ablehnungsandrohung endgültig ablehnt; er wird in diesem Fall vielmehr versuchen, einen anderen EDI-Provider mit der Datenübertragung zu beauftragen und Schadensersatz verlangen. Der Schadensersatzanspruch richtet sich nach § 635 BGB, der ein Verschulden des Werkunternehmers voraussetze[330]. Zu prüfen ist hier der Verschuldensmaßstab, der sich nach den dem EDI-Provider obliegenden Pflichten bemisst: EDI-Provider sind in der Regel gewerbsmäßige Anbieter von IT-Leistungen, die über einen in kaufmännischer Weise eingerichteten Geschäftsbetrieb verfügen. Dieser muss ordnungsgemäß organisiert sein und insbesondere den anerkannten Regeln der Technik in der IT entsprechen[331]. In einem Vertrag mit einem EDI-Provider müssen die wesentlichen Parameter seiner zu erbringenden Leistung möglichst genau festgelegt werden; dies ist z. B. Art und Umfang der zu verwendenden EDI-Standards, etwaige Plausibilitätsprüfungen sowie der zeitliche Rahmen der Datenübermittlung. Es sollten darüber hinaus auch Pflichten zur technischen Sicherung des eigenen Systems wie auch der Kundendaten aufgenommen werden. Ferner sind technische Schutz- und Kontrollpflichten denkbar, um insbesondere einen Missbrauch der EDI-Daten durch Dritte zu verhindern. Nach dem gesetzlichen Prinzip des § 635 BGB würde der EDI-Provider, sofern ihm eine auch nur fahrlässig verursachte Verletzung dieser Pflichten vorgeworfen werden kann, für die von ihm verursachten Schäden haften. Als Schaden wird dabei nicht nur der Mangelschaden z. B. in Gestalt des für die Datenübertragung geleisteten Entgelts ersetzt, sondern auch der darüber hinausgehende Mangelfolgeschaden. In diesem Zusammenhang stellt sich die Frage der Verjährung des Schadensersatzanspruchs, die gemäß § 638 Abs. 1 Satz 2 BGB mit der Abnahme des Werkes zu laufen beginnt: bei den hier in Frage stehenden Leistungen der EDI-Konvertierung und Datenübertragung wird kaum eine förmliche Abnahmeerklärung des EDI-Partners möglich sein; angesichts eines möglicherweise permanent erfolgenden Datenaustauschs wird der EDI-Partner keine ausdrücklichen Abnahmeerklärungen gegenüber dem EDI-Provider abgeben; vielmehr dürfte bei erfolgreicher Datenübertragung eine entsprechende Datei an den EDI-Partner in dessen IT-System übermittelt werden (Log-Datei); der gesamte Datenaustausch soll

---

[330] vgl. Frank A. Koch, Zivilrechtliche Anbieterhaftung für Inhalte in Kommunikationsnetzen, CR 1997, 193 – 203, 194

[331] vgl. Fritzsche, Informationsbeschaffungsverträge, aaO, S. 464

schließlich elektronisch erfolgen. Hier greift dann die Regelung des § 646 BGB, nach der anstelle der Abnahme der Zeitpunkt der Vollendung des Werkes zur Bestimmung des Beginns der Verjährungsfrist tritt.

11.7.2. Haftungsfreizeichnung

Je mehr EDI-Nutzer ein solcher Provider hat, desto unberechenbarer und größer wird für ihn das Risiko eines Schadensersatzes. Etwaige Schadensersatzansprüche stehen möglicherweise in keinem Verhältnis zu der zu erwartenden Vergütung für seine Provider-Leistungen. Aus diesem Grund versuchen generell Anbieter von Provider-Leistungen, ihre Haftung auf ein Mindestmaß zu beschränken. Üblicherweise werden Haftungsbeschränkungen oder gar Ausschlüsse in den AGB der EDI-Provider enthalten sein. Da im Bereich B-to-B-Commerce von vollkaufmännischen Handelsgewerben auszugehen ist, kommt für die Inhaltskontrolle dieser AGB die Generalklausel des § 9 AGBG in Betracht. Ein völliger Haftungsausschluss dürfte mit dem wesentlichen Grundgedanken der gesetzlichen Regelung – beim Werkvertrag § 635 BGB – nicht zu vereinbaren und damit gemäß § 9 Abs. 2 Nr. 1 AGBG unwirksam sein. Insbesondere versuchen Provider, ihre Haftung auf Vorsatz und grobe Fahrlässigkeit zu beschränken, mithin also die Haftung für leichte Fahrlässigkeit ausschließen. Bei der Beurteilung, ob ein derartiger Haftungsausschluss zulässig ist, muss darauf abgestellt werden, ob eine Verletzung wesentlicher Vertragspflichten, die als „Kardinalpflichten" bezeichnet werden, vorliegt, deren Einhaltung zur Erreichung des Vertragszwecks geboten ist. Die Unwirksamkeit der entsprechenden Klausel ergibt sich dann aus § 9 Abs. 2 Nr. 2 AGBG[332]. An dieser Stelle sollte bereits bei der Vertragsgestaltung das Augenmerk auf die wesentlichen Vertragspflichten gelenkt werden: ist Hauptzweck der Leistung des EDI-Providers lediglich die Verarbeitung und Weiterleitung der vom EDI-Partner angelieferten Daten, indem beispielsweise ein Programm zur Konvertierung in das vereinbarte EDI-Format zum Laufen gebracht wird, wird der EDI-Provider nicht haften, falls Mängel in den Rohdaten des EDI-Partners zu Verarbeitungsfehlern führen. Hat vielmehr der EDI-Provider die vollständige Prüfung und Sichtung der Rohdaten übernommen, unterwirft er sich möglicherweise einer verschärften Haftung. Dagegen gehört in jedem Fall die Verpflichtung, seine Leistung innerhalb des vertraglich vereinbarten Zeitraums bzw. zu der vertraglich vereinbarten Zeit zu erbringen, zu den Kardinalpflichten. Bei allen übrigen Pflichten, insbesondere den Nebenpflichten, ist eine Haftungsbeschränkung für vorsätzliches oder grob fahrlässiges Handeln möglich.

Da ein vollständiger Haftungsausschluss nicht möglich ist, versuchen EDI-Dienstleister, in ihren AGB ihre Haftung zumindest soweit zu begrenzen, dass der Umfang der Haftung eingeschränkt wird, indem z. B. nur für Sachschäden gehaftet wird. Begründet wird dies mit dem Missverhältnis zwischen der vereinbarten Vergütung und den möglichen weitreichenden Schadensersatzansprüchen[333]. Summenmäßige Begrenzungen sind grundsätzlich zulässig, wenn

[332] vgl. BGH NJW 1985, 914; BGHZ 89, 367; NJW 1993, 335
[333] vgl. Fritzsche, Informationsbeschaffungsverträge, aaO, S. 467

sie in einem angemessenen Verhältnis zum Vertragstyp und zum Schadensrisiko stehen[334]. Bei einer derartigen Haftungsbegrenzung würde allerdings der EDI-Provider seine Aufwendungen für etwaige Schadensersatzleistungen im Vorfeld auf Beträge unterhalb der drohenden Schäden kalkulieren[335] bzw. die kalkulierten Ersatzsummen möglichst gering halten. Ein weitgehender Schadensersatzanspruch des Geschädigten könnte dann allerdings zu einer Existenzgefährdung des EDI-Providers werden; in diesem Fall stünde dem Geschädigten kein ausreichendes Ersatzvolumen zur Verfügung. Möglicherweise könnte der EDI-Provider seine Haftung auf vertragstypische Schäden beschränken. Hier stellt sich auf der einen Seite das Problem der Ermittlung der Höhe dieser Schäden; auf der anderen Seite können Schadenssummen besonders aktiver EDI-Partner ins Unermessliche steigen.

Soweit vertraglich eine Haftungsbeschränkung zulässig ist, ist sie auch grundsätzlich für etwaige deliktsrechtliche Ansprüche erlaubt[336]; allerdings sind hier die Besonderheiten der Produkt- bzw. Produzentenhaftung zu beachten. Die Durchsetzbarkeit von Haftungsbegrenzungen vor Gericht ist im Zweifel jedoch problematisch[337]. Aus diesem Grunde wird vielfach der Abschluss einer Versicherung empfohlen, deren Deckungssumme das vertragstypische Schadensrisiko abdeckt.

Eine andere für den EDI-Provider bessere Lösung ist die Beschränkung des vertraglich festgelegten Pflichtenumfangs: je eindeutiger der Provider seine Vertragspflichten beschreibt, desto genauer kann er das Schadensrisiko kalkulieren. Je weniger sogenannte „Kardinalpflichten" es gibt, desto geringer wird seine Haftung wegen Fahrlässigkeit. Im übrigen wird bei der Inanspruchnahme von EDI-Providern auch der Auftraggeber eine Reihe von Pflichten zu übernehmen haben, so dass im Streitfalle ein etwaiges Mitverschulden im Rahmen des § 254 BGB zu prüfen ist. Je mehr Pflichten der Auftraggeber (EDI-Partner) dabei zu übernehmen hat, desto geringer wird wiederum das Risiko für den EDI-Provider. Solche Mitwirkungspflichten können z. B. darin bestehen, die zu konvertierenden Daten rechtzeitig anzuliefern, vorher auf inhaltliche Richtigkeit überprüft und etwaige technische Mängel (Makro-Viren usw.) ausgeschlossen zu haben und für den ordnungsgemäßen Netzzugang zu sorgen. Bei den Verhandlungen über die jeweilige Pflichtenverteilung empfiehlt sich, das gemeinsame Interesse beider Vertragsparteien an einer qualitativ hochwertigen EDI-Lösung im Auge zu behalten.

---

[334] Palandt, AGB § 9, 6d
[335] Fritzsche, aaO, S. 467
[336] BGH NJW 1979, 2148
[337] vgl. BGHZ 77,133

12. Internationale Rechtsnormen

12.1. Europarechtliche Vorgaben

Am 08.06.2000 wurde die E-Commerce-Richtlinie 2000/31/EG verabschiedet, am 17.07.2000 ist sie durch die Veröffentlichung im Amtsblatt der EU in Kraft getreten. Nach Ansicht des Europäischen Parlaments und Rates ging es dabei nicht nur darum, die Dienste der Informationsgesellschaft in einem Raum ohne Binnengrenzen weiterzuentwickeln (Präambel Abs. 1), sondern auch eine Förderung der Beschäftigung, insbesondere in kleinen und mittleren Unternehmen zu erreiche sowie allgemein eine Steigerung des Wirtschaftswachstums herbeizuführen. Darüber hinaus hat diese Richtlinie zum Ziel, innerhalb der Mitgliedstaaten Europas eine Harmonisierung auf dem Gebiet des elektronischen Geschäftsverkehrs zu erreichen[338]. Zusätzliche Regelungen zu den Bestimmungen des internationalen Privatrechts werden jedoch nicht geschaffen; auch werden die Vorschriften über die Zuständigkeit der Gerichte nicht tangiert (Art. 1 Abs.4).

Bis zum 17.01.2002 muss diese Richtlinie durch entsprechende Rechts- und Verwaltungsvorschriften in nationales Recht umgesetzt werden.

Ein wesentlicher Grundsatz ist die Freiheit der Aufnahme und die Ausübung von Dienstleistungen der Informationsgesellschaft. Was diese sind, wird in der Richtl. 98/48/EG definiert

Praktisch bedeutet dies, dass im Prinzip jede natürliche oder juristische Person innerhalb der EU auf seiner Internet-Homepage Dienste anbieten darf, ohne vorher ein aufwendiges oder bürokratisches Zulassungsverfahren durchlaufen zu müssen. Ein wichtiges Ziel im Zusammenhang mit eCommerce ist die Gewährleistung von Rechtssicherheit für die Anbieter und einen effektiven Schutz für die Verbraucher. Der Binnenmarkt soll darüber hinaus auch im neuen elektronischen Wirtschaftssektor funktionieren.

Für den elektronischen Handel fordert Art. 9 Abs. 1 der Richtlinie, dass die Mitgliedstaaten sicherstellen müssen, dass ihr Rechtssystem den Abschluss von Verträgen auf elektronischem Wege ermöglicht. Die für den Vertragsabschluss geltenden Rechtsvorschriften dürfen darüber hinaus weder Hindernisse für die Verwendung elektronischer Verträge bilden, noch dazu führen, dass diese Verträge aufgrund ihres elektronischen Zustandekommens keine rechtliche Wirksamkeit oder Gültigkeit haben. Diese Bestimmung wird ergänzt, durch die am 18.11.1999 erlassenen „Richtlinie 1999/EG des Europäischen Parlaments und des Rates über die gemeinschaftlichen Rahmenbedingungen für elektronische Signaturen". Interessant ist in diesem Zusammenhang, dass Art. 9 Abs. 2 der Richtlinie über den elektronischen Geschäftsverkehr Ausnahmen für bestimmte Vertragstypen vorsieht, bei denen ein elektronisches

---

[338] vgl. Scherer/Butt, DB 2000, 1009

Zustandekommen nicht vorgesehen ist. Das können beispielsweise Grundstückskaufverträge sein oder solche nach dem Familien- oder Erbrecht. Die Forderung an alle Mitgliedstaaten nach einer rechtswirksamen digitalen Signatur (s. o.) wird somit noch verstärkt.

Für den Einkauf im Internet ist besonders Art.11der Richtlinie von Bedeutung:

„Art. 11 Abgabe einer Bestellung

(1) Die Mitgliedstaaten stellen sicher, dass — außer im Fall abweichender Vereinbarungen zwischen Parteien, die nicht Verbraucher sind — im Fall einer Bestellung durch einen Nutzer auf elektronischem Wege folgende Grundsätze gelten:

- *Der Diensteanbieter hat den Eingang der Bestellung des Nutzers unverzüglich auf elektronischem Wege zu bestätigen*
- *Bestellung und Empfangsbestätigung gelten als eingegangen, wenn die Parteien, für die sie bestimmt sind, sie abrufen können.*

Die Mitgliedstaaten stellen sicher, dass — außer im Fall abweichender Vereinbarungen zwischen Parteien, die nicht Verbraucher sind —der Diensteanbieter dem Nutzer angemessene, wirksame und zugängliche technische Mittel zur Verfügung stellt, mit denen er Eingabefehler vor Abgabe der Bestellung erkennen und korrigieren kann.

(3) Absatz 1 erster Gedankenstrich und Absatz 2 gelten nicht für Verträge, die ausschließlich durch den Austausch von elektronischer Post oder durch vergleichbare individuelle Kommunikation geschlossen werden."

Da im Bereich des Business-To-Business-Verkehrs eine rein elektronische Abwicklung der Geschäfte vorgenommen werden soll, braucht mithin eine Auftragsbestätigung nicht zu erfolgen, es ist sogar eine vollautomatische Bestellung möglich:

Ein praktisches Anwendungsbeispiel wäre die vollautomatische Bestellung von Waren bei Erreichung des sogenannten Bestellbestandes in der Logistik. Regelmäßig wird die Materialwirtschaft über rechnergesteuerte Systeme verwaltet. Ein gut funktionierendes Unternehmen sollte daher über ein System verfügen, welches unmittelbar nach elektronischem Abruf von Material die entsprechenden buchhalterischen Funktionen auslöst.

Angenommen, ein Kunde bestellt per Internet 1 000m Kabel eines bestimmten Typs. Die erforderlichen Kundendaten (Kunden- und Lieferanschrift, Kundennummer usw.) werden entweder vom Kunden eingegeben oder sind im Rechner des Anbieters gespeichert. Die Bestellung wird elektronisch weitergeleitet; automatisch erfolgt anhand vorhandener Kundendaten Bonitätsprüfung, Ermittlung etwaiger Rabatte, Zahlungsmodalitäten usw. Schließlich landet die Bestellung im Auslieferungslager, löst dort die entsprechende Abbuchung von 1 000m Kabel des bestellten Typs aus. Erst an dieser Stelle wird ein Mensch tätig, der die Ware zur Auslieferung bringen muss.

Wird nun aufgrund dieser Bestellung der Bestellbestand erreicht (der natürlich vorher im System festgelegt worden sein muss) – so wird seinerseits vom System eine vollautomatische Bestellung beim Lieferanten ausgelöst. Dies setzt voraus, das der jeweilige Lieferant bekannt ist und seine Daten im System implementiert sind. Was passiert nun, wenn der Lieferant ebenso vollautomatisch zurückmeldet, dass das Material nicht oder nicht rechtzeitig geliefert werden kann? Für diesen Fall ließe sich ein abgestuftes Szenario dergestalt einrichten, dass nacheinander mehrere Lieferanten in hierarchischer Folge abgearbeitet werden; d. h. kann Lieferant 1 nicht liefern, wird bei Lieferant 2 bestellt usw. Etwaige Preisunterschiede der einzelnen Lieferanten müssten allerdings so gering sein, dass sie vom Vorteil dieses praktisch vollautomatischen Bestellverfahrens kompensiert werden.

Nach Art. 16 der Richtlinie sollen insbesondere die Verbände zur Festlegung von Verhaltenskodizes „ermutigt" werden. Damit wird das Ziel einer freiwilligen Selbstkontrolle verfolgt, indem sich die Mitglieder der Verbände bestimmten Regeln, insbesondere hinsichtlich ihres wettbewerblichen Handelns, unterwerfen. Diese Verhaltenskodizes sollen in jeder Sprache der EU elektronisch abrufbar gemacht werden.

Interessant ist außerdem die in Art. 17 festgelegte Sicherstellung der Mitgliedstaaten, „dass ihre Rechtsvorschriften bei Streitigkeiten zwischen einem Anbieter eines Dienstes der Informationsgesellschaft und einem Nutzer des. Dienstes die Inanspruchnahme der nach innerstaatlichem Recht verfügbaren Verfahren zur außergerichtlichen Beilegung, auch auf geeignetem elektronischem Wege, nicht erschweren". Damit könnten Rechtsstreitigkeiten außergerichtlich auch online ausdiskutiert und in vernünftiger Form beigelegt werden.

Art. 18 der Richtlinie verlangt, dass Klagen im Zusammenhang mit Diensten der Informationsgesellschaft nicht nur von den Mitgliedstaaten ermöglicht werden; es sollen dadurch auch rasch Maßnahmen getroffen werden können, *„um eine mutmaßliche Rechtsverletzung abzustellen und zu verhindern, dass den Betroffenen weiterer Schaden entsteht*". Art. 19 regelt die Zusammenarbeit der Mitgliedstaaten sowie die Einrichtung von Verbindungsstellen und fordert insbesondere, dass geeignete Aufsichts- und Untersuchungsinstrumente zur Verfügung stehen. Ferner sollen die Diensteanbieter, also insbesondere die Internet-Provider, die erforderlichen Informationen zur Umsetzung der Richtlinie zur Verfügung stellen. Diese Generalklausel einer Informationspflicht wird in der Realität durch rechtsstaatliche Prinzipien wie das Fernmeldegeheimnis und der Schutz des allgemeinen Persönlichkeitsrechts eingeschränkt. Dies ergibt sich im übrigen auch aus der Präambel Ziff. 47 und 48, nach der weder spezifische Fälle oder Anordnungen von nationalen Behörden berührt werden, noch spezielle nationale Regelungen zur Anwendung von Sorgfaltspflichten hinsichtlich der Aufdeckung z. B. von Straftaten betroffen sind.

Art. 20 der Richtlinie fordert schließlich wirksame, verhältnismäßige und abschreckende Sanktionen die bei Verstößen gegen die einzelstaatlichen Vorschriften zur Umsetzung dieser Richtlinie anzuwenden sind.

In Deutschland liegt bereits ein Entwurf zur Umsetzung der EU-Richtlinie für den elektronischen Geschäftsverkehr – EGG - vor[339]. Er beinhaltet insbesondere Änderungen des Mediendienste-Staatsvertrages (MDStV) sowie des

---

[339]„Entwurf eines Gesetzes über rechtliche Rahmenbedingungen für den elektronischen Geschäftsverkehr, EGG" der Bundesregierung vom 14.02.2001, http://www.netlaw.de/gesetze/index.html

Teledienstegesetzes (TDG) und weiterer damit zusammenhängender Vorschriften. Nach Auffassung der Bundesregierung sind die meisten Forderungen der EU-Richtlinie bereits in nationales Recht umgesetzt worden[340]. Gleichwohl finden sich im EGG folgende wesentlichen Grundsätze:

In § 3 Abs. 1 TDG werden u. a. der Begriff des Telediensteanbieters und des –nutzers neu definiert. Danach ist „Diensteanbieter" *„jede natürliche oder juristische Person oder Personenvereinigung, die eigene oder fremde Teledienste zur Nutzung bereithält oder den Zugang zur Nutzung vermittelt";* „Nutzer" ist *„jede natürliche oder juristische Person oder Personenvereinigung, die zu beruflichen oder sonstigen Zwecken Teledienste in Anspruch nimmt, insbesondere um Informationen zu erlangen oder zugänglich zu machen".* Der Begriff der „kommerziellen Kommunikation" wurde eingeführt als *„jede Form der Kommunikation, die der unmittelbaren oder mittelbaren Förderung des Absatzes von Waren, Dienstleistungen oder des Erscheinungsbilds eines Unternehmens, einer sonstigen Organisation oder einer natürlichen Person dienen, die eine Tätigkeit im Handel, Gewerbe oder Handwerk oder einen freien Beruf ausübt".* Damit fällt nicht nur der Internet-Shop unter den Begriff der kommerziellen Kommunikation, auch die Homepage einer Firma ist darunter zu subsumieren.

Wie zu erörtern sein wird, spielt im Zusammenhang mit der Besteuerung des Internet-Handels die Frage der Niederlassung eines Diensteanbieters eine erhebliche Rolle. Die Neufassung des § 3 TDG sieht vor, als niedergelassenen Diensteanbieter einen Anbieter zu verstehen, *„der mittels einer festen Einrichtung auf unbestimmte Zeit eine Wirtschaftstätigkeit tatsächlich ausübt; Vorhandensein und Nutzung technischer Mittel und Technologien, die zum Anbieten des Dienstes erforderlich sind, begründen allein keine Niederlassung des Anbieters".* Der Streit, ob beispielsweise der Server eines Anbieters in steuerrechtlicher Hinsicht gleichzeitig dessen Niederlassung darstellt, wäre damit obsolet, da technische Mittel (=Server) allein keine Niederlassung begründen können.

Ein weiterer Aspekt, der sowohl steuerrechtliche als auch internationalprivatrechtliche Gesichtspunkte betrifft, findet sich in der Neufassung des § 4 TDG: Danach unterliegen in der Bundesrepublik Deutschland niedergelassene Diensteanbieter und ihre Teledienste den Anforderungen der innerstaatlichen Vorschriften, z. B. der Umsatzbesteuerung, auch dann, *„wenn die Teledienste in einem anderen Mitgliedstaat der Europäischen Union oder in einem anderen Vertragsstaat des Abkommens über den Europäischen Wirtschaftsraum angeboten oder erbracht werden".* Damit kann insbesondere Versuchen begegnet werden, zwecks Steuerersparnis in einer „Steueroase" Online-Leistungen zu erbringen.

§ 4 Abs. 4 des neuen TDG sieht vor, die Freiheit der Erbringung von Teledienstleistungen einem sogenannten Gesetzesvorbehalt zu unterwerfen; dies ist insbesondere dann gegeben, um die öffentliche Sicherheit oder Ordnung

[340]vgl. die Übersicht bei http://www.datenschutz-und-datensicherheit.de/history.htm, Entwurf eines Gesetzes über rechtliche Rahmenbedingungen für den elektronischen Geschäftsverkehr (EGG) und http://www.netlaw.de/gesetze/index.html

(Jugendschutz, Diskriminierungsverbot) und den Verbraucherschutz zu gewährleisten.

§ 7 des neuen TDG regelt die Informationspflichten der kommerziellen Kommunikation und will damit klare Anforderungen an einen funktionierenden eCommerce schaffen. Insbesondere wird die klare Erkennbarkeit der kommerziellen Kommunikation als solche, die Identifizierung des Anbieters sowie die klare und unmissverständliche Angabe von Preisnachlässen, Zugaben und Geschenken gefordert. Lockvogelangebote und Täuschungen über die Identität des Anbieters sollen damit unterbunden werden; daneben gelten die Regeln über den unlauteren Wettbewerb. In den §§ 8ff. TDG (neu) wird das Haftungsprivileg derjenigen Diensteanbieter aufrechterhalten, die von einem Nutzer eingegebene Informationen übermitteln oder den Zugang zu einem Kommunikationsnetz vermitteln[341].

Ausgehend von der Verpflichtung des Art. 20 der EU-Richtlinie, Sanktionen bei Verstößen vorzusehen, enthält § 12 des neuen TDG Bußgeldvorschriften für den Fall der Nichteinhaltung von Informationspflichten des Diensteanbieters.

Gemäß Artikel 21 der Richtlinie ist eine Überprüfung der Anwendung dieser Richtlinie bis spätestens zum 17. Juli 2003 und danach alle zwei Jahre vorgesehen. Damit werden die Mitgliedstaaten verpflichtet, die Wirksamkeit ihrer aufgrund der Richtlinie erlassenen Gesetze und Rechtsverordnungen zu überprüfen, um sie ggf. nachregeln zu können. Es ist anzunehmen, dass diese Pflicht insbesondere auf die Harmonisierung internationaler Rechtsnormen des eCommerce Einfluss haben wird.

12.2. Die Besteuerung des Internet-Handels

Die Besteuerung des Internet-Handels ist schon seit einigen Jahren im Gespräch: in einem Diskussionspapier vom 17.09.1998 der OECD wurde die Besteuerung heftig diskutiert[342]. Auf der einen Seite sollen die Vorteile des eCommerce nicht unnötig durch eine restriktive Steuerpolitik behindert werden, auf der anderen Seite dürfen elektronisch getätigte Geschäfte nicht durch Fehlen steuerrechtlicher Regelungen gegenüber dem klassischen Geschäftsverkehr Wettbewerbsvorteile verschaffen[343].

Noch gibt es keine einheitlichen internationalen Regelungen auf dem Gebiet des Internet-Commerce; vielmehr werden in den verschiedenen internationalen Gremien Regelungsvorschläge diskutiert und vielfach wieder verworfen[344]. Ein wesentlicher Grund hierfür ist die Vielzahl unterschiedlicher Besteuerungssysteme, ein weiterer Grund das Fehlen von geeigneten Sanktions-

---

[341] vgl. Begründung zum Entwurf des EGG, http://www.datenschutz-und-datensicherheit.de/history.htm

[342] http://www.oecd.org/daf/fa/e_com/discusse.pdf

[343] vgl. Reimar Pinkernell, Ertrag- und umsatzsteuerrechtliche Behandlung des grenzüberschreitenden Softwarevertriebs über das Internet, Zeitschrift Steuer und Wirtschaft, Heft 3/1999, S. 281 ff.

[344] vgl. M. Barth/U. Schmidt, Besteuerung des Internet-Handels; Mai 2000, http://www.iid.de/netze/internetsteuer.html

und Vollstreckungsmechanismen: zwar ließen sich Steuern wie jede andere Zahlung auch auf elektronischem Wege einziehen; dabei gilt es allerdings, datenschutzrechtliche Probleme und auch politische- und Akzeptanzprobleme zu überwinden. Innerhalb der EU gibt es allerdings konstruktive Vorschläge, zumindest das Umsatzsteuerproblem im grenzüberschreitenden Internet-Verkehr zu bewältigen[345].

Bei der Beurteilung von Steuerfragen auf dem Gebiet des grenzüberschreitenden Internet-Commerce müssen einige bisher verwendete Begriffe neu definiert bzw. ausgelegt werden.

In der Tat birgt die zunehmende Verbreitung des eCommerce im Internet die Gefahr, dass bisher gültige Steuerregeln insbesondere auf den Gebieten des Ertrags- und des Umsatzsteuerrechts zu Lasten des berechtigten Staates ausgehebelt werden können.

Beim eCommerce sind Geschäfte nicht mehr an einen bestimmten Ort gebunden, sondern finden virtuell im sogenannten Cyberspace statt. Damit sind alle Steuertatbestände, die auf territoriale Merkmale, also z. B. dem Wohnsitz des Steuerschuldners, abstellen, auslegungsbedürftig oder passen gar nicht mehr. Bei vollständiger elektronischer Abwicklung von Geschäften werden zudem keine physischen Spuren in Form von Papierbelegen usw. hinterlassen, so dass der Zugriff der Finanzverwaltung auf steuerrechtlich relevante Sachverhalte erschwert wird. Hinzukommt, dass Daten verschlüsselt übertragen werden, den Behörden demzufolge der Zugriff und die Kontrolle erschwert wird (auch dieser Faktor spielt bei der Kryptographiediskussion eine Rolle); ferner können die beteiligten Unternehmen an einem beliebigen Ort, ja sogar über Satellit, ihre Webseiten halten[346].

12.3. Die ertragssteuerliche Behandlung grenzüberschreitenden Internet-Handels

Während Verträge über die Lieferung beweglicher Sachen, also körperlich und real vorhandene Gegenstände noch einigermaßen erfasst werden können, da ja irgendwo diese Gegenstände real auftauchen müssen, bewirkt z. B. der grenzüberschreitende Softwarehandel den praktisch völligen Verlust von Spuren. Vertragsschluss, Lieferung und Zahlung können beim Softwarehandel vollständig elektronisch und damit auf den ersten Blick unsichtbar für die Finanzverwaltung abgewickelt werden.

Ausländische Softwareunternehmen, die ihre Produkte im Inland verkaufen wollen, könnten z. B. in Deutschland über eine Tochtergesellschaft – meist eine reine Vertriebs-GmbH mit geringer Beschäftigtenzahl – ihre Software vertreiben. Bei diesem Sachverhalt wäre die Tochtergesellschaft deutsches Unternehmen und damit unbeschränkt steuerpflichtig; Dividendenausschüttungen an den ausländischen Gesellschafter unterlägen der Kapitalertragsteuer nach §§ 43 ff. EstG.

---

[345] zum aktuellen Stand der Besteuerungsdiskussion vgl. http://www.forum-steuern.de/ecom.html mwN

[346] vgl. Andreas Franke, Internet-Besteuerung, 1999, www.ernst-young.de/pdf/ntv/ecomntv.pdf

Gründet das ausländische Unternehmen eine Betriebsstätte im Inland, so ist der Betriebsstättengewinn aufgrund der beschränkten Einkommens- bzw. Körperschaftssteuerpflicht zu versteuern: Soweit natürliche Personen durch die Tochtergesellschaft bzw. Betriebsstätte Einkünfte erzielen, ergibt sich ihre Steuerpflicht aus § 1 Abs. 4 § 49 Abs. 1 EStG. Danach sind natürliche Personen, die im Inland weder einen Wohnsitz, noch ihren gewöhnlichen Aufenthalt haben und inländische Einkünfte i. S. d. § 49 EstG erzielen, einkommensteuerpflichtig (Ausnahme: Erfüllung der Familienförderungstatbestände des § 1a EstG). Hier kämen Einkünfte aus Gewerbebetrieb, für den im Inland eine Betriebsstätte unterhalten wird oder ein ständiger Vertreter bestellt ist, in Betracht, § 49 Abs. 1 Nr. 2a EstG.

Das Unternehmen selbst, also die juristische Person, ist nach § 2 Nr. 1 KStG beschränkt körperschaftssteuerpflichtig mit seinen im Inland erzielten Einkünften. Im übrigen unterliegt die Betriebsstätte, die nach § 2 Abs. 1 GewStG einen Gewerbebetrieb darstellt, der Gewerbesteuerpflicht. Das die Betriebsstätte betreibende ausländische Unternehmen ist nach § 5 Abs. 1 GewStG Steuerschuldner; die jeweilige Gemeinde, in der sich die Betriebsstätte befindet, ist nach § 1 Abs. 1 GewStG zur Erhebung der Gewerbesteuer berechtigt (Steuerberechtigter).

Die genannten Steuervorschriften stellen im wesentlichen auf das Merkmal der „Betriebsstätte" ab, so dass im folgenden die Frage untersucht werden muss, wann von dem Vorliegen einer Betriebsstätte ausgegangen werden muss. Bis zur „Virtualisierung" des Geschäftsverkehrs mit Hilfe elektronische Medien ging nämlich der Gesetzgeber beim Begriff der Betriebsstätte davon aus, dass es sich dabei um Gebäude, Räume oder sonstige körperlich vorhandene Einrichtungen handelt.

Aufgrund der Entwicklung immer breitbandigerer Internet-Systeme, die dem Kunden das Herunterladen auch großer Softwarepakete ermöglichen, wird die Gründung einer real existierenden Betriebsstätte in Deutschland mit Gebäuden, Personal usw. immer mehr entbehrlich: Das im Ausland ansässige Softwareunternehmen kann sich zum Vertrieb seiner Softwareprodukte sowie überhaupt aller Produkte, die über eine Netzverbindung angeliefert werden können, einfach eines geeigneten Internet-Servers bedienen.

Befindet sich dieser Internet-Server im Inland, z. B. aufgrund eines Dienstleistungsvertrages mit einem Provider, so stellt sich zunächst die Frage, ob der Internet-Server die Merkmale einer Betriebsstätte nach § 12 AO erfüllt[347].

Gemäß § 12 Satz 1 ist eine Betriebstätte im wesentlichen für ein Unternehmen das, was für natürliche Personen der Wohnsitz ist. Diese Definition, die mit dem in § 1 EstG, § 8 AO genannten Wohnsitzbegriff korreliert, passt nicht auf den genannten Internet-Server. Nach § 8 AO hat nämlich einen Wohnsitz jemand dort, *„wo er eine Wohnung unter Umständen innehat, die darauf schließen lassen, dass er die Wohnung beibehalten und benutzen wird"*. Auch hier wird wieder von einem real existierenden Gegenstand ausgegangen.

§ 12 AO definiert die Betriebsstätte als *„jede feste Geschäftseinrichtung oder Anlage, die der Tätigkeit eines Unternehmens dient"*. Der Betrieb dieser Geschäftseinrichtung oder Anlage muss sich vorwiegend an einem Ort befin-

[347] vgl. Reimar Pinkernell, aaO, S. 283

den, von gewisser Dauer sein, und es muss eine Verfügungsmacht über die Örtlichkeit bestehen. Nicht erforderlich ist, dass die Betriebsstätte fest mit dem Boden verbunden ist. In Ziff. 1 bis 8 des § 12 AO wird in beispielhafter Form das aufgeführt, was der Gesetzgeber unter einer Betriebsstätte versteht. Dabei handelt es sich durchweg um körperliche Gegenstände, wie Zweigniederlassungen, Geschäftsstellen usw. Bereits angesichts dieser Aufzählung ist fraglich, ob ein Server in Gestalt seiner Hardware unter den Betriebsstättenbegriff fällt. Führt man den Zweck dieses Servers auf den An- und Verkauf von Waren zurück, so könnte es sich bei dem Server um eine Ein- oder Verkaufsstelle im Sinne des § 12 Ziff. 6 AO handeln. Es ist außerdem nicht erforderlich, das die Betriebsstätte permanent an einem Ort verbleibt; sie muss allerdings nach der Rechtsprechung dahin zurückkehren, wie beispielsweise ein Zeitungs- oder Marktstand[348]. Legt man demzufolge § 12 Ziff 6 so aus, dass eine Ein- und Verkaufsstelle auch eine Geschäftseinrichtung sein kann, die nicht fest mit der Erdoberfläche verbunden ist, also nicht unbedingt ein Gebäude sein muss, so kommt man zu dem Ergebnis, dass nach der bisherigen Rechtslage (die sich durch die geplante Neufassung des TDG ändern könnte) durchaus auch ein Server das Merkmal einer festen Geschäftseinrichtung erfüllt.

Falls das ausländische Unternehmen lediglich von einem inländischen Provider sogenannten „Webspace" bereitgestellt bekommen hat, müsste dieser Anteil am Server dem Unternehmen zugerechnet werden können. Regelmäßig dürfte der vertraglich eingeräumte Webspace einen konkret bestimmbaren Anteil am Server darstellen; in diesen Fällen könnte damit ebenfalls eine feste Geschäftseinrichtung angenommen werden, da dabei nämlich ein bestimmter Speicherplatz eines vorhandenen Servers genutzt wird.[349]

Als weitere Voraussetzung ist die Verfügungsmacht über die Geschäftseinrichtung erforderlich. Unter Verfügungsmacht versteht man die tatsächliche Sachherrschaft über die Geschäftseinrichtung, die als Eigentümer oder Besitzer dem Berechtigten zur Verfügung steht und nicht ohne weiteres wieder entzogen werden kann. Bei angemietetem Webspace stellt sich hier die Frage, ob das dem ausländischen Softwareunternehmen zustehende Recht, über seinen Webspace zu verfügen, ausreicht. Tatsächlich entscheidet nämlich der Server-Betreiber, auf welchem Server welcher Kunde mit dem vertraglich vereinbarten Webspace untergebracht wird. Bejaht man die Verfügungsgewalt, so können auf einem einzigen Webserver durchaus mehrere Betriebsstätten verschiedener Unternehmen vorhanden sein. In der Tat ist die Auslegung des § 12 AO hinsichtlich der Verfügungsmacht solcher virtuellen Betriebsstätten streitig: Die gegenteilige Auffassung stellt nämlich darauf ab, dass diese Vorschrift in erster Linie von physisch vorhandenen Gebäuden und Räumen ausgeht, wie sich auf den in Ziff. 1 bis 8 dargestellten Auflistungen ergibt. Darüber hinaus stünde dem Staat – zumindest was die Betriebsstätte anbelangt - kein pfändbares Vermögen zur Verfügung. Die Steuerbehörden wären in jedem Fall gezwungen, etwaige Steuerschulden ausländischer Softwareanbieter auch im Ausland einzutreiben. Dies wiederum setzt wirksame

[348] BFH, Urt. v. 28.7.1993, I R 15/93, BStBl. II 1994, 148
[349] vgl. Reimar Pinkernell, aaO, S. 283

international gültige Abkommen auf dem Gebiet des Steuerrechts voraus, auf die später eingegangen wird.

Ein weiteres Problem stellt die Zurechnung der Gewerbesteuerpflicht zu den jeweiligen Gewerbesteuerberechtigten i. S. d. § 1 Abs. 1 GewStG dar: Internet-Dienstleister verfügen häufig über ein Netz von Servern, die sich an verschiedenen Standorten befinden (z. B. Deutsche Telekom AG). Es ist daher durchaus technisch möglich, den Webspace fallweise von einem Server mit Standort X zu einem anderen Server mit Standort Y zu verlagern. Auch die Datensicherung muss nicht auf demselben Server im selben Standort laufen. dem Kunden ist es schließlich egal, wo sich der Server körperlich befindet; ihm kommt es allein darauf an, dass sein Internet-Auftritt mit allen für das Geschäft notwendigen Bestandteilen funktioniert. Würde man demzufolge den von einem ausländischen Anbieter genutzten Webspace als feste Geschäftseinrichtung ansehen, so könnten die Gemeinden nur schwer feststellen, wo konkret das Gewerbe betrieben wird.

§ 12 AO setzt als weiteres Tatbestandsmerkmal voraus, dass die Betriebsstätte dem Unternehmen „dient". Damit ist zum einen ein „Tätigwerden" des Anbieters an seiner Betriebsstätte gemeint, mit deren Hilfe er sein Geschäft betreibt. Zum anderen kann in der Bereitstellung von Angebotsseiten auf einem Server zum Zwecke des Software-Vertriebes gleichzeitig ein Angebot „ad incertas personas" liegen, mithin an einen unbestimmten Personenkreis. Durch die elektronische Bestellung würde dann ein Vertrag zustandekommen. Bei dieser Konstellation stellt sich die Frage, ob dieses Handeln dem Steuerpflichtigen zugerechnet werden kann:

Ausgehend von der „Pipeline"-Entscheidung des BFH[350], in der ein niederländischer Rohöltransporteur ein Rohrleitungssystem in Deutschland vollautomatisch und insbesondere ohne Einschaltung eigenen Personals betrieb, wurde das Vorliegen einer Betriebsstätte bejaht. Die vollautomatische Lieferung des Rohöls wurde mit Waren- bzw. Spielautomaten verglichen, bei denen ja ebenfalls die Auslieferung ohne Anwesenheit von Personal des Unternehmers erfolgt. Aufgrund dieser Entscheidung des BFH hat der Bundesminister der Finanzen in seinem Erlass vom 14.02.2000[351] festgestellt, dass zu den Betriebsstätten i. S. d. § 12 AO auch nicht sichtbare, unterirdisch verlaufende Rohrleitungen (Pipelines) gehören.

Wendet man diese Grundsätze auf den Softwarehandel im Internet an, so wäre die Auslieferung der Software von einem im Inland liegenden Server bzw. dessen Webspace aus einer Automatenleistung gleichzustellen und würde unter den Anwendungsbereich des § 12 AO fallen[352].

Teilweise wird auch die Auffassung vertreten, dass derjenige Provider bzw. Internet-Dienstleister, der den Webspace bzw. Server für den ausländischen Softwareanbieter zur Verfügung stellt, als „Ständiger Vertreter" i. S. d. § 13 AO anzusehen und damit eingeschränkt steuerpflichtig nach § 49 Abs. 1 Nr. 2a EstG ist[353]. Ein ständiger Vertreter ist nach § 13 AO eine Person, *„die*

---

[350] BFH, Urt. v. 30.10.1996, II R 12/92, BStBl. II 1997, 12, 13 f

[351] BStBl. 2000, S. 190 ff

[352] vgl. Reimar Pinkernell, aaO, S. 284

[353] vgl. Reimar Pinkernell, aaO, S. 284

nachhaltig die Geschäfte eines Unternehmens besorgt und dabei dessen Sachweisungen unterliegt. Ständiger Vertreter ist insbesondere eine Person, die für ein Unternehmen nachhaltig 1. Verträge abschließt oder vermittelt oder Aufträge einholt oder 2. einen Bestand von Gütern oder Waren unterhält und davon Auslieferungen vornimmt".

Der Provider müsste nach dieser Definition nachhaltig die Geschäfte des Softwareanbieters besorgen; mithin müssen die Voraussetzungen eines Geschäftsbesorgungsvertrags gegeben sein. Beim Geschäftsbesorgungsvertrag i. S. d. §§ 662, 675 BGB besteht auf der einen Seite eine Weisungsabhängigkeit des Besorgenden, auf der anderen Seite muss die Geschäftsbesorgung zugleich auch im Interesse des Auftraggebers liegen. Immer mehr Internet-Diensteanbieter werben damit, nicht nur Webspace für ihre Kunden zur Verfügung zu stellen, sondern auch im Rahmen einer Komplettlösung alle Aktionen zu übernehmen, die zur Durchführung des Internet-Geschäfts erforderlich sind: das ist nicht nur die regelmäßige Aktualisierung der Produktkataloge, sondern auch die Erstellung von Abrechnungen, die Generierung von Schnittstellen zu den Buchhaltungs- bzw. Warenwirtschaftssystemen der Unternehmen usw[354].

Entschließt sich demnach ein Unternehmen mangels eigener Kenntnisse oder Erfahrungen, sein Internet-Angebot von einem Internet-Dienstleister im Sinne der oben beschriebenen Komplettlösung wahrnehmen zu lassen, so bringt er unter Umständen – nämlich für den Fall der Geschäftsbesorgung – diesen Dienstleister in die Steuerpflicht, § 13 AO. Umgekehrt wird dann ein Internet-Dienstleister nur ungern bereit sein, Komplettleistungen für einen ausländischen Anbieter zu übernehmen bzw. entsprechende monetäre Absicherungen fordern. Für den grenzüberschreitenden Internet-Handel wäre dies ein zusätzliches Hemmnis. Aus diesem Grunde muss den Internet-Dienstleistern eine Vertragsgestaltung vorgeschlagen werden, die im wesentlichen die technische Realisierung der vom Auftraggeber gewünschten Internet-Commerce-Aktivitäten zum Gegenstand hat und dem Auftraggeber die alleinige Verantwortlichkeit für dessen Geschäft auferlegt.

Die oben geschilderte Problematik hinsichtlich des Betriebsstättenbegriffs und seiner Auslegung wird bei Vorliegen eines sogenannten Doppelbesteuerungsabkommens einschneidend beeinflusst:

§ 2 AO bestimmt nämlich, dass Verträge mit anderen Staaten im Sinne des Artikels 59 Abs. 2 Satz 1 des Grundgesetzes über die Besteuerung den Steuergesetzen vorgehen, soweit sie unmittelbar anwendbares innerstaatliches Recht geworden sind. Nach dem Erlass des BMF vom 14.02.2000 ist deshalb § 12 AO nicht anzuwenden, soweit andere Rechtsvorschriften (z. B. DBA, OECD-Musterabkommen, EStG) abweichende Regelungen zum Begriff „Betriebstätte" enthalten. Für Anbieter mit Sitz in den USA ist Art. 7 des Doppelbesteuerungsabkommens USA (DBA-USA) maßgeblich, da die Bundesrepublik Deutschland gemäß Art. 2 DBA-USA unter dieses Abkommen fällt und nach Art. 1 das Unternehmen zu dem Personenkreis gehört, auf den das Doppelbesteuerungsabkommen angewendet wird[355].

---

[354] vgl. Reimar Pinkernell, aaO, S. 285

[355] vgl. http://www.pinkernell.de/dbausa2.htm

Gemäß Art. 7 Abs. 1 DBA-USA können *„gewerbliche Gewinne eines Unternehmens eines Vertragsstaats können nur in diesem Staat besteuert werden, es sei denn, das Unternehmen übt seine Tätigkeit im anderen Vertragsstaat durch eine dort gelegene Betriebsstätte aus“.*

Falls man das Vorliegen einer Betriebsstätte bejaht, so werden nach Art. 7 Abs. 2 DBA-USA dieser Betriebsstätte diejenigen gewerblichen Gewinne zugerechnet, *„die sie hätte erzielen können, wenn sie eine gleiche oder ähnliche Tätigkeit unter gleichen oder ähnlichen Bedingungen als selbständiges Unternehmen ausgeübt hätte“.* Man fingiert somit bei der Berechnung der Steuerlast die Situation, in der das ausländische Unternehmen eine Tochtergesellschaft gegründet hätte. Ferner können nach Art. 7 Abs. 3 DBA-USA die für diese Betriebsstätte entstandenen Aufwendungen, einschließlich der Forschungs- und Entwicklungskosten, Zinsen und anderen ähnlichen Ausgaben sowie eines angemessenen Betrags der Geschäftsführungs- und allgemeinen Verwaltungskosten, vom zu berechnenden Gewinn abgezogen werden, und zwar unabhängig von dem Staate, indem sie entstanden sind.

Aus dieser Vorschrift ergibt sich demnach, dass Deutschland als Quellenstaat nur solche Unternehmensgewinne besteuern darf, die einer Betriebsstätte im Sinne des Art. 5 Abs. 1 bis 3 DBA-USA nach Maßgabe des Art. 7 Abs. 2 DBA-USA zuzurechnen sind[356].

Während Art. 5 Abs. 1 und 2 DBA-USA den Betriebsstättenbegriff in ähnlicher Weise zu definieren versucht wie § 12 AO, indem beispielhaft Geschäftseinrichtungen wie Niederlassungen, Geschäftsstellen usw. aufgeführt werden, enthält Abs. 4 dieser Vorschrift eine Negativdefinition: Ungeachtet der Bestimmungen in den Absätzen 1 bis 3 gilt nach Art. 5 Abs. 4 a) DBA-USA eine feste Geschäftseinrichtung, Einrichtungen, die ausschließlich zur Lagerung, Ausstellung oder Auslieferung von Gütern oder Waren des Unternehmens benutzt werden ebenso wenig als Betriebsstätte wie eine feste Geschäftseinrichtung nach Art. 5 Abs. 4 e) DBA-USA e) schließt aus, die *„ausschließlich zu dem Zweck unterhalten wird, für das Unternehmen zu werben, Informationen zu erteilen, wissenschaftliche oder ähnliche Tätigkeiten auszuüben, die vorbereitender Art sind oder eine Hilfstätigkeit darstellen“.*

Das in den Buchstaben a) bis f) des Art. 5 Abs. 4 DBA-USA vorkommende Adjektiv „ausschließlich“ wird zur Begriffsdefinition der Betriebsstätte dahingehend interpretiert, dass im Unterschied zu § 12 AO die Tätigkeit des Unternehmens teilweise oder ganz durch die Betriebsstätte ausgeübt werden muss.

Zweckgerichtete Tätigkeit des ausländischen Unternehmens, welches im Inland einen Server betreibt oder Webspace angemietet hat, ist der Verkauf elektronisch lieferbarer Waren. Der im Inland befindliche Server erfüllt damit eine wesentliche Geschäftstätigkeit des Steuerpflichtigen. Daher wird in der Literatur teilweise die Auffassung vertreten, in diesen Fällen eine Betriebsstätte i. S. d. Art. 5 DBA-USA anzunehmen mit der Folge, das Deutschland die Gewinne entsprechend (s.o.) besteuern darf. Auf der anderen Seite kann man aber auch den Server bzw. den bereitgestellten Webspace lediglich als Werkzeug zur Unterstützung des Vertriebes ansehen, während die eigentliche Geschäftstätigkeit vom Anbieter in den USA gesteuert wird.

---

[356] vgl. Reimar Pinkernell, aaO, S. 285

Entscheidend ist m. E. die Art und Weise, auf welcher der amerikanische Anbieter seine virtuellen Waren feilbietet: häufig dürfte die Software, die der Kunde erwerben soll, bereits auf der Festplatte des inländischen Servers liegen. Darüber hinaus ist schon aus Gründen der Landessprache die übrige Abwicklung des Verkaufsgeschäfts, nämlich Anbieten der Ware, elektronische Bestellung und Bezahlung, auf dem deutschen Server sinnvoll. Zieht man nun den in Art. 5 Abs. 4 a) DBA-USA statuierten Grundsatz heran, Einrichtungen, die ausschließlich zur Auslieferung von Waren des Unternehmens benutzt werden, vom Betriebsstättenbegriff auszunehmen, so kommt man zu dem Ergebnis, das ein in Deutschland aufgestellter Server mit kompletter Verkaufsabwicklung ja wesentlich mehr Funktionen erfüllt, als die in Art. 5 Abs. 4a) beschriebene Einrichtung. Unter diesem Gesichtspunkt wäre die Steuerpflicht zu bejahen.

Die gegenteilige Auffassung stützt sich auf die Kommentierung zu Art. 5 Abs. 1 OECD-MA, wonach weisungsabhängiges Personal zur Begründung einer Betriebsstätte verlangt wird[357].

Wie bereits zu § 12 AO erörtert, bewirkt die völlige Automatisierung im Internet den Verlust weisungsabhängigen Personals im Inland. Nicht nur, dass die für den Vertragsschluss erforderlichen Willenserklärungen online abgegeben werden können und damit das Softwareangebot unmittelbar dem im Ausland befindlichen Anbieter zuzurechnen ist, auch die Auslieferung der Software erfolgt letztlich auf Veranlassung des Anbieters. *Pinkernell* vergleicht den Softwarevertrieb mit Direktgeschäften, deren Besteuerung nach Art. 7 Abs. 1 OECD-MA dem Wohnsitzstaat vorbehalten ist. Zweck dieser Vorschrift sei es schließlich, das Besteuerungsrecht des Quellenstaates – hier also: Deutschland – zu beschränken. Im übrigen mache es für die Frage der wesentlichen Tätigkeit des Unternehmens keinen Unterschied, in welchem Staat der Server tatsächlich steht. Nach dieser Auffassung würde eine Besteuerung entfallen.

Am 29.12.1999 hat der Steuerausschuss der Organisation für wirtschaftliche Zusammenarbeit und Entwicklung (OECD) einen Vorschlag zur der Frage veröffentlicht, wann ein Internet-Server als Betriebsstätte im Sinne des Art. 5 OECD-Musterabkommen angesehen werden kann. Lediglich materielle Wirtschaftsgüter könnten danach eine Betriebsstätte begründen. Bei einer Internet-Seite fehle es an der erforderlichen Körperlichkeit, so dass nach dieser Auslegung bereitgestellter Webspace nicht unter den Betriebsstättenbegriff fallen würde. Ein Server ist jedoch nur dann eine Betriebsstätte, wenn mit Hilfe der installierten Software ein bedeutender Teil der gesamten geschäftlichen Transaktion abgewickelt wird. Die Anwesenheit weisungsabhängigen Personals wird nicht gefordert.

Diese Auffassung führt zu dem unbefriedigenden Ergebnis, dass ein ausländisches Unternehmen, welches einen festen Server bei einem Provider anmietet, steuerpflichtig wird; mietet es hingegen lediglich Webspace, so entfiele die Steuerpflicht. Im Ergebnis dürften sich dann die meisten ausländischen Unternehmen auf die Anmietung von Webspace bzw. Serviceleistungen inländischer Provider beschränken.

---

[357] vgl. die Nachweise bei Pinkernell, aaO, S. 285

Fraglich ist, ob Provider, welche für ausländische Anbieter Komplettleistungen anbieten, als Vertreter i. S. des Art. 5 Abs. 5 und 6 DBA-USA, § 13 AO anzusehen sind: Gemäß Art. 5 Abs. 5 und 6 DBA-USA wird die Zurechnung eines Vertreters i. S. d. § 13 AO gegenüber dem Steuerpflichtigen beschränkt: Nur in denjenigen Fällen, in denen der ständige Vertreter über eine Abschlussvollmacht verfügt und diese ausübt, könne dieser als Vertreter nach § 13 AO anerkannt werden und insoweit der Besteuerung nach § 49 Abs. 1 Nr. 2a EStG unterliegen. Selbst die Fälle, in denen ausländische Unternehmen Komplett-Leistungen von Internet-Dienstleistern nutzen, werden keine Vertreterstellung i. S. d. Art. 5 DBA-USA, § 13 AO begründen können: es ist schon aus Haftungsgründen unwahrscheinlich, dass ein Internet-Dienstleister zugleich als Vertreter des Anbieters auftritt, also auch die entsprechenden Verträge abschließt. Vielmehr dürften die jeweiligen Verträge unmittelbar zwischen Anbieter und Kunde auf elektronischem Wege zustandekommen.

Schließlich gibt es für den Fall, dass ein ausländisches Unternehmen, das bisher über einen inländischen Server seine Produkte angeboten hat, nunmehr den Server ins Ausland verlagert, nach den §§ 49 Abs. 1 Nr. 2a EStG, 12 AO keinen Anknüpfungspunkt für das Vorliegen einer steuerpflichtigen inländischen Betriebsstätte mehr[358].

Möglicherweise werden ausländische Unternehmen nur den gewinnträchtigen Warenvertrieb in das Internet verlagern und weniger ertragreiche Funktionen in Deutschland belassen. Dies kann dadurch geschehen, dass der für den Internet-Vertrieb zuständige Server ins Ausland verlagert wird, aber z. B. die Hotline in Deutschland verbleibt. Bei der Frage, wann eine steuerpflichtige Betriebsstätte i. S. d. § 12 AO vorliegt, kommt es letztlich darauf an, in welcher Rechtsform diese Betriebsstätte betrieben wird:

Nutzt das ausländische Unternehmen lediglich eine Hotline im Inland und betreibt seine Geschäfte im wesentlichen über den im Ausland liegenden Internet-Server, so kann zwar die Hotline durchaus als Betriebsstätte angesehen werden; der Gewinn wird jedoch im wesentlichen durch das Internet-Direktgeschäft erwirtschaftet, so dass die im Inland liegende Hotline nur eine untergeordnete Rolle spielt. Nach dem Prinzip der wirtschaftlichen Zugehörigkeit werden deshalb die durch den Internet-Vertrieb erfolgten Direktgeschäfte nicht der im Inland liegenden Betriebsstätte (=Hotline) zugeordnet.

Ähnlich ist der Fall, wenn der ausländische Anbieter im Inland eine Tochtergesellschaft gründet: Die Betriebsstätte einer inländischen Kapitalgesellschaft darf nicht ihren Anteilseignern – also dem ausländischen Anbieter – zugerechnet werden. Nur dann, wenn die inländische Tochtergesellschaft ihre eigenen Geschäftseinrichtungen der Muttergesellschaft zur Nutzung überlässt oder sogar im Namen der Muttergesellschaft Verträge abschließt, kommt es zu einer steuerpflichtigen inländischen Betriebsstätte. Erfolgt somit der Softwarevertrieb nach wie vor von der im Ausland befindlichen Muttergesellschaft aus und hat die Tochtergesellschaft lediglich Hotline-Funktion, so verbleibt der steuerpflichtige Anteil am Softwarevertrieb im Ausland. Selbstverständlich ist die im Inland liegende Tochtergesellschaft ihrerseits für die von ihr selbst getätigten Geschäfte steuerpflichtig.

---

[358] vgl. Reimar Pinkernell, aaO, S. 285

Ein Unternehmen, welches Waren oder Dienstleistungen anbietet, die sich unkörperlich, also auf elektronischem Wege liefern lassen, könnte damit unter Umgehung der deutschen Steuerpflicht seinen Sitz in steuerlich günstigere Länder verlegen, in denen entsprechende Doppelbesteuerungsabkommen oder andere das deutsche Steuerrecht einschränkende völkerrechtliche Verträge vorliegen. Interessant sind insbesondere die Fälle, in denen inländische Anbieter ihre Geschäftstätigkeit ins Ausland verlagern:

Erneut ist hier wieder die Frage zu stellen, ob ein im Ausland betriebener Server eine Betriebsstätte i. S. d. § 12 AO bzw. entsprechender Regelungen der Doppelbesteuerungsabkommen darstellt. Sieht man nämlich einen Server in einem Land ohne Doppelbesteuerungsabkommen nicht als Betriebsstätte i. S. d. § 12 AO an, so müssten alle elektronischen Geschäfte in Deutschland versteuert werden, selbst wenn sämtliche Vertriebsaktivitäten über den Auslandsserver abgewickelt werden würden[359].

Wenn sich der Server nämlich in einem Nicht-DBA-Staat befindet, werden bereits aufgrund des sog. Welteinkommensprinzips etwaige Gewinne in Deutschland erfasst, ohne dass auf die Betriebsstättenproblematik eingegangen werden muss. Das Welteinkommensprinzip bedeutet, dass natürliche Personen mit Wohnsitz oder gewöhnlichem Aufenthalt im Inland sämtlichen Einkünften aus dem In- und Ausland versteuern müssen (§ 1 Abs. 1 und 2 EStG und § 1 Abs. 1 und 2 KStG).

Existiert hingegen ein Doppelbesteuerungsabkommen, wie z. B. in den USA, so entgehen dem deutschen Fiskus die Steuereinnahmen.

Nach den meisten in Deutschland geltenden Doppelbesteuerungsabkommen unterliegen die Einkünfte aus Betriebsstättengewinnen für Betriebsstätten im Ausland nicht der Besteuerung.

Diese in den Doppelbesteuerungsabkommen festgelegten Regeln haben eine wirtschaftspolitische Funktion: Auslandsinvestitionen deutscher Unternehmen sollen demnach nur der Steuerbelastung im Quellenstaat unterliegen, um ihnen die gleichen Chancen im Wettbewerb mit den dortigen Konkurrenten einzuräumen. So hat auch die OFD Karlsruhe mit Verfügung vom 11.11.1998 entschieden, dass ein ausländischer Server eines inländischen Unternehmens bis auf weiteres nicht als Betriebsstätte i. S. d. Artikel 5 Abs. 1 OECD-MA behandelt werden soll.

Die Auswirkungen auf das deutsche Steueraufkommen kann in diesen Fällen ein bedrohliches Maß annehmen. Nicht nur Software, sondern auch Printmedien und Videos lassen sich über immer breitbandigere Netzverbindungen verschicken. Die Kosten für die Installation solcher Verbindungen werden auch für kleine und mittelständige Unternehmen, ja sogar für den Privatmann, erschwinglich. Das Steueraufkommen verlagert sich dann unter Umständen in den Wohnsitzstaat des Anbieters. Möglicherweise werden Unternehmen ihre eCommerce-Aktivitäten nach den jeweils steuerlich günstigsten Ländern ausrichten. Die Folge ist nicht nur der Verlust von Steueraufkommen im Inland, sondern auch die Verlagerung der Service-Provider-Dienste ins Ausland:

---

[359] vgl. M. Barth/U. Schmidt, Besteuerung des Internet-Handels; Mai 2000, http://www.iid.de/netze/internetsteuer.html).

schließlich wird mit der Bereitstellung von Leitungs- und Serverkapazität gutes Geld verdient.

Verlagert nun ein inländischer Softwareanbieter sein Softwareangebot komplett, also vom Angebot, Vertragsschluss bis zur Lieferung und Bezahlung in ein Land, mit dem ein Doppelbesteuerungsabkommen existiert, so stellt sich die Frage, ob der dann im Ausland liegende Server eine steuerlich begünstigte Betriebsstätte begründet. Folgt man der – bereits oben diskutierten – Ansicht, dass der Server im Ausland keine Betriebsstätte nach dem Doppelbesteuerungsabkommen (vgl. Art. 7 Abs. 1 DBA-USA) darstellt, weil kein weisungsabhängiges Personal für die Durchführung der wirtschaftlichen Tätigkeit vorhanden ist, so bleibt der aus dem Softwarevertrieb erwirtschaftete Gewinn nach wie vor im Inland steuerpflichtig.

Wird hingegen das Softwareangebot auf einem Server in einen Staat verlagert, mit dem es kein Doppelbesteuerungsabkommen gibt, so sind die Gewinne aus der Betriebsstätte im Ausland voll im Inland steuerpflichtig. Problematisch bleibt hier allerdings der Nachweis bzw. die Nachprüfung durch die inländischen Finanzbehörden, da bereits wegen der oft großen räumlichen Entfernungen Prüfungen, Akteneinsicht usw. erschwert sind.

Anders liegt möglicherweise der Fall, in denen nicht nur ein Server ins Ausland mit Doppelbesteuerungsabkommen, z. B. die USA, verlagert wird, sondern auch zusätzlich Personal zur Durchführung der Aufgaben eingesetzt wird:

Nach Art. 5 Abs. 1 DBA-USA liegt dann nämlich eine Betriebsstätte vor, die steuerlich begünstigt ist. Das bezieht sich aber im wesentlichen auf die aus dem Vertrieb der Software erwirtschafteten Gewinne. Tatsächlich führt jedoch die Verlagerung der im Inland entwickelten Software ins steuerlich günstigere Ausland dazu, dass durch die damit verbundene Steuerentlastung dem inländischen Unternehmer ein Gewinn verbleibt, der seinerseits steuerpflichtig im Inland ist (sog. Steuerentstrickung)[360]. Ob demnach eine Verlagerung des Softwarevertriebs in ein Land mit Doppelbesteuerung in jedem Fall die wirtschaftlich günstigere Alternative ist, muss im Einzelfall unter Berücksichtigung der Höhe des durch die Steuerentstrickung erwirtschafteten Gewinns geprüft werden.

Die steuerliche Begünstigung in einem Land mit Doppelbesteuerungsabkommen ist auch bei Software, die ausschließlich für den Vertrieb im Inland bestimmt ist, gegeben; es sei denn, es läge ein Missbrauch nach § 42 AO vor: Danach liegt ein Gestaltungsmissbrauch vor, wenn die Gestaltung gemessen an dem angestrebten Ziel unangemessen ist, der Steuerminderung dienen soll und durch wirtschaftliche oder sonst beachtliche nichtsteuerliche Gründe nicht zu rechtfertigen ist[361]. In Betracht kommen vor allem dabei diejenigen Fälle, in denen in Steueroasen kleinste Betriebsstätten gegründet werden, die sich lediglich auf verwaltende Tätigkeiten beschränken. Gerade dadurch verfolgen nämlich solche Betriebsstätten primär den Zweck der Steuerersparnis und bieten keine oder nur unbeachtliche darüber hinausgehende wirtschaftliche

[360] vgl. Pinkernell, aaO, S. 285

[361] vgl. BFH v. 18.12.1996, XI R 12/96, BStBl. II 1997, 374, 376; BFH, Urteile vom 19. 6. 1991 – IX R 134/86 – BStBl II 1991, 904, und vom 3. 12. 1991 – IX R 142/90 – BStBl II 1992, 397

Gründe. Ob der Missbrauchstatbestand des § 42 AO auch solche Betriebsstätten erfasst, die nur den Zweck verfolgen, den Vertrieb der Software zurück nach Deutschland sicherzustellen, also den Server zu betreuen und zu warten, ist umstritten[362]. Teilweise wird damit argumentiert, dass das Prinzip der Steuerentstrickung und der Betriebsstättengewinnzurechnung ausreichend seien, um das deutsche Steueraufkommen zu erhalten. Auf der anderen Seite stellt das in § 64 Abs. 4 AO genannte Beispiel, die Aufteilung einer Körperschaft in mehrere selbständige Körperschaften zum Zweck der mehrfachen Inanspruchnahme der Steuervergünstigung nach § 64 Absatz 3 AO (Einnahmegrenze für Körperschafts- und Gewerbesteuer bei 60 000 DM) als Missbrauch von rechtlichen Gestaltungsmöglichkeiten im Sinne des § 42 AO anzusehen klar, dass auch Unternehmensaufteilungen den Missbrauchstatbestand erfüllen können. Entschließt sich somit ein Unternehmen zur Abtrennung von Unternehmenseinheiten und Verlagerung ins Ausland, so kann dies unter Umständen zur Feststellung eines Missbrauchstatbestandes nach § 42 AO und dem damit verbundenen Verlust der Steuerersparnis führen. Werden danach im Inland erzielte Einnahmen zur Vermeidung inländischer Steuer durch eine ausländische Kapitalgesellschaft "durchgeleitet", so kann ein Gestaltungsmissbrauch auch dann vorliegen, wenn der Staat, in dem die Kapitalgesellschaft ihren Sitz hat, keine Steueroase ist[363].

12.4. Die umsatzsteuerliche Behandlung grenzüberschreitenden Internet-Handels

Neben den erörterten abgabenrechtlichen Steuerfragen beim grenzüberschreitenden Internet-Commerce kommt noch ein weiteres wesentliches Problem zum Tragen: die Umsatzsteuer.

Beim Verkauf einer Ware über einen Internet-Shop, die dann beim Kunden auf herkömmliche Weise ausgeliefert wird, ergeben sich hinsichtlich der umsatzsteuerlichen Behandlung keine Besonderheiten: Hier liegt nämlich eine Warenlieferung gegen Entgelt nach. §§ 1 I Nr. 1, 3 I UstG; der Ort des beauftragten Unternehmens ist nach § 3 VI 1 UStG der Ort, an dem die Umsatzsteuer entsteht.

Fraglich ist, wie der Fall behandelt wird, in dem Software über das Internet bestellt, aber z. B. auf CD-ROM an den Kunden geliefert wird, zu behandeln ist: Umstritten ist die Frage, ob es sich um eine „Lieferung“ im Sinne des § 3 Abs. 1 UstG oder um eine „sonstige Leistung“ nach § 3 Abs. 9 UstG handelt. Der Ort der Besteuerung der „sonstigen Leistung“ – das sind alle Leistungen die nicht als Lieferungen bezeichnet werden können – richtet sich nach dem neu eingeführten § 3a UStG, die Besteuerungsgrundlage nach § 10 Abs. 4 UStG.

Der Besteuerungsort ist maßgeblich für die Frage, welchem Fiskus letztlich die Umsatzsteuer zusteht. Grundsätzlich ist eine Lieferung im Sinne des § 3 Abs. 1 UStG im Inland ausgeführt, wenn sich der Bestimmungsort zum Lie-

---

[362] vgl. Reimar Pinkernell, aaO

[363] BFH-Urteil vom 29.10.1997 - I R 35/96 -, BStBl. 1998 II S. 235

ferzeitpunkt im Inland befindet, § 3 Abs. 6 UStG. Diese Anknüpfung wird auch das Bestimmungslandprinzip bezeichnet.

Handelt es sich hingegen um eine „sonstige Leistung", so ist nach § 3a UStG grundsätzlich der Ort des leistenden Unternehmers maßgeblich. Dieses Prinzip wird als Ursprungslandprinzip bezeichnet. Für den grenzüberschreitenden Internet-Handel hat das grundsätzlich zur Folge, dass ein ausländisches Unternehmen, welches eine sonstige Leistung im Inland bewirkt, nicht umsatzsteuerpflichtig ist, während Lieferungen unter die Umsatzbesteuerung fallen.

Während nach § 10 Abs. 1 Satz 2 UStG als Besteuerungsgrundlage als das Entgelt angesehen wird, „was der Leistungsempfänger aufwendet, um die Leistung zu erhalten, jedoch abzüglich der Umsatzsteuer", wird bei sonstigen Leistungen der Umsatz gemäß § 10 Abs. 4 Nr. 2 und 3 UstG nach den bei der Ausführung dieser Umsätze entstandenen Kosten bemessen; die zu zahlende Umsatzsteuer ist damit im Ergebnis niedriger. Die tatsächlich zu zahlende Umsatzsteuer ist somit aufgrund der verschiedenen Bemessungsgrundlagen für Lieferungen und sonstige Leistungen unterschiedlich.

Unabdingbare Voraussetzung für das Vorliegen einer „Lieferung" i. S. d. § 3 Abs. 1 UStG ist das Vorliegen einer Verfügungsmacht über einen körperlichen Gegenstand.

Während die Finanzverwaltung bei dem geschilderten Fall davon ausgeht, dass eine Lieferung in Gestalt der die CD-ROM oder einen anderen Datenträger verkörpernden Software vorliegt[364], wird in der Literatur diskutiert, dass der Datenträger im Vergleich zum eigentlichen wirtschaftlichen Wert nur geringe Bedeutung habe[365].

Tatsächlich erwirbt der Käufer- gleichgültig ob es sich um den Endverbraucher oder ein Unternehmen handelt – bei Standardsoftware regelmäßig nur das Nutzungsrecht, also die Lizenz. Der Datenträger selbst ist nur wenig wert. Auch eine etwaige zusätzliche Lieferung von Handbüchern ändert daran nichts, weil letztlich die Software die Hauptleistung darstellt. Nach der hier vertretenen Auffassung ist somit die Lieferung von Software auf Datenträger als sonstige Leistung i. S. d. § 3 Abs. 9 UstG zu qualifizieren.

Gleiches muss dann auch für die Lieferung von Software ohne Datenträger, d. h. per Download gelten: hier fehlt es erst recht an einem körperlichen Gegenstand. In der Tat hat die OFD Koblenz den Download zumindest von Standardsoftware als „sonstige Leistung" eingeordnet[366].

Diese Auffassung könnte auch auf andere virtuelle Güter ausgedehnt werden, die über die Leitung verschickt werden: Bücher, Videos, Musikstücke sind bei reiner Internet-Lieferung auch nichts anderes als Daten – nämlich Bits und Bytes wie bei einer Software.

Die hier vorgenommene Auslegung der Differenzierung zwischen „Lieferung" und „sonstiger Leistung" führt allerdings zu dem aus Gründen der Steu-

---

[364] vgl. OFD Koblenz, IStR 1998, S. 511

[365] vgl. Nieskens, Die umsatzsteuerliche Behandlung des Vertriebs sog. Standard-Anwender-Software durch den Hersteller an private Endabnehmer im Hinblick auf § 12 Abs. 2 Nr. 7 Buchst. C UStG, BB 1996, S. 2656, 2659

[366] OFD Koblenz, Verfüg. v. 22.6.1998, DB 98, 1441 und v. 29.9.1998, DStR 98, 1797

ergerechtigkeit nur schwer nachvollziehbarem Ergebnis, dass Anbieter, die ihre körperlichen Waren durch elektronische substituieren, steuerlich bevorteilt werden. Man könnte damit argumentieren, dass der Versand elektronischer Daten regelmäßig eher die Gefahr von Urheberrechtsverletzungen in sich birgt, als beispielsweise der Verkauf eines Buches in körperlicher Form. Schließlich lassen sich Daten beliebig oft und schnell kopieren; praktisch jeder neue Kopierschutz wird durch einen aus dem Internet herunterladbaren „Crack" aufgehoben.

Klassifiziert man den Verkauf von Software (und weiterer virtueller Waren) als „sonstige Leistung", so bestimmt sich der Leistungsort grundsätzlich nach § 3a Abs. 1 UstG. Dieser ist nach dem Ursprungslandprinzip der Ort des leistenden Unternehmers.

Bei der Lieferung (Leistung) von Software richtet sich die Höhe des Steuersatzes nach § 12 UStG: Die Höhe beträgt grundsätzlich 16% vom Umsatz. Sieht man allerdings in dem Verkauf von Software eigentlich nur die Einräumung eines Nutzungsrechtes (Lizenz), so könnte man durchaus auf den in § 12 Abs. 2 Nr. 7c UStG festgelegten ermäßigten Steuersatz von 7% kommen: Diese Regelung ermäßigt nämlich den Steuersatz für die *„Einräumung, Übertragung und Wahrnehmung von Rechten, die sich aus dem Urheberrechtsgesetz ergeben"*. Für den Bereich der Standardsoftware hat hier der BFH die Auffassung vertreten, dass es sich beim Softwarekauf um einen mit Büchern vergleichbaren Sachkauf handele; da aber Bücher in der Anlage zu § 12 UStG genannt seien, Software jedoch nicht, führe dies zur Anwendung des vollen Steuersatzes[367]. Anders läge der Fall bei Individualsoftware: hier werde eine Werkleistung geschuldet, bei der die Herstellung der Software und die Übertragung von Rechten eng miteinander verknüpft seien[368].

In der Literatur wird seit der Neufassung des UrhG, insbesondere der Einführung bzw. Neufassung der §§ 69a-69g UrhG die Auffassung vertreten, nicht nur Individualsoftware sei an die Übertragung von urheberrechtlich relevanten Nutzungsrechten geknüpft, sondern auch Standardsoftware. Aus diesem Grunde müsse auch für Standardsoftware der ermäßigte Steuersatz angewendet werden[369].

Sieht man demnach den Softwareverkauf als Überlassung von Nutzungsrechten an, so ändert sich auch der Leistungsort: Ist der Empfänger – wie beim B-to-B-Commerce – auch ein Unternehmer, so bestimmt sich der Ort der Leistung nach § 3a Abs. 3 UStG für alle Leistungen im Sinne des § 3a Abs. 4 UStG (Urheberrechte) dort, *„wo der Empfänger sein Unternehmen betreibt. Wird die sonstige Leistung an die Betriebsstätte eines Unternehmers ausgeführt, so ist statt dessen der Ort der Betriebsstätte maßgebend"*. Bzgl. der Betriebsstätten-Diskussion wird auf die o. g. Ausführungen verwiesen. Die Einordnung des Softwareverkaufs als Nutzungsrecht hätte also eine Verlagerung des Besteuerungsortes vom Ursprungslandprinzip zum Bestimmungslandprinzip zur Folge.

---

[367] BFH, DStR 1997, S. 866, 867

[368] BFH, DStRE 97, S. 472, 472 f.

[369] vgl. Nachweise bei Nieskens, aaO

Da die Anknüpfung an das Bestimmungslandprinzip bei virtuellen Waren zum Problem führt, den exakten Ort der Leistung ermitteln zu können, empfiehlt die OECD-Ministerkonferenz (s.o.) in ihrem Thesenpapier, bei der Umsatzbesteuerung digitaler Produkte das Ursprungslandprinzip anzuwenden. Im Ergebnis heißt dies, dass virtuelle Waren „sonstige Leistungen" sind, jedoch in keinem Fall unter dem Aspekt „Nutzungsrecht" i. S. d. § 3a Abs. 4 UStG zu betrachten sind. In eine ähnliche Richtung ging die Entscheidung der OFD Düsseldorf[370] sowie der OFD Frankfurt[371].

Ein weiteres Problem ist die Behandlung der sogenannten „Einfuhrumsatzsteuer":

Gemäß § 1 Abs. 1 Nr. 4 UstG (in der Fassung der Bekanntmachung vom 09.Juni 1999[372], zuletzt geändert am 22. Dezember 1999, BGBl. I 1999 S. 2601) unterliegt die Einfuhr von Gegenständen aus einem Drittlandgebiet nach Deutschland der inländischen Umsatzsteuer; nach § 1 Abs. 1 Nr. 5 UstG trifft dies auch auf den innergemeinschaftlichen Erwerb von Gegenständen gegen Entgelt zu . Man spricht dann von "Einfuhr", wenn ein Gegenstand tatsächlich durch einen Unternehmer oder Nichtunternehmer in das Inland eingeführt wird. Nach dem Sinn und Zweck dieser Regelungen soll verhindert werden, dass Gegenstände unbesteuert an den Endabnehmer gelangen. Der neugefasste § 1a UstG schließlich definiert den innergemeinschaftlichen Erwerb: Dabei muss der betr. Gegenstand bei einer Lieferung an den Abnehmer (Erwerber) aus dem Gebiet eines Mitgliedstaates in das Gebiet eines anderen Mitgliedstaates oder aus dem übrigen Gemeinschaftsgebiet in die in § 1 Abs. 3 UstG bezeichneten Gebiete gelangen, auch wenn der Lieferer den Gegenstand in das Gemeinschaftsgebiet eingeführt hat. Erwerber muss ein Unternehmer oder eine juristische Person sein.

Für den Anwendungsbereich des B-to-B-Commerce bedeutet dies, dass in jedem Fall Einfuhr-Umsatzsteuer bei körperlichen Gegenständen innerhalb des Gemeinschaftsgebietes fällig wird.

Bei der Lieferung von Software oder anderer virtueller Waren über das Internet ist die Ermittlung der Einfuhrumsatzsteuer schwierig bis unmöglich: Der Wert wäre praktisch nur über dann ermittelbar, wenn das zu besteuernde Unternehmen explizit den Wert der gelieferten Software den Finanzbehörden gegenüber ausweist.

Im Bereich der EU gibt es bislang einen Vorschlag der EU-Kommission, nämlich den „Vorschlag für eine Richtlinie des Rates zur Änderung der Richtlinie 77/388/EWG bezüglich der mehrwertsteuerlichen Behandlung bestimmter elektronisch erbrachter Dienstleistungen vom 07. Juni 2000, 2000/0147 (COD), 2000/0148 (CNS)", welcher die steuerrechtliche Behandlung von Online-Lieferungen behandelt.

Nach Ziff. 3.1 des Entwurfs muss ein Unternehmen, das Online-Lieferungen anbietet, den Steuerstatus des Kunden kennen, d. h. wissen, ob es

---

[370]Verfügung vom 11.1.1999, S 7100 A-St 141, Überlassung von Standard-Software über das Internet oder andere elektronische Netze, DStR, 1999, S. 238-239

[371]Rundverfügung v. 29.12.1998, S 7100 A – 166 – St IV 10 – Überlassung von Standard-Software per Modem oder Internet, BB, 1999, S. 300-301

[372]BStBl. I 1999 S. 595

sich um eine Privatperson oder um ein für Mehrwertsteuerzwecke registriertes Unternehmen (vorsteuerabzugsberechtigte Person) handelt. Ist der Kunde vorsteuerabzugsberechtigt und liegt sein Sitz im gleichen Mitgliedstaat, so stellt deren Anbieter die MWSt in Rechnung; der Empfänger rechnet sie wie bisher auch ab. Befindet sich dagegen dieser Kunde in einem anderen Mitgliedstaat, so wird die MWSt nicht in Rechnung gestellt.

Handelt es sich beim Kunden um eine Privatperson oder um ein außerhalb eines Mitgliedsstaates der EU ansässiges Unternehmen, so muss der Anbieter wissen, welches Steuerrecht anzuwenden ist. Die Kommission schlägt hier vor, diesem Kundenkreis die MWSt ebenfalls nicht in Rechnung zu stellen. Sie sieht aber auch das Problem, den Sitz des Kunden aus den bei der Tätigung des Geschäfts vorliegenden Informationen festzustellen. Möglich wäre – so die Kommission – bei Zahlung mit Kreditkarte eine überprüfbare Rechnungsanschrift zu verlangen. Für Steuerzwecke genüge dabei lediglich der Länderindikator.

Der Anbieter muss darüber hinaus die Höhe des jeweiligen MWSt-Satzes kennen. Bei Verkäufen an Endverbraucher mit Sitz innerhalb der EU ist dies der MWST-Normalsatz des Mitgliedstaates. Problematisch wird der Fall, wenn ein-und-dieselbe Leistung in verschiedenen Mitgliedstaaten unterschiedlich besteuert wird (dies könnte z. B. bei Büchern der Fall sein). Hierzu besteht noch Regelungsbedarf.

Der Anbieter muss selbstverständlich die erhaltene MWSt an den Fiskus weitergeben, die erforderlichen Aufzeichnungen führen und seine Steuererklärung einreichen. Die Kommission empfiehlt dass *„die Steuerverwaltungen alles Erforderliche tun, damit diese Pflichten elektronisch und online erfüllt werden können.. In einigen Mitgliedstaaten ist dies zwar bereits in zunehmendem Maße möglich, aber es sollte der Normalfall sein.“*

Die EU-Kommission stellt laut Ziff. 3.2 des Entwurfs auf die Freiwilligkeit der Unternehmen ab, *„ihre wirtschaftliche Tätigkeit den Steuerbehörden anzuzeigen und die geschuldete Steuer korrekt zu erheben, abzurechnen und abzuführen“*. Dies bedeutet jedoch nicht, dass man völlig auf das freiwillige Abführen der MWSt vertraut; Strafsanktionen für den Fall der Steuerhinterziehung bleiben. Hinzu komme außerdem der Umstand, dass Unternehmen schon von sich aus ein Interesse haben müssten, dass alle Mitbewerber den gleichen Steuerpflichten unterliegen, damit nicht diejenigen einen Wettbewerbsvorteil dadurch erlangen, die sich der Steuer entziehen. Wichtig ist vor allem der Umstand, dass die für den Internet-Handel eingesetzte Software steuerrechtlich relevante Aufzeichnungen in angemessenem Umfange ermöglicht und sogar *„Anhaltspunkte für Steuerprüfungen vermittelt, damit die Einhaltung der Vorschriften kontrolliert werden kann. Bei Lieferanten aus Drittländern dürfte der Zugang zu den Aufzeichnungen wichtiger sein als der Ort, an dem die Aufzeichnungen tatsächlich aufbewahrt werden.“*

Da das bereits angesprochene Problem der Kontrolle der Steuerpflicht, der Verfolgung und Vollstreckung im grenzüberschreitenden Internet-Commerce so schwierig zu lösen ist, schlägt die Kommission in Ziff. 3.3 des Entwurfs vor, die Erklärungspflichten *„in einer dem elektronischen Handel angemessenen Weise“* weiterzuentwickeln. Insbesondere müssen Lösungen gefunden werden, die die bisherigen räumlichen Steuerprüfungen ersetzen. Schließlich macht eCommerce auch nicht vor dem Bereich der Archivierung halt, und die Bereitschaft zur elektronischen Aufbewahrung von Dokumenten wächst mit zunehmender Realisierung der technischen und rechtlichen Möglichkeiten.

In Betracht kommen dabei z. B. elektronische Steuererklärungen, die mit Inkrafttreten des neuen SigG und der entsprechenden Änderungsvorschriften auch juristisch möglich sind. Wichtig ist dabei die Schaffung standardisierter elektronischer Erklärungsvordrucke, die von den Finanzbehörden auf einfache Weise weiterverarbeitet werden können. Hierzu können möglicherweise auch elektronische Vordrucke in Gestalt von Internet-Formularen eingesetzt werden; die technischen Sicherheitseinrichtungen zur Authentifizierung und Verschlüsselung der Daten gibt es bereits.

Innerhalb der EU können Steuerverstöße wirksam geahndet werden; der geschuldete Betrag kann sich dabei wesentlich erhöhen, eine u. U. strafrechtliche Verfolgung der für das betreffende Unternehmen Verantwortlichen ist nicht ausgeschlossen. Schließlich wird innerhalb der EU die Amtshilfe gewährleistet; eine Steuerschuld kann gemeinschaftsweit vollstreckt werden.

Werden allerdings steuerliche und im übrigen auch sonstige Straftatbestände in Ländern außerhalb der EU verwirklicht, so fehlen vielfach die geeigneten Sanktionsmechanismen. Aber auch innerhalb der EU ist es nur schwer möglich, gegen Internetgeschäfte vorzugehen, die illegal sind oder private oder öffentliche Rechte verletzen. Die Kommission schlägt deshalb vor, für den Geltungsbereich der EU entsprechende Verfahren zu schaffen.

Die Kommission sieht die Lieferung elektronischer Gegenstände, also solche, die über eine Leitung an den Kunden geliefert werden können, als Dienstleistung an. Dass es sich regelmäßig um Kaufverträge handelt, ist an dieser Stelle unschädlich, da der Richtlinienentwurf die zivilrechtlichen Regelungen der Vertragstypen unberührt lässt.

Art. 1 Nr. 1 des Richtlinienentwurfs sieht für den Bereich des elektronischen Warenverkehrs vor, dass diese Dienstleistungen dort besteuert werden, wo sie verbraucht werden. Um Wettbewerbsverzerrungen durch unterschiedliche Auslegung des Niederlassungsbegriffs zu verhindern, schlägt die Kommission zur Frage des Besteuerungsortes im wesentlichen folgendes vor:

- Leistet ein Unternehmer mit Sitz in einem Drittland an einen Kunden innerhalb der EU, so liegt der Ort der Besteuerung in der EU.
- Erbringt ein Unternehmer mit Sitz innerhalb der EU Dienstleistungen an Kunden außerhalb der EU, so liegt der Ort der Besteuerung im Sitzland des Kunden. Innerhalb der EU wird dann keine MWSt abgerechnet.
- Dienstleistungen, die ein Unternehmen mit Sitz in der EU an ein anderes Unternehmen mit Sitz in der EU erbringt, werden am Ansässigkeitsort des Kunden besteuert. Für diese Fälle gibt es allerdings die sogenannte reverse-charge-Regelung: Der Leistungserbringer (z. B. Verkäufer) wird nicht steuerlich registriert; die MWSt wird im Wege des Abzugsverfahrens aufgerechnet. Praktisch bedeutet dies, dass solche Leistungen im B-to-B-Commerce ohne Umsatzsteuer abgerechnet werden können.
- Anders liegt der Fall, wenn Dienstleistungen an eine in der EU ansässige Privatpersonen (B-to-C, Business to Consumer) erbracht werden: Der Leistungsort liegt am Sitzort des leistenden Unternehmers, der sich allerdings

nur bei einem Jahresumsatz ab 100 000 € registrieren lassen muss. Die Umsätze des Dienstleisters müssen dann mit der Umsatzsteuer des Sitzlandes abgerechnet werden.

Im Bereich des B-to-B-Commerce könnte nun damit argumentiert werden, dass die oben geführte Diskussion bzgl. der Umsatzsteuer wegen des den Unternehmens zustehenden Vorsteuerabzugs überflüssig sei; schließlich wird die eigentliche Steuerlast ja auf den Verbraucher abgewälzt.

Damit ein Unternehmer überhaupt Vorsteuer abziehen kann, muss er im Besitz einer Rechnung sein. Diese Rechnung muss nach den Vorschriften des § 14 UStG erstellt sein, um die Voraussetzungen für den Vorsteuerabzug zu erfüllen. Insbesondere müssen nach § 14 Abs. 1 Ziff. 1 bis 6 Name und Anschrift des Rechnungsstellers und –empfängers, Menge und Bezeichnung des Leistungsgegenstandes, Lieferzeitpunkt und –entgelt aufgeführt sein. Die Umsatzsteuer ist gesondert auszuweisen.

Gemäß § 14 Abs. 4 UStG ist eine Rechnung *„jede Urkunde, mit der ein Unternehmer oder in seinem Auftrag ein Dritter über eine Lieferung oder sonstige Leistung gegenüber dem Leistungsempfänger abrechnet, gleichgültig, wie diese Urkunde im Geschäftsverkehr bezeichnet wird*". Die Klassifizierung einer Rechnung als Urkunde führt zu dem Problem, inwieweit elektronisch erstellte Rechnungen als Urkunde im Sinne dieser Vorschrift angesehen werden können. Sinn und Zweck dieser Vorschrift ist es, die Beweiskraft von Rechnungen sicherzustellen. Auch hier stellt das Gesetz wieder auf das Prinzip der Authentizität und Integrität des (Rechnungs-)Dokuments ab. Der Urkundsbegriff ist –wie im Zusammenhang mit der Frage der digitalen Signatur erörtert – definiert (s.o.). Sicher werden elektronische Dokumente ohne zusätzliche Sicherheitsvorkehrungen nicht als Urkunden angesehen werden können. Möglicherweise ergibt sich jedoch nach Inkrafttreten des neuen Signaturgesetzes und der dazugehörigen Änderungsvorschriften des Zivilrechts eine andere Sichtweise zumindest für diejenigen Rechnungen, die zwar elektronisch erstellt, aber auch mit einer qualifizierten digitalen Signatur versehen werden: Obschon der Gesetzgeber eine echte Gleichstellung digital signierter Dokumente mit Urkunden im Sinne des § 416 ZPO offensichtlich nicht vorgesehen hat, hat er doch zumindest die Möglichkeit eröffnet, urkundsähnliche Dokumente mit einigermaßen durchschlagendem Beweiswert zu erzeugen.

Allerdings hat der Gesetzgeber bei der Neufassung des UStG bedauerlicherweise nicht die ursprünglich vorgeschlagenen Änderungen des § 14 UStG im Hinblick auf die elektronische Rechnungserstellung durchgeführt. Aufgrund der Beschlussempfehlungen des Vermittlungsausschusses[373], denen der Bundesrat am 17.12.1999 zugestimmt hat, sind diese Vorschläge nicht in das Steuerbereinigungsgesetz vom 22.12.1999[374], mit welchem das UStG neugefasst wurde, übernommen worden. Auf der anderen Seite wäre dies auch zu diesem Zeitpunkt auch nicht möglich gewesen, weil die Neuregelung des Signaturgesetzes und der entsprechenden Änderungsvorschriften noch nicht

[373] BT-Drs. 14/2380 v. 15.12.1999
[374] BGBl. 1999 I, S. 2601

abgeschlossen war. Die bloße Anerkennung elektronischer Rechnungen als umsatzsteuerrechtlich relevante Dokumente ist ohne Berücksichtigung der vom Gesetzgeber gewollten Authentizitäts- und Integritätsanforderungen nicht möglich. Erst nach Klärung der Voraussetzungen einer qualifizierten digitalen Signatur und deren Rechtswirkungen, also erst nach Verabschiedung des neuen SigG am 15.02.2001 wird es möglich, erneut über die Rechtsnatur elektronischer Rechnungen nachzudenken. In der Begründung zur Änderung des Signaturgesetzes heißt es schließlich, dass qualifizierte elektronische Signaturen das herkömmliche Schriftdokument weitgehend durch das elektronische Dokument ersetzen sollen. Hinzukommt, dass nach Sinn und Zweck des neuen Signaturgesetzes eine erhebliche Effizienzsteigerung der Verwaltungen in Wirtschaft und Behörden erreicht werden soll. Ausdrücklich hat sich somit der Gesetzgeber nicht nur auf den eCommerce zwischen Unternehmen beschränkt, sondern zugleich auch den Verwaltungsbehörden ein Mittel zur Steigerung ihrer Effizienz durch den Einsatz digitaler Signaturen an die Hand gegeben. Bezogen auf die hier diskutierte Frage der umsatzsteuerlichen Behandlung elektronischer Rechnungen bedeutet dies, dass mit der Zulassung qualifiziert signierter digitaler Rechnungen zugleich auch die Finanzverwaltung entlastet werden kann: Anstatt dieser Papierbelege vorzulegen, wäre nun zumindest die Einsichtnahme in elektronisch gespeicherte Aufzeichnungen denkbar. Mit Verabschiedung der Steuerreform 2000 wurde im übrigen sichergestellt, dass die Finanzverwaltung das Recht erhält, auf elektronisch geführte Buchführungsunterlagen der Unternehmen im Rahmen von Betriebsprüfungen vor Ort online zuzugreifen. Damit werde eine effektive und kostensparende Prüfungstätigkeit unter den Bedingungen der modernen Informationsgesellschaft und des zunehmenden elektronischen Handels ermöglicht. Um Anpassungsschwierigkeiten zu vermeiden, werde diese Maßnahme erst ab 2002 eingeführt. Ab 2002 werden für die Umsatzsteuer unter bestimmten Voraussetzungen auch elektronische Abrechnungen als Rechnung anerkannt[375].

Es bleibt zu hoffen, dass die Finanzbehörden für diejenigen Unternehmen, die bereits die technischen Voraussetzungen erfüllen und insbesondere über qualifizierte digitale Signaturen verfügen, deren elektronisch erstellte Rechnungen bereits jetzt als Urkunde i. S. d. § 14 Abs. 4 UStG anerkennen.

Beim Internet-Handel mit dem Endverbraucher entsteht allerdings ein weiteres Problem, falls die Bezahlung per Kreditkarte übers Internet erfolgt und keine reguläre Rechnung in Papierform ausgestellt wird: dann könnte es nämlich an der hinreichenden Bestimmtheit derartiger Rechnungen nach § 14 UStG fehlen. Für den B-to-B-Commerce allerdings dürfte zu erwarten sein, dass die auszustellenden Rechnungen – schon um den Vorsteuerabzug sicherzustellen – den Bestimmtheitsanforderungen genügen..

---

[375] vgl. http://www.vdw-online.de/htm/public/BMF/steuerreform.htm

12.5. Besteuerung der Internet-Nutzung durch Arbeitnehmer

Wer B-to-B-Commerce in seinem Unternehmen einführt, muss seinen Arbeitnehmern ausreichend Internet-Anschlüsse zur Verfügung stellen. Dabei kommt es erwartungsgemäß nicht nur zum Aufruf der vom Arbeitgeber gewollten Seiten, sondern auch zum privaten Surfen im Internet – bis hin zum stundenlangen Spielen („Moorhuhn"). Das private Surfen im Internet kostet nach einer Studie deutsche Unternehmen etwa 104 Milliarden Mark im Jahr[376].

Auch der deutsche Fiskus hat dieses Problem erkannt und ursprünglich beabsichtigt – nach einem Bericht der „Stuttgarter Zeitung" vom 14.07.2000[377] das private Surfen der Arbeitnehmer besteuern:

Nach dem dort zitierten Erlass des BMF sei die private Nutzung des Internet am Arbeitsplatz als geldwerter Vorteil anzusehen, der nach § 8 EstG besteuert werden müsse. Da der Arbeitnehmer seinen „dienstlichen" Internet-Anschluss regelmäßig nicht bezahlt, müsse diese unentgeltliche Mit-Nutzung dieses Anschlusses zu privaten Zwecken zum Arbeitslohn dazugezählt werden. Nur dann, wenn der Arbeitgeber die private Nutzung untersagt und dieses Verbot auch in nachvollziehbarer Weise kontrolliert, könne von der Einstufung als geldwerter Vorteil abgesehen werden.

Es ist technisch nur schwer möglich, bestimmte Internet-Seiten, von denen man annimmt, dass sie primär privaten Zwecken dienen, für den Internet-Zugang des Arbeitnehmers zu sperren; zum einen ist die unüberschaubare Zahl der angebotenen Seiten ein Problem, zum anderen wird die Auswahl dadurch erschwert, dass Internet-Angebote durchaus sowohl private, als auch dienstliche Interessen befriedigen können. In der Tat surfen Arbeitnehmer nicht nur auf den einschlägigen Sex-Seiten herum (welche aufgrund eines geschickten Vorgehens der betreffenden Anbieter auch nur zum Teil auszufiltern wären), sondern nutzen auch Angebote zur Geldanlage usw[378].

Der Erlass sah daher vor, dass der geldwerte Vorteil anhand der Abrechnung des Internet-Anbieters ermittelt wird; hierzu müssten alle Verbindungen aufgezeichnet werden. Die Arbeitnehmer hätten darüber hinaus das Datum, die Uhrzeit und die Dauer der betrieblichen Nutzung vermerken sowie den Anlass und die entsprechende Homepage angeben müssen, die aus dienstlichen Gründen angewählt wurde.

All dies hätte zu einem ungeheuren Verwaltungsaufwand in den Unternehmen geführt. Aus diesem Grunde hat der BMF mit Erlass vom 16.10.2000[379] von dieser Regelung Abstand genommen. Es sei *„für die Entwicklung dieses Zukunftsmarktes von entscheidender Bedeutung, dass die Initiativen von Unternehmen, die Mitarbeiter an diese Technologien heran zu führen, nicht behindert werden"*[380].

---

[376] vgl. http://www.whoopee-home.de/kanal5/computer/artikel/internet-news102000.htm
[377] http://www.internetworld.de/index_4912.html
[378] vgl. http://www.berlinonline.de/wissen/computer/.html/199905/comp12101.html
[379] http://www.steuernetz.de/topthema/archiv/A1TT101.pdf
[380] vgl. http://www.tecchannel.de/news/20000716/thema20000716-1991.html

Es werde ein Gesetzentwurf zu Änderung des § 8 EStG geplant, der sowohl die Nutzung des PC, als auch des Internet sowie Telekommunikationseinrichtungen innerhalb des Unternehmens steuerlich befreit, unabhängig davon, ob die genannten Einrichtungen zu dienstlichen oder privaten Zwecken genutzt würden[381]. Das zum 01.01.2001 in Kraft getretene neue EstG sieht in § 8 eine Steuerfreiheit für Waren oder Dienstleistungen, die ein Arbeitnehmer aufgrund seines Dienstverhältnisses erhält, bis zu einem Betrag von 2 400 DM im Kalenderjahr vor. Ab 01.01.2002 beträgt der Freibetrag 1 224 €.

Welche Möglichkeiten dem Arbeitgeber zur Eindämmung der gar Untersagung der privaten Internet-Nutzung am Arbeitsplatz bleiben, ist – wie oben erwähnt - eine arbeitsrechtliche Frage, die insbesondere mitbestimmungsrechtliche und datenschutzrechtliche Komponenten zu berücksichtigen hat.

[381] vgl. http://www.pctip.ch/webnews/wn/17027.asp

13. Vision

Ein Unternehmen, das nicht nur die technischen Voraussetzungen für einen funktionsfähigen B-to-B-Commerce geschaffen, sondern auch seine Organisationsstruktur auf die neuen Geschäftsmöglichkeiten ausgerichtet hat, wird mittelfristig zu den Gewinnern in einem globalen Wettbewerb gehören.

An- und Verkauf von Waren und Dienstleistungen ist praktisch von jedem beliebigen Standort der Welt aus möglich; Vertragsverhandlungen sind im Prinzip ebenfalls völlig standortunabhängig führbar:

Ein Geschäftsführer einer Firma X in Deutschland verhandelt mit seinem Pendant der Firma Y in den USA per Videokonferenz im Internet. An welchen konkreten Orten sich beide Verhandlungspartner aufhalten – im Büro, zu Hause oder am Baggersee - ist völlig unerheblich, da beide über einen Laptop und/oder videokonferenzfähiges Handy verfügen. Am Ende der Verhandlungen, nämlich nach erfolgter Einigung, unterschreiben beide den Vertrag mit ihrer persönlichen Chipkarte. Die Vertragsunterlagen werden online zum Buchhaltungssystem des jeweiligen Unternehmens geschickt und können zusätzlich in den jeweiligen Geschäftsräumen ausgedruckt werden. Diese Unterlagen sind bereits so abgefasst, dass die entsprechenden Warenwirtschaftssysteme mit allen erforderlichen Parametern (Lieferant, Artikel, Preis, Liefertermin usw.) bedient werden.

Hat das Unternehmen X beispielsweise eine „virtuelle Ware" bestellt, also Software, Videos, Bücher, Musikproduktionen, so wird diese zum vertraglichen Zeitpunkt ausgeliefert; die Zahlung erfolgt auf elektronischem Wege, nachdem der Eingang der ordnungsgemäßen Lieferung überprüft worden ist.

Sämtliche unternehmensinternen Buchhaltungsvorgänge laufen automatisch ab, werden allerdings regelmäßig kontrolliert. Belege werden soweit möglich elektronisch archiviert und sind unternehmensweit für alle berechtigten Anwender einsehbar.

Durch eCommerce ist auch eine Verkettung von Dienstleistungen möglich: beispielsweise wird beim Kauf eines Handys der Kartenantrag direkt an den Provider geschickt, beim Auto der Versicherungsvertrag an den Versicherer usw. Finanzportale könnten z. B. Kontoführung, Depot, Aktienkurse, Versicherungen miteinander kombinieren.

Der Erfolg des eCommerce, insbesondere im grenzüberschreitenden Bereich, setzt nicht nur die Umsetzung wichtiger Vorgaben des EU-Rechts im Sinne einer angestrebten Harmonisierung voraus, sondern auch die Bereitschaft der Marktteilnehmer zu einer modernen, auf elektronische Kommunikations- und Interaktionsmittel ausgelegten Zusammenarbeit.

Wichtige rechtliche Rahmenbedingungen wurden im Jahr 2000 geschaffen, um dem elektronischen Geschäftsverkehr zum Durchbruch zu verhelfen. Nicht nur der Verkauf von Waren und Dienstleistungen über das Internet kann so sicher und wirtschaftlich gestaltet werden, sondern auch der Einkauf wird von diesen Regelungen erheblich profitieren. Die technische Sicherheit spielt dabei für die Rechtssicherheit eine wichtige Rolle: je überzeugender Sicherheitseinrichtungen arbeiten können, desto höher wird die Akzeptanz des immer noch kritisch beleuchteten elektronischen Geschäftsverkehrs. Gerade die Auseinandersetzung über die Änderungen zivil- und prozessrechtlicher Vorschriften aufgrund der digitalen Signatur haben gezeigt, wie schwer sich die gesetzgebenden Instanzen mit den technologischen Errungenschaften tun. Technische Sicherheitsmechanismen müssen daher nicht nur funktionieren, sondern auch in einer verständlichen Form kommuniziert werden und für jedermann anwendbar sein. Wenn es Technikern und Juristen gelingt, ihre jeweiligen Anforderungen auszutauschen und gemeinsam Lösungen für einen sicheren B-to-B-Commerce zu entwickeln, steht einer weitgehenden Akzeptanz des modernen elektronischen Geschäftsverkehrs nichts mehr im Wege.

Abkürzungsverzeichnis

AG	Amtsgericht
AGBG	Gesetz zur Regelung des Rechts der Allgemeinen Geschäftsbedingungen
ANSI	American National Standards Institute
AO	Abgabenordnung
ASCII	American Standard Code for Information Interchange
BArbG	Bundesarbeitsgericht
BDSG	Bundesdatenschutzgesetz
BetrVG	Betriebsverfassungsgesetz
BFH	Bundesfinanzhof
BGB	Bürgerliches Gesetzbuch
BMF	Bundesminister der Finanzen
BMJ	Bundesminister der Justiz
BMWi	Bundesminister der Wirtschaft
BVerfG	Bundesverfassungsgericht
CEFACT	Centre for Facilitation of Procedures and Practices for Administration, Commerce and Transport
CISG	United Nations Convention on Contracts for the International Sale of Goods
COCOM	Coordinating Committee for Multilateral Export Controls
CR	Computer und Recht, Zeitschrift, Verlag Dr. Otto Schmidt, Köln
DBA	Doppelbesteuerungsabkommen
DES	Data Encryption Standard
EBCDIC	Extended Binary Coded Decimal Interchange
eCommerce	Electronic Commerce (elektronischer Geschäftsverkehr)
EDI	Electronic Data Interchange
EDIFACT	Electronic Data Interchange For Administration, Commerce And Transport
EGBGB	Einführungsgesetz zum Bürgerlichen Gesetzbuch
EStG	Einkommensteuergesetz
EuGVÜ	Übereinkommen über die gerichtliche Zuständigkeit und die Vollstreckung gerichtlicher Entscheidungen in Zivil- und Handelssachen
GewO	Gewerbeordnung
GewStG	Gewerbesteuergesetz
GoB	Grundsätze ordnungsgemäßer Buchführung
GWB	Gesetz gegen Wettbewerbsbeschränkungen
HGB	Handelsgesetzbuch
HTML	Hypertext Markup Language
IPR	Internationales Privatrecht

IT	Informationstechnologie, Informationstechnik
KStG	Körperschaftsteuergesetz
LG	Landgericht
MarkenG	Markengesetz
MDStV	Mediendienste-Staatsvertrag
MMR	Multimedia und Recht, Zeitschrift, Beck-Verlag, München
NJW	Neue Juristische Wochenschrift, Zeitschrift, Beck-Verlag, München
OASIS	Organisation für den Ausbau strukturierter Informationen
ODBC	Open Database Conectivity
OECD	Organisation für wirtschaftliche Zusammenarbeit und Entwicklung
OFD	Oberfinanzdirektion
OLG	Oberlandesgericht
PIN	Personal Identification Number
SEPP	Secure Electronic Payment Protocol
SGML	Standard Generalized Markup Language
SigG	Signaturgesetz
SQL	Structured Query Language
StGB	Strafgesetzbuch
TAN	Transaktionsnummer
TDDSG	Teledienstedatenschutzgesetz
TDG	Teledienstegesetz
TKG	Telekommunikationsgesetz
UMTS	Universal Mobile Telecommunications System
UrhG	Urheberrechtsgesetz
UStG	Umsatzsteuergesetz
UWG	Gesetz gegen den unlauteren Wettbewerb
VRML	Virtual Reality Modeling Language
WEAA	Washington Electronic Authentication Act
XML	Extensible Markup Language
XSL	Extensible Style Language
ZPO	Zivilprozessordnung

Literaturverzeichnis

Das folgende Literaturverzeichnis enthält teilweise Verweise (Links) auf Internet-Seiten. Bedauerlicherweise sind einige Fundstellen ausschließlich im Intenet verfügbar. Sollte daher der Link auf die angegebene Internet-Seite aufgrund von zwischenzeitlich vorgenommenen Veränderungen des Anbieters nicht funktionieren, wird empfohlen, anstelle des kompletten Links lediglich die Hauptseite aufzurufen:
„www.name.de" anstelle von „www.name.de/xyz/text.html"

Abel, Stefan	Der Millennium-Bug und der lange Arm der Produzentenhaftung; CR 1999, 680
Albers, Michael	Wettbewerbsbeschränkung durch Information; CR 1987, 753 – 758
Barth, M. / Schmidt, U.	Besteuerung des Internet-Handels; Mai 2000; http://www.iid.de/netze/internetsteuer.html
Bröhl, Georg M.	Rechtliche Rahmenbedingungen für neue Informations- und Kommunikationsdienste; CR 1997, 73 – 79
Däubler, Wolfgang	Erhebung von Arbeitnehmerdaten; CR 1994, S. 103
Engel, Friedrich-Wilhelm	Produzentenhaftung für Software; CR 1986, 702 – 708
Ernst, Stefan	Die Online-Versteigerung; CR 2000, S. 304-312
Ernst, Stefan	Der Mausklick als Rechtsproblem - Willenserklärungen im Internet; NJW-CoR 97, 165
Escher, Markus	Aktuelle Rechtsfragen des Zahlungsverkehrs im Internet; Lehmann, Michael (Hrsg.), Rechtsgeschäfte im Netz - Electronic Commerce, Schäffer-Poeschel-Verlag 1999, Seite 225 ff
Escher, Markus u. Kollegen	Rechtsfragen des Zahlungsverkehrs im Internet; Lehmann, Michael (Hrsg.), Rechtsgeschäfte im Netz - Electronic Commerce, Schäffer-Poeschel-Verlag 1999, Seite 225 ff
Franke, Andreas	Internet-Besteuerung; www.ernst-young.de/pdf/ntv/ecomntv.pdf
Freytag, Stefan	Urheberrecht im E-Commerce, Chancen, Risiken und Gestaltungsmöglichkeiten; http://www.juramail.de/aufsatz/freytag
Fringuelli, Pietro Graf / Wallhäuser, Matthias	Formerfordernisse beim Vertragsschluss im Internet; CR 1999, 93-101
Fritzemeyer, Wolfgang/ Heun, Sven-Erik	Rechtsfragen des EDI (I); CR 1992, 129 – 133
Fritzsche, Jörg	Haftung und Haftungsfreizeichnung in Informationsbeschaffungsverträgen; CR 1999, 462-469
Geis, Ivo	Rechtsfragen des elektronischen Geschäftsverkehrs; http://www.ivo-geis.de

Göbel, Christof
Erfolgsfaktor Einkauf: Die Agamus Consult COMMON MATERIAL-Studie. Starnberg, Agamus Consult, 1999; http://www.agamus.com/studien/common studie.htm

Gramlich, Ludwig
Elektronisches Geld, Gefahr für Geldpolitik und Währungshoheit?; CR1997, 11-18

Gravenreuth, Günter Freiherr von
Haftung bei der Verbreitung von virenverseuchter Software; Computerviren und ähnliche Softwareanomalien - Überblick und rechtliche Einordnung", Compulawverlag, München, 2000

Griebel, Thomas
Schröder, Georg
Produkthaftung im Internet; http://www.industrienet.de/objekte/ba/ecommerce/produkt.htm

Gundermann, Lukas
Köhntopp, Marit
Juristische Aspekte biometrischer Verfahren; Auszug aus einem Beitrag zum Kriterienkatalog "Bewertungskriterien zur Vergleichbarkeit biometrischer Verfahren" der TeleTrusT AG6 "Biometrische Identifikationsverfahren"; Oktober 1998 , http://www .rewi.hu-belin.de/Datenschutz/DSB/SH/projekte/ biometri/biometkk.htm

Haubner, Kurt
HBCI-Kompendium 2.2, Mai 2000; http://www.six sigma.de

Heussen, Benno
Schmidt, Markus
Inhalt und rechtliche Bedeutung der Normenreihe DIN/ISO 9000 bis 9004 für die Unternehmenspraxis; CR 1995, 321 – 332

Heymann, Thomas
Haftung des Softwareimporteurs; CR 1990, 176 – 17

Hoeren,Thomas
Beweiskraft in EDI-Vereinbarungen; CR 1995, 513 – 518

Hollmann, Hermann H.
Qualitätssicherungsvereinbarungen; CR 1992, 13 – 18

Kilian, Wolfgang
Zweck und Inhalt des deutschen EDI-Rahmenvertrages; CR 1994, 657 – 660

Koch, Frank A.
Zivilrechtliche Anbieterhaftung für Inhalte in Kommunikationsnetzen; CR 1997, 193 – 203

Kort, Michael
Fehlerbegriff und Produkthaftung für medizinische Software; CR 1990, 251 – 256

Krokowski, W (Hrsg.)
Globalisierung des Einkaufs, Leitfaden für den internationalen Einkäufer; Springer-Verlag, München 1998

Kron, Thomas
Technik für den elektronischen Markt- Secure Electronic Transaction ; http://www.vsb.informatik.uni-frankfurt.de/lehre/seminar/WS_96-97/kron/NoFrame.html

Kurth, Jürgen
Versicherung des Haftpflichtrisikos von Softwarehäusern; CR 1991, 632 – 634

Lammenett, Erwin	Das Internet als elektronischer Marktplatz; http://www.bdu.de/beraterauswahl/fach/fach/105.htm
Mehrings, Josef	Vertragsabschluß im Internet - Eine neue Herausforderung für das "alte" BGB; MMR 1998, 30
Meier, Klaus / Wehlau, Andreas	Produzentenhaftung des Softwareherstellers; CR 1990, 95 – 100
Nieskens, W.	Die umsatzsteuerliche Behandlung des Vertriebs sog. Standard-Anwender-Software durch den Hersteller an private Endabnehmer im Hinblick auf § 12 Abs. 2 Nr. 7 Buchst. C UStG; BB 1996, S. 2656
Nordemann, Axel / Goddar, Heinz / Tönhardt, Marion / Czychowski, Christian	Gewerblicher Rechtsschutz und Urheberrecht im Internet; CR 1996, S. 645-657
Palandt, Otto	Bürgerliches Gesetzbuch (Kommentar), 59. Auflage 2000, Beck-Verlag, München
Pinkernell, Reimar	Ertrag- und umsatzsteuerrechtliche Behandlung des grenzüberschreitenden Softwarevertriebs über das Internet; Zeitschrift Steuer und Wirtschaft, Heft 3/1999, S. 281 ff.
Probst, Tobias	Datenschutzgerechte Biometrie – wie geht das?; Workshop BioTrust am 03.05.2000
Rau, Ilona	Das papierlose Büro - Realität oder Illusion?; http://www.hdm-stuttgart.de/ax06s/hdm/rau-d.htm
Reif, Holger	Secure Socket Layer: Chiffrieren und Zertifizieren mit SSLeay - Schlüsselfertig; http://Remus.PrakInf.TU-Ilmenau.DE/Reif/
Reiß, Michael	Mit Netzwerkkompetenz zu virtuellen Strukturen; IO Management 11-12/96, S.12-16; 14
Sakowski, Klaus	Die Versicherung des Software-Entwicklers und Internet-Service-Providers; http://www.sakowski.de/onl-r/onl-r35.html
Scheer, August-Wilhelm	„Buy Direct", Eine Intranet-basierende Geschäftsprozeßoptimierung im Einkauf, Electronic Business Engineering / 4. Internationale Tagung Wirtschaftsinformatik 1999; Heidelberg: Physica-Verlag, 1999
Schneider, Jochen / Günther, Andreas	Haftung für Computerviren; CR CR 1997, 389 – 396
Schuhmacher, Dirk	Gegendarstellungen auf Webseiten; ITM Münster, http://www.dfn.de/service/ra/aktuelles/Gegendarstellung.html
Schulze-Schwienhorst, Martin	Die Software-Haftpflichtversicherung; CR 1995, 193 – 198

Schumacher, Stefan — Digitale Signaturen in Deutschland, Europa und den USA; CR 1998, 758-763

Schuppert, Stefan — Web-Hosting-Verträge; CR 2000, 227-234

Strömer, Tobias H. — Daten auf Wanderschaft - Wie personenbezogene Daten im Internet zu behandeln sind; http://www.netlaw.de/newsletter/news0004/daten.htm

Taeger, Jürgen — Produkt- und Produzentenhaftung bei Schäden durch fehlerhafte Computerprogramme; CR 1995, 257 – 271

Thomas, Heinz / Putzo, Hans — Zivilprozessordnung (Kommentar), 22. Auflage 2000, Beck-Verlag, München

Voßberg, Rüdiger — Schnüffeln ist Chefsache; http://www.vossyline.de/htms/texte/spion.htm

Walden, Ian — EDI-Austauschvereinbarungen; CR 1994, 1-13

Wedde, Peter — Anmerkung zum Vorlagebeschluss des BAG vom 12.06.1992 – GS 1/89; CR 1993, 517

Weichert, Thilo — Verhängnisvolle Datenschutzselbstauskünfte; CR 1995, 361-364

Weichert, Thilo — Biometrie – Freund oder Feind des Datenschutzes; CR 1997, 369 – 375

Westphalen, Graf von — Qualitätssicherungsvereinbarungen; CR 1993, 65 – 73

Westphalen, Graf von — Rechtsprobleme des "Just-in-Time-Delivery; CR 9/1990 - Seite 567

MIX
Papier aus verantwortungsvollen Quellen
Paper from responsible sources
FSC

If you have any concerns about our products,
you can contact us on
ProductSafety@springernature.com

In case Publisher is established outside the EU,
the EU authorized representative is:
Springer Nature Customer Service Center GmbH
Europaplatz 3, 69115 Heidelberg, Germany

Printed by Libri Plureos GmbH
in Hamburg, Germany